希望你们喜欢这本关于美国经济史中女性角色的书，同时也期待你们探讨中国经济中迷人的女性历史。

——克劳迪娅·戈尔丁致中国读者

理解性别差距
美国女性经济史

[美] 克劳迪娅·戈尔丁 著
孙晶楠 孙树强 译

生活·讀書·新知 三联书店

©1990 by Oxford University.
Originally published by Oxford University Press.
Simplified Chinese Copyright © 2025 by SDX Joint Publishing Company.
All Rights Reserved.
本作品简体中文版权由生活·读书·新知三联书店所有。
未经许可，不得翻印。

Understanding the Gender Gap: An Economic History of American Women was originally published in English in 1990. This translation is published by arrangement with Oxford University Press. SDX Joint Publishing Company is solely responsible for this translation from the original work and Oxford University Press shall have no liability for any errors, omissions or inaccuracies or ambiguities in such translation or for any losses caused by reliance thereon.

Understanding the Gender Gap: An Economic History of American Women 原版为英文，出版于1990年，本中文版由牛津大学出版社授权生活·读书·新知三联书店翻译出版。对于中文版中可能出现的错误或其他问题，均与牛津大学出版社无关。

图书在版编目（CIP）数据

理解性别差距：美国女性经济史/（美）克劳迪娅·
戈尔丁（Claudia Goldin）著；孙晶楠，孙树强译．
北京：生活·读书·新知三联书店，2025.2 -- ISBN
978-7-108-07939-8
Ⅰ．F171.29
中国国家版本馆CIP数据核字第2024TC4829号

选题策划	何　奎
特约编辑	王　凡
责任编辑	何　奎　李　倩
装帧设计	孙嘉阳　薛　宇
责任校对	张国荣　张　睿
责任印制	卢　岳
出版发行	生活·讀書·新知 三联书店
	（北京市东城区美术馆东街22号　100010）
网　　址	www.sdxjpc.com
经　　销	新华书店
印　　刷	河北鹏润印刷有限公司
版　　次	2025年2月北京第1版
	2025年2月北京第1次印刷
开　　本	635毫米×965毫米　1/16　印张 26
字　　数	361千字　图15幅
印　　数	0,001-5,000册
定　　价	82.00元

（印装查询：01064002715；邮购查询：01084010542）

目录

前 言 ... 1

第一章 女性在美国经济中的经历 ... 9

第二章 女性劳动力的演变 ... 19

市场工作的衡量标准 ... 24

1890年以来已婚女性的劳动参与率 ... 27

    白人已婚女性群体 ... 30

        队列与截面 ... 33

        队列变化的含义 ... 36

    非白人已婚女性群体 ... 41

    生命周期中的劳动参与率和工作经验 ... 43

        生命周期工作的直接测量 ... 46

        1930年至1950年的工作经历 ... 54

经济发展与工作的生命周期 ... 60

    对1890年前后数据的修正 ... 61

    1890年前的劳动参与率：已婚和成年女性 ... 65

　　　　1890年前的劳动参与率：单身女性　　　　　71

　　　　劳动力中的单身女性，1890年至1930年　　　77

　　总结：1790年至1988年女性的工作　　　　　　80

第三章　收入和职业的性别差异　　　　　　　　83

长期性别收入差距，1815年至1987年　　　　　　　85

　　女性与男性全职工作收入比　　　　　　　　　　85

　　　　制造业和农业，1815年至1970年　　　　　90

　　　　所有劳动者，1890年至1987年　　　　　　97

　　职业隔离和男女工资差距　　　　　　　　　　　101

　　男女收入比变化的来源　　　　　　　　　　　　104

职业中的性别差异　　　　　　　　　　　　　　　　104

　　白人和黑人女性的职业分布　　　　　　　　　　104

　　按性别划分的职业隔离，1900年至1980年　　　　106

　　　　制造业职业隔离，1900年　　　　　　　　112

　　　　职业隔离的影响　　　　　　　　　　　　　114

总结：收入和职业　　　　　　　　　　　　　　　　115

第四章　"工资歧视"的出现　　　　　　　　　117

"工资歧视"的衡量标准　　　　　　　　　　　　　118

20世纪80年代末研究中的"工资歧视"　　　　　　122

"歧视"与"工资歧视"　　　　　　　　　　　　　124

解释男女收入差异　　　　　　　　　　　　　　　　126

　　制造业，1888年至1907年　　　　　　　　　　127

制造业女工的收入	130
制造业工人的收入	137
制造业的"工资歧视"	141
文书部门，1940年	146
文书工作和文书工作者	147
文书工作者的收入	149
文书工作中的"工资歧视"	153
"工资歧视"的根源	158
总结："工资歧视"	162

第五章 已婚女性经济角色的变化　　173

解释已婚女性劳动参与率的长期趋势	178
供给与需求	178
劳动力供给：收入、工资和替代效应	180
已婚女性劳动力市场的一般模型	183
收入、工资和替代效应的估计	189
应用一般模型，1890年至1980年	195
已婚女性劳动参与率变化的队列研究	198
不同队列的生育率差异	200
不同队列的教育差异	204
职业和教育变化	204
横截面时间序列模型	211
预期和队列劳动参与率	218
总结：劳动大军中的已婚女性	223

第六章　为什么变化如此缓慢？　　225

婚姻限制　　227

　　婚姻限制的范围　　229

　　公司层面的证据，1931年和1940年　　236

　　来自学区的证据　　240

　　解释婚姻限制　　241

　　20世纪50年代婚姻限制的消失　　247

　　婚姻限制的长期影响　　251

工作时间和兼职工作　　252

　　工作时间　　253

　　兼职工作　　254

总结：放松约束　　258

第七章　性别的政治经济学　　261

公共政策的历史维度　　263

保护性立法的起源和影响　　268

　　工时及最高工时立法对就业的影响　　275

　　保护性立法与平等　　279

联邦政府与女性的经济地位　　281

　　妇女地位总统委员会，1963年　　282

　　1963年《同工同酬法案》和1964年

　　《民权法案》第七章　　283

不满的根源　　286

　　"歧视"的观念　　287

大学毕业生的不满情绪　　290
性别的新政治经济学：
可比价值与1964年《民权法案》第七章　　294
　　总结：改变规则　　296

第八章　经济进步与性别平等　　299
　　目前的状况　　300
　　过去的状况　　303
　　未来的状况　　305

附　录　对1890年前后女性劳动参与率的修正　　309

数据文献　　323

注　释　　329

参考文献　　375

前　言

我们这代人不断意识到,女性的经济角色正在经历重大变化。美国女性进入职场的比例超过了60%,几乎一半的劳动力是女性,超过50%的新生儿母亲在一年内就重返工作岗位。女性医生、律师和从事其他专门职业的女性比例达到了历史最高点。女性中有人驾驶公交车,也有人在建筑工地工作;有人竞选副总统,还有人竞选总统。关于女性就业发生巨大变化的报道时常见诸报端。实际上,19世纪中期以来,每一代美国人都声称女性的经济地位即将发生前所未有的重大变化。

本书探讨了美国女性经济史持续演变的过程,这一过程使许多代人相信,她们正处于经济地位的转折点。尽管人们普遍认为过去几乎没有什么重大且有意义的变化,但我的研究表明,过去几代人的经历已经奠定了至关重要的基础。此外,我也探讨了工作场所中性别差异依然顽固的原因。在劳动力市场上,女性工作的发展变化是独特的,它不能像大多数其他经济变量那样被理解为对经济因素做出反应的孤立过程。相反,对于每位女性来说,参与劳动力市场与家庭和社会化过程紧密相连,并通过生命周期将每个女性的过去和未来联系起来。因此,本书本质上是跨学科研究。

对于"每一代人都是独一无二的"这种明显矛盾的看法,我给出了一个简单的解释。经济领域的重大进步是几代人共同取得的——女性就业人数增加了,收入提高了,她们从事的职业也更加多样。然而，尽管取得了这些进步，社会和工作场所的性别差异却消失得很缓慢。例如，在19世纪末20世纪初，年轻女性从制造业转向办公室工作，这一转变对她们未来几十年的就业产生了重要影响。文书工作很快就女性化了，而且大多数都是没有晋升前途、带有偏见的女性职位。后人将办公室工作与女性在劳动力市场上受到的不公正待遇而非进步联系在一起。因此，每一代人都认为自己的时代在经历重大而有意义的变化方面是独一无二的，因为过去的变化几乎没产生太大的影响。

经济学家通常是所有社会科学家中最保守的，但长期以来他们对女性参与劳动力市场以及在薪酬和职业方面的性别差异感兴趣，这可能会让许多人感到惊讶。20世纪20年代以来，他们关注并一直研究（每天）工作时间、（每年）工作天数和工作年限的决定因素。当然，他们研究的重点是女性，女性一生的工作历程比男性包含更多的变化。随着第二次世界大战后女性劳动参与率的提高，经济学家将注意力转向了女性进入劳动力市场的原因，以及这些变化与20世纪20年代以来生育率大幅波动之间的关系。[1] 最近，经济学家开始关注男女在收入和职业方面存在差异的原因，以及立法等因素在近期缩小性别差异中的作用。经济学家在很大程度上讨论了女性经济史中更进步、更平等的方面。

与之形成鲜明对比的是，历史学家强调了社会和经济领域性别差异的稳定性，经济和政治领域为平等而进行的频繁斗争，以及杰出女性过去取得的成就。[2] 那些了解历史的人都意识到，这个过程是非常漫长的。

因此，历史学家强调了平等的障碍，以及市场强化父权社会性别差异的方式。经济学家则展示了经济进步是如何促进平等的，并主张竞争性市场会改善而不是加剧社会偏见的后果。就像所有时代一样，历史学和经济学这两门学科可能都是正确的：女性在经济中的角色发生了有意义的改变，但性别差异却保持不变。

前言

我以经济学家的身份开始这项研究,但在研究结束时,我更深刻地认识到,遥远的过去是如何影响现在的,规范和期望是如何阻碍变革的,歧视是如何在竞争激烈的市场中存在的,以及持续变革是如何发生的。在这本书中,我对在女性经济史的连续性和变化之间适当保持平衡的看法发生了改变。在研究的最后,我意识到,我只能解决这段复杂历史中的一些悖论,理解这段复杂历史中的一些矛盾。的确,正是因为巨大的复杂性,才需要持续研究女性在美国经济中不断变化的角色。

这项研究花费的时间比我最初设想的要长得多。最初的一个复杂问题是许多关键变量缺乏证据,没有关于女性劳动力的一致性时间序列,女性与男性收入的比率直到20世纪50年代才有数据,而且关于工作经验、工作时间和工资等变量的历史数据也很少。我很快意识到,要想了解美国女性的经济史,必须建立起各种各样的数据序列。档案资料、州和联邦报告、城市和商业目录、人口普查手稿以及其他各种资料使我能够汇集得出劳动力、工作经验、收入、工作时间、兼职工作、教育和生育率等方面的时间序列。

我对1890年至今公布的人口普查数据进行了彻底的重新整理,得出了一个一致的时间序列。但由于生产重心从家庭转移到市场,而且由于女性在劳动力市场中的规模被低估了,因此我还补充整理了1890年前后的女性劳动力数据。我利用制造业人口普查的手稿讨论了单身女性有偿劳动的起源,并用城市和商业目录研究了18世纪末女性的工作情况。由于"劳动参与率"的概念无法产生对理解女性经济地位至关重要的工作经验的衡量标准,我从纵向研究中寻求证据。但是,唯一现成的时间序列数据涵盖的时间太短了。幸运的是,我在美国国家档案馆找到了我需要的记录——一项对1880年至1915年出生的女性的工作史的大规模调查。

这些调查的结果产生了对美国女性工作的新看法。对劳动参与率的更全面衡量表明,女性劳动参与率可能在其显著上升之前的某个时段出现了下降。甚至在18世纪末和19世纪初，城市已婚女性的劳动参与率也很高。也许最令人惊讶的是，从20世纪20年代到80年代，已婚职业女性的平均工作经验几乎没有增加，但即使在劳动参与率很低的时候，她们的工作经验也是相当丰富的。

接下来，我转向了一项关于收入和职业性别差异的研究，并着手将从20世纪50年代中期开始的女性和男性收入的时间序列回溯到19世纪初。我从各种档案和出版的资料中拼接出了一个工资序列，证明了美国历史上有两次女性与男性收入比率的显著提高，一次是在美国工业革命期间，另一次是在20世纪初。自1981年以来，这一比率也出现了显著上升，在未来可能会被认为是性别收入差距缩小的第三个时期。经研究发现，在美国历史上，女性与男性收入之比在几个时期都有所上升，这一发现推翻了通常的假设，即女性与男性收入之比在过去就如同20世纪50年代至80年代初一样保持不变。

考虑到女性经济地位的两个变化——劳动参与率和工资水平的变化，我开始研究导致这两个变化的原因。经济发展过程的各种特征极大地改变了女性的经济地位。女性劳动参与率变化的原因主要是教育程度提升、文书工作和销售等行业的发展以及工作时间的缩短。生育率的长期下降及其对不同群体的周期性影响，以及家庭生产方面的一系列众所周知的进步，同样改变了女性的就业状况。虽然劳动参与率的提高主要发生在第二次世界大战之后，但提高的先决条件在1900年至1930年之间就已经具备。

在男女收入存在差异的情况下，究竟是男女之间固有的差异造成的，还是说因为存在一种被称为"工资歧视"的现象？[3]在19世纪末20世纪初发表的各种州和联邦报告中关于制造业的职业数据表明，男女之间的收入和职业存在很大的差异，并且工人的生产特征也有很大的差异。但20世纪后期发现了截然不同的结果，即从20世纪40年代开始，女性和男性工人的生产特征开始趋同，但收入却并未如此。人们可以利用美国国家档案馆中的美国劳工部妇女事务局简报里关于原始个人层面的信息来探究"工资歧视"的起源。公司层面的信息表明，公司的政策限制了女性进入特定的岗位。公司存在不雇用男性和不雇用女性的岗位。此外，许多公司解雇已婚在职女性，更多的公司不雇用已婚女性。在我们当前的诉讼环境中，这样的"确凿证据"是相当不寻常的。但在1940年的样本中，数百家公司的高管往往对他们采取的雇用政策沾沾自喜，因为这些政策不仅使公司利润最大化，而且与当时的社会环境一致。

"工资歧视"和公司层面的政策将女性排除在某些岗位之外，以及将已婚女性排除在许多类型的工作之外的原因是非常复杂的。其中一个原因是，大多数女性在结婚后就退出了劳动力市场，而那些被认为适合所有女性的工作也适合大多数人。其中的复杂性还涉及社会共识、规范和偏见的影响，这些因素又因政策的影响而进一步强化。即使在竞争激烈的环境中，劳动力市场上的歧视也存在，因为它得到了各种规范的支持，这些规范限制了男女工人和雇主的行为。

过去对现在的影响方式同样妨碍了性别政治经济的实质性变革。回顾20世纪初，女性劳动力群体被视为一个年轻的、处于过渡阶段的、易于被剥削的群体，同时亦受到社会改革者的关注，被认为需要特殊保护。尽管随着时间的推移，女性劳动力逐渐变得更为成熟，就业更加稳定，且受剥削的风险也相对降低，但20世纪初期所颁布的保护性立法却对后来至少半个世纪内实现真正平等的立法进程造成了阻碍。

本书每个章节中的许多观点和数据都来源于18篇已发表的论文（其中4篇有合著者），参考文献中也列出了我的工作论文。本书附录描述了我多年来在研究工作中汇编的11个定量数据集（和1个定性来源）。如果没有各个机构的支持，我是不可能完成这些论文的撰写和数据的汇编的。

宾夕法尼亚大学给我提供了几段相当宽裕的假期。第一段是1982年至1983年在普林斯顿高等研究院度过的，本书中的许多想法都是在那段时间里最初形成的。五年后，我在普林斯顿大学劳资关系处（IRS）完成了本书的初稿。1987年至1988年，我获得了古根海姆奖学金，休假期间就住在古根海姆。美国国家科学基金会资助了我对女性劳动力演变的研究。梅隆基金会对宾夕法尼亚大学PARSS项目的资助支持了几名研究生，他们的研究工作补充了我的研究成果。宾夕法尼亚大学图书馆资助了美国国家档案馆对美国劳工部妇女事务局各种资料的缩微拍摄。国家档案馆的工作人员，特别是工业和社会部门的杰里·赫斯（Jerry Hess）和杰里·克拉克（Jerry Clark），多年来友好而高效地满足了我的许多要求。我感谢所有这些机构和个人的慷慨支持和帮助。

很多研究助理都参与了这个研究，我很感谢他们所有人。娜嘉·扎洛卡尔（Nadja Zalokar）是第一批让我多年来一直依赖的劳动力估算留下细致笔记的人之一；罗伯特·惠普尔斯（Robert Whaples）对工时数据进行了研究；朱迪丝·亨特（Judith Hunter）协助我做了1790年至1860年的项目；凯西·斯尼德（Kathy Snead）通过PARSS项目的资助，选择了1957年至1964年的大学毕业生调查作为他的论文；劳拉·亨通（Laura Huntoon）和丹尼尔·金尼（Daniel Kinney）帮他做了无数最后的杂务。

我的同事们对我的工作做出了不可估量的贡献，我谨向斯坦利·恩格尔曼（Stanley Engerman）和罗伯特·玛欧（Robert Margo）表示衷心的感谢，他们对整个手稿给出了意见。我还要感谢宾夕法尼亚大学的同事杰里·贝尔曼（Jere Behrman）、杰里·雅各布斯（Jerry Jacobs）、林恩·利斯（Lynn Lees）、沃尔特·利希特（Walter Licht）、珍妮丝·马登（Janice Madden）、安·米勒（Ann Miller）、罗伯特·波拉克（Robert Pollak）、保罗·陶布曼（Paul Taubman）和苏珊·沃特金斯（Susan Watkins），以及普林斯顿大学

■ 前言

的同事约书亚·安格里斯特（Joshua Angrist）、奥利·奥森菲尔特（Orley Ashenfelter）、凯文·巴里（Kevin Barry）、德韦恩·本杰明（Dwayne Benjamin）、贝琪·布兰克（Becky Blank）、戴维·卡德（David Card）、安·凯斯（Ann Case）、艾伦·克鲁格（Alan Krueger）、彼得·库恩（Peter Kuhn）、珍妮特（·尼林）·柯里［Janet（Neelin）Currie］、莎伦·史密斯（Sharon Smith）和理查德·莱斯特（Richard Lester），莱斯特向我讲述了他在妇女地位总统委员会的任职经历。美国国家经济研究局暑期研究所的参与者兰斯·戴维斯（Lance Davis）、斯坦利·恩格曼（Stanley Engerman）、彼得·林德特（Peter Lindert）、克莱恩·蒲伯（Clayne Pope）、肯尼思·索科洛夫（Kenneth Sokoloff）（他也是本书的合著者）、理查德·萨奇（Richard Sutch）和彼得·特明（Peter Temin）对一些早期版本的章节给予了评论。还有许多人分享了他们自己的研究和数据，并提出了有益的建议。我无法记住他们所有人的名字，但就我记忆所及，这些人包括杰里米·阿塔克（Jeremy Atack）、芭芭拉·伯格曼（Barbara Bergmann）、弗朗辛·布劳（Francine Blau）、戴维·巴法姆（David Buffum）、苏珊·卡特（Susan Carter）、萨姆·科恩（Sam Cohn）、巴里·艾肯格林（Barry Eichengreen）、斯特凡诺·菲诺阿尔特亚（Stefano Fenoaltea）、兰迪·菲勒（Randy Filer）、南希·福尔布雷（Nancy Folbre）、杰拉尔德·弗里德曼（Gerald Friedman）、迈克尔·海恩斯（Michael Haines）、詹姆斯·赫克曼（James Heckman）、M. 安·希尔（M. Ann Hill）、琳达·科伯（Linda Kerber）、迈克尔·利兹（Michael Leeds）、琼·奥尼尔（June O'Neill）、伊丽莎白·普莱克（Elizabeth Pleck）、索尔·波拉切克（Sol Polachek）和埃丽斯·罗特拉（Elyce Rotella）。感谢他们所有人。

罗伯特·威廉·福格尔（Robert William Fogel）一直是我的导师，他从研究一开始就鼓励我写一本篇幅长的书稿。理查德·伊斯特林（Richard Easterlin）曾是我在宾夕法尼亚大学的同事，他给予了他自己可能都没有意识到的创作思路上的指导。该研究恰逢我历时四年担任《经济史杂志》（Journal of Economic History）编辑的时期；而且，如果没有一位最能干的助理编辑卡萝尔·佩特拉蒂斯（Carol Petratis），我在这段任期内永远无法完成任何研究。卡萝尔还以她敏锐的眼光、善解人意的头脑和敏感的天性，像编辑《华尔街日报》一样编辑了我的手稿。塞利格·L. 塞切尔（Selig L. Sechzer）阅读了部分手稿，更多的时候，他是在倾听我的那些粗浅鄙陋的想法。在这本书的创作过程中，他与我分享了很多，感谢他的耐心和理解。

所有的研究都必须有一个结束的时刻，至少要留出足够的时间来把收集到的资料汇编成书。在我开展研究的过程中，又发布了不少新的数据资料，而我没有来得及在本书中对这些数据加以利用。最近发布的1910年人口普查的公共使用样本将填补第二章的许多空白；1940年的人口普查的样本可以用于第五章；安·米勒（Ann Miller）刚刚在宾夕法尼亚大学发现的格拉迪斯·帕尔默（Gladys Palmer）于1954年对1940年至1950年间工作流动性所做研究的原始时间表，将有助于解决第五章中讨论的第二次世界大战所起的作用。本书中的各种统计数据与之前许多文章中的统计数据有所不同，发现了之前少许的错误，并采用了新的方法。希望将来会有人利用这些数据资料和其他数据资料开展进一步研究，来支持或取代我的结论。这正是学术耕耘的意义所在。

克劳迪娅·戈尔丁
美国费城
1989年4月

第一章

女性在美国经济中的经历

19世纪初以来，有偿劳动力市场中女性的数量一直稳步增长。第二次世界大战后，增长更为迅速。1900年女性劳动力占总劳动力的比例还不到五分之一，如今已接近二分之一。但自1900年之后，按性别划分的职业隔离却仅略有减少，而且从20世纪50年代至80年代初，女性与男性收入之比基本保持稳定。许多观察者认为，尽管女性以史无前例的规模进入劳动力市场，但却没有得到与男性平等的待遇。

本书描述了美国女性劳动力的发展历程以及职业和收入的性别差异，并关注当前性别不平等的历史根源以及女性经济地位提升缓慢的原因。在过去的两个世纪里，女性劳动力增长在很大程度上是经济长期变化的结果，如美国工业革命、白领（white-collar）工作的兴起、教育水平的提升、生育率的下降和工作时间的缩短等。大多数情况下，变化是由不同群体的年龄决定的，这些群体在受教育程度、职业培训、早期社会化（early socialization）和生育水平等方面与前几代人有所不同。因此，进步是非常缓慢的。

女性真正融入美国经济的进程受到重重阻碍。认为女性劳动力非主流、不能长久干一份工作的旧观念导致女性无法从事许多职业。社会规范往往决定了哪些工作适合女性，哪些工作不适合女性。工作场所的变化既帮助了女性，同时也扩大了性别差异。以白领工作为例，它缩小了性别收入差距，提高了女性劳动参与率和工作经验。但白领工作也约束了女性的职业范围，成为女性晋升的最大障碍。女性在经济史中似乎充满了悖论。许多悖论可以通过定量研究来解决，例如，20世纪50年代后期，在女性劳动参与率提升和性别收入差距基本稳定之间存在明显悖论。然而，无论何种情形，人们都普遍认为历史对于研究当前经济中的性别差异具有重要意义。

在19世纪和20世纪的大部分时间里，在家庭之外从事有偿劳动的女性规模逐渐发展壮大。从1820年到1920年，随着美国工业化和城市化的发展，年轻未婚女性劳动参与率大幅度提升。成年女性和已婚女性有偿劳动的情况则不是很清晰。由于在家庭和农场中存在无偿劳动,并且家庭之内和家庭之外有偿劳动的统计不足,情况变得更为复杂。一项关于劳动参与率的综合评估表明,从19世纪到20世纪初,女性劳动参与率甚至还出现了下降;但进入20世纪后,女性劳动参与率开始明显上升。尽管在20世纪20年代,已婚年轻女性的劳动参与率已有所增长,但直到20世纪50年代,增长才更为显著。虽然关于有偿劳动和无偿劳动的定义以及家庭和工作场所之间的区别有很多复杂的情况,但从19世纪初到现在,女性劳动参与率一直保持着持续提高的态势(见第二章)。

劳动力市场上各种公平措施的出现并没有使职业性别差异情况有所改善,反而揭示了一些措施的自相矛盾。1900年根据性别划分职业的情况几乎和1970年一样,尽管自1970年以来这种情况已有所改善,但却仍然存在(见第三章)。从20世纪50年代中期到80年代初,女性与男性的收入比率几乎固定不变。而新的发现表明,从1815年到20世纪30年代,女性与男性的收入比率有所提高。在没有这些证据的情况下,人们认为该收入比率在1950年前后都是基本稳定的。但实际情况恰恰相反,女性与男性的收入比率在两个不同的时期出现了明显上升。首先,这一比率在19世纪初随着美国工业革命的发生而大幅上升;其次,半个世纪后这一比率又随着一场标志着文书和其他白领工作发展的革命而再次上升。这两个时期出现的生产机器化、劳动分工细化以及教育回报提升(第二个时期),大大提高了女性相对于男性的生产能力。与此同时,这两个时期还打破了限制女性工作的各种习俗和传统。

性别收入差距的缩小发生在成年已婚女性劳动参与率提升之前,并不是因为发生了有意义的社会变革。这既不是由社会变革引起的,也没有影响社会变革。尽管男女收入差距在20世纪30年代之前已经缩小了,但正如第四章所述及的,解释这种差异的能力却随着时间的推移而减弱。两个群体之间的收入差异不能完全用群体的平均生产特征（如工作经验、受教育程度和在公司的供职时间）差异来解释，经济上的歧视也可以有一定的解释作用。因此，根据第四章的推断，从19世纪末到20世纪中期，"性别歧视"实际上有所增加。在男女收入差距缩小的同时，所谓的"工资歧视"却有所增加。这种看似矛盾的结果与由制造业向白领工作转移、学校教育普及和教育回报提升有很大关系。教育程度的提升和文书部门的发展提高了女性劳动力（相对于男性劳动力）的收入。体力劳动被脑力劳动所取代也意味着女性可以从事很多初级工作，而企业的做法则是排斥女性从事晋升机会多、有长期发展前景的工作。

因此，关于女性经济经历的历史证据提供了一幅相互矛盾的画面。有些矛盾比其他矛盾更容易解决。许多矛盾要归因于劳动力市场变化的缓慢性，而劳动力市场的变化往往是由个别群体随时间的推移来完成的。早期社会化、学校教育、工作经历和对有偿工作的态度贯穿于这类群体的一生，并可能受同期因素的不同影响，如工资增长、失业和社会进步。由于不同的群体同时存在，真正的进步可能需要几代人的时间才能完全显现。

例如，与1900年以前出生的女性相比，20世纪初出生的女性群体受教育程度有所提高，在文书部门就业的比例也更高。她们的婚内生育率相对较低，而且有相当大比例的女性从未生育过孩子。随着年龄的增长，这个群体改变了劳动力市场的各种特征。例如，20世纪50年代的年长已婚女性在第二次世界大战之后经历了劳动参与率的大幅增长。群体效应往往会延长变革的时间，因为它需要较长的时间才能对经济和社会产生影响。

此外，群体效应的影响往往被同时代的变化所掩盖。第二次世界大战结束后，已婚女性在美国劳动力中所占的比例显著上升。然而，这种现象的许多先决条件都起源于20世纪早期。当时教育水平提高，生育率下降，文书和销售部门对女性劳动力的需求也有所增加。20世纪50年代，年长已婚女性能够通过进入劳动力市场来获取高薪，并且她们的同龄人早已做好了相应准备。毫无疑问,社会变革是在第二次世界大战期间爆发的。但20世纪50年代女性劳动参与率的提升更可能是由群体效应而非社会态度转变所导致的。事实上,从长远来看,女性劳动参与率提升的原因是由于工作性质的改变,比如工作时间的减少和白领工作机会的增加,而非因为社会规范和态度的转变。

未来女性劳动参与率的提升可能会比较缓慢。处于快速变化时期的年轻女性可能无法准确预测她们未来的劳动参与情况,并且会误判未来的职业要求。她们更多地受来自母亲那一代经验的影响,而不是受同龄人的影响。如果年轻女性根据过去的群体变量进行推断,理论上她们应该能够做出相当准确的预测。但是,本书第五章提出的证据表明,她们的预测在20世纪60年代极其不准确,而在70年代却变得相当准确。关于她们的预期为什么突然变得更加现实仍然是一个悬而未决的问题,但人们不能否认女权主义复兴可能拓宽了年轻女性未来的视野。

尽管在20世纪50年代至80年代初,女性劳动参与率有所提高,但女性与男性的收入比率并没有上升。人们认为,这种矛盾是对女性经济歧视日益加剧的有力证据。但实际上,这两个事实并不矛盾。如本书第二章所述,劳动参与率的提升不一定会导致劳动经验的增加。劳动参与率与工作经验之间的关系取决于职业女性能否长期留在劳动力队伍中。有证据表明,在劳动参与率上升时期,职业女性的工作经验并没有大幅增加。因此,女性与男性收入比率没有随着劳动参与率的提高而上升也就不足为奇了。然而,这些发现并不能推翻劳动力市场结果依然反映了存在"性别歧视"的结论。事实上,对1930年至1950年间女性工作经验的估计印证了来自不同领域的发现,即"经济歧视"是非常严重的。这些证据确实有助于从更多的女性经济史中梳理出真正的悖论。

许多阻碍劳动力市场平等的因素都与工作场所和社会之间的特

殊关系有关。在本书的第六章中，探讨了婚姻限制政策。这是许多公司和学区（美国制度，区内学校统一管辖——译注）从1900年至20世纪30年代执行的政策，即不雇用已婚女性并解雇即将结婚的单身女性。这些政策与近期强制执行的特定年龄退休政策很相似。婚姻限制起源于某些公司和地方学区的人事政策，这些政策使得职场中雇用已婚女性的成本增加。婚姻限制政策与许多规定相挂钩，如以工龄为基础的工资级别、劳动契约里规定或暗含的义务、企业的家长式管理制度以及其他现代人事惯例。

尽管婚姻限制政策并不是建立在劳动者和雇主的偏见之上，但偏见却助推了政策的发展。社会已经达成共识，认为已婚女性有必要留在家里照顾孩子，并且需要丈夫来供养她们。如果没有这样的共识，这项政策就不可能出台，也不可能在经济大萧条时期发展并成为工作分配的一种手段。当很少有女性进入劳动力市场时，婚姻限制政策对劳动力供给并没有产生大的影响，因此该政策的成本也并不是很高。但是，随着受教育和参加培训的女性数量的增加，婚姻限制政策也让公司付出了更大的代价。直到20世纪50年代"劳动力紧缩"时期，当人口结构变化导致年轻单身女性劳动力急剧减少时，婚姻限制政策才被大多数公司和学区废除。因此，社会共识强化了市场规定，并可能延长了真正变革的时期。

在保护性立法的历史中，可以找到进一步的证据，证明过去对女性劳动力的观念如何导致后来的不平等。20世纪20年代至60年代，关于女性劳动力是年轻的、暂时的、边缘的以及可剥削的这一观念严重阻碍了性别平等运动的发展。从19世纪中期到20世纪中期，几乎每个州都通过了最长工作时间立法和其他形式的保护性立法。1920年的社会改革者认为，对女性来说保护性立法比确保平等的立法更有价值，此后的半个世纪几乎都是如此。直到20世纪60年代，自由主义者才明确反对《平等权利修正案》（Equal Rights Amendment），理由是它会危及保护性立法。本书第七章将争取性别平等的立法运动作为研究案例，探讨制度和历史案例如何阻碍了进步变革。

职业是如何根据性别进行隔离的，以及支撑性别隔离的力量是什么，大概是本书最复杂的主题（第三章）。性别隔离通常建立在职业最初的技能要求上，但这些性别差异又被社会和市场所强化。通过各式各样的惩戒手段——比如公众的谴责、对大龄单身女性的贬损——来约束女性、使其循规蹈矩的各种规范，继续维持着性别差异。19世纪和20世纪初的制造业具有严重的性别隔离特征。尽管事实上雇用女性的成本要低很多，但钢铁生产、马车运输和农具制造等行业却从来没有雇用过女性。其他行业，如铸造业和肉类加工业，虽然雇用了女性，但女性仅限在特定的工作场所从事与大多数男性不同的工作。

行业间存在的一些差异是由工作本身对劳动者个人体力的要求、危险系数和脏乱程度造成的。早期的物质资本和工作配置与弥漫在市场上的"性别光环"（aura of gender）一起强化了性别隔离的初始原因。因此，要确定一项明显带有歧视性的政策是源于社会的偏见，还是源于高效生产的要求，是非常困难且很难确定的。本书第四章讨论的一个例子也涉及"工资歧视"的起源。

1940年以前，超过80%的女性在结婚时就退出了劳动力市场，而且大多数人再也没有回到工作岗位。但那些仍在工作岗位上的已婚女性，很多人一生中大部分时间都在工作。然而，雇主最初可能无法在单身女性中分辨出哪些人会继续工作，哪些人会在结婚后退出。更何况女性自己在职业生涯的早期也不确定是否会在未来一直工作。因此，雇主将绝大多数女性安排在几乎不需要工作培训和技能学习的岗位上。无论是初级职位还是高级职位，公司规定均将女性排除在许多职位之外。在19世纪末20世纪初的制造业中，关于谁将继续受雇的不确定性没有那么严重。不仅几乎所有女性工人的就业时间都很短，而且从物质资本、习俗、长期学徒制等方面来看，许多工作和行业都是为男性工人设计的。

　　随着20世纪早期白领工作制度的发展，女性不仅延长了她们的就业年限，而且大多数人都具备了从事初级工作的技能。随着脑力劳动取代体力劳动占据主导地位和劳动者受教育程度的提高，男女起薪实现了平等。到1940年，办公室工作中的男性与女性起薪相同，但在1900年前后的制造业中，男性起薪是女性的2倍。与制造业不同，许多白领工作都有很长的晋升阶梯，而且大多数女性尽管工作经验有所增加，但她们在工作岗位上的时间不够长，无法获得晋升机会。因此雇主们制定政策，分别规定了女性和男性禁止从事的工作。女性工作有两种类型：一种是没有前途的职位，如打字员和速记员工作；另一种是可以晋升的职位，但晋升阶梯相对较短。尽管大多数男性从较低层次的工作——如邮差和信使工作——开始干起，但随着时间的推移，他们可以被提升到级别相当高的岗位，收入也比女性增加得更多。而大量"工资歧视"的相关数据表明，即使大多数女性的工作年限很长，也很难沿着晋升阶梯向上攀升。男女收入差距缩小是因为教育回报率的提高和体力回报率的降低，但收入的差距很难根据工作特征的差异来解释。

　　我在数百家公司的历史记录中看到的关于工作场所隔离和解雇已婚女性的政策，在今天显然是非法的。毫无疑问，这样的"确凿证据"现在极其罕见。其中许多歧视性政策至少在书面规定层面，在1950年后的某个时期被废除了。有些政策是在20世纪50年代为应对劳动力供应紧张的情况而更改，而另一些政策则是因为明显违法才被修改，但很久之后，这些政策的影响依然存在。如果仅有少数女性可以接受长期工作，那么当工作岗位处于职业层级末端且没有晋升空间时，留在职场的女性数量就更少了。例如，当几乎没有女性从事会计工作时，也很少有人愿意接受会计培训。如果用特定方式定义女性工作，而用另一种方式定义男性工作，那么很少会有人选择越界，因为越界可能会让人在工作之外付出高昂的代价。因此，经济领域的变化之所以放缓，不仅是因为群体必须接受变革，还因为各种障碍已经制度化，并采用强有力的惩罚措施来维持社会规范的持续。

20世纪80年代初以来，尽管在性别收入比率和职业隔离措施方面取得了实际进展，但许多女性对劳动力市场的公平性仍感到失望，她们支持能够改变劳动力市场规则的运动。在撰写本书时，约有20个州和几个地区已经通过了相关立法，即以极大地扩展同工同酬的方式，确保性别工资的公平性。公共部门工会，甚至许多私营公司，都接受了第七章讨论的有争议的可比价值的概念。可比价值的作用是以工作内容为基础保证同工同酬，而不是由市场要求决定。如果成功，从事女性密集型职业——如文书和销售部门工作以及教师和护士职业——的女性收入将会增加。在渐进式变革的时代，刚刚进入劳动力市场的年轻女性也许能够从事男性主导的职业，但年长女性仍然受到阻碍，这些阻碍来自她们之前所做的选择和年轻时面临的限制。可比价值是一种将收入重新分配给特定群体的机制，后者被认为一直遭受经济歧视。在各州、地区、公共部门工会和公司，可比价值的成功是女性（特别是年长女性群体）日益增长的政治力量的一种体现。

长期以来，经济的发展进一步提高了女性的经济地位。但进步是缓慢的，因为个别群体需要一定时间才能出现有意义的变化。变革往往受制度、规范、传统理念、期望以及强加于当下的过时因素的阻碍。因此，我对历史的解读持一种谨慎乐观的态度。1981年以来女性与男性收入比率有所增加，并且从1970年开始职业差别的逐渐缩小以及经济领域（和非经济领域）性别差距的减小，都发挥了积极的作用。然而，历史教导我们，应对那些声称自己一生中发生了前所未有的变化的说法持谨慎态度。例如，美国经济学会的前任主席宣称：

> 我们的时代可以被恰当地称为"女性时代"，因为有关女性的

每件事都受到了很大的关注……[她]受到前所未有的重视……并且……人们认识到，人类另一半的福利在更大程度上取决于女性所享有的地位，人们之前就对这一点已经有所了解。（Campbell，1893，第 5 页）

这不是约翰·肯尼思·加尔布雷斯（John Kenneth Galbraith）的观点。20 世纪 70 年代初，加尔布雷斯作为美国经济学会主席，主张将女性在经济学专业中的地位作为协会的内部问题加以解决。上述引文是美国经济学会第六任主席理查德·T. 伊利（Richard T. Ely）在 1893 年写的一段话。

第 二 章

女性劳动力的演变

20世纪，在家庭以外从事有偿劳动的群体中，成年女性是规模持续扩大的唯一群体。在不同时期，年龄较大的男性、童工以及20世纪80年代末的中年男性就业率都出现过下降趋势。1987年，在美国15岁以上的人口中，全民劳动参与率为66%，而1890年该比例为52%。在过去的一个世纪里，如果女性劳动力规模没有持续扩大，那么1987年全民劳动参与率应下降为46%。[1] 男性劳动参与率的下降导致总参与率从52%下降到46%；而女性劳动参与率的增长不仅抑制了总参与率的下滑，还将其提高至66%。根据人口普查估计数据显示，一个世纪前工作的女性所占比例为19%，如今已达60%；更令人震惊的是，在1890年仅有5%的已婚女性参加工作，而现在这个比例接近60%。1890年女性占美国全国劳动力总数的三分之一，目前该比例已达45%。尽管女性有偿就业呈明显增长趋势，但其演变过程却相当复杂，这也是本章所关注的主题。

女性就业经历了几个阶段的演变。在1920年之前，单身女性就业规模持续扩大，之后已婚女性的就业人数也逐渐增多。20世纪20年代到40年代，已婚女性就业增长的速度相对变慢，直至第二次世界大战后才明显加速。1940年以来，已婚女性在劳动力中所占比例每十年增长约10%。许多专家和研究人员对女性就业的大致情况（尤其是19世纪）有着较为深入的了解。然而，在本章所研究的细节中发现了许多出乎意料之处，一些甚至蕴含了令人吃惊的深意。

最新研究的一些关键发现涉及19世纪60年代以来出生的已婚女性在就业方面存在的差异以及影响就业增加的关键因素。尽管已婚女性具有较为丰富的工作经验，但其工作经验并没有随时间推移而显著增加。其他发现涉及1890年之前已婚女性在劳动力市场活动方面的情况，一项更全面的就业指标表明，女性的就业规模要明显超出人们过去所认为的水平。因此，有证据表明家庭内部变化是一个重要因素，例如年轻单身女性正在替代已婚女性成为劳动力市场的重要参与者。

第二章 女性劳动力的演变

强调有偿工作（尤其指家庭外的工作），往往是基于对经济发展如何影响生活水平的关注。然而，本书的研究更多的是关注经济发展对一般社会关系，特别是家庭内部关系的影响。家庭内外的工作赋予了个人一种特定的地位和一系列社会关系；最近的研究更易发现，工作还提高了个人独立于家庭的能力。

贝蒂·弗里丹（Betty Friedan）在她极具影响力的论文中推测，女性"只能在对社会有真正价值的工作中——通常是我们的社会为之付费的工作中——找到一种身份认同"（Friedan，1963，第334页）。弗里德里希·恩格斯（Friedrich Engels）等人把"重新将女性引入公共行业"视为对她们的一种解放（Engels，1978，第744页；1884年初版）。在莉莲·鲁宾（Lillian Rubin）对工薪阶层家庭的经典研究中，一名丈夫在证词中抱怨他的妻子"不知道如何尊重丈夫的感受……因为她在工作并赚钱，所以她认为只要她愿意，就随时可以跟我翻脸吵架"（Rubin，1976，第176—177页；Matthaei 所引用，1982，第308页）。出现这种现象，用一位知名家庭历史学家的话来讲，就是"为钱而工作，而非为家庭而工作，会导致家庭成员之间产生不同的态度和关系"（Degler，1980，第362页）。为报酬而外出工作改变了夫妻的关系，进而改变了家庭内部的财产分配。

时间越久远，市场工作和家庭工作之间的界限越模糊。但是，建立一种相关且一致的关于过去一个世纪劳动力的估计方法是有可能的，我们会在后面详细介绍。1890年的劳动参与率包括了农妇和寄宿公寓管家的有偿劳动和无偿劳动，这些群体未被人口普查所覆盖，这个数据与1940年的水平大致相当。此外，18世纪末和19世纪初期的职业数据表明，那个时代女性在城市中从事以市场为导向的工作可能比20世纪早期更普遍。尽管随着家庭和工作场所逐渐融合，农村和城市地区的女性是积极的参与者，但随着市场规模扩大及专业化程度的提高，她们的参与率可能会下降。因此，经过准确衡量的女性劳动参与率在显著增长阶段（即第二次世界大战后）之前的某段时间,呈现出逐渐下降的趋势,换句话说,在历史上已婚女性的劳动参与率大致呈现出 U 形趋势;然而,人们往往更加关注上升的部分而忽视最初下降的部分。不管怎样,无论如何定义,女性劳动参与率从 20 世纪前几十年至 20 世纪 80 年代末仍然呈显著增长趋势。

专业化和劳动分工逐渐成为家庭生活的显著特征,反映了更广泛的经济变革。19 世纪,从事家庭工作但具有市场导向的已婚女性逐渐减少,从事有偿工作的年轻单身女性规模却在扩大。纺织品、服装、肥皂和罐头等工厂产品取代了家庭自制品;然而一般情况下只有未婚女性才会被工厂雇用。[2] 因此,在市场导向下,参与劳动的已婚女性群体减少了,而未婚女性群体则增加了。在 19 世纪末和 20 世纪初,大多数白人女性从业者处于未婚状态。除种族外,婚姻状况比其他任何因素都更能决定女性的经济地位,在后文中将详细介绍该问题。第一次世界大战之后,已婚女性和未婚单身女性的劳动参与率已经表现出明显差异。

部分女性专门从事劳动市场提供的工作,部分女性专门从事家庭劳动,这对女性的职业发展产生了双重影响。在我们历史上的大部分时间里,女性通常在结婚时而不是怀孕时退出劳动力市场,并且这种退出往往意味着她们彻底告别了劳动力市场。她们的经济地位和职责在结婚时发生了根本性变化。市场环境变化对家庭劳动的社会意义产生了广泛影响。女儿们与母亲一起或在母亲的监护下共同参与家庭劳动的时间减少了。妻子和母亲在工作日里变得越来越孤单。从 1850 年到 1950 年,从事家务劳动的已婚女性首先与配偶和其他工人产生分隔,此外,更具讽刺意味的是,与自己的孩子产生分隔,最终与那些已经进入劳动力市场的已婚女性产生分隔。作为农产品生产者和家务技能指导者,她们的价值在 20 世纪初逐渐下降。已有的数据似乎支持修正主义观点,即"家庭怨妇"的出现似乎成为 20 世纪 20 年代的一种普遍现象,这些数据也出现在弗里丹 1963 年颇具影响力的专著之中（Cowan，1983a）。

尽管难以确定具体的时间，但 20 世纪 20 年代似乎是已婚女性就业率下降和婚姻状况对经济功能专业化产生影响的重要转折点。按照传统的衡量方法，接下来已婚女性的劳动参与率每十年会有所增加。通过群体数据而不是时间序列数据，揭示了经济变化如何影响个体女性而非不同群体的经历。

在 19 世纪，已婚人群中的特定群体在某些时期的就业率有所提高。例如，在 20 世纪 50 年代，即 1910 年前后出生的女性群体 40 多岁的时候，就业率显著高于她们年轻时期，并且劳动参与率也远超过年龄较大的人群。1940 年以来出生的女性也经历了就业的明显增长时期，但对这些人而言，这种变化发生在她们二三十岁时，即 20 世纪 70 年代和 80 年代。此外，在所有白人已婚女性群体中，劳动参与率在整个生命周期中稳步上升。因此，在所有群体中，随着年龄的增长，已婚女性在劳动力市场中所占的比例逐渐提高。

一个更加令人惊讶和相当重要的发现是，即使在劳动参与率很低的情况下，加入劳动力市场的已婚女性也对自身工作和一般有偿劳动有着坚定的信念。关于女性就业生命周期的数据显示，女性就业的连续性远超人们的预期。因此，在职女性拥有丰富的工作经验，而非经验不足。传统观念认为，年轻的女性在单身阶段参与工作，已婚女性则短暂地就业或在晚年再次就业，但对大多数人来说，这种描述显得简单而不准确。实际上，已婚女性要么加入劳动力市场，要么直接退出，她们当中的多数人并不从事间歇性工作。

然而，直到现在，少数已婚女性在余生的大部分时间里都参与劳动力市场工作。在 1895 年前后出生的城市白人女性，到 1939 年结婚时约 45 岁，这些人中工作年限超过自开始工作时起算至 45 岁的四分之三的时间的仅占 10%；同时有至少 40% 的女性工作年限不足四分之一，她们属于这个工作时长统计的下限人群。[3] 1939 年，在婚前有就业经历但婚后没有继续工作的已婚女性中，超过 80% 的人在结婚时即放弃了工作。

上述这些发现对研究女性劳动参与率变化与性别收入不平等之间的关系具有重要意义。了解间歇性工作和工作经验将有助于解决男女收入差异和差异持续存在等问题，以及找到从1900年到现在男女收入比率变化和稳定的原因（在第三章和第四章中讨论）。

尽管已婚女性参与工作历程的变革始于20世纪20年代，但直到20世纪50年代女性劳动参与率才显著提高。最初，年龄较大的已婚女性的劳动参与率增长速度最快，然而到了20世纪60年代末和70年代，年轻已婚女性的劳动参与率增长加速。本书第五章和第六章将探讨这一增长背后的原因以及阻碍变化的各种因素。许多制约因素——例如禁止雇用已婚女性和不提供兼职工作——都是由于最初存在大量年轻未婚女性工作者。直到20世纪60年代，早期女性劳动力遗留的问题阻碍了平等权利和反歧视立法的制定和执行，该问题将在第七章中详细讨论。

本章涵盖的内容非常广泛，包括了过去两个世纪以来人口群体发生的许多变化。研究的起点是更近、更相关的20世纪女性劳动参与率问题。然后，我追溯到19世纪单身女性劳动参与率的提升，以及18世纪以来已婚女性在劳动力市场的就业情况发生的变化。

市场工作的衡量标准

在跟踪女性就业变化时，必须对不用支付金钱和交换物的家庭劳动和正常支付报酬的家庭内外工作进行必要的区分。家庭内部成员之间的交易和所谓的市场交易之间的区别对于理解经济学和大多数政府部门所言的劳动参与率概念至关重要。如今，当家庭生产的日用品，如纺织品、黄油和衣服，被家庭成员使用、出售或交易时，劳动参与率的概念比过去的含义更丰富了。

在国民收入计算中扣除家庭成员仅为自己生产的商品，如家务和育儿服务，引发了广泛的争议。对于一些人来说，将家庭生产排除在国民收入之外降低了女性工作的价值，并带来了深远的政治和社会影响。例如，美国社会保障制度将妻子和丈夫区别对待。[4] 然而，对于大多数经济学家来说重要的问题是，个人离开无报酬的家庭劳动加入市场工作时，实际国民收入是否会增加。对于这个问题，部分取决于国民收入所包括的商品和服务范围，因为大多数家庭生产并未包括在国民收入范围之内。[5] 因此，劳动参与率的提高通常伴随着国民收入的增长。

然而，这里的关切与政治无关。相反，主要关注点在于评估经济发展中长期以来对女性经济和社会角色方面的影响。本章采用了两种评估方法：一种是基于现有的人口普查估计数据；另一种是对早期（即19世纪末）数据进行调整，从而将在家庭和农场中从事的工作以及通常被低估的劳动都纳入评估范围之中。

为了构建一个具有时间可比性、与现代国民收入估计相一致的劳动力时间序列，我采用了现有的国民收入核算程序。这需要根据工作的类型来衡量劳动力，而非一定是在家庭以外从事的有偿工作。我对现有的人口普查估计数据进行了详细的调整，从而将在家庭和农场中的无报酬家庭工作者，以及那些经常被大众和人口普查员忽视的工作纳入考虑之中。在进行这些估计之前，我们先对1890年以来未经调整的人口普查数据进行了研究。这些数据隐含地使用了一个更狭义的就业定义——工作是否得到报酬，这个定义很容易解释。为家庭工作是没有报酬的，而家庭以外的工作是有报酬的，这两者之间的区别是各种社会和经济问题的核心。

在市场工作的各种衡量标准中，劳动参与率是最常用的经济功能指标，也是总结女性在经济中的作用时最方便利用、信息最丰富的统计数据。然而，劳动参与率这一概念并非没有歧义，并且受到如何衡量问题的困扰。当前，美国商务部计算得出的劳动参与率是指在特定调查周内就业或寻求就业的人口占比。[6]这种做法属于少数可行的定义之一，通常被称为"劳动力结构"，但也不是唯一使用的定义。在美国政府正式进行官方劳动力统计之前，职业数据通过美国人口普查收集。这些数据被用来计算"有酬工人"（gainful worker）的劳动参与率。"有酬工人"衡量了声称拥有职业的个体在人口普查前一年所占的比例。目前所使用的定义，即劳动力衡量标准，是在1940年提出的，将之前定义中的主观问题——个体是否拥有一份职业——转化为客观问题：在特定调查周内是否从事有偿工作？然而，即使是使用已公布的人口普查数据对"有酬工人"进行估计，也只能追溯到1890年。更早期的数据必须从人口普查手稿和信息不是很丰富的数据来源中进行甄别，如城市名录和制造业普查数据等。

尽管"有酬工人"和劳动力这两个概念有所不同，但在特定情况下，二者可以产生相似的估计结果。两个因素决定了这些定义是否具有可比性，即所有工人工作天数的分布以及1940年之前用于劳动参与率统计的个人工作天数。幸运的是，从1890年至20世纪80年代末的每次人口普查都对女性的劳动参与率进行了估计。[7]然而，这些估计可能无法涵盖经济活动中的所有女性。1890年人口普查严重低估了就业人数，尤其是女性，这就导致20世纪以来女性就业增长幅度过大。此外，家庭生产向经济市场的转移可能需要对人口普查所使用的劳动参与率概念进行全面的重新评估。

劳动力和有酬劳动标准都试图对进入劳动力市场或有偿经济部门工作的人口比例进行估计。尽管劳动参与率是一种便捷的综合统计指标，但便捷也有一定的代价。该指标本身无法估计每日或每周工作时间以及一年中或多年里的就业间断情况。因此，仅凭劳动参与率数据无法计算兼职就业以及在一年或多年里的工作调换情况。这些关于工作的其他方面将使用另外的资料单独说明。

考虑到劳动参与率统计数据的重要性，令人惊讶的是，1890年之前的美国人口普查并未提供详细的职业数据，但正是基于这些数据，1940 年的衡量标准才得以建立。此外，如前所述，直到 1940 年，才在每十年一次的人口普查中将劳动力数据设计成具有完全可比性的数据。更令人困惑的是，在印刷出版的人口普查文本中，所包含的婚姻状况和年龄分组信息在每十年的统计中都不相同。

因此，在构建一个长期可比较的时间序列时，有必要做出许多假设。但即便如此，调整后的数据长度也仅有一个世纪，即从 1890 年至 20 世纪 80 年代末。各种子群体的情况需要追溯到更久之前，但首先必须将这些群体与 1890 年后相应的群体对应起来。此外，需要明确的是，女性劳动力的演变发生于 19 世纪末至 20 世纪 80 年代末。

整理劳动参与率数据的方法有很多，例如按年龄、婚姻状况、种族、出生地和位置进行分类。我们将重点放在劳动力市场中所有女性身上，并根据其婚姻状况进行梳理，然后逐一探索其他层次的细节。我们首先分析了从 1890 年至 20 世纪 80 年代末标准的官方人口数据，并对早期人口普查数据进行了调整。对早期数据进行调整的目的在于考虑特定部门可能低估了女性劳动力的数量，并且由于家庭生产向市场工作的过渡而产生了数据不可比的情况。

1890 年以来已婚女性的劳动参与率

在美国历史中的大部分时期，婚姻状况为女性参与劳动力市场提供了一条明确的界限。大多数女性在刚结婚时或结婚后便退出了劳动力市场，这一点从表 2.1 已婚女性劳动参与率明显低于单身女性劳动参与率就可以看出。然而，到了 20 世纪 50 年代，这种简单比较就不再适用。首先观察白人女性数据，在 1960 年所有年龄段的单身女性中有 49% 的人参加工作，已婚女性中有 30% 的人参加工作。假设这些女性处于自己的生命周期之内，并暂时忽略不同年龄群体间劳动参与率的差异，那么 39%［39% ≈（49 – 30）/49］的女性将在结婚时退出劳动力市场，[8] 而根据类似的计算方法得出 1890 年对应的结果为 93%，这一比例相当高。即便使用更详细的分组数据进行计算，结果也基本保持不变（见表 2.2）。由此，我们初步得出结论，在整个美国历史上，大多数女性在刚结婚时或结婚不久便离开了劳动力市场。但是，这个结论仍需按照实际生命周期数据进一步分析。表 2.1 和表 2.2 中女性劳动参与率在婚姻状况方面所显示出来的极端差异，很难用其他合理方式进行解释。

已婚成年女性劳动参与率的提升是女性劳动力市场演变过程中最重要的一个变化。我们首先看一下白人女性劳动参与率的变化情况，似乎从 20 世纪 40 年代开始，劳动参与率每十年大约提升 10%。从 20 世纪 40 年代到 60 年代，35 岁以上已婚女性的劳动参与率增长最快。从 20 世纪 60 年代至 80 年代末，年轻已婚女性劳动参与率增长最为迅速。这两种趋势在图 2.1 中都非常明显。第二次世界大战之后，年龄较大的已婚女性就业人数的增加反映了彼时她们生命周期状况的改变。正如第五章所述，她们的孩子已经成人，而"婴儿潮"时期出生的孩子则正处在由年轻女性抚养的阶段。关于美国劳动力中有越来越多的女性这一事实并不新鲜。约翰·杜兰德（John Durand）、理查德·伊斯特林（Richard Easterlin）和克莱伦斯·朗（Clarence Long）等敏锐的观察者曾密切跟踪并注意到了女性经济角色的变化。关键问题在于女性劳动参与率的提升是如何实现的。

女性劳动参与率的提升以一种独特的方式演变，长期以来，研究人员一直未能发现这种模式。从已婚女性劳动参与率开始增加到 1940 年，更多受过教育的女性被吸引进入劳动力市场，其速度要快于所有已婚女性。此外，这些女性开始工作后往往会坚持留在劳动力市场中，而那些选择离职的女性则通常会一直处于职场之外。换言之，并非所有成年已婚女性都有较高的离职率。关于为何某些女性进入劳动力市场以及为何该群体数量不断增长等问题将在第五章进行讨论。在此，我强调了女性劳动参与率随着时间推移和出生队列（birth cohort）逐渐增加的新情况。

表2.1 按婚姻状况、种族、出生时间划分的女性劳动参与率（1890—1988）（%）

	≥15岁							≥16岁		
	1890	1900	1920	1930	1940	1950	1960	1970	1980	1988
合计	18.9	20.6	23.7	24.8	25.8	29.5	35.1	41.6	51.1	
已婚	4.6	5.6	9.0	11.7	13.8	21.6	30.6	39.5	50.1	
未婚（单身）	40.5	43.5	46.4	50.5	45.5	50.6	47.5	51.0	61.5	
白人	16.3	17.9	21.6	23.7	24.5	28.5	34.2	40.9	50.9	
已婚	2.5	3.2	6.5	9.8	12.5	20.7	29.8	38.5	49.3	55.8
未婚（单身）	38.4	41.5	45.0	48.7	45.9	51.8	48.5	52.1	64.2	68.6
非白人	39.7	43.2	43.1	43.3	37.6	37.8	42.7	47.3	52.1	
已婚	22.5	26.0	32.5	33.2	27.3	31.8	40.5	50.0	59.0	64.4
未婚（单身）	59.5	60.5	58.8	52.1	41.9	40.0	39.7	43.6	49.4	56.4
外国出生	19.8				19.1					
已婚	3.0				8.5					
未婚（单身）	70.8				73.8					

注：已省略1910年的劳动力数据。关于该年农业劳动力超额统计的讨论，请参见第二章附录。假设所有14岁和15岁的孩子在不同年份的数据中都未婚。

资料来源：美国人口普查局，《美国第十一次人口普查（1890）》，第一部分和第二部分（华盛顿特区：政府印刷局，1895c，1897）；美国人口普查局，《美国第十二次人口普查（1900）》，补充分析和附表（华盛顿特区：政府印刷局，1906）；美国人口普查局，《美国第十四次人口普查（1920）》，第四卷《人口》（华盛顿特区：政府印刷局，1923）；美国人口普查局，《美国第十五次人口普查（1930）》，"美国人口普查摘要"（华盛顿特区：政府印刷局，1932）；美国人口普查局，《美国人口普查（1950）》，第四卷《特别报告》，第一部分，A章，"就业和个人特征"（华盛顿特区：政府印刷局，1953b）；美国人口普查局，《美国人口普查（1960）》，项目报告：期末报告PC/(2)-6A，"就业状况和工作经历"（华盛顿特区：政府印刷局，1963b）；美国人口普查局，《美国人口普查（1970）》，项目报告：期末报告PC/(2)-6A，"就业状况和工作经历"（华盛顿特区：政府印刷局，1973）；美国劳工部劳工统计局，《工人的婚姻和家庭模式：更新》，公告2163（华盛顿特区：政府印刷局，1983）；美国劳工部劳工统计局，"当前人口调查"，1988年5月未公布的数据。

白人已婚女性群体

探究成年女性劳动参与率的最佳方法是按照年龄对劳动参与率进行排列,并根据出生队列对其进行分组。因此,通过将1920年25岁至34岁女性的劳动参与率和1930年35岁至44岁女性的劳动参与率进行关联,可以得出1886年至1895年出生女性群体的部分情况。由于美国每十年一次的人口普查提供了过去大部分时间唯一可用的数据,而且由于人口普查中通常包含较为宽泛的年龄组别,因此得出的队列概况很粗略,就像之前给出的例子一样。在这里,"队列"是指在特定时间段内出生的群体,在本书中则指各种构建的衡量指标,而非个体随时间实际发生的情况。例如,在早期数据中无法删除已故个人的数据。然而,这些资料仍然能很好地揭示群体经历。数据资料可以按照不同队列婚姻状况保持不变的方式进行排列,也可以按汇总婚姻状态来允许婚姻状态在整个生命周期中发生变化的方式进行排列。

表2.2 按年龄和婚姻状况划分的白人和非白人女性劳动参与率 (1890—1980) (%)

年份	年龄				
	15—19	16—19	15—24	16—24	25—34
	从未结婚(单身)白人女性				
1890			35.0		53.1
1900			37.5		56.7
1910			n.a.		n.a.
1920			46.6		67.7
1930	27.8		42.6		75.4
1940	n.a.		40.8		79.4
1950	28.1		42.9		80.6
1960	28.9		40.0	(45.9)	81.9
1970	30.1		40.9	(47.9)	81.5
1980	n.a.	(52.7)	n.a.	(62.6)	87.8
	年龄				
	15—24	25—34	35—44	45—54	55—64
	当前已婚白人女性				
1890	2.9	2.6	2.5	2.3	1.8
1900	3.0	3.1	3.1	2.6	2.3
1910	n.a.	n.a.	n.a.	n.a.	n.a.
1920	8.2	7.7	6.3	(4.9)	(4.9)

（%）（续表）

年份	年龄				
	15—24	25—34	35—44	45—54	55—64
	当前已婚非白人女性				
1950	24.9	21.0	25.3	22.2	12.6
1960	30.0	26.7	35.4	38.6	24.6
1970	44.1	36.2	44.4	46.7	34.1
1980	60.1	56.0	59.1	53.4	36.8
	当前已婚非白人女性				
1890	24.5	23.3	22.4	21.0	19.1
1900	25.0	27.6	26.2	23.9	21.1
1910	n.a.	n.a.	n.a.	n.a.	n.a.
1920	30.4	33.7	34.5	(30.4)	(30.4)
1930	29.9	35.9	35.8	30.1	27.6
1940	23.7	31.4	30.5	25.5	19.3
1950	23.7	34.8	38.7	32.9	22.3
1960	31.8	40.7	48.9	47.3	33.7
1970	48.0	54.8	57.5	54.5	41.2
1980	60.2	71.4	72.0	61.3	42.0
	丧偶和离异白人女性				
1890	37.2	45.8	42.6	31.4	21.0
1900	32.3	52.7	53.5	38.1	23.8
1910	n.a.	n.a.	n.a.	n.a.	n.a.
1920	47.6	(63.9)	(63.9)	(37.5)	(32.5)
1930	56.7	(63.9)	(63.9)	45.1	24.8
1940	49.3	63.2	59.3	44.1	25.2
1950	52.0	60.9	65.2	55.7	35.4
1960	49.5	60.7	68.4	57.1	47.8
1970	58.5	66.8	71.0	71.5	54.9
1980	73.2	77.2	77.7	73.8	54.0

注：单身包括1890年、1900年和1920年的未知婚姻状况；1970年，14岁劳动力人数占14岁和15岁人数的比例采用1960年的数据。丧偶和离异数据中，1890年和1900年只包含丧偶的数据，1920年和1930年包含未知婚姻状态、丧偶和离异的数字统计，1940年、1950年和1960年包含丧偶和离异的数据。1920年括号内的数字是指25—44岁的单身和已婚群体；1920年丧偶女性和离婚女性的数字统计是指25—35岁和35—44岁，以及45—54岁和55—64岁的群体。1930年括号中丧偶女性和离婚女性的数字统计是指25-35岁和35—44岁年龄组中25—44岁的人。1940年至1980年的已婚女性数据统计的是已婚配偶尚在的女性人群。n.a.表示无数据。

资料来源：见表2.1；美国人口普查局，《美国人口普查（1960）》，《美国摘要：最终报告》PC（1）-JD（华盛顿特区：政府印刷局，1963a）。

如表2.1和表2.2所示，女性劳动参与率因婚姻状况而存在显著差异。因此，在队列情况中，我们需要考虑是否应该保持婚姻状况不变，或者采用平均值更为合适。平均值能够反映一个群体的整体情况，但无法揭示个体的具体经历。个别女性通常只在单身、已婚、离婚或丧偶等特定生活状态中度过一部分时间，而全部人口的状况则是根据每种婚姻状态所占时间比例进行加权计算的。

按婚姻状况排列的队列揭示了普通女性在不同婚姻状态下的经历。然而，要追踪女性在婚姻演变过程中的变化，需要整合不同群体的数据。因此，如果有人认为女性的平均结婚年龄为 24 岁，丧偶女性的平均年龄为 55 岁，则将三个群体的情况联系起来可能是恰当的。单身女性适用于 24 岁之前，已婚女性适用于 24 岁至 55 岁之间，而丧偶女性则适用于 55 岁之后。

然而，这些状况之间可能是相互联系的。个人的劳动参与率往往与她们对生命周期的主观选择有关。例如，晚婚女性在单身和已婚时的劳动参与率可能更高；离婚女性在分居前的劳动参与率可能更高。因此，那些结婚较晚女性的劳动参与率将超过同一年龄组的平均劳动参与率；与那些因死亡或丧偶而退出劳动力市场的女性相比，离婚女性的参与率将高于同龄女性的平均劳动参与率。[9] 人们对不同群体劳动参与率相互关系的理解仍然有限，并且过去的数据并不能满足所有队列的研究需求。随着时间的推移，使用队列数据会产生进一步的复杂性，因为不可能按居住地对所有数据进行分层。因此，不同地区和不同城市化水平的劳动参与率差异将不会十分明显。[10]

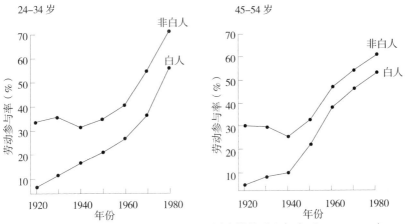

图 2.1 按种族划分的两个年龄组已婚女性劳动参与率（1920—1980）

资料来源：见表 2.2。

尽管使用婚姻队列数据可能存在偏差，但这种方法的优点远大于缺点。通过关注个人的平均水平而非群体的平均水平，可以更好地了解女性生命周期中劳动参与率的变化情况，以及个人对未来工作经验预期的形成方式。这一方法的结果将为女性劳动力演变提供一个令人惊叹的新观点，[11] 也是一种无法通过纠正数据缺陷来推翻的观点。

图 2.2（1）显示了在美国本土出生（父母亦在美国本土出生）的已婚白人女性群体的劳动参与率走势。每条线代表一个不同的出生队列（根据其出生年份划分）劳动参与率在生命周期中的变化趋势。横轴表示年龄，纵轴表示劳动参与率。除 1970 年外，并未提供与各群体相对应的普查年份。

队列与截面

在图 2.2（1）中，需要注意的最重要的方面是随着年龄的增长，所有人群的劳动参与率都呈上升趋势，并在 55 岁至 60 岁年龄段达到峰值。这些队列在生命周期中的劳动参与率的增长与横截面数据（虚线所示）形成鲜明对比。相较于队列数据的连续上升趋势，1970年的横截面并未随年龄增长而增加。相反，横截面数据先下降，然后上升，并再次下降，呈现出双峰走势。横截面数据不能代表个体生命周期内的实际经历，而仅反映了某一年中不同年龄段所有已婚白人女性的经历。

队列和截面之间的差异具有重要的政策含义。队列数据表明，在20世纪大部分时间里，大多数重新进入劳动力市场的已婚女性（例如接近40岁时），自结婚后就没有工作过。这些女性并非在婚姻存续期间频繁中断有偿工作，而是在结婚时就离开了劳动力市场。当然，这些队列中也存在例外情况，一些女性的工作在结婚期间会中断，这是20世纪80年代末队列中大多数女性所呈现出来的模式。在部分年龄群体中广泛存在着工作中断的情况，并未反映在图形之中。然而，队列数据显示，女性职业生涯经常因怀孕或其他相关家庭责任被打断的认知，并不适用于美国历史上的大多数女性。高离职率的标准解释是基于最近的横截面数据推测出来的，但这种推断对时间序列来说并不正确。然而，所有队列在结婚前的劳动参与率都相当高，但目前在图2.2（2）中还无法看出这一点（见表2.2）。

以1916年至1925年间出生的人群为例，观察其整个生命周期内的劳动参与率是非常具有启发性的。在图2.2（1）中，15岁至24岁单身人群的劳动参与率为41%，而同年龄段已婚人群的参与率仅为15%。研究对象中已婚女性在25岁至34岁期间劳动参与率上升至21%，并在35岁至44岁期间超过35%。在结婚时处于15岁至24岁的女性劳动者很可能退出劳动力市场，但也正是这些拥有工作经历的人在年龄较大时会再次参加工作。大多数参与劳动力市场的年龄较大的女性在年轻和结婚时都不可能在职场工作。此外，数据还显示许多女性要等到孩子长大后才能重新进入劳动力市场。本章稍后将提供实际工作经历数据来验证这些假设。

■ 第二章 女性劳动力的演变

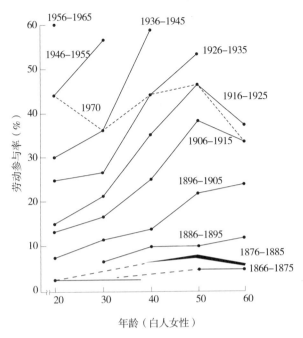

图 2.2（1） 1890 年至 1980 年间，按队列和种族划分的 1866 年至 1965 年出生的已婚女性劳动参与率。值得注意的是，1890 年至 1920 年的白人数据只统计父母为美国本土人且自己在美国本土出生的女性（未包括在表 2.2 中）

结婚时的就业变化与结婚后的就业变化之间的区别对于理解女性工作变化和她们在劳动力市场上所受的限制具有非常重要的意义。图 2.2（2）显示，在美国历史上的大部分时间里，白人女性在婚后要过一段时间才逐渐进入劳动力市场。已婚年轻女性的劳动参与率低于已婚年长女性，但她们婚前的劳动参与率要高得多。因此，女性并非由于怀孕、分娩或其他家庭责任中断了工作，而是由于自身婚姻状态的改变导致其经济地位发生了变化。

需要强调的是，由于图 2.2（2）中的队列参与率曲线是以已婚女性为统计对象的，因此无法在图中观察到单身女性大规模参与劳动力市场的情况。回想一下，自 1890 年以来，单身女性劳动参与率远超 40%；在所有单身女性中，结婚前曾参加过工作的比例甚至更高。几项微观层面的研究表明，已婚女性中很少有人在结婚前完全不工作，即使那些已离开劳动力大军的女性在婚前也曾有过一段时间参与劳动力市场工作。[12]

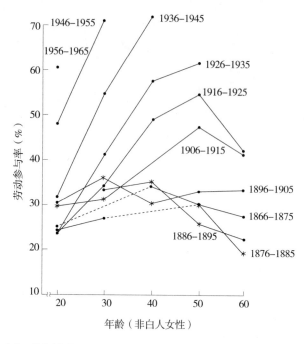

图 2.2（2）观察结果显示了 5 个年龄组的中点：分别为 15—24 岁、25—34 岁、35—44 岁、45—54 岁和 55—64 岁。图中的线状虚线表示数据缺失；星号 * 代表在 1930 年至 1940 年经济大萧条时期出现的非白人队列。此外，1970 年的横截面数据使用了点状虚线

队列变化的含义

已婚女性在中年进入劳动力市场，实际上是踏入了一个全新的领域。她们并非回到之前离开的劳动力队伍，以横截面数据来看情况确实如此。对于 1910 年前后出生的人群而言，在 1930 年已婚女性的劳动参与率为 13%。然而，在 1950 年这一比率升至 25%，在 1950 年至 1960 年期间又上升了 14%，当这些人平均年龄达到 50 岁时，劳动参与率上升至 39%。

第二章 女性劳动力的演变

这意味着进入劳动力市场的年长女性在劳动经历方面相对久远且时间短暂。她们并不会给劳动力市场带来新的技能。相反，许多人尝试重新从事她们几十年前甚至更早时从事的职业，而且大多数女性对新的劳动力市场角色缺乏充分的准备。之前已经获得的工作技能因长期不用而贬值，同时现代技术也需要她们重新学习并掌握新技能。这一规模不断扩大的劳动力群体所面临的问题被同龄人所深刻体会和理解。1956 年，在扩大雇用年长已婚女性的初期，一家大型零售机构的经理评论道："任何 30 岁以上的人都很难学会操作复杂的收银机。"但他又补充说："这种困难无关紧要，因为年长女性通常会展现出更好的销售能力。"[13]

由于横截面数据比队列数据更容易获得，因此没有确凿证据表明队列的实际经历与横截面数据存在巨大的偏差。缺乏不同群体的实际工作经历使我们难以理解新近进入劳动力市场的人所面临的调整问题。因此，在女性尤其是年长女性劳动参与率迅速提升时期，男女之间以及年长女性和年轻女性之间的收入差距未能缩小，该结果并不令人意外。劳动参与率的提升吸引了经验不足者加入劳动力大军。然而，只有基于实际群体经历的数据才能揭示整个生命周期中的工作经验积累的情况，这将成为下一节谈论的主题。

图 2.2（2）中，每个队列曲线随着年龄增长而上升的主要原因是，随着时间推移所有年龄段和所有群体中女性的劳动参与率都持续上升。同时，年龄增长本身在一定程度上提高了劳动参与率，三四十岁的已婚女性与二三十岁的已婚女性相比，承担了较少的家庭责任。因此，随着每个队列年龄的增长，有两种因素改变了女性的劳动参与率——一种与时间相关，另一种与年龄相关。

对于不同队列来说，上述两个因素中，随着时间推移劳动参与率的提升是更大的刺激因素。根据第五章所探讨的各种原因，随着时间的推移，所有队列的劳动参与率都有所提高。因此，每个队列曲线都位于前一队列曲线之上。

图 2.2（2）还有一个显著特点，与其他队列相比，某些队列在其生命周期中经历了较大幅度的劳动参与率提升。虽然某些时期刺激了女性劳动参与率大幅增加，但图形显示得并不明显，这与绘图的方式有关。例如，在 20 世纪 50 年代，1910 年前后出生的一代人经历了劳动参与率的明显提高，当时她们都 40 多岁。而 1900 年前后出生的这一人群在 20 世纪 40 年代劳动参与率增长最快，恰巧她们也都已经 40 多岁。从图 2.2（2）中可以观察到，1900 年前后出生的人群整个生命周期的劳动参与率曲线与后期队列曲线形状相似，但之前的相似性并不明显。

1940 年前后出生的群体经历了劳动参与率的显著增长，到了 20 世纪 70 年代，这批人都处于 30 多岁的阶段。而上一组出生在 1930 年前后、属于"婴儿潮"一代父母群体的人，在 20 世纪 60 年代处于 30 多岁时的劳动参与率也有了大幅度的增长。

可以说，队列经历与图 2.1 和图 2.2（2）所示的时间序列在很大程度上反映了人口从农业和农村地区流出这一现象。表 2.3 所列示的城市地区的类似构造数据表明，图 2.1 和图 2.2（2）中已婚女性劳动参与率的一般趋势得到重现，并且这种趋势具有普遍适用性。20 世纪 20 年代，年轻已婚女性劳动参与率的不断提高说明她们在结婚后的某个时间才开始退出劳动力市场，而不是在结婚时就直接退出。林德夫妇(Robert S. Lynd and Helen Merrell Lynd)的中镇(Middletown)研究指出："……年轻妻子倾向于保留文书工作，直至她们的丈夫开始独当一面。"[14]

表 2.3　城市地区按年龄和出生地划分的已婚白人和非白人女性劳动参与率（1890—1970） (%)

年龄	1890			1920			1930	1940	1950	1960	1970
	NN	NF	F	NN	NF	F	NF+NF	全部	全部	全部	全部
					白人女性						
15—19	5.5	4.2	5.9	15.4	15.5	15.3	17.8	20.1	26.1	29.5	37.6
20—24				12.2	12.9	11.2	20.9		31.2	33.2	47.9
25—34	4.3	3.4	4.2	9.6	10.5	8.5	15.8	19.5	23.3	27.3	36.7
35—44	4.3	3.7	4.0	9.0	10.0	7.8	12.8	15.4	27.5	36.5	44.9
45—64	4.0	4.0	3.3	n.a.	n.a.	n.a.	n.a.	9.2	20.1	35.2	43.8
45 以上	3.8	4.0	3.2	6.4	7.3	5.4	8.4	n.a.	17.5	29.8	36.7
					非白人女性						
15—19		39.2		28.0			30.6	28.6	19.7	26.5	35.6
20—24				36.5			39.0		30.4	37.0	54.1
25—34		27.7		37.0			43.4	37.1	40.1	43.5	57.8
35—44		28.8		39.4			43.8	33.9	45.1	52.2	60.2
45—64		35.0		n.a.			n.a.	25.4	34.3	46.2	51.4
45 以上		35.0		36.5			36.7	n.a.	31.7	41.8	45.2

注：NN 表示美国本土出生的白人，且父母都在美国本土出生；NF 表示美国本土出生的白人，但父母至少有一方在外国出生；F 表示出生于外国的美国人；n.a. 表示无数据。在 1970 年，非白人就是指黑人。1890 年至 1940 年：城市区域包括人口超过 10 万的城市。1950 年至 1970 年：城市区域包括人口超过 2500 人的城市。1890 年至 1930 年：已婚女性包括配偶尚在或丧偶女性。1940、1960、1970 年：已婚女性统计的是配偶尚在者。1950 年：已婚女性统计的是妻子是一家之主者。1890 年数据的获得程序：人口普查数据按出生年月、年龄汇总以及 10 万人以上城市的婚姻状况统计。每个单元的女性人数是在"年龄—婚姻"状况分布与 1890 年人口普查中提供的非农业女性劳动力分布相同的假设下，根据每组女性的出生人数构建的。

资料来源：见表 2.1 美国人口普查局，《美国第十六次人口普查（1940）》，"人口：女性劳动力、就业和家庭特征"（华盛顿特区：政府印刷局，1943b）。

已婚女性的经济参与也对女性劳动力的婚姻构成产生了影响，如表 2.4 所示。表中数据也显示了经济变化的社会和政治含义。尽管在美国历史的大部分时间里，已婚女性的劳动参与率较低，但由于大多数成年女性都是已婚状态，因此已婚女性在整体女性劳动力群体中占据了相当大的比例。1930 年，已婚白人女性的劳动参与率不到 10%，但每 4 名参与劳动力市场工作的女性中就有 1 名是已婚者。即使在 1920 年，已婚白人女性的劳动参与率仅为 6.5% 的情况下，也有六分之一的劳动女性处于已婚状态。

难怪早在 20 世纪 20 年代，社会评论家就将注意力从单身职业女性的困境转移到了已婚职业女性的困境。从 19 世纪中期到 20 世纪 20 年代，有关职业女性的政策问题主要集中在未婚者身上——涉及她们的工作条件、工作时间、工资以及离开家庭独立生活等方面。然而，在 1920 年前后，有关职业女性的专著开始将这个问题视为已婚职业女性和母亲所面临的问题。在一本专著的开头有如下表述："我们已经足够清楚地知道，有很多女性进入到各类行业之中，其中许多是已婚女性，并且有些还是孩子的母亲。"（Hughes，1925，第 13 页）

表 2.4　女性劳动力的婚姻构成（1890—1988）　　　　（%）

年份	1890	1900	1910	1920	1930	1940	1950	1960	1970	1980	1988
					单身女性占比						
NN	69.0	69.1	n.a.	66.4							
NF	89.9	86.4	n.a.	74.3	61.0						
F	74.3	71.1	n.a.	54.1	49.6						
白人	76.2	74.7	n.a.	63.6	59.5	52.3	33.6	24.3	23.4	24.3	24.4
黑人	50.8	49.0	n.a.	33.3	30.6	29.1	20.1	18.8	22.5	30.1	n.a.
					已婚女性占比						
NN	10.0	11.3	n.a.	19.0							
NF	4.5	5.8	n.a.	11.6	24.6						
F	9.4	11.6	n.a.	19.8	31.3						
白人	8.3	9.7	n.a.	17.0	25.5	29.2	46.9	56.3	58.0	57.4	57.4
黑人	27.7	28.6	n.a.	42.2	43.2	34.4	43.6	47.4	47.7	39.4	n.a.
					其他（丧偶、离异、未知）女性占比						
NN	21.0	19.6	n.a.	14.6							
NF	5.6	7.8	n.a.	14.1	14.4						
F	16.3	17.3	n.a.	26.1	19.1						
白人	15.5	15.6	n.a.	19.4	15.0	18.5	19.5	19.4	18.6	18.3	18.2
黑人	21.5	22.4	n.a.	24.5	26.2	36.5	36.3	33.8	29.8	30.5	n.a.

注：NN 表示美国本土出生的白人，且父母都在美国本土出生；NF 表示美国本土出生的白人，但父母至少有一方在外国出生；F 表示出生于外国者。n.a. 表示无数据。1930 年的数据适用于所有美国本土出生的白人。已婚比例仅包括 1940 年至 1980 年间与配偶同住的已婚者。单身比例涵盖 1890 年至 1900 年间"未知婚姻状况"的情况。

资料来源：见表 2.1。

年长女性就业人数增加的另一个后果是女性劳动力的老龄化。1890 年前后，女性制造业工人的年龄中位数仅为 20 岁，而 14 岁以上女性人口的年龄中位数为30.2岁。[15]到1960年，女性劳动者的年龄中位数为40.4岁，略高于14岁以上女性人口的年龄中位数。[16]随着时间的推移，无论是女性劳动力还是女性人口都呈现出老龄化趋势，尽管整体劳动力老龄化的速度更快。

总体来看，根据人口普查数据计算，已婚白人女性的劳动参与率从1890年至今呈现上升趋势，但在某些特定时期和特定群体中增长更为显著。解释为什么在某些特定时期，某特定群体的劳动参与率会显著提高，将有助于解释为何美国历史上成年已婚女性的劳动参与率持续提升，这是本书第五章将要探讨的核心问题。

非白人已婚女性群体

我在前面提到过，在美国历史上，黑人和白人女性的劳动参与率存在显著差异。1890年，非白人已婚女性的劳动参与率几乎是白人女性的10倍；1930年，前者是后者的3倍多；而在1970年，则是1.3倍（见表2.1）。即使到了1980年，不同种族之间也只有最年轻的已婚女性劳动参与率达到了相同水平。多种因素可能导致黑人女性更积极地参与劳动力市场。其中一个原因是黑人家庭收入较低，这部分可以归因为黑人男性失业率较高以及受教育程度低于白人男性。然而，许多研究得出的结论认为，仅通过家庭和个人特征差异无法完全解释黑人和白人女性在劳动力市场参与方面的差异。研究显示，在家庭收入、教育程度、子女数量等其他因素相同的情况下，黑人女性比白人女性更加积极地投身工作（详见Goldin，1977，研究综述）。一些观点认为，相对于黑人女性来说，黑人男性面临更多歧视，并且经常依靠妻子代替自身从事工作来维持家庭生计。我研究的结论指出，奴隶制可能留下了双重影响。与美国白人相比，美国黑人普遍存在教育水平较低、收入较低以及就业机会稀缺等问题，部分原因可以追溯到奴隶制直接造成的影响。然而，奴隶制还可能产生间接影响，即美国黑人女性在有偿劳动中不像已婚白人女性那样受到社会歧视（Goldin，1977）。

在图2.2（2）中，只有1916年至1925年之后出生的非白人女性劳动参与率曲线在整个生命周期中都呈上升趋势。相比之下，所有队列中白人女性劳动参与率曲线都有所上升，但两张图中年龄最大的群体明显属于例外。在1920年以后出生的女性中，非白人已婚女性和白人已婚女性劳动参与率曲线相似，但非白人女性的劳动参与率曲线一直很高，并且在较年轻时期上升速度更快。

在图2.1中，两组之间的差异更加明显。该图展示了按年龄而非按出生队列划分的劳动参与率走势。非白人女性劳动参与率始终高于白人女性，但从1920年至1940年，非白人女性劳动参与率出现下降趋势。然而，在其他时期这两组曲线是相似的。无论是20世纪60年代之后的年轻群体还是40年代之后的年长群体，其劳动参与率都在加速增长。

在过去一段时间，黑人女性主要从事农业和服务业工作。1890年，92%的黑人就业女性是农业劳动者和仆人；1930年，该比例微降至90%；即使到了1970年，这一比例也还有44%（关于黑人和白人女性职业差异的详细研究见第三章）。可能有种推测，即从农业向非农业转型导致了黑人女性劳动参与率下降。尽管可能是农业向非农业部门转型以及对家庭用人需求的减少，降低了黑人已婚女性的劳动参与率，但实际上，劳动参与率降低的主要原因是20世纪30年代的经济大萧条。在图2.2（2）中，所有黑人女性队列在20世纪30年代都经历了就业率下降的问题（见图中的星号），且在后来的几十年里一直未完全恢复。由于经济大萧条使得已婚女性有偿劳动减少，从而导致美国黑人收入下降的这一作用机制需要进一步研究。

生命周期中的劳动参与率和工作经验

劳动参与率的提高似乎意味着1930年出生的女性相较于1910年出生的女性在劳动力市场上持续工作的时间要更长。这一推论可以从每个队列在生命周期中劳动参与率持续提升以及后期队列的劳动参与率越来越高而得出。然而，这个推论在理论上并不一定正确，正如下文所述，实际上只有部分是正确的。在研究的所有出生队列中，结婚后参与工作的时间仅略有增加。

有关女性工作经验积累的数据并不像最初看起来那样明确。尽管数据可能表明，随着时间推移所有年龄的职业女性都积累了更多的工作年限，但在劳动参与率迅速提高的时期，就业女性的工作经验并非必然增长。实际上，随着劳动参与率上升，工作经验甚至可能下降。这种明显反常的现象源于劳动参与率的定义及其与工作生命周期之间的关系。

随着时间的推移，一个群体的劳动参与率的提高，并不一定意味着该群体中有更多人就业。这可能意味着每个队列成员在一年内工作周数的增加。这一使人困惑之处主要来源于劳动参与率模糊的定义。[17] 自1940年以来，劳动参与率是根据个人在一年中某一周的工作情况计算得出的。[18] 一个人在一年之内随机选取26周参与工作，那么她有50%的概率被纳入劳动力统计范围。而随机工作13周的人则有25%的概率被统计在劳动参与率之内。因此，劳动参与率从25%提高到50%可能意味着每个人的工作周数增加了一倍，个人工作时间不再是13周而是26周。然而这只是众多情况之一。

还有极端情况显示，25%的劳动参与率可能意味着占总人口25%的人在一年当中有52周的时间都在工作，而75%的人却没有就业。如果劳动参与率从25%提高到50%，那么意味着新增的25%的人加入了劳动力队伍，并且这些人每年都要工作52周。

这些极端情况表明，劳动参与率的定义存在歧义。将第一种情况称为"完全同质性"(complete homogeneity),在此情况下,无论周数多少,每个人——可能因性别、出生年份等有所差异——每年工作的周数相同。由于劳动参与率等于每个人每年预期工作的周数除以52,因此,在劳动参与率为25%的情况下,每位女性每年有13周在工作,人口普查员在任何一周内发现她们处于劳动力队伍之中的概率为25%。

此外,还有一种极端情况是"完全异质性"(complete heterogeneity),在这种情况下,部分人群全年都在参与劳动,而其他人则根本没有就业。[19]因此,当劳动参与率为25%时,正好有25%的人有52周的时间都在工作,而另外75%的人则完全没有就业。两种极端情况都有可能未被观察到,而实际情况可能介于完全同质性和完全异质性之间,并呈现出两者的某种混合状态。

我想强调的是,工作的意义和影响将取决于上述两种极端情况中哪一种占主导地位。根据上面的讨论,女性工作者同质或异质的程度将决定就业女性的平均工作经验。对于现在和过去任何给定的劳动参与率而言,来自同质性人群的一组工作女性所积累的工作经验水平将低于来自异质性人群的一组工作女性。因此,相同劳动参与率条件下却产生了不同水平的工作经验是当前就业群体所呈现出来的结果。

工作经验通常是一个人参加的培训和具备的资历的体现,丰富的工作经验也是衡量收入水平的重要指标。相比于同质人群中的职业女性,来自劳动力供给异质性人群的职业女性往往能够积累更多的工作经验并获得更高的收入。她们在一生中的大部分时间里都投身于工作,因此更有可能被视为"职业"工作者。这种差别不仅影响了工作经验的年限,还影响就业的持续性和工作的具体特点。

人口异质性越高,女性在一年或未来几年中从事同一职业的可能性越大。她们的职业往往与那些因为培训和技能维持成本而经历快速更替的女性不同。因此,在劳动参与率为25%的同质性人群中,特定女性成为医生的可能性较低。她们每年只有25%的时间参与劳动。然而，在劳动参与率同样为25%的异质女性群体中，这些劳动者可能具备较高的技能。极低的参与率——甚至低至5%——仍然可能与职业中劳动力流动率较低以及持续性较高保持一致。然而，低劳动参与率意味着已婚的职业女性将是罕见个体，尽管她坚持工作，但其工作可能得不到社会的认可。

就第四章关于经济歧视的内容而言，更为重要的是已婚女性劳动参与率较低的问题，尤其是在异质性人群之中。这意味着相当大一部分人在结婚后就退出了劳动力市场。回想一下，在所研究的大多数队列中，只有少数已婚女性工作，但她们在单身时参加工作的人数明显较多。稍后我将详细说明，在1940年超过80%的已婚女性在结婚前后退出了劳动力市场，并且其中大多数人再也没有回来。由于雇主很难预见到哪些未婚女性会留下来，因此可能在工作分配和培训方面存在性别歧视现象。

在动态变化的情况下，劳动参与率的提升与职业女性平均工作经验变化之间的关系也将取决于人口同质性或异质性程度。正如前文所述，矛盾之处在于，劳动参与率的提升可能导致职业女性平均工作经验减少。在异质情况下，劳动参与率的提升必须从非劳动力中吸纳个体加入劳动力队伍。当劳动参与率迅速攀升时，相当一部分职业女性是新入职者，她们几乎没有接受过工作技能方面的职业培训，并且会拉低已就业女性的平均工作经验和技能水平。

对于类似图2.2（2）中劳动力数据的解释，在很大程度上将取决于女性人口同质或异质的程度。这一区别对女性追求和获得的职业类型、她们的绝对收入和相对于男性的收入、工作与非工作女性之间的差异以及劳动参与率提升的动态影响都有重要意义。最相关且非常重要的是经验问题，只能通过生命周期中的劳动参与率数据来回答。

使用人为构建的同质性和异质性的概念来探讨工作经验、工作性质、工作变动以及女性相对于男性的收入等问题似乎并不合适。采用直接衡量累积工作经验和工作变动的数据将大大简化问题。然而，问题在于只有1920年之后出生的女性才有这些数据，相关情况是通过各种纵向时间序列调查（如美国追踪调查和美国收入动态面板研究）进行抽样得到的。[20]这些调查始于1967年，因此关于该日期之前的工作经验只提供了有限的信息。

生命周期工作的直接测量

各种档案资料显示，尽管已婚女性的劳动参与率较低，但20世纪80年代末参加工作的女性积累了相当丰富的经验。美国劳工部妇女事务局发布的关于文书工作的公报显示，1940年从事办公室工作的已婚女性的平均年龄为33岁，自参加工作以来积累了13.7年的办公室工作经验，这些内容在第四章和第六章中会进一步讨论。这些经验几乎全部来自她们当时从事的工作，总计达到10.5年。此外，她们接受过11.3年的教育，在此之前只做过1.3份工作，并且离开劳动力市场仅有1.1年。[21]美国劳工部妇女事务局发布的另一份公报所提供的关于1939年城市女性的数据也证实了以上结果。在20世纪80年代末已婚女性劳动力中，40岁至49岁之间的平均工作经验惊人地达到了15.5年，30岁至39岁之间的平均经验则为12.2年（见表2.5）。因此可以得出结论，已婚女性进入劳动力市场比先前认为的时间持续更长。尽管上面的数据只反映了20世纪80年代末参加工作的女性所积累的经验，但这些数据表明整个女性群体具有较大异质性而非同质性。

表 2.5　已婚女性工作和非工作的生命周期劳动参与率（1939）

出生年份	1900—1909		1890—1899		1880—1889	
年龄	30—39		40—49		50—59	
	工作	非工作	工作	非工作	工作	非工作
A 部分：按年龄划分自参加工作以来工作经历的比例分布（%）						
0	0.0	0.0	0.0	0.0	0.0	0.0
0 ≤ 0.125	0.0	11.7	0.0	21.6	0.0	29.8
0.125 ≤ 0.250	2.6	21.9	1.6	27.0	5.1	35.1
0.250 ≤ 0.375	3.3	29.1	5.5	19.8	2.6	21.1
0.375 ≤ 0.500	4.0	13.8	6.3	12.6	18.0	3.5
0.500 ≤ 0.625	8.4	9.2	11.8	9.9	7.7	7.0
0.625 ≤ 0.750	12.1	6.6	11.8	4.5	15.4	1.5
0.750 ≤ 0.875	13.2	4.6	8.7	2.7	10.3	0.0
0.875 ≤ 1.000	56.4	3.1	53.5	1.8	41.0	1.8
B 部分：按工作经历比例和年龄划分的平均工作年数（年）						
0 ≤ 0.125	—	1.5	—	2.0	—	1.6
0.125 ≤ 0.250	2.5	3.6	5.0	4.9	7.5	6.5
0.250 ≤ 0.375	6.9	5.4	8.2	7.7	7.5	11.3
0.375 ≤ 0.500	7.5	7.8	10.6	11.9	16.1	11.3
0.500 ≤ 0.625	9.5	9.7	14.8	13.8	20.0	18.5
0.625 ≤ 0.750	12.3	11.2	15.2	14.4	22.9	24.0
0.750 ≤ 0.875	14.0	11.0	21.1	13.9	25.0	—
0.875 ≤ 1.000	13.2	14.8	16.6	27.5	18.9	36.0
1939 年平均工作经历（年）	12.2	6.0	15.5	7.6	19.0	7.6
参加工作的平均年龄	19.3	17.1	22.2	18.7	23.6	20.5
样本数量	273	195	127	111	39	57

注：已婚女性仅包括已婚且配偶在世的女性。所有区间都不包括下限，但包括上限。参加工作的平均年龄和工作经历也涵盖那些缺少工作开始以来工作时间百分比的样本。年长年龄组中样本数量较少意味着该年龄组内的平均值测算不准确。"—"表示没有样本数据。

资料来源：1939 年回顾性调查，请参见数据文献。

幸运的是，我们已经找到了各种历史资料和当前的资料，其中包含关于工作和非工作女性工作经验的可追溯数据和纵向数据。通过研究劳动参与率与同质性和异质性概念之间的关系，我们可以利用来自一些不同队列的数据获得从 1920 年至 20 世纪 80 年代末整个时期的信息。

有两个数据来源提供了相关的历史资料。首先是美国劳工部妇女事务局在1939年做的调查，在此称为1939年回顾性调查（见数据文献）。这项调查的原始信息是在美国国家档案馆发现的，调查提供了1880年至1910年前后出生的女性工作经历和工作变动的信息。我认为该调查资料是第一个包含了大量工作历史的回顾性数据集。而20世纪初出生的个体工作经历则包含在第二个数据来源之中，即与退休历史研究相关的社会保障管理局记录。然而，这一来源只能提供1951年以来较完整的信息。其他研究人员从"当前"人口普查中收集了近期队列的"当前"工作经验数据和记录在社会保障管理局中离开劳动力市场持续时间的数据。[22]

综合起来，从这些数据中得出的推论为20世纪美国女性工作的生命周期提供了新的看法。这一新看法与关于工作经验年限的发现一致，即已婚女性在劳动力市场上表现出持续稳定的供给，因此，20世纪80年代末参与劳动力市场的女性具有丰富的工作经验。加入劳动力大军的女性往往会长期留在工作岗位上，而未加入劳动力大军的女性则基本上保持离职状态。因此，已婚女性劳动参与率的提升意味着有更多的已婚女性加入劳动力大军。女性劳动力行为更符合上面所定义的异质性理论概念。

我能找到的关于工作经验的最早回顾性数据包含于1939年由美国劳工部妇女事务局组织开展的一项有关工作的大规模纵向研究，即针对"已婚女性工作者的家庭环境"的调查。为了应对经济大萧条时期公众对职业女性的不满情绪，美国劳工部妇女事务局试图通过证明已婚女性的工作收入用于供养家庭来说明"已婚女性有就业权利"（美国劳工部，1941，第1页）。为完成这项任务，美国劳工部妇女事务局在几个城市采访了数千名女性，并询问她们当时的收入、对家庭的经济贡献、教育程度和工作经历，包括以前从事过的职业以及进入和离开职场的原因。其中一些女性在1939年已经就业，而其他人则没有。研究人员调查了有工作和没有工作这两组人的工作经历，然而由于调查存在一些特殊情况，导致1939年有工作的人与没有工作的人之间存在差异,并且有工作的人信息更加详细(见数据文献)。因此,在某些分析中需要将这两组人分开考虑。重点调查对象是两组人中的已婚女性,这些女性的丈夫目前正因为没有工作而赋闲在家。所有被调查的对象均为白人,并且在1939年居住在中西部的一个大都市区。

根据表2.5和表2.6的数据,可以明确地看出女性在劳动力市场中具有显著的持续性。表2.5的第一部分详细列出了1939年按照三个不同年龄组划分的有工作和没有工作的女性自从开始工作以来的工作时间分布情况。在1939年的在职人群中,40岁至49岁(即1895年前后出生)的占比超过60%,她们自开始工作以来有超过75%的时间都在工作;其中54%的人自开始工作以来有超过87%的时间处于职场之中。对于1905年前后出生的人群而言,70%的人在就业以后有75%以上的时间都在工作。[23]

表2.6 已婚女性的就业变化(1939)

A部分:1939年在职女性					
平均出生年份	1904	1894	1884		
年龄	30—39	40—49	50—59		
同一岗位连续工作经历(年)	35.8	30.9	35.9		
同一岗位非连续工作经历(年)	31.4	31.7	33.3		
不同岗位非连续工作经历(年)	32.9	37.4	30.8		
样本数量	271	123	39		
B部分:1939年非在职女性					
平均出生年份	1914	1904	1894	1884	1874
年龄	20—29	30—39	40—49	50—59	60—69
结婚后不再工作(%)	49.3	60.7	62.1	56.1	57.1
仅在婚后工作(%)	5.0	1.5	4.5	8.8	14.3
婚前和婚后都有工作(%)	25.0	31.1	26.1	24.6	17.9
未说明何时工作(%)	20.7	6.6	7.2	10.5	10.7
	(45.7)	(37.7)	(33.3)	(35.1)	(28.6)
样本数量	140	196	111	57	28

注:表中B部分表示,婚前有工作但在调查表上没有列出职业的女性,被归入"仅在婚后工作"的类别。括号中的数字将属"婚前和婚后都有工作"和"未说明何时工作"这两种情况进行了分组,因为那些没有说明何时工作的人很可能是在婚前和婚后都有工作。

资料来源:1939年回顾性调查,请参见数据文献。

在1939年没有就业的女性样本中,所有抽样对象都曾经有过工作经历，[24]但很少有人工作的持续性会接近当时就业群体的平均水平。再看表2.5的A部分，在1895年前后出生、调查时为45岁左右的被访者中，约有50%的女性自就业开始至调查时的工作时间占比低于25%，超过80%的女性低于50%。只有4.5%的女性工作时间占比超过75%。而1939年有工作的女性的相应数据分别为1.6%、13%和62%。由于几乎所有当时没有就业的女性在结婚前都曾经有过工作经历，因此结婚后能够保持长期工作的比例甚至低于表2.5所示数据，两组之间的这种差异略显极端。[25]

表2.5的B部分按照3个队列和8个工作时间占比区间列出了每组人群（工作和非工作）的平均工作经历。在1939年，各个区间的平均工作年限并没有因就业状况而有显著差异。然而在整个数据分布中，目前就业的女性相较于1939年未就业的女性拥有两倍以上年限的平均工作经历，40岁至49岁的职业女性拥有15.5年的工作经历，而非职业女性的工作经历仅为7.6年。对于即将退休的人群来说，就业者拥有19年的工作经历，而未就业者的工作经验仅为就业者的40%。

尽管队列中的职业女性仍在劳动力大军之中，但有一种看法认为她们更换职业的速度相当快，以至于在每一项工作中都没有积累充足经验。表2.6列示了来自美国劳工部妇女事务局同一项调查的其他数据，对这一说法提出异议。就1939年工作的女性而言（见表2.6，A部分），超过三分之一的女性自始至终都在同一工作岗位工作；[26]不足三分之一的女性经历了职业中断，但工作岗位基本不变；其余三分之一的人在开始工作后至少更换过一次工作。这些数据还呈现了1939年未工作的女性结婚时退出劳动力市场的规模。对于那些30岁至50岁的群体来说，至少60%的女性在结婚时退出了劳动力市场，并且直到1939年未见其重新返回（见表2.6，B部分）。有些群体可能会在结婚时退出劳动力市场，但随后又重新加入。

根据表2.6的数据进一步计算得出，尽管部分人最终重返职场，但在1939年40岁至49岁的人群中有超过80%的女性在结婚后退出了劳动力市场。[27] 虽然已婚就业女性的平均工作年限相当可观，但大多数女性在结婚后选择离开劳动力市场。由于雇主难以预判哪些人会持续留在劳动力队伍中，这限制了对所有年轻女性提供的就业机会。

无论研究对象是哪个群体，也无论采用何种衡量标准，在1939年就业的女性表现出了极强的工作持续性，那些在1939年没有就业的女性工作经历远不及目前就业的女性。然而，人们或许想要了解经济大萧条期间女性工作者所面临的特殊情况，以及经济条件如何促进了当前女性工作的持续性，又如何限制了非就业人员加入劳动力队伍。即使是表2.5中最年长的群体，在她们职业生涯中也有相当长的时间处于劳动力市场之中，因此，经济大萧条在促进工作持续性方面起到的作用似乎很小。

如果经济大萧条真有什么影响，应该是破坏了工作的持续性。当丈夫失业时，已婚女性短暂地进入劳动力市场，这将降低其工作的持续性。此外，在经济大萧条期间，许多需要裁员的公司制定了解雇已婚女性的政策，然而，劳动力市场的其他因素却提升了工作的持续性。有工作的已婚女性可能会离开劳动力市场，但为了保证收入以增加安全感，她们有的也会选择继续工作。

关于1939年调查的有效性，最具说服力的证据来自一个独立的来源——20世纪50年代和60年代的美国社会保障管理局的数据，这些数据涵盖了相同且更年轻的群体。这些数据表明，20世纪20年代和30年代已婚女性坚持工作所面对的经济条件与20世纪50年代和60年代时截然不同。

美国社会保障管理局的记录已与多个数据集关联，其中"退休历史研究"包含的女性人数最多，她们来自1939年美国劳工部妇女事务局抽样调查所覆盖的群体。[28] 美国社会保障管理局的数据包含每个季度工人的就业历史信息。由于覆盖范围随时间变化，并且就业信息按季度计算而不是按年度劳动参与率计算，因此相关数据集存在许多问题。[29] 尽管如此，下面的分析结果将最终表明，在20世纪

50年代和60年代,劳动力市场中的女性倾向于留在工作岗位上,就像她们在过去几十年里所做的那样。这一发现表明,在劳动参与率大幅增长的时期,刚刚进入职场的已婚女性几乎没有工作经历。虽然整个女性人口的工作经历有所提高,但劳动人口的平均工作经历可能持续稳定甚至有些许下降。

表 2.7 关于 1906 年至 1915 年出生的已婚女性生命周期劳动参与率（1951—1969）

1951—1969 年 工作年限	1906—1910 年 出生群体	1911—1915 年 出生群体
A 部分：（自 1951 年）1969 年 54 岁至 63 岁女性的工作年限分布情况（%）		
0（年）	44.0	37.7
1 < 3	9.5	10.2
3 < 5	5.5	6.3
5 < 7	5.5	6.5
7 < 9	4.8	4.7
9 < 11	4.0	4.7
11 < 13	3.6	5.1
13 < 15	5.6	5.9
15 < 17	4.7	5.2
17 < 19	5.4	4.6
19	7.5	9.2
样本数量	1568	2065

	1906—1910 年出生群体 至少工作 1 年			1911—1915 年出生群体 至少工作 1 年		
	1953	1960	1965	1953	1960	1965
B 部分：（自 1951 年）1953 年、1960 年和 1965 年女性的工作年限分布情况（%）						
0（年）	0.0	0.0	0.0	0.0	0.0	0.0
1 < 3	1.8	1.0	0.8	2.1	1.3	0.8
3 < 5	9.1	1.4	0.8	5.2	3.1	1.4
5 < 7	5.1	4.1	8.4	7.8	3.2	6.7
7 < 9	7.8	4.1	6.3	6.2	3.9	7.2
9 < 11	6.3	7.5	8.1	6.2	7.2	8.6
11 < 13	6.3	9.5	6.9	6.1	12.3	10.9
13 < 15	9.1	17.0	13.2	8.4	15.8	12.9
15 < 17	6.3	14.0	14.4	9.6	14.2	13.2
17 <9	18.7	17.0	17.1	14.8	12.4	12.5
19	29.6	23.7	23.8	33.6	26.6	25.8
样本数量	396	494	491	562	710	734

注：此处将工作定义为一年中至少（有偿）工作两个季度。

资料来源："退休历史研究",美国社会保障管理局匹配录音带。

表 2.7 中 A 部分展示了 1951 年以来工作年限分布情况，数据涵盖了样本中 1969 年年龄在 54 岁至 63 岁或 1951 年年龄在 36 岁至 45 岁的所有女性的情况。[30] 第一组与美国劳工部妇女事务局样本中最年轻的年龄组相匹配，而第二组比第一组要年轻约 10 岁。所有女性的工作年限分布与 1939 年美国劳工部妇女事务局数据中劳动力加权平均值（可从表 2.5 中得出）相似，也与美国追踪调查数据中更年轻女性的情况（Heckman 和 Willis，1979）相类似。在 A 部分中，所有女性的工作年限分布似乎没有太多意义，但相较于 B 部分而言更具有重要性，B 部分仅为女性在特定年份的工作年限分布。

在 1953 年、1960 年或 1965 年中的任何一年工作，从根本上改变了这两组人自 1951 年以来的工作年限分布。[31] 在 1911 年至 1915 年出生并在 1960 年处于工作状态的较为年轻的女性队列中，有 69% 的人工作时长最终将达到总工作年限的近 70%（19 年中的 13 年）；而在 1906 年至 1910 年出生的较年长女性队列中，这一比例达到 72%。对于那些在 1953 年已经就业的老龄人群来说，几乎有 50% 的人最终会在 1951 年至 1969 年间的 90% 的时间里持续工作；而对于那些在 1965 年处于就业状态的人来说，超过 40% 的人最终会在本研究所统计的 19 年的 90% 的时间里从事工作。类似的比例也存在于较为年轻的群体之中。这些数据证明，在 1951 年至 1969 年间，处于 36 岁至 63 岁之间的女性劳动者就业相当稳定。以上数据是与特定年份中未进入劳动力市场的同一年龄组的数据进行对比得出的。在 1960 年未参加工作的人群中，有 85% 的人在这 19 年里正式工作的时间不足五分之一（即不到 5 年），64% 的人一直未进入劳动力市场，这里对"工作"的定义标准是指任何一年中有两个季度参加工作。[32]

根据 1939 年美国劳工部妇女事务局公报公布的 1939 年回顾性调查和美国社会保障管理局记录的"退休历史研究"调查，证实了女性劳动力供给的异质性。当时在劳动力市场中的已婚女性更倾向于继续工作，而未参加就业的已婚女性则更倾向于不进入劳动力市场。

现在来看,图2.2(2)所示队列劳动参与率上升的含义就更加明了了。回想一下,劳动参与率提升可能是两种极端情况之一的结果,或者可能是两种情况的某种组合。如果随着时间推移,女性进入和退出劳动力市场,则群体劳动参与率增加将意味着间歇性工作下降。然而,如果职业女性就业具有较强的持续性,那么群体参与率增加将意味着新进入劳动力市场的人群提高了劳动参与率。上面所整理的数据支持后一种解释。

在每一个队列的生命周期中,劳动参与率的提升反映的不是已婚女性离职率的下降,而是表明进入劳动力市场的已婚女性比例有所提高。每年都有越来越多的人进入劳动力市场,然而这些人在最初的几年几乎没有什么工作可做。更可能的情况是,单身状态导致新就业者没有被雇用。我已经证实,过去大部分女性结婚后就离开了劳动力市场;因此,这些队列劳动参与率的提升必定源自那些在结婚前从未工作过的女性进入了劳动力市场。

1930年至1950年的工作经历

这些发现对第二次世界大战后和更早期已婚女性在劳动力市场上的经历产生了几个重要影响。通过采用一个相当简单的框架,两项纵向研究中的信息能够估计女性婚后的平均工作年限;具体过程可参考Goldin(1989)的描述。这两份报告中的数据分别估计了1875年至1925年出生队列中已婚女性的工作经历以及1930年至1950年的横截面样本的工作经历。幸运的是,其他研究人员使用不同方法和数据来源,计算出了1940年至1980年间的可比数据,经对比发现,不同研究的重叠时期的数据非常接近。

表2.8展示了在职已婚女性群体模拟的生命周期中的工作经历。

外推结果首先显示，就业的已婚女性累积经历在所有年份里都非常丰富。特别有趣的是，即使在最早期，年长女性群体积累的工作经历也相当丰富。例如，一批于1895年出生并在1940年处于工作状态的已婚女性，在结婚后仅仅15年内就积累了大量经历。这些数据应该与表2.5中的数据一致，表2.5的数据是直接从1939年回顾性调查中计算得出的，需要注意的是，表2.8只提供了自结婚以来所获得的工作经历数据。[33] 然而，产生这些数据的程序还可以对样本未覆盖的队列和全国范围内（而不仅限于城市）的女性样本进行估计。

表2.8 已婚职业女性群体模拟工作经历年限（1900—1980） （年）

出生年份	年龄				
	20—29	30—39	40—49	50—59	
1875	3.63	9.53	13.78	16.06	
1885	3.73	9.98	14.56	17.11	
1895	3.77	10.16	14.95	17.86	
1905	3.79	10.16	15.10	18.50	
1915	3.82	10.25	15.38	19.29	
1925	3.85	10.36	15.69	20.04	
出生年份	年龄				加权平均值
	20—29	30—39	40—49	50—59	
1930	3.79	10.16	14.56	16.06	9.11
1940	3.82	10.16	14.95	17.11	9.88
1950	3.85	10.25	15.10	17.86	10.52

注：同质情况的构建公式为 $\alpha(A_n-A_b)+(\beta/2)(A_n^2-A_b^2)$，其中 A_b 是首次结婚年龄，假设为20岁，而 A_n 是年龄组的平均值。参数 α 和 β 通过每个队列中按年龄（A）计算的劳动参与率（ℓ）来确定，其中 $\ell=\alpha+\beta A$。根据图2.2（1）中白人女性队列劳动参与率估计得出。异质情况通过将同质工作经验数据除以 $(\alpha+\beta A_n)$ 计算得出。总工作经历假设按照年龄异质性自开始工作以来所占时间比例为65%，或者根据表2.5下面数据推导得出：20—29岁为80%；30—39岁为80%；40—49岁为75%；50—59岁为65%。每种情况下具体方程式详见 C. Goldin，《已婚女性劳动参与周期：历史证据及其影响》，载《劳动经济学杂志》（1989年1月）：20-47。

资料来源：1939年回顾性调查，请参阅数据文献。

从表2.8中可以看出，1895年前后出生的女性工作经历随着年龄增长是如何变化的。此外，我们还可以观察到40岁至49岁的女性在工作经历上随时间推移所发生的变化。最后，我们可以研究表2.8下半部分3个年份的横截面数据所反映的工作经历的变化情况。

尽管所有已婚女性在婚后具有丰富的工作经历，但随着时间的推移，即使劳动参与率飙升，工作年限的提高幅度也并不明显。就1875年前后出生，年龄在45岁的女性群体为例，在1920年时她们已经积累了13.8年的婚后工作年限（详见表2.8的数据）。而1915年前后出生的女性在她们45岁时也已经积累了15.4年的工作年限，仅比40年后1960年出生的女性多1.6年。在这40年间，由于已婚成年女性数量增加，女性劳动力发生了根本性的变化。然而，在任何队列、任何年龄组或表2.8所展示的横截面数据中，积累的工作年限并没有明显变化。

工作经历越来越丰富以及随着劳动参与率提升工作年限增长趋缓，这两个主要发现都不令人意外。正如前文所述，异质性的概念本身就暗含了这些发现。由于有些女性在劳动力市场中的时间相当长，当时的劳动参与者积累了丰富的工作经历。即使在20世纪20年代和30年代，已婚女性的劳动参与率很低时，在职女性的工作经历也很丰富，因为她们在劳动力市场上长期坚持工作。当劳动参与率没有迅速上升时，女性从业者的工作经历尤其丰富。随着劳动力规模的扩大，很多女性进入职场之前几乎没有任何工作经历。她们加入劳动力队伍往往会降低所有女性工人的平均工作年限水平。参与人数增加得越快，在现有的工作人群中新成员所占的比例就越高，从而稀释了现有工作人群总体工作年限水平。

因此，女性劳动力迅速扩张的时期，尤其是第二次世界大战后，与职业女性工作年限缓慢增长有关。随着劳动参与率的提高，个人之间工作经历的差异也会扩大。需要注意的是，尽管就业女性的平均工作年限不一定会增加甚至可能下降，但当劳动参与率上升时，所有女性（无论是否就业）的平均工作年限都会增加。然而由于调查对象仅限于当时的就业女性，在这种情况下最相关的是就业女性的工作年限而非整体人口的情况。

显而易见，这里提出的关于已婚女性工作经历的新观点包含了两个相关但相反的发现。这里所考虑的已婚女性在早期就积累了丰富的工作经历。例如，即使在 1920 年，已婚女性在其生命中也长时间从事有酬劳动。因此，仅通过累积工作经历差异来解释男女收入和职业差异是非常困难的。然而，这两个相关的研究结果似乎存在一些矛盾，即工作年限不会随着时间的推移而增加，甚至可能减少。因此，稳定的男女收入比率和女性群体不变的职业分布可能与女性劳动参与率提升相一致。尽管 1940 年前后已婚女性具备丰富的工作经历，但在 1939 年的调查中很少有人被称为"职业女性"。从工作年限来看，她们一直存在于劳动力队伍之中，但并没有像同等经历的男性那样得到晋升机会。第四章将探讨这种不对称情况背后的原因，并使用这些数据来解释收入和职业的性别差异问题。

根据表 2.8 下半部分的数据可以观察到 1930 年、1940 年和 1950 年已婚就业女性的横截面工作年限水平。每年的汇总数据可以通过对某一年各个年龄组已婚女性劳动力的年龄分布进行加权得出。女性结婚后的工作年限从 1930 年的 9.11 年上升至 1940 年的 9.88 年，并在 1950 年达到 10.52 年。[34] 因此，1930 年至 1950 年这 20 年间，已婚女性的工作年限增加了 1.4 年（即增长了 15%），而如果从她们开始工作时进行计算，工作年限的增长可能更少。

这些结果与史密斯和瓦德的研究（Smith 和 Ward，1984）一致，他们采用了一种和本研究不同但相关的间接方法来估计生命周期劳动参与率。[35] 根据他们的估计，从 1950 年到 1980 年，所有 45 岁就业女性在劳动力市场上的工作年限大致保持在 17 年左右；而从 1950 年到 1960 年，35 岁女性的工作年限增加了约 1 年，直至 1980 年都维持在 12 年以下。[36] 同时，在整个 35 岁和 45 岁女性人群中，工作年限增加了 3.5 年。由于史密斯和瓦德对工作年限进行估计时还包括了女性单身期间的工作积累，因此他们所得出的数据比这里的数据高出约 2 年。我得出的结论是 30 岁至 39 岁的女性工作年限为 10.2 年，40 岁至 49 岁的女性工作年限为 15 年。[37]

图 2.3 的三个图形呈现了 1939 年根据年龄划分的女性工作年限的散点图和拟合回归线。[38] 结果显示，年龄每增长一岁，对于未婚女性而言，工作年限增长超过 0.8 年，年轻女性（可能工作期间还在上学）每增长一岁工作经历增加 0.9 年的数据未包括在内；已婚女性的工作经历则增加不足 0.5 年。不出意外，丧偶和离婚女性在其整个生命周期中表现出最差的工作持续性，该女性群体的回归系数仅为 0.4。

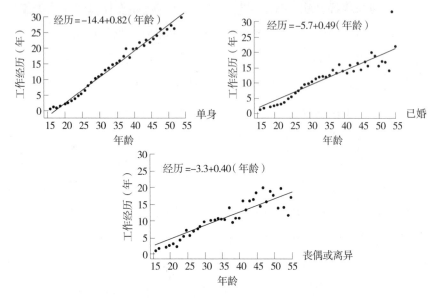

图 2.3　按年龄和婚姻状况划分的工作经历（1939）

注和资料来源：1939 年回顾性调查。按年龄划分的平均工作经历（年龄＜56岁）使用 GLS 程序对每个婚姻状况下的年龄进行回归计算。

数据显示，1939 年单身女性（使用全国劳动力权重）的平均工作经历为 8.9 年，而丧偶、离婚及已婚但丈夫长期不在家的女性则具备 13.8 年的平均工作经历。直接从研究中获得的已婚女性比例为 12.1%；因此，在 1939 年这个时间点上，不同婚姻状况的女性平均工作经历为 10.7 年左右。[39]

1890 年前后，横截面样本就业女性的平均工作经历在 5 年至 7 年之间。[40] 20 世纪上半叶职业女性的整体工作经历水平显著提高，尽管已婚女性的工作经历增长幅度远小于前者。可以推测，在 1890 年至 1940 年间，所有职业女性的平均工作经历可能翻了一番。随着已婚女性劳动参与率的增长，导致整体劳动力队伍出现老龄化现象，而就业女性总体工作经历也随之不断增长。

根据史密斯和瓦德对 1950 年至 1980 年工作经历的可比估计（Smith 和 Ward，1984），尽管女性劳动力老龄化延续到 1960 年，但平均工作经历实际上保持稳定。他们的数据表明，在所有职业女性中，1950 年工作经历为 11.57 年，1960 年为 13.25 年，1970 年为 12.97 年，1980 年为 12.22 年。[41] 1950 年至 1960 年工作经历的增加和随后的减少是就业女性人口年龄分布变化所致，而非由每个年龄段女性工作经历的变化引起。

总之，我所提供的关于工作经历的证据显示，在 1930 年到 1950 年，已婚职业女性的工作经历略微上升了 15%，然而在 1900 年至 1940 年，所有女性的工作经历大幅增加了约 65%。史密斯和瓦德提供的补充证据（Smith 和 Ward，1984）表明，在 1950 年至 1980 年，所有职业女性的工作经历仅增加了 6%。

有关生命周期中工作的证据揭示了女性在经济中的角色的一些令人惊讶之处。从 19 世纪末至 20 世纪 80 年代末，已婚女性在劳动力市场离职率相对较低。即使在已婚女性劳动参与率相对低的情况下，工作的持续性也十分明显，并且在高教育程度和低教育程度女性群体中均有明显表现。单身女性就业稳定性也可以得到验证，并将在本书第四章中进一步研究。

如果这些发现仅仅是从美国劳工部妇女事务局 1939 年回顾性调查中推断出来的，那么结果将是高度可疑的，因为该调查是在经济大萧条期间进行的，并且只有一个样本来源。然而，由此得出的一些结果已经得到了覆盖相似出生队列的全国样本和其他使用不同方法和数据来源研究人员的证实。

女性就业者倾向于留在劳动力市场既有利也有弊。显而易见，持续地工作会积累大量工作经验。成年已婚女性丰富的工作经验应当反映在她们的岗位和收入之中,否则劳动力市场的公平性将受到质疑。然而,已经就业女性在劳动力市场中的较高持续性也意味着随着劳动参与率的提升,工作经历并非必然增加,相反可能会有所减少。相比于已就业者,职场新人的工作经历十分匮乏。因此,虽然女性劳动力规模在扩大,但其中的一些职场新人只能在初级岗位就职。同时需要强调的是,在已婚女性劳动参与率较低时期,即使很多人在坚持工作,但在婚后仍有很大一部分女性退出了劳动力市场。因此雇主可能会在工作和培训方面采取性别歧视措施,理由是他们无法确定谁会一直留在职场。关于性别对职业和收入的影响将在本书第三章和第四章进一步探讨。

经济发展与工作的生命周期

已婚女性参与经济活动的变化可分为两个方面。一方面关于1890年以来从事有偿工作的已婚女性规模在持续扩大,前文已有描述并将在第五章进一步讨论。而另一个方面则截然相反,即已婚女性为家庭从事无偿工作及在家庭中劳动(有偿和无偿)的人数进一步减少。同时,单身女性从事有偿劳动的人数也在增加。多个来源提供的证据表明,18世纪至19世纪,已婚女性对经济活动做出了重大贡献。她们的劳动参与率非常高,以至于长期来看,她们大部分的无偿劳动肯定被有偿就业所取代,这些无偿劳动不仅限于家务活动。随着人口离开农业,以及工作向工厂转移,已婚女性的就业显然减少了。根据计算,1890年的扩展测量值与1940年的实际测量值大致相等。因此可以推断,已婚女性的经济活动在1910年至1920年的某个时间点降到低谷。

回顾过去两个世纪,美国已婚女性在经济中的劳动参与率经历了一定变化,这种变化并非一直呈增长趋势。劳动参与率起初相当高,19世纪出现下降,然后再度上升,先是缓慢上升,然后迅速攀升。尽管现有数据无法提供确切的就业人数和日期来描述这些变化,但很明显,在有偿就业和雇佣劳动的历史记录中遗漏了大量关于女性工作的数据。

人们可能有理由产生疑问,关于无偿劳动随时间变化的证据是否会使人对刚才介绍的有偿就业的数据提出质疑。然而,每个时间序列数据都为经济变化的社会后果提供了补充证据。回想一下,从弗里德里希·恩格斯到贝蒂·弗里丹,许多评论家将女性进入劳动力市场与家庭以外的有偿劳动角色联系起来,并认为其重要性不可忽视。很明显,断断续续、没有直接报酬的工作并不能彻底改变女性的社会角色;相比之下,家庭和公民权利更多地是基于有偿劳动而非无偿劳动。

然而,对于有偿就业数据的依赖是出于不那么令人信服的原因。相较于无偿就业数据,这类数据更容易获取,并且在某种程度上更具有合理性,也更有必要构建符合现代劳动力定义的系列数据。无论出于何种原因,有偿就业时间序列中只显示了女性经济作用变化的一部分。现在我转移到论题的另一部分,即已婚女性大量参与无偿家庭劳动,我将其称为"隐性市场工作"。

对 1890 年前后数据的修正

1890年的人口普查数据显示,已婚白人女性的劳动参与率非常低,这是首次可以通过各种特征划分劳动参与率的人口普查。在全国范围内,已婚白人女性的劳动参与率不到3%;无论是在城市还是在农村地区,也无论是在本国还是在外国出生,女性劳动参与率都同样较低。19世纪末的官方人口普查数据并不完全准确,尤其是在当时人们更关注对市场工作进行更广泛定义的背景下。过去一个世纪以来，已婚白人女性劳动参与率大幅提升是基于1890年前后人口普查数据的精确性，但这些数据在收集时曾受到质疑，此后也偶有争议。

对于1940年以前产生劳动力数据的人口普查程序和国民收入核算的各个方面也存在许多批评。出现偏差主要有三个方面的原因：一是由于定义变化导致出现偏差，二是由于在人口普查中遗漏了部分劳动者，三是由于经济生产中心的改变。我将重点关注前两个方面。考虑到这些修正需要使用大量附加信息并采用大量假设，详细内容已列在附录之中。需要强调的是，我的目标是对修正后的劳动参与率统计数据进行一个可靠估计，并为实际统计数据提供一个下限。[42]

与1940年以后的数据相比，由人口普查计算出的劳动参与率可能被低估，因为1940年后的数据是基于不同的就业结构得出的。然而事实证明，这种定义的变化对女性劳动参与率没有影响。将劳动力的概念应用于1940年以前的数据时，得到的结果与以"有酬工人"为统计对象得到的结果大致相同。

在缺乏一套完全一致的国民收入核算规则的情况下，生产从家庭转移到市场是出现偏差的第三个潜在原因，这种情况导致人为低估了1890年女性的生产价值。需要对此进行一些复杂且有争议的调整，并依赖许多理论上的假设。根据附录中详细说明的一组假设推断，应将家庭生产价值的14%加入到1890年女性市场生产价值中，从而得出一组前后一致的国民收入核算估计。这14%包括了在家庭中完成但转移到市场上的工作，在当前国民收入核算中已经被纳入考虑范围之内。这种修正降低了19世纪女性就业增加对经济增长的贡献。但是，将这一数据纳入劳动参与率是否合适，目前尚有争议。[43]

出现偏差的第二个原因是遗漏了部分劳动者，由于这一原因所做的修正幅度最大，但争议最小。这里产生的偏差并非源自简单改变工作的定义或基于生产地点而重新分配更加复杂化的商品生产，只是因为低估了劳动者的数量。对寄宿公寓管家、无薪家庭农场劳动者以及家庭和工厂的制造工人三类人群的活动做了修正，并关注那些数量较多的包括白人、已婚成年女性以及在家庭和家庭农场中从事劳动却常常被忽略不计的群体。早在1870年，美国人口普查官员就已经充分理解潜在的漏报问题，并在1910年试图把所有无偿家庭劳动力纳入统计，这使得一些附录中的修订成为可能。[44]具有讽刺意味的是，他们却试图对1910年公布的人口普查中的女性就业数据进行全盘否定。

表2.9　1890年女性劳动参与率的调整

修正原因	百分点调整		
	已婚[a]	丧偶	全部[b]
定义变化[c]	n.c.	n.c.	n.c.
遗漏劳动者			
（1）寄宿公寓管家			
市区≥25000人[d]	1.0（2.7）	1.3（3.4）	0.69（1.84）
非农业农村地区<25000人[d]	2.2（5.9）	2.4（6.4）	1.47（3.94）
（2）农业劳动者，无薪家庭农场			
棉花农场	1.33		1.24
其他所有农场	5.40		3.14
（3）制造业工人[e]			0.50
遗漏劳动者总数	9.93		7.04
国民收入中遗漏的家庭生产	家庭生产价值的14%计入1890年女性市场生产价值		

注：a.棉花工人的数据只针对白人女性做了调整；其他调整针对所有种族。b."全部"指15岁至64岁。在从其他两个数据构建"全部"序列时，1890年已婚（包括丧偶）成年女性人口比例假定为0.582（0.079）。c.定义的变化是指从1940年前的"有酬工人"到"劳动力"的定义。d.括号内的估计值包括照看住宿生意的妻子或丧偶女性的总数，未按雇用天数加权。参见本书附录。e.对制造业工人的调整无法区分婚姻状况。n.c.表示不需要修正。

资料来源：见本书附录。

表2.9列出了对1890年女性劳动参与率数据进行调整的概况。将寄宿公寓管家纳入统计后，已婚女性的劳动参与率上升了约3.2%，而丧偶女性的劳动参与率提升则更为显著，出现这种情况不足为奇。把无薪家庭农场劳动者纳入统计后，劳动参与率提升更加明显——将棉花农场的劳动者计算在内后，已婚女性劳动参与率提高了1.33%，而把其他所有农场劳动者计算在内，已婚女性劳动参与率就会上升

5.40%。

总体而言，这些调整使已婚女性在经济中的劳动参与率提高了约 10%。大部分调整仅适用于已婚白人女性，修正之后 12.5% 的劳动参与率是表 2.1 中官方数据 2.5% 的 5 倍。[45] 此外，为保持与 1940 年首次使用的劳动力结构一致，1890 年的修正估计结果与 1940 年白人已婚女性劳动力结构大致相同。

因为在一天和一年中仅偶尔工作，所以，寄宿公寓管理和家庭农场劳动均属于灵活性较大的工作。在编制估计数据时，需注意调整女性在这些工作中所花费的时间，并大致按照"当前"人口普查的方式进行处理。例如，若一名寄宿公寓管家在一年之中有 40% 的时间在工作，被视为有 40% 的可能性成为劳动力。这些调整的目的在于复制现代劳动力的概念，而非产生估计值的上限或下限。然而，无论经济史学家拥有多少数据来源，现存的历史数据都难以揭示市场隐性生产的全部情况。据此推断，在表 2.9 中所进行的调整基本是参与率数据的下限。

经过所有调整得出的结论是，人口普查并没有严重低估已婚女性在家庭以外从事有偿劳动的情况，但却严重低估了她们在家庭和家庭农场中从事有偿和无偿劳动的情况。对人口普查数据的最大调整源于 19 世纪晚期城市寄宿的普及和家庭成员参与农业就业这两种情况。

显而易见的是，成年女性和已婚女性的劳动参与率在 20 世纪初的某个时间降到了最低点，并在此之前呈下降趋势，之后再度上升。因此，在经济发展过程中，已婚女性劳动参与率很可能呈 U 形趋势。最初，在家庭农场地区以及拥有小型零售机构和大量寄宿机构的城市女性劳动参与率较高。随着市场经济的发展，家庭与工作逐渐分离以及人口从农村向城市迁移，已婚女性的劳动参与率开始下降。最终，这一趋势发生了逆转，随着白领工作增多、受教育程度提升以及其他在第五章详述的变化因素的影响，已婚女性的劳动参与率逐渐提高。在经济发展过程中，女性劳动参与率的 U 形曲线在很多国家中都是非常明显的，在那些经历经济快速发展和生产中心从家庭向市场转移的国家中表现得最为突出。[46]

对劳动参与率数据的修正表明，19 世纪已婚女性的经济活动相当重要。官方普查数据与调整后的表 2.9 的数据之间存在较大差异，主要是因为忽略了女性在农场中无偿工作的数据。仅这一调整就占了总调整幅度的近三分之二。表 2.9 估算出来的结果的准确性得益于 1890 年至 1920 年前后存在大量可用的数据。本书附录详细列出了数据来源，包括针对农场已婚女性时间安排的研究以及政府对家庭收入和工作时间所做的大规模调查等内容。这些资料在过去的一个世纪几乎无法重现，因为当时女性参与农业劳动更为普遍（Jensen，1980，1986；另见 Stansell，1986，关于美国南北战争前城市就业的研究）。但在 1790 年至 1860 年，其他微妙信息揭示了女性经济角色的另一个维度，以及其在经济发展过程中的进一步变化。

通过 18 世纪末和 19 世纪初城市和商业目录中所提供的信息可以推断出已婚女性在从事大量隐性市场工作。同时期的制造业人口普查显示，当单身女性开始从事工业劳动时，已婚女性从事隐性市场工作逐渐减少。现在我转向研究早期工业化时期以及人口普查收集她们的职业信息之前，有关美国女性经济活动方面的现存证据。

1890 年前的劳动参与率：已婚和成年女性

梳理 19 世纪，尤其是 1890 年以来的女性劳动参与率并非易事。在 1890 年之前的三次人口普查中，要求统计并记录女性的职业情况。可以利用 1860 年至 1880 年的人口普查手稿计算某些地区和城市的劳动参与率，零散的数据表明当时已婚女性的劳动参与率低于

1890年人口普查所显示的数据。在大多数工业地区和城市地区单身女性的劳动参与率较高,但在其他地区则低得多。这两年没有全国性的估计数字可供使用。然而,如果能够进行计算,则其结果也会像1890年一样被低估。这里不打算重建1890年以前的劳动参与率数据,而是考察自美国独立以来经济发展关键时期所发生的情况。

早期工业化时代是美国经济发展的关键时期,研究揭示了从殖民时期到19世纪中期女性经济角色的变化。收集到的证据指向两个相关的变化:一个涉及已婚女性在经济中的作用,另一个揭示了单身女性有偿劳动的起源。

前面已经提到,在20世纪初,某些农场、城市和工业地区存在大量无偿女性劳动力。早期的证据还揭示了家庭中存在其他方面的无偿劳动。与19世纪最初的几十年相比,18世纪90年代成年女性劳动力进入非典型行业的情况更为普遍。当家庭和工作场所在物理空间上统一时,已婚女性往往被吸引到丈夫的工作中;当商店和家庭合为一体时,女性更多地从事零售业活动。例如,本杰明·富兰克林(Benjamin Franklin)在自传中回忆,他的妻子黛博拉(Deborah)"高高兴兴地帮助我经营生意,折叠和缝制小册子,照看商店,收购破布以转售给造纸商人"。(Franklin,1961,第92页)尽管黛博拉是很多孩子的母亲,她仍然能把富兰克林从日常的印刷杂务中解脱出来,使他成为人们记忆中的编辑和政治家。毫不奇怪,他们的印刷厂是他们家庭不可分割的部分。

美国的早期工业化和城市迅速扩张导致女性家庭任务变得专业化。在高生育率时代,对于已婚女性来说,如果工作可以在家里完成,那么她们就可以在家从事家庭劳动,而家庭与工作的逐步分离使得她们参与有偿和无偿劳动变得不可行。工业化的发展提高了年轻人(相对于老年人)的工资水平,同时提高了女性(相对于男性)的收入水平(见第三章;也可参见Goldin和Sokoloff,1982,1984)。年轻男女被吸引到劳动力市场中,他们的有偿劳动往往取代了成年家庭成员特别是母亲的劳动。因此，本章前面提到的关于已婚女性在家中日益孤立的趋势，在一个世纪前达到顶点。

有两份资料揭示了美国建国初期女性经济角色的历史变化。第一份资料包括1791年至1860年费城的城市和商业目录，以及1790年、1820年、1860年美国和费城的人口普查手稿。[47]城市和商业目录列出了户主和商人的名单，同时提供了所有户主的职业信息（无论男女）。[48]这些资料主要用于呈现已婚女性因丧偶而进入劳动力市场所从事的工作或接手的已故丈夫生前工作的情况。第二份资料是1820年和1832年制造业人口普查的手稿（称为《麦克莱恩报告》），以及1850年和1860年公布的报告。这些数据显示，不管制造业从美国东北部扩展到哪里，都有大量的年轻单身女性参与就业。

我们从26个城市和费城企业名录1791年至1860年的数据中选取了12000名女性户主作为样本。同时，将1791年和1820年的数据与费城的人口普查手稿做了对比，到1860年手稿中已经有大量可用的样本数据，[49]这些数据被用来估计1790年至1860年女性户主的劳动参与率和职业分布。我们收集这些广泛的证据是为了研究美国建国初期女性经济地位可能下降的原因。[50]

女性户主的劳动参与率平均约为44%，在1790年至1860年这70年间略有下降（见图2.4）。[51]但到20世纪初的可比数据甚至更低，这表明在一整个世纪里，女性户主的劳动参与率呈下降趋势。在同一时期，女性的职业分布逐渐从五花八门的个体经营行业转向缝纫行业和家政服务。这种转变在男性的职业分布中也很明显，他们从个体经营转向从事工业岗位工作。

女性户主主要是丧偶女性和未婚成年女性，她们与其他成年亲属共同居住。[52]由于城市名录每年都要编制，因此有可能将丧偶女性的职业与其已故丈夫的职业联系起来。基于这一点，可以推断出已婚女性中存在着隐性市场活动。尽管直接获得的已婚女性的职业信息可能是有用的，但城市和企业名录通常不单独列出妻子的信息。即使她们参与了隐性市场工作，已婚女性也很可能不会登记自己的职业信息。

之所以选择18世纪90年代作为研究样本，是因为在这段时间女性户主参与工作的比例达到了最高点。她们的职业类型非常丰富，在19世纪早期来看这是相当不寻常的。而到了18世纪90年代，女性从事的职业有车工、蜡烛匠、鞋匠、锡匠、修理工、马口铁匠、玻璃雕刻师、筛子匠和五金零售商。尽管其中一些职业名称可以表示从事产品销售（如五金零售商），但在20世纪后期对于女性来说这种类型的工作很少见。18世纪晚期的费城提供了一个记录该情况的难得机会，因为1793年爆发了致命的黄热病，导致许多女性成为丧偶者。

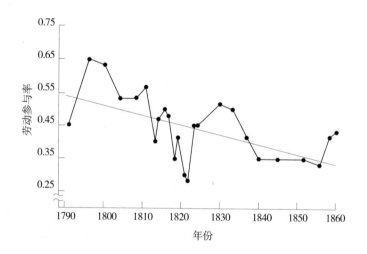

图2.4 费城1790年至1860年女性户主的劳动参与率

注：拟合线为"劳动参与率 = 0.539-0.0028×时间"，其中括号内为 t 统计的绝对值，
（16.3）（3.20）
R^2=0.31，时间1790=1。

资料来源：C.Goldin,《美国建国初期女性的经济地位：定量证据》，载《跨学科史学期刊》，16（Winter 1986a）：375—404。

在1796年费城城市名录中列出的1019名女性户主样本中，83%的人可以追溯到更早的名录，而在1791年至1795年名录中可以找到的女性户主中，26%的女性户主的丈夫至少在某个更早的名录中已被列出。在这 1019 名女性中,一些人从未有过丈夫;还有许多人是作为丧偶者进入城市;另外一些人可能是刚刚脱离城市中的大家庭,以至于无法在更早的名录中检索到。但这些因素不影响下面的重要发现:1796 年丧偶女性很有可能继承了她们已故丈夫的生意或手艺。表 2.10 给出了丧偶女性职业与其丈夫在世时所从事职业的交叉情况。最后两列给出了夫妇从事同一职业占所有丈夫或所有妻子的百分比。

表 2.10 丧偶女性及其丈夫的职业(1791—1796)

丧偶女性(或丈夫)的职业	丧偶女性及其丈夫的人数[a]	夫妻从事同一职业的人数	丈夫所占百分比	丧偶女性所占百分比
店主和杂货商	33, 29	23	79%	70%
寄宿公寓管家	32, 8	8	100%	25%
旅店老板	7, 11	6	55%	86%
面包师	5, 9	4	44%	80%
裁缝	15, 6		50%	20%
工匠	15, 71	14	20%	93%
(地位低下的)洗衣工和小贩	30, 33	14	42%	47%
(地位较高的)淑女(或绅士)	40, 33	21	64%	53%
其他	40, 17			
总计	217, 217			

注:a: 名录中列出的丧偶女性及丈夫人数。
资料来源:C.Goldin,《美国建国初期女性的经济地位:定量证据》,载《跨学科史学期刊》,16(Winter 1986a):375—404。

例如,在 1791 年至 1794 年的 217 名丈夫中,有 11 人是旅店老板,而他们的妻子有 6 人在 1796 年成了旅店老板。几乎所有失去丈夫的女性寄宿公寓管家,其丈夫生前都从事寄宿公寓管家工作。在 1791 年至 1794 年,有 29 名丈夫是店主或杂货商,而 1796 年他们的遗孀中有 23 人从事同样的工作。33 名收入较低的丈夫曾从事劳工、水手、车夫或美容师工作,他们的妻子约有一半在丧偶后成为小贩或洗衣工。此外还有 12 个非典型行业是由妻子接手的,如蜡烛匠、装瓶匠、鞋匠、车工、箍桶匠、文具商、五金零售商、茶商、筛子匠、马口铁匠和酿酒师。其中有一个锡匠,尽管她的丈夫还活着,但她是为数不多的被单独列在名单上的已婚女性。另外还包括一个家居装饰工以及两个屠夫和四个面包师，这些工作对女性来说不常见，但并非完全没有人从事，她们或者继承了自己丈夫所从事的职业，或者与其丈夫一同工作。最后，在1796年几乎所有从事手工业工作的15名女性都是已故男性手工业者的遗孀。[53]

手工行业工作和生意绝大多数是由丧偶女性继承的结论并不令人惊讶，但这确实引发了一个问题，即这些女性对丈夫的职业有多少实际经验。1796年的名录显示，许多女性可能在结婚后大量从事隐性市场工作；随着时间推移，丧偶女性独自经营生意和从事手工行业工作呈下降趋势，其原因与家庭和工作逐渐分离有关。[54] 其他研究还发现，在1750年至1850年间，很多丈夫和妻子之间存在"沉默的伙伴关系"，在此之前的一个世纪里，还存在"妻子副手"的情况（Ulrich，1980；Waciega，1985）。[55]

关于女性户主的材料所传达的意义是，当家庭和工作场所融为一体时，女性对国民收入做出了巨大贡献。在接下来的两个世纪里，家庭与工作从未完全分离。例如，我的祖父母生活和工作都在他们共同经营的杂货店里。近来随着计算机技术的出现，工作再次挪回了家庭之中。而雇佣劳动和工业化的兴起则加速了专业化的进程。

工业化革命对女性就业的影响不仅体现在家庭与工作分离这一方面。19世纪，家庭生产的许多商品，如纺织品、衣服、鞋子、肥皂和蜡烛，相对价格都出现了下降，而在1820年至1850年这段短暂的时期内，年轻工人的工资和就业机会却大幅增加。农村和城市地区的家庭都能够利用新兴的劳动力市场，使他们的儿女参与到工业劳动中。以费城为例，在1860年如果一个家庭中丈夫已经去世且拥有一个19岁以上未出嫁的女儿，则母亲的劳动参与率会下降8.5%；而拥有一个超过19岁的儿子，则其劳动参与率会下降10.1%；拥有年龄在15岁至19岁之间的儿子，其劳动参与率也会下降6.2%。因此，以上证据表明，成年子女从事有偿劳动降低了丧偶女性就业工作的必要性，并可能对已婚女性产生类似影响。[56]

1890年前的劳动参与率：单身女性

工业化对年轻女性就业的影响可以通过早期制造业人口普查手稿进行研究。许多学者曾探讨过美国制造业普遍且过早使用童工和女工的问题（例如，Abbott，1910）。但直到最近，对于制造业劳动力中女性和儿童的比例以及年轻女性在工业劳动力中所占的比例仍没有明确的数据。美国联邦制造业人口普查手稿和马萨诸塞州的数据表明，在1840年前后女性和儿童劳动力约占整个工业领域劳动力人数的40%，并且这一比例在1840年达到历史最高点。

更重要的是，早在1832年，美国东北部各州工业部门中就业的年轻女性的比例就已相当可观，并且在工业发展迅速的地区快速上升（Goldin和Sokoloff，1982）。由于这一时期唯一的证据来自制造业人口普查，因此我构建了一个"制造业劳动参与率"指标，即工业领域劳动力队伍中女性的数量除以人口中女性的数量。这种真实劳动参与率的变体是一个下限估计，因为单身女性也在其他行业就业。但美国东北部工业地区的数据表明，在早期工业化时期即便是数据下限也相当可观。

在工业化早期的马萨诸塞州，公司报告在制造业早期人口普查中是最完整的，1850年，所有10岁至29岁的年轻女性中有33%受雇于工业部门。甚至在1832年，在美国工业化最初的起步时期，这一统计数字在公司中也达到了18.7%，在公司和（报告的）家庭作坊生产中达到了27.1%；1837年，有一项专门针对各州制造业的普查，在公司中这一统计数字为29.7%，在公司和家庭作坊中为40.2%。[57]若关注县级调查数据，可以发现更多情况。埃塞克斯（Essex）县和米德尔塞克斯（Middlesex）县都是工业化程度较高的地方，在1832年和1837年公司中女性的制造业劳动参与率分别超过25%和40%。粗略的移民率表明，只是在19世纪30年代之后，周边的县和州才出现了大量年轻女性的迁徙。也就是说，当地的工业吸引了大量本地女性青年。美国东北部其他工业州提供的证据证实了一种看法：即至少到1850年时，年轻女性参与制造业劳动已达到相当高的比例。

鉴于无法计算15岁至29岁年龄段人口占总人口的比例，与1900年前后15岁至24岁的单身白人女性约40%的劳动参与率相比，这些数据是较高的（见表2.2）。在进行此类比较时，更重要的是应当认识到，在众多的职业中，年轻女性还从事教师和家庭服务工作，因此这些数据实际上只是女性劳动参与率的下限。

美国建国初期在制造业工作的年轻女性通常是当地农民的孩子。工厂工作使她们有收入来购买衣服，具有讽刺意味的是，她们同时也享有各种自由和独立。我所指的讽刺意味在于，工厂工作的时长，特别是纺织业（众所周知，纺织业的工作量相当大），几乎占据了她们整天甚至整周的时间。每天早上5点到6点（根据季节而定）响起召唤女工上班的钟声，晚上7点左右响起下班的钟声；这个钟声每周有六天都会响起（Dublin，1981，第12页）。著名纺织工人露西·拉科姆（Lucy Larcom）指出，农村女孩更愿意在工厂工作而不是做仆人，因为"在这种新职业中，她们每天还有几个小时的闲暇时间完全属于她们自己"（Cott，1977，第49页）。

从1830年到1860年，工厂女工收发的信件显示，她们之所以能够独立生活不仅是因为她们拥有自己的独立支配的时间，还因为她们能够养活自己，并且有时还能供养家人。卢瑟·特吕塞尔（Luther Trussell）在给他的养女迪莉娅·佩奇（Delia Page）提出建议时表示，磨坊镇是"一个既可以赚钱又可以花钱的好地方"（Dublin，

1981，第 156 页）。对于大多数女工来说，她们的收入主要用于购买生活必需品，如 1845 年玛丽·保罗（Mary Paul）表示自己需要衣服，但"如果我留在这里"就无法得到（Dublin，1981，第 100 页）。更多的就业机会也吸引着年轻女性前往磨坊镇。玛丽·诺尔顿·特吕塞尔（Mary Knowlton Trussell）在给迪莉娅的信中提到，她将"在近两年内的某些时间去磨坊镇，赚取足够的钱来购买一架钢琴"（Dublin，1981，第 159 页）。工厂女工明白她们的收入比做用人高得多，正如卢瑟在给迪莉娅的信中所写的那样，"（工人）比这一季节中任何在农场工作的男人挣得都要多"（Dublin，1981，第 178 页）。

她们非常清楚，这是她们在结婚之前获得个人和经济独立的最后机会。卢瑟在写给迪莉娅的信中说道："你现在感到并享受独立，相信自己可以不依赖任何人但有能力实现任何心愿。"（Dublin，1981，第 166 页）尽管 19 世纪的工作日是漫长而艰苦的，但那些在工厂里辛勤劳作的人却认为婚姻对她们的限制更大。[58]

有相当多的证据表明，在整个 19 世纪，白人女性的初婚年龄一直在上升，未婚女性的比例也在上升。这两种情况可能都在 19 世纪 70 年代出生的人群中达到了顶点，这些人在 19 世纪 90 年代成年。尽管这两项人口指标的长期增长是毫无疑问的，但达到顶点的确切时间和增长原因还需要进一步研究。有相当多的证据表明，这两项指标的增长可能是年轻女性劳动参与率提高所致。[59] 随着年轻女性工作报酬的提高，她们可能会推迟结婚时间，而因此可能会使初婚年龄提高以及不婚比例增加。[60]

一些现代评论家认为，单身女性从事有偿劳动还有其他的好处，即能够帮助她们找到更加适合的伴侣。19 世纪晚期的一本写给年轻女性的书中写道："'养家糊口、独立自主的女孩'备受尊重，因为她们有能力让自己做出正确的选择，并且比那些出于方便而匆忙结婚的人更谨慎地考虑（婚姻）问题。"（Willard，1897，第 489 页）

1830年的磨坊镇女孩大多是土生土长的美国人的女儿。从19世纪40年代开始，一直持续到20世纪初的几十年，连续出现了一系列女性移民——首先是来自加拿大和爱尔兰，随后又来自世界各地——进入工厂就业。对从本土出生的女工转变为移民工人可能导致女性劳动力社会地位下降这一问题已经进行了广泛研究。在格尔·勒纳（Gerda Lerner，1969）撰写的一篇极具影响力的文章中，对移民工人在降低女性就业率方面所起的作用进行了研究。据称，在移民女性工作者涌入之前，磨坊镇女工是美国社会备受尊敬的成员，所有年龄段的女性参加有偿劳动都得到认可。然而根据勒纳所言，移民工人带来的贫困不可逆转地改变了职业女性的地位，并导致本土出生的女性退出工厂劳动力队伍。对勒纳而言，移民工人的出现，导致工厂职业被贬低，并且使所有女性的有偿劳动都成为贫困的象征。

移民确实对劳动力工作的时间、工资和工作条件产生了巨大影响。然而勒纳认为移民工人在降低女性工作地位方面的作用可能被过度夸大了。尽管相较于美国本土出生的孩子，移民后代更有可能从事有偿劳动，但考虑到城市化因素，本土出生的女性和年轻单身女性移民之间的劳动参与率差异将会显著缩小。

1890年，父母都是美国人的15岁至24岁城市女性劳动参与率为43%，而父母至少有一方是外国人的女性劳动参与率为54%。到了1900年，在大城市居住的16岁至20岁年轻女性中，父母在美国出生的女性参加工作的比例为39%，而父母至少有一方是外国人的女性参加工作的比例达到54%，在外国出生的女性则有66%参加工作。

1900年，16岁至24岁在美国出生的女性在制造业领域工作的占比约为28%，而父母是非美国人的女性从事制造业工作的比例为40%。与此同时，在制造业领域工作的16岁至24岁白人女性中，约58%的人来自美国本土家庭。虽然群体之间的劳动参与率存在差异，但这种差异并不如整个人口群体之间的差异那么明显。尽管本土出生的女性的劳动参与率较低，但这并不能证明她们所从事的工作还未被社会所接受。此外，在分析移民和本土家庭的劳动力决策时发现，单身女性的劳动参与率差异主要是因为移民家庭的收入和财富积累较少（Goldin，1980），而非文化差异。因此，在背景（即父母收入、教育水平）相同的条件下，本国出生及非本国出生的两类女性的劳动参与率其实没有太大区别。

伊迪丝·阿博特（Edith Abbott）指出，失业而非移民改变了人们对女性工作的态度，她指出："在早期工厂中，没有人对在工厂工作的女性抱有偏见，也不担心她们会'赶走男人'或者破坏家庭和家庭生活。"（Abbott，1910，第490页）然而在19世纪70年代和90年代，工人出现大规模失业，导致许多人开始质疑女性的劳动权利，这种情况与20世纪30年代的情况类似。

在美国工业化发展初期，许多工厂，尤其是纺织厂，都建在远离城市的水边。这些工厂吸引了周边地区的劳动力，并为工人建造宿舍。随着工业逐步向城市迁移，年轻女性工人更有可能居住在家里；相比1830年，1900年居住在家里的年轻女性工人肯定有所增加。城市化和移民的增加对未婚年轻女工产生了重要影响。她们更有可能居住在父母家中，并更有可能为父母而非自己提供经济支持。美国南北战争前的纺织女工也许会给家人买礼物，偶尔会寄钱回家，但大多数人并不会定期把工资汇给家人。[61]

19世纪晚期，居住在家中的年轻女工把她们的收入留给了家人，而那些寄宿女工通常保留了全部收入。19世纪末20世纪初，对女性工人进行的几次大规模调查揭示了收入、年龄、出生地、居住地和工资储存比例之间的关系。

这些调查的调查对象包括两种类型的女性工人：一种是居住在

家中的，另一种是过着"漂泊"离家生活的女性移民。在那些居住在家的人群中，有86%的人将全部收入汇给了家人，整个样本的平均汇款比例为93%；14%的人未将全部收入汇出，这部分人平均汇款比例为50%。相比之下，能够独立并离开父母的孩子拥有更大的自主支配权利，因此可以推断，汇款比例与年龄和收入成反比关系。然而，实际上这种反比关系并不明显。汇款百分比与出生地、职业和行业之间没有相关性。[62] 当样本仅包含外出打工者的数据时，结果恰好相反。"漂泊"的女性几乎保留了她们所有的收入，超过三分之二的人选择全部保留自己的收入。在所有汇款人群中，汇款的平均比例为33%，而且这一选择并不取决于女性年龄因素。两个样本的汇款百分比存在一些差异，可能与女性最初选择的居住方式有关。与早期纺织女工情况类似，主要原因与一个事实密切相关，即居住在父母家中的年轻女性通常会汇出大部分收入，而永久或暂时搬至其他地方居住的女性则通常会保留其大部分收入。

公平地说，与父母同住的年轻职业女性在工作中所获得的收益相对较少。尽管关于这些人的家庭物质条件的证据有限，但当时社会改革者对童工问题及其困境的看法可能是正确的。因为她们从工作中所得甚少，所以她们在学校或家庭环境中可能会过得更好。这种对年轻女性劳动力的观点鼓励了保护性立法的出台，并以一种复杂方式推迟了女性在劳动力市场上享有平等待遇，该问题将在本书第七章加以讨论。

第二章 女性劳动力的演变

劳动力中的单身女性，1890 年至 1930 年

表 2.2 的数据显示，在过去一个世纪中，随着城市化和早期移民的增加，15 岁至 24 岁劳动力中单身白人女性的比例呈逐渐上升的趋势。从 1890 年的 35% 开始，到 1920 年上升至 47%，然后 1950 年略微下降到 43%。然而，需要注意的是，表 2.2 中的数据涵盖了整个美国的情况，并将农村和城市地区合并计算。如果仅考虑城市地区，1890 年白人单身女性工作的比例为 55%，到 1960 年下降了约 12%。如果保持更多的变量不变，可以观察到更明显的趋势。例如，在 1890 年，15 岁至 24 岁美国本土出生的城市白人群体的劳动参与率为 43%，而同期全国的比例仅为 24%；第二次世界大战后，全国范围内 15 岁至 24 岁青少年的劳动参与率刚超过 40%。[63]因此，在保持城市化和出生地不变的情况下，1890 年至 1960 年，年轻单身女性的劳动参与率相对稳定。

单身女性群体劳动参与率的相对稳定引发了人们的好奇，因为她们在 19 世纪受教育程度大幅提高。1890 年至 1930 年这一时期是美国高中教育的快速发展阶段。[64]年轻单身女性受教育程度的提高本应减少她们花在其他活动上的时间，包括有偿就业。然而，单身女性的劳动力数据未能完全反映她们及其家庭成员生活中的其他变化。未加入劳动力市场的个人可以从事各种各样的活动，而他们最平常和最常见的活动就是上学和居家，待在家里的时候大概就是休闲和做家务。在此期间，年轻单身女性的整体劳动参与率相对稳定，并且她们极大地改变了其他活动的结构。

由于单身女性的劳动参与率几乎保持不变，而她们的教育程度却显著增加，因此可以推断她们必然改变了投入到其他活动中的时间。这些活动主要发生在家庭环境中，包括协助母亲做家务，照顾年幼的弟弟、妹妹，并接受未来担任家庭主妇所需的技能培训。

我们已经整理了关于在家庭、工作空间和学校这三种场所活动时间分配的直接和间接证据，表2.11给出了1880年至1930年"居家"的单身年轻女性占比的估计值。在被选为研究对象的五个城市中，单身年轻女性的居家比例在此期间稳步下降，从1900年至1930年至少下降了三分之一。到1930年，方法I的估计表明，几乎没有年轻女性独自在家，也就是说，很少有人既不上学也不工作。方法II考虑到年轻女性在学校和其工作类别中的可能性，得出1930年大约10%的人居家。构建方法II是为了获得一个估计的上限，但仍远低于1900年约35%的估计值。1880年的数据来自人口普查手稿，调查结果来自受调查者对其"居家"情况的直接陈述。仅根据费城数据估算的结果显示，在各个出生背景的受调查对象中，从1880年至1900年，女性居家比例都有所下降，其中父母为美国本土出生者的女性下降幅度最大，约为22%。

时间分配的变化具有双重意义，因为它同时对女儿和母亲产生影响。对女儿而言，在文书和销售部门劳动力需求增加的时期延长教育时间是必要的。她们接受的学校教育为其进入白领阶层的新职业做了准备。学校教育和工作机会增加的巧合改变了女性的工作性质。这些关键变化对未来已婚女性有偿工作的增加具有重要作用，对此，我将在本书第四章和第五章中进行详细探讨。[65]

年轻女性居家时间的减少一定程度上使家庭失去了巩固传统、维持家风的一大法宝。成熟的单身女孩未来花在作为妻子和母亲应该承担的家务上的时间要少得多。20世纪，随着家用机器设备应用水平的提高和家庭规模的缩小，她们不再需要抽出大量时间帮忙做家务和照顾弟弟、妹妹。在这种情况下，她们的有偿工作可能对她们母亲的工作形成了替代，正如上述1860年费城案例所揭示的那样，这推迟了成年女性劳动参与率的进一步提升。

第二章 女性劳动力的演变

表2.11　五个城市16—24岁单身女性"在家"的比例（1880—1930）　　（%）

城市及出生情况	1880	1900 方法Ⅰ	1900 方法Ⅱ	1930 方法Ⅰ	1930 方法Ⅱ
波士顿					
NN		32.6	37.6		
NF		26.0	27.1		
NN+NF				0.0	8.6
芝加哥					
NN		33.9	37.6		
NF		31.4	32.2		
NN+NF				1.1	9.6
纽约					
NN		37.3	38.5		
NF		30.7	31.1		
NN+NF				1.7	8.7
费城					
NN	57.4	33.8	34.6		
NF[a]	32.6	27.8	28.2		
NN+NF[a]	44.6			5.0	11.2
圣路易斯					
NN		39.0	39.7		
NF		37.2	37.6		
NN+NF				4.5	11.1

注：a. 仅1880年调查对象中包括爱尔兰裔和德国裔女性。NN代表美国本土出生白人，父母也是美国人；NF代表美国本土出生白人，但父母中至少有一方是在美国之外出生。1900年方法Ⅰ：计算公式见下页。1900年方法Ⅱ：方法Ⅰ所得数值－入学率。1930年方法Ⅰ：计算公式见下页。1930年方法Ⅱ：方法Ⅰ所得数值－年龄等于或大于21岁女性的入学率－16至20岁女性入学率的20%。

资料来源：1880年：C. Goldin，《19世纪晚期城市家庭的手工生产和市场生产》，载《经济史探索》，16（1979），表2。所有年龄的权重相等；超过20岁的女性中仅使用21—24岁的数据。

1900年NN：劳动力（LF）和所有16—24岁的已婚群体的总数（T）来自美国人口普查局，《在职女性统计：基于从第12次人口普查附表中获得的未公布信息：1900年》（华盛顿特区：政府印刷局，1907a），表10，第148页。入学率（S）15—20岁和21岁，数据来自美国人口普查局，《美国第十二次人口普查（1900）》，第二卷《人口》，第二部分（华盛顿特区：政府印刷局，1902），表50，第388页。15—24岁已婚女性人数（M）见表32，第310页。1900年NF：除了A与NF组相关，其余数据与1900年NN相同。15—20岁，$\beta = 0.15$。入学率（S）来自美国人口普查局（1902），表51，第390页。1900年公共样本估计，城市中（≥25000人）单身女性（NN）"在家"的比例为0.42。这个数字与上述得出的数据是一致的。虽然它略高于衍生数据，但它包括了比例较大的城市。

$$1900 年方法 I = 1 - \frac{LF_{16-24} + S_{15-20} + S_{\geq 21} - \lambda(S_{15-20}) - \beta(M_{15-24})}{T_{16-24} - M_{15-24}}$$

其中 λ 表示在 1910 年相关州 15—20 岁接受教育的女性 NN 组中 15 岁儿童所占的百分比,数据来自美国人口普查局,《第十三次美国人口普查(1910)》,第一卷《人口》,"总体报告与分析"(华盛顿特区:政府印刷局,1913a,表 26,第 1130 页)。β 表示 15—24 岁已婚女性的劳动参与率,假设 NN 为 0.1。

1900 年方法 II:与方法 I 相同,但不包括 $S_{\geq 21}$。

1930 年 NF + NN:15—24 岁单身女性的劳动力(LF)数据来自美国人口普查,《美国第十五次人口普查(1930)》,第二卷《人口》,"按主题统计的一般性报告"(华盛顿特区:政府印刷局,1933a,表 26,第 951 页)。入学率(S)16—20 岁以及大于 21 岁的女性的数据来自《美国第十五次人口普查(1930)》,第五卷《人口》,"职业总报告"(华盛顿:政府印刷局,1933b,表 23,第 390 页)。美国人口普查(1933a,表 24,第 1143 页),假定 T15 表示 14—15 岁女性人口总数的一半。

$$1930 年方法 I = 1 - \frac{LF_{15-24} - L_{15} + S_{16-20} + S_{\geq 21}}{T_{15-24} - T_{15}}$$

$$1930 年方法 II = 1 - \frac{LF_{15-24} - L_{15} + (0.8)S_{16-20}}{T_{15-24} - T_{15}}$$

总结:1790 年至 1988 年女性的工作

从 20 世纪末的视角来看,已婚成年女性,尤其是有子女的成年女性劳动参与率的增加是最引人注目的。将女性从家庭转移到工作场所被视为一种解放,也是社会性别平等的一个指标。然而,本章已经表明,在过去半个世纪中,已婚女性参与有偿工作规模的扩大只是过去两个世纪 U 形曲线的上升阶段。成年女性在市场活动方面很可能在明显上升之前出现下降趋势。同时随着工业和城市活动的扩展,19 世纪年轻女性的有偿劳动也呈现增长态势。可以将 1920 年之前的时期视为单身女性的就业时代,而 1920 年以后则成为已婚女性的就业时代。我强调了年轻女性和年长女性有偿工作之间复杂的关系,部分表现就是她们在家庭中的角色替代和社会规范出现变化。需要提及的事实是成年已婚女性劳动参与率的提高是以一种特定方式发生的，并受到群体、年龄、持续性、教育水平等因素的影响。第五章将进一步探讨某些队列在特定时间内劳动参与率提高的原因。

在20世纪80年代末的研究中发现，女性在市场工作方面可能出现了一定程度的下降，这一结论是基于对劳动力人口普查估计进行多次调整得出的。然而，尽管如此，劳动力人口普查估计仍然提供了有价值的信息。实际上，我们可以通过两种方法来衡量女性在经济变化中所扮演的角色。第一种方法是将工作范围扩大到更多活动领域；而第二种方法则强调工作对社会和政治产生的影响。这些观点并不冲突，而是相辅相成。

无论重要性如何，劳动力活动的变化都不能充分揭示女性在工作经验、职业选择、收入水平、劳动力市场地位以及工作对社会产生的最终影响方面所扮演的角色。本章探讨了劳动参与率与工作经历之间的关系，并得出一个相当令人惊讶的发现：自20世纪初以来，工作经历在职业女性中一直占据重要地位，然而在过去的半个世纪里，已婚女性的工作经历层次并没有显著提升。我将在第三章探讨20世纪以来女性在职业和收入方面所取得的进展，在第四章则详细阐述她们在劳动力市场上的待遇。

第 三 章

收入和职业的性别差异

20世纪80年代末，有关收入和职业性别差异的研究得出了一系列令人沮丧的结论。从20世纪50年代到80年代初，全职工人中男女收入的比例基本保持稳定，按性别划分的职业差距在19世纪只略微缩小。直到20世纪80年代初，女性与男性收入比率才开始上升。人们或许期望并预计经济进步会缩小男女在收入和职业方面的差异。然而，在其他领域（如劳动参与率和政治领域）发生广泛的社会和经济变化后，并未对收入和职业方面的性别差异产生明显影响。

在本章和第四章中，我希望说明长期以来性别差异的稳定性和持续性，并同时揭示一些未被充分注意到的指标变化。我还讨论了历史记录中令人沮丧甚至矛盾的特征，比如女性与男性的收入比和女性的劳动参与率之间没有明显相关性。实际上，其中的部分特征很容易理解。我不是在为历史记录和女性在劳动力市场上的待遇辩护，而是试图准确区分过去存在但事实上已经发生变化却因未得到足够重视而导致的不平等情况。对于经济进步是否真正推动了女性在经济上获得解放这个相对困难的问题，我无法给出明确的答案。然而，在历史记录中既有引人注目且鼓舞人心之处，又可悲地存在着众多令人失望之处。

本章通过查考研究历史记录，发现在1950年之前，全职女性与男性的收入比并不像1950年之后那样稳定。相反，它在19世纪初到20世纪30年代逐渐上升。对过去30年收入数据的依赖，并非因为其更具相关性，而是因为其更容易获取。较早时期的收入数据必须根据留存下来的特定职业和特定行业的文件进行梳理。制造业中的职业数据表明，在过去一个世纪里，职业隔离可能比其他估计所显示的要少得多。

然而，从1815年到1930年，因性别造成的收入差距的缩小以及因性别造成的职业隔离程度的可能下降，并没有给我们带来些许慰藉。第四章提出了"工资歧视"这一统计概念，用来衡量男女之间的收入差异在多大程度上不能被他们的生产特征差异所解释——在这段时间仍呈上升趋势。"工资歧视"在 1890 年至 1940 年之间的某个时间出现并在一个水平上持续保持相对稳定。本章主要探讨了职业和收入的性别差异如何随时间的变化而改变的。导致性别收入差异出现的原因，收入差异在多大程度上反映了歧视因素，以及随时间推移使收入比发生变化或保持稳定的可能原因都将在第四章加以讨论。

长期性别收入差距，1815 年至 1987 年

长期来看，经济进步有望缩小男女之间的收入差距。所谓经济进步指的是机器的使用、更加依赖脑力而非体力劳动、全民教育程度的提升、商品和服务市场的普遍扩大以及束缚男女的规范和意识形态的瓦解。19 世纪时，体力劳动获得的回报在劳动收入中占据了较大比重，机器的采用则降低了体力劳动的回报；与此同时，脑力劳动的回报逐渐提高。雇员所接受的正规教育逐渐替代了可能无法参与的职业培训，因为作为一个群体，他们的工作周期可能很短。随着越来越多的女性参与并留在劳动力市场之中，她们在工作和企业方面的经验应该接近男性劳动者的水平。随着商品和服务市场的扩大，在家庭生产领域中男女专业化带来的收益将减少。可以预见，经济进步应该会缩小并最终消除男女之间的收入差距。

女性与男性全职工作收入比

最近性别差异的走势似乎与经济进步将会带来性别差异缩小的假设相矛盾。根据表 3.1 和图 3.1 所示，当前和历史数据显示，在过去的 30 年里（自 1955 年起），全职女性与全职男性的年收入之比一直维持在 0.6 左右，周收入之比则保持在 0.62 左右（按全职工人

的工作时长调整后为0.68）。对于年轻女性而言，其收入与同龄男性更加接近（25岁至34岁的数据已经显示这一点），并且除了年龄最高的人群外，至少自1971年以来这一收入比在所有其他年龄段都呈下降趋势（O'Neill，1985，表3.1）。尽管自1981年以来女性与男性的收入比率有所上升，并且目前仍在缓慢增长，但该收入比也存在下降的时期，特别是在20世纪50年代末。[1]

表3.1 农业和制造业所有岗位中女性与男性全职工作收入比（1815—1987）[①]

农业		
1815	0.288	
制造业		
1820	0.371—0.303	
1832	0.441—0.432	
1850	0.460—0.509	
1885	0.559（0.552）	
1890a	0.539	
1890b	0.537（0.553）	
1900	0.554	
1905	0.556	
	全职，NICB[②]	
	每周	每小时
1914	0.568（0.592）	0.592（0.622）
1920	0.559（0.573）	0.645（0.666）
1921	0.617	0.653
1922	0.612	0.677
1923	0.607	0.672
1924	0.593	0.664
1925	0.592（0.592）	0.657（0.658）
1926	0.585	0.662
1927	0.587	0.652
1928	0.573	0.645
1929	0.575（0.570）	0.637（0.635）
1930	0.578	0.635
1931	0.612	0.621
1932	0.653	0.618
1933	0.661	0.656
1934	0.688	0.704
1935	0.653（0.646）	0.700（0.688）

① 除特别注明外，该收入比的统计对象是全年全职雇员。
② NICB（National Industrial Conference Board），（美国）全国工业会议委员会。

第三章 收入和职业的性别差异

（续表）

| | 制造业 | | 所有职业 | | |
| | | | 平均收入、周薪和工资收入 | | |
	全职	总计	全年平均收入	实际收入	调整小时数（25—34 岁）
1939	0539	0.513			
1950		0.537			
1951		0.532			
1952		0.558			
1953		0.512			
1954		0.497			
1955	0580	0.526	0.639		
1957	0.554	0.496	0.638		
1959	0.580		0.613		
1961	0.534		0.592		
1963	0.544		0.589		
1965	0.532		0.599		
1967	0.563		0.578		
1969	0.544		0.605		
1971			0.595	0.617	0.68（0.73）
1973			0.566	0.617	0.68（0.72）
1975			0.588	0.620	0.68（0.73）
1977			0.589	0.619	0.67（0.72）
1979			0.596	0.625	0.68（0.73）
1981			0.592		
1982			0.617	0.654	0.71（0.79）
1983			0.636	0.667	0.72（0.80）
1984			0.637	0.678	0.71（n.a.）
1985			0.646	0.682	0.74（n.a.）
1986			0.643	0.692	0.75（n.a.）
1987			0.655	0.700	0.76（n.a.）

注和资料来源：1815—1850 年：C. Goldin 和 K. Sokoloff，《美国建国早期的女性、儿童和工业化：来自制造业普查的证据》，载《经济史杂志》，42（1982），表5。范围分别是新英格兰和大西洋中部。表5的（b）结果是根据 Lebergott 的男性普通劳动者工资为基数计算得出的。

1885 年：C. Long，《美国的工资和收入：1860—1890》（普林斯顿，新泽西州：普林斯顿大学出版社，1960，第 146 页），摘自《美国劳工专员的第一份报告》，成年女性和男性的日工资比。括号内的数字是成年女性和男性的时薪比。

1890a：Long（1960），第 148 页，摘自《杜威报告》（Dewey Report），在 31 个行业中，16 岁及 16 岁以上男性和女性的平均时薪比。

1890b：美国人口普查局，《美国制造业第十一次人口普查报告(1890)》，第一部分，"各州和行业的总体情况"（华盛顿特区：政府印刷局，1895a），包括对 16 岁以上男性和 15 岁以上女性操作工和计件工人实际工资的统计。括号中的数字仅为操作工薪资比。

1900 年：美国人口普查局，《美国第十二次人口普查报告（1900）》，第七卷《制

理解性别差距：美国女性经济史

造品》，第一部分，"美国工业"（华盛顿特区：政府印刷局，1902年），包括对16岁及16岁以上男性和女性的时薪统计。因为1890年和1900年的人口普查要求雇主提供一年中（1900年是每个月）的平均雇员人数，平均收入的统计对象是全年工作雇员（不一定是全职雇员）。因为关于雇员数量的问题在1890年和1900年之间是不同的，在年份之间可能是不同的，尤其是在具有极端季节性特点的行业。《杜威报告》（美国人口普查局，《美国第十二次人口普查（1900）·戴维斯·R.杜威的特别报告：雇员和工资》（华盛顿特区：政府印刷局，1903）试图纠正工作天数和工作时间变化的问题。

1905年：美国人口普查局，《1905年制造业》，第一部分，"美国工业"（华盛顿特区：政府印刷局，1907b，第21页），包括16岁及16岁以上的男性和女性的工薪。

1914—1935年：M. Beney，《1914—1936年美国的工资、工时和就业》（纽约：全国工业会议委员会，1936），表3，第48—51页。括号内的数字将美国全国工业会的21个独立行业数据进行了重新加权，使用了1914年、1919年、1929年和1939年的制造业普查数据以及1930年和1940年的人口普查数据。基本程序是使用人口普查数据中各行业的女性百分比，以及制造业普查中各行业的总就业人数来分配各行业。

1939—1983年：制造业，《历史统计》，G系列372—415，第304—305页。女性操作人员的收入乘1.02，以便在没有此类数据的情况下调整管理职位。男性的收入是按劳动力在工艺和操作岗位上的比例加权得出的。

所有职业：J. O'Neill，《美国男女工资差距的趋势》，载《劳动经济学杂志》，1985年1月第3期，表1和表3，以及美国人口普查局提供的数据。

1984—1987年：美国劳工部劳工统计局，就业和收入系列每周数据（1月），以及美国人口普查局提供的数据。1988年3月《当前人口报告》P-60系列，1987年全年平均数。

全年和每周的数据都来自"当前人口调查"，但前者由美国人口普查局编制，后者由美国劳工部编制。这两个系列的差异可能是由许多因素造成的。一种可能的原因是，与全年工作少于50周的女性相比，一年中工作少于50周的男性收入低于男性整体。另一种原因则因为被排除在每周数据之外的男性个体户，相对于男性的平均收入而言，比女性个体户赚得更多。该数据仅统计了从1955年至1980年中的奇数年份。

  过去三四十年的数据似乎与经济进步是一种解放的观点不符，然而追溯到19世纪初的数据则呈现出更为乐观的态势。全面收集全国劳动力收入的数据是20世纪80年代末才开始的。第一次要求提供收入情况的人口普查是在1940年实施的，《当前人口报告》的P-60系列数据则始于20世纪50年代，并按年记录收入情况。较早时期则缺乏相关的数据。[2]

  许多数据来源可用于构建近两个世纪以来男女工人收入的历史情况，表3.1和表3.2展示了这一研究结果。20世纪50年代到80年代间的男女收入差距较为稳定是一种短期现象；不能将其回溯到

第三章 收入和职业的性别差异

更久远的过去。从 1890 年至 1930 年，经济中女性与男性的收入比从 0.46 上升至 0.56，但自 1950 年起基本保持稳定，直至 1980 年前后。该比率提升首先源于多数职业分类中女性与男性收入比的提高，其次是女性在高回报部门就业人数增加。正如第四章所述，经济发展通过增加教育回报、提高女性劳动力市场经验以及降低体力劳动的回报等措施缩小了 1890 年至 1930 年间男女收入差距。

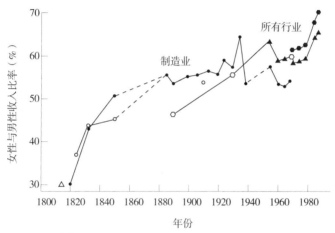

△ 农业
● 制造业（1850 年之前的英格兰和 1850 年之后的美国）
○ 制造业（大西洋中部）
◎ 6 个行业的加权平均值
▲《当前人口调查》，年收入平均数
●《当前人口调查》，周收入平均数

图 3.1　1815 年至 1987 年女性与男性收入比率

注和资料来源：表 3.1 和表 3.2。未加权的美国全国工业会议委员会周制造业数据用于 1914 年以及 1920 年至 1935 年（每隔 5 年）。数据针对全职员工。虚线连接了相隔多年的制造业数据。

虽然整体经济范围的数据无法回溯到 1890 年之前，但可以构建某些部门男性和女性收入的历史数据。制造业和农业是最重要的行业。从 1815 年前后至 20 世纪初，这两个行业的性别收入差距有所缩小，但除了商业周期中的各种起伏外，此后几乎一直保持不变。

早期的差距缩小可能是由于制造业劳动分工的细化、机械的使用以及对相对不熟练的劳动力需求的增加所致。1900年以后男女收入差距实际上相对稳定,可能源于女性劳动力日益增长的异质性。1890年,在制造业部门就业的女性工人在技能、教育程度和年龄方面处于中等水平。然而到了1960年,制造业开始雇用一些受教育程度最低、每年工作时间最少的女性工人。越来越多的接受过更高教育并具备熟练技术的女性被吸引到文书和专业领域,这些领域提供非常高的教育回报,这也导致了制造业部门的工人技能和薪资较低。

制造业和农业,1815年至1970年

性别收入差异的历史可以追溯到近两个世纪前农业和制造业的数据。然而,只有19世纪才能计算出整个经济中男女收入的比率。首先应当强调的是,表3.1和表3.2中的收入和工资数据是针对全职工作人员的,在可能的情况下进行了调整,以反映全职男性和女性工人每年工作周数的差异,但并不一定能反映全职工人每天工作小时数的差异。[3]

在工业化开始之前,美国东北部各州的女性与男性收入比率非常低,但随着制造业活动的蔓延,女性与男性收入比率迅速上升(Goldin和Sokoloff,1982,1984)。1815年前后,农业和家庭活动中女性与男性工资比率为0.288,然而在1820年前后美国工业化刚开始时,制造业的女性与男性工资比为0.303至0.371。到1832年,制造业的女性与男性工资平均比值约为0.44,到1850年时这一比率继续上升至略低于0.5。因此,早期工业化使女性相对于男性的工资增加了70%以上(从0.288增加至0.5)。同时,工业中女性与男性收入比率也增加了43%(从0.35增加至0.5)。在短短20年内,制造业中性别差距缩小了约15%,并且这是有记录以来最大的缩小

幅度。

美国工业革命时期（1820年至1850年）所发生的事件显著提高了女性与男性收入比率，这并不足为奇。机械取代人力和劳动分工的细化也提高了年轻男性相对于成年男性的生产率。

表3.2 女性和男性劳动力的全职收入和职业分布（1890，1930，1970）

	A 部分：以美元表示的全职收入（w_m, w_s）（美元）					
	1890		1930		1970	
	男性	女性	男性	女性	男性	女性
专业领域	1391	366	3713	1428	12250	8700
文书部门	943	459	1566	1105	8750	6000
销售部门	766	456	1580	959	10150	4450
制造业	587	314	1532	881	8891	4950
服务业	445	236	1220	730	7100	3965
农业	445	236	1220	730	7050	4151
	B 部分：职业分布（φ_m, φ_s）（%）					
	1890/1900		1930		1970	
	男性	女性	男性	女性	男性	女性
专业领域	10.2	9.6	13.6	16.5	24.9	18.9
文书部门	2.8	4.0	5.5	20.9	7.6	34.5
销售部门	4.6	4.3	6.1	6.8	6.8	7.4
制造业	37.6	27.7	45.2	19.8	48.1	17.9
服务业	3.1	35.5	4.8	27.5	8.2	20.5
农业	41.7	19.0	24.8	8.4	4.5	0.8
	C 部分：相同职业的男女收入比（w_f/w_m）					
	1890/1900		1930		1970	
专业领域	0.263		0.385		0.710	
文书部门	0.487		0.706		0.686	
销售部门	0.595		0.607		0.438	
制造业	0.535		0.575		0.557	
服务业	0.530		0.598		0.558	
农业	0.530		0.598		0.589	
	D 部分：所有职业的男女收入比 [a]					
（1）$\Sigma\phi_f w_f/\Sigma\phi_m w_m$	0.463		0.556		0.603	
	ϕ_m, ϕ_f: 1890		ϕ_m, ϕ_f: 1930		ϕ_m, ϕ_f:1970	
（2）w_m, w_f: 1890	0.463		0.489		0.455	
（3）w_m, w_f: 1930	0.534		0.556		0.507	
（4）w_m, w_f: 1970	0.571		0.610		0.603	

注：其中第（1）行是（$\Sigma w_{fi}\phi_{fi}/\Sigma w_{mi}\phi_{mi}$）的加权平均值，$w_i$表示在A部分中职业类别$i$获得的收入。$\phi_i$为B部分的职业份额，用比例来表示，工资和职业权重来自同一年。ϕ从第（2）行到第（4）行发生变化，w为给定年份的工资。因此ϕ在每一列都是固定的，而w在每一行都是固定的。

资料来源：《职业分布：历史统计》，D系列182—232，第139—140页。1890年

91

理解性别差距：美国女性经济史

采取与 1900 年相同的职业分布。职业的类别包括专业人员、技术人员、家庭工作者、管理者、官员和业主。收入：所有收入都以美元表示，并按年度和全职统计。1890 年，男性专业人员等于专业人员（34%）和管理人员（66%）的加权平均值。六类专业人员收入占所有专业人员收入的 75% 以上，摘自 S.Lebergott，《经济增长中劳动力：1800 年以来的美国记录》（纽约：麦格劳—希尔出版社，1964，第 500 页），为一级至三级邮政员（政府官员）发放 1662 美元；根据《历史统计》，D 系列 793，第 168 页，为牧师（神职人员）提供 731 美元；根据《历史统计》，D 系列 763，第 167 页，给予男教师等同于 460 美元的报酬。假设男女教师的工资比为 0.8；5% 的大学教师工资为 1505 美元；相关数据如医生（2540 美元）、律师（2691 美元）、工程师（2108 美元）和大学教师（1505 美元）均来自《历史统计》，D 系列 913—920，第 176 页。联邦雇员根据 1900 年收入推演出 1929 年的收入数据《历史统计》，D764 系列，第 167 页。管理层收入数据来源于美国人口普查局，《美国制造业第十一次人口普查报告（1890）》中第二部分，《城市统计》（华盛顿特区：政府印刷局，1895b），表 6，使用"从事行业或监管的官员及公司成员"这一类别。基于非农业收入（含雇用）将 1264 美元转变为 1900 年的 1285 美元，源自《历史统计》，D 系列 735，第 165 页。最后估计的 1391 美元（1900 年为 1414 美元）是根据实际职业分布加权得出的，与 1890 年制造业全职收入与专业收入的比例小于 1930 年的观点是一致的；J. Williamson 和 P. Lindert，《美国不平等：宏观经济史》（纽约：学术出版社，1980）。

文书：美国人口普查局（1895b，第 10 页）提供了城市文书人员的相关数据，不包括领取年薪的人员。

销售：美国劳工部，《第十一次劳工年度报告》中关于销售人员的数据。1895—1896 年：《男人、女人、儿童的工作和工资》（华盛顿特区：政府印刷局，1897），11 个州的平均值为每周 13.58 美元或每年 706 美元（1895），根据非农业收入（含雇用）换算，1890 年为 766 美元。

制造业：P. F. Brissenden，《1899 年至 1927 年工厂工人的收入：工资统计分析》（华盛顿特区：政府印刷局，1929，第 94 页），使用全职制造业收入。虽然这些数字来自 1899 年，但实际数字与 1890 年完全相同。参见 E. Rotella，《从家庭到办公室：1870—1930 年的美国职业女性》（Ann Arbor，密歇根州立大学学术出版社，1981，第 197—212 页），附录 B，基于 1890 年的数字。全职员工与实际收入的隐含比值为 1.18。

服务业和农业：Lebergott（1964）的普通劳动者工资 × 310 天。服务业的数字几乎与 L. M. Salmon 相同，参见《家政服务》（纽约：亚诺出版社，1972，第 96 页），52 周且每周 6.93 美元，每年 100 美元。基于全职年收入可换算到 1890 年。由于缺少 1890 年业主经营的相关数据，因此农场数据存在问题，而最近的数据表明，经营者的收入低于农场劳动者。农场雇用工人的工资低于普通工人的工资，但业主经营者的工资要高得多。1909 年在农场签署年度劳动合同的男女工作者工资比例为 0.578，签署季度劳动合同的男女工作者工资之比为 0.538；G. Holmes，源自《农场劳动工资》，载《公报》第 99 期（华盛顿特区：美国农业部，1912）。因此，参与农场劳动的男性和女性收入之间的比例与农场劳动者的收入比率没有显著差异。

1890 年，女性从业者：源自《历史统计》（1900），D 系列 760、763，第 167 页。

文书：Rotella（1981，第 197—212 页），附录 B。

■ 第三章 收入和职业的性别差异

销售：见男性收入来源。1895 年的数字是 421 美元。

制造业：美国人口普查局（1895a）。

服务业：《历史统计》（1900），D 系列 758，第 167 页。Salmon（1897）给出的平均薪资为每周 3.23 美元或每年 268 美元，其中包括董事会（或理事会）100 美元。Lebergott（1964），第 542 页，1900 年估计每周 3.14 美元。

1930 年，男性从业者：律师、医生、工程师和牙医收入的加权平均值，M. Friedman 和 S. Kuznets，《独立专业实践收入》（纽约：国家经济研究局，1945）；《历史统计》中半专业人士、文书人员、教授和教师为 4099 美元，D 系列 793、D 系列 792 和 D 系列 913。业主、经理和官员的收入来自美国人口普查局，《美国第十六次人口普查（1920）》，第三卷《劳动力》，第一部分，"美国摘要"（华盛顿特区：政府印刷局，1943a，第 121 页），1939 年工作 12 个月的男性，调整为 1929 年的 3500 美元。

文书：Rotella（1981，第 197—212 页），附录 B。

销售：美国人口普查局（1943a，第 121 页），1939 年工作 12 个月的男性，并以 1929 年美元计算。

制造业：Beney（1936），50 周的全职周工资，源自《历史统计》，D 系列 835，第 172 页，50 周。

服务业和农业：非技能熟练的制造业工人，源自《历史统计》，D 系列 841，第 172 页。

1930 年，女性从业者：《历史统计》，D 系列 763，第 167 页，教授、教师、护士和服务人员的加权平均值，美国劳工部妇女事务局，《年龄因素与之相关商业和职业中的女性》，载《妇女事务局公报》第 117 期（华盛顿特区：政府印刷局，1934）。

文书和制造业：Beney（1936），50 周的全职周工资；Rotella（1981）得到 868 美元，第 179—212 页，附录 B。美国劳工部妇女事务局，《女性在办公室的就业情况》，载《妇女事务局公报》，第 120 期（华盛顿特区：政府印刷局，1934b）给出了 1931 年文书人员收入的相关信息，其收入中位数在 1044 美元至 1308 美元之间。

销售：美国人口普查局（1943a，第 125 页）；见 1930 年男性的相关数据。

服务业：《历史统计》（1929），D 系列 758，第 167 页。

1970 年，所有部门中的男性和女性：美国劳工部劳工统计局，《当前人口调查得出的劳动力统计：数据手册》，第一卷，第 2096 号公报（华盛顿特区：政府印刷局，1982），第 732 页，表 c—23。按性别划分职业组的全职周收入中位数。男性制造业组和女性服务业组是小组的加权平均值。农业部门的收入是非农场劳动力收入总和。年度收入是周收入 ×50 周。

从全美来看，1850 年至 1885 年间制造业女性与男性收入比缓慢提升，最终达到 0.56（见表 3.1 和图 3.1）。虽然这一比率在 19 世纪随着经济波动而发生变化，在经济衰退和战争期间上升，在和平和经济繁荣期间下降，但长期来看并没有离 1885 年的比率太远。

女性与男性收入比率在 1820 年至 1850 年间的提升幅度和含义对于理解未来的发展至关重要。生活在工业革命转型时期的人们所

理解性别差距：美国女性经济史

观察到的一些证据证明了女性的工资水平相对于男性出现了快速提升。许多在 18 世纪晚期观察过英国工厂制度的人士评论称，工厂体系提高了女性的相对生产率，并扩大了她们在制造业中的就业机会。其中最著名的是亚历山大·汉密尔顿（Alexander Hamilton）在 1791 年做出的略显先见之明的评论，"相对于之前，制造业将使女性和儿童的作用更加重要"（Taussig，1892，第 9 页）。40 年后，时任美国财政部长阿尔伯特·加拉廷（Albert Gallatin）对汉密尔顿的预言进行了回应。他指出："从她们的工资水平来看，从事棉纺和毛纺制造业的女性似乎比从事普通职业的女性具有更高的生产率。"（Taussig，1892，第 192 页）汉密尔顿在 1791 年关于工厂制度的设想在 1831 年成为现实。亨利·凯里（Henry Carey）于 1835 年发表的关于工资比率问题的文章证实了加拉廷的观点：

在这 40 年间（1793 年至 1833 年），农业劳动的货币价格并未发生实质性变化……男性工资一直稳定在每月 9 美元左右（包括伙食费）……然而，女性工资却有了显著提高，几乎是 40 年前的两倍（Carey，1835，第 26 页）。

正如第七章所述，汉密尔顿、加拉廷、凯里和其他工业民族主义者可能在观察工业发展对国家和特定群体（如女性劳动者）的影响时存在一定程度的偏见。他们是新工业体系及其所推动的公共政策的坚定支持者。声称工厂体系将雇用未充分就业的女性和儿童，可能是在一系列更大问题上建立政治共识的一种手段，包括关税、内部改良以及其他国内政策。

人们无须完全依赖具有政治动机和可能存在偏见的个人陈述。1832 年《麦克莱恩报告》（美国众议院，1833）是早期制造业人口普查的版本之一（Goldin 和 Sokoloff，1982，对该报告进行了描述），该报告调查了相当普通的人群，并提供了其他证据来说明制造业在性别工资差异变化中所起的作用。这份非同寻常的报告由时任美国财政部长路易斯·麦克莱恩（Louis McLane）委托编写，包括从农业向制造业过渡地区以及尚未受到工业化发展影响地区的男女工资信息。马萨诸塞州达德利的一位名叫亚伦·塔夫茨（Aaron Tufts）的居民在他的日程安排中写道："相对而言，在'家庭工厂'里没什么事情可做，一名女性现在一天挣的比她在家庭中一周挣的还要多。"（Tufts，第1卷，第69页）尽管塔夫茨可能夸大了工厂体系的情况，但《麦克莱恩报告》中的一名相当典型的受访者指出，工厂为"没有什么其他事情可做的女性"提供了就业机会。（McLane，第1卷，第819页）

因此，《麦克莱恩报告》的许多受访者证实了那些经历了这段过渡时期的杰出人物的评论，他们的动机不容易受到质疑。所有这些证据都支持下面的定量结果，即在1800年至1830年左右，女性与男性的工资比率有所增加，并且增幅显著。

在工厂体系建立之初和整个19世纪，从事制造业的女性几乎都是年轻未婚者。正如第二章所讨论的，她们通常是当地农民的女儿，暂时离开家庭前往工厂就业，并居住在由工厂主建立的寄宿公寓里。工业化发展极大地改变了有偿劳动力和单身女性的劳动报酬，但已婚和年长女性的劳动报酬几乎没有受影响。

在19世纪的大部分时间里，制造业女性与男性工资比率持续缓慢上升，但在1900年之前达到了一个较高的稳定水平。美国全国工业会议委员会（National Industrial Conference Board，以下简称NICB）数据显示（Beney，1936），1900年之后，女性对男性时薪比率的显著增长出现在第一次世界大战期间、战后经济衰退期间以及20世纪30年代的经济大萧条时期。

NICB提供的1914年至1936年的数据显示，制造业中女性与男性时薪的比率高于周薪比率，超过10%。NICB数据还显示，女性每周工作的时间较男性少，并且最近的样本也证实了这一点（O'Neill，1985；表3.1对1971年以来实际数据和按小时调整的数据进行了比较）。然而，在19世纪上半叶几乎没有迹象表明女性工作时间低于男性或者在1890年至1914年间两者之间存在差异。相反，有证据显示19世纪晚期女性在制造业中的工作时间较长（Atack和Bateman，1988）。因此，根据制造业领域内的全职员工按小时调整后的时薪计算，1820年女性与男性的工资比率约为0.35，到1885年增加至0.56；1970年按工作时间（0.54×1.1）进行修正后达到0.59左右。总体来看从1820年至1885年，这一比率指标提高了60%，但是从1885年至1970年，使用按小时调整后的数据仅提高了6%。

19世纪制造业收入差距的缩小是由于劳动分工更加细化和机器使用的增加，这两者都减少了对技能和力量的需求。然而，工业化程度对女性与男性工资比率的提高取决于一个地区最初的农业类型。[4] 早期工业化并不一定像北美那样能够提高女性与男性的收入比率。无论是现在还是过去，种植某些作物会导致女性与男性的收入比率较高，而种植其他作物则导致女性与男性收入的比率较低。在最初女性与男性收入比率较低的地区（如北美的谷物种植区），随着工业化发展，女性收入和劳动参与率的变化相较于那些最初收入比率较高的地区（如美国南部棉花种植区）更为明显（见Goldin和Sokoloff，1984）。

制造业的性别收入差距在最初一段时间出现缩小之后，变化就明显放缓了，经过时间调整的比率在19世纪末达到了一个稳定水平。女性与男性收入比率相对稳定，可以部分地归因于20世纪女性劳动力规模的扩大。[5] 随着女性劳动力在经验水平、教育程度和期望工作时间等方面变得更加多样化，制造业似乎吸引了那些人力资本水平较低、希望或不得不从事非全职工作的女性。

在19世纪末20世纪初，超过80%的女性从事家仆、制造业工作和农场劳动。尽管专业人员和文书人员的教育程度更高，但她们在整体劳动力中所占的比例较小，无法对普通女性工作者的平均受教育水平产生较大影响。到1950年，这三类职业群体就业女性占总数的 63%，但不同职业群体之间存在着显著差异。所有女性工作者的平均受教育年限为 11.8 年，而制造业女性工作者的平均受教育年限仅为 8.9 年。在人口普查周内，每周工作超过 40 小时的女性工作者占 26.4%，而技术岗位中这一比例仅为 13.7%（Kaplan 和 Casey，1958）。因此，制造业中男女收入比率保持稳定可能是由于女性劳动力结构发生变化所致。

制造业数据提供了近两个世纪以来有关性别收入差距的信息。然而，由于 19 世纪制造业只雇用了三分之一的女性劳动力，因此需要构建更多职业的收入数据。这些构建出来的数据很难回溯到 19 世纪初。但它们确实表明，从 1890 年至 1930 年间，所有部门的性别平均收入差距缩小了。

所有劳动者，1890 年至 1987 年

在构建三个基准年份全国劳动力平均收入时，主要利用了六个主要职业组别。表 3.2 展示了 1890 年、1930 年和 1970 年这三个时间点上专业人员、文书人员、销售人员、制造人员、服务人员和农业人员这六类包括女性和男性全职工作者的收入情况。20 世纪 80 年代末那个时期的数据很容易获取；其他两个数据来源详见表 3.2 的注释。平均收入是通过对每个职业群体按照其职业分布进行加权计算得出的，数据在 B 部分给出。每个职业群体中女性与男性收入比率在 C 部分给出。三个基准年份全国女性与男性收入比率见 D 部分的第一行。第二次世界大战后所有职业的女性与男性收入比率则来自更常规的数据，具体来源见表 3.1。

尽管到 20 世纪初，制造业收入的性别差距已经趋于稳定，但从所有行业来看，女性与男性收入比率仍在持续上升。在 1890 年至 1970 年期间，女性与男性的全职收入之比从 0.463 上升到 0.603（D 部分）。这一比率并未保持不变，而是上升了约 30%。[6]

对数据的进一步改进有助于更清晰地展示女性与男性收入比率的增长。与制造业数据类似，1970年的数据未根据全职工人每周平均工作时间差异进行调整。若采用每小时隐含收入（0.603×1.1）衡量，则女性与男性收入比从0.603提升至0.663。1890年制造业工人数据表明，在女性和男性密集型产业中，每日计划工作时间大致相同，故无须对该时期的全职工人进行调整。

因此，在所考察的80年间，女性与男性收入比率的增长幅度在30%至43%之间，这取决于使用经过时间校正或未经时间校正的收入数据。这一发现明显推翻了一个观点，即整个经济的男女收入比率在一段时间内始终保持稳定，并可以回溯至遥远的过去。相反，性别收入差距缩小一直持续到20世纪30年代。尽管有起伏，从1930年至1980年间，性别收入差距基本保持稳定。因此，自1890年以来，女性与男性收入比率从30%提升至43%仅持续了40年至50年的时间。

表3.2中C部分列出了各职业组内女性与男性的收入比率，其中多数都随着时间推移而上升，尤其是在1890年至1930年间更为明显。正如前文所述，制造业是个例外。专业和文书类职业增长最为显著，教育类职业进步似乎提高了女性与男性收入比率和女性的就业人数（Goldin，1984）。

D部分构建了一个女性与男性收入比率矩阵，其中各行的职业结构各不相同，而按职业和性别分列的收入数据则随时间而变化。因此，矩阵中所有的非对角线元素都是假设值，反映了不同年份可能存在的职业分布或潜在工作差异。对角线元素仅为实际加权收入，其职业分布和收入均来自同一年份。

一般认为，男女之间职业分布的差异是性别收入差距的主要决定因素，因此，职业分布的变化是改变男女相对收入的唯一途径。认为职业结构是解释男女收入差异的主要原因（如果不是唯一原因的话），而且这种差异只能通过职业转变来实现的观念广泛存在。尽管已有许多研究人员（通常是专注于与性别相关的极端政策问题的研究人员）证明，虽然职业并非收入差异的主要决定因素，但这种观念仍然存在。下面对于该问题的研究，主要集中在 1960 年以后的时期。尽管表 3.2 中只包含了六个职业组别的数据，但随着时间的变化，职业分布发生了巨大变化。这里首先利用这些数据进行了再次分析探讨职业和职业变化的作用，然后通过现代数据来检视更全面的研究发现，最后进一步考察了有关文书人员的历史数据。

如果职业分布变化是最重要的因素，那么允许职业分布随时间变化，而保持每个职业的收入不变，这样就可以对女性与男性收入比率提升进行较好的解释。编制 D 部分矩阵的目的就在于研究职业分布对性别收入差距产生影响这一命题。[7] 第（1）行给出了这三个年份中女性与男性的收入比率，接下来的三行显示了三个年份各个职业组别中女性和男性工资保持不变，但职业分布发生变化后的收入比率情况。女性与男性收入比率在列上的增幅远远大于行上的增幅。在 1890 年至 1930 年的 40 年间，女性与男性收入比从 0.463 上升至 0.556。如果职业收入保持在 1890 年的水平不变，但职业结构发生变化，则该收入比将从 0.463 增加到 0.489（D 部分第二行）。两个结果之间的差值 0.067 是由性别和不同职业之间收入结构发生改变所造成的。若将收入结构维持在 1930 年和 1970 年的水平（D 部分第三行和第四行），也会得出类似结果。

在 1930 年至 1970 年这一最后时期，男性劳动力从农业部门转移到高收入岗位，进入专业活动。专业领域男性劳动力的比例从 14% 增加至 25%，而女性劳动力则从 17% 上升到 19%；然而，女性在文书部门的就业比例继续扩大。与过去 40 年一样，在 1930 年至 1970 年间，女性与男性收入之比有所上升，但低于过去 40 年的水平，由 0.556 上升到 0.603。如果收入保持在 1930 年的水平，则收入比将从 0.556 降至 0.507。或者，如果按照 1970 年的职业收入来计算，则 1930 年的收入比为 0.610，但到 1970 年将下降至 0.603。因此，在 1930 年至 1970 年这段时间，男性和女性在各个部门中的转移导致女性相对收入出现下降。总体收入比率上升是由于女性与男性专业人员收入之比增加以及男性技能差异降低所致（关于技能差异变化可参考 Keat，1960；Williamson 和 Lindert，1980）。

因此，在过去一个世纪中，女性相对收入的增加主要是由于在各种职业群体中男女收入比率的变化，而不是由于这些职业群体中男女分布的变化，至少表 3.2 中所考虑的六个职业组别情况如此。尽管表 3.2 D 部分仅针对六个职业组别进行了计算，但值得注意的是，职业变化对男女收入比率的影响微乎其微；然而，在不同的职业组别中男女的相对收入对收入比率的影响却更大。第四章将详细阐述导致不同职业群体内部收入变化的原因，并强调这在很大程度上要归功于美国人受教育机会的提升以及更加重视教育程度的各种行业的兴起。

另外一种评估职业分布的方法是女性与男性收入比率的主要决定因素是，对每个日期以男性职业分布为基准，并将这一分布安排给女性，但将每个职业组别女性的收入保持在实际水平。如果将女性归类到收入较低的职业群体中，那么给予她们与男性相同的职业分配应该会显著提高其相对收入水平。

如果 1890 年女性与男性的职业分布相同，那么女性与男性的收入比应该为 0.473，然而实际上只有 0.463；如果 1970 年女性的职业分布与男性相同，收入比将达到 0.629，但事实上只有 0.603。然而，仅六个职业组别还不足以最终评估职业差异与职业内部收入差异，以及何者是导致男女之间收入差异的主要原因。各种研究都在扩大的职业范围内进行了类似的计算。即使将职业样本数量增加到 500 个左右，也无法推翻此处所得出的定量结论：传统职业中男女之间存在的差异并不是男女收入差异的主要原因。

职业隔离和男女工资差距

有两项研究采用了一个扩大的职业样本来评估职业隔离对男女收入差距的影响（Polachek，1987；Treiman 和 Hartmann，1981）。他们所使用的正是上文所描述的方法。通过将女性收入保持在各职业的实际水平，但按照男性职业进行分布，即如果男性工人与女性工人具有相同的职业分布，那么普通女性将获得多少收入。将估计的女性收入记作 $\Sigma w_f \phi_m$，表示女性职业收入（w_f）乘以男性在每个职业中所占的比例。以此类推可以得出另一组数值，男性职业收入（w_m）同样可以被应用于女性职业分布。这个数值记作 $\Sigma w_m \phi_f$，表示男性收入乘以女性在每个职业中的比例。男女收入实际差异可表示为 $(\bar{w}_m - \bar{w}_f) = (\Sigma w_m \phi_m - \Sigma w_f \phi_f)$，这个式子分为两部分：一部分由职业分布差异来解释，另一部分由职业内部的收入差异来解释。可以用两种不同的方法来进行计算，这取决于使用的是男性还是女性作为权重。因此，职业分布对平均收入的影响程度可以用 $(\Sigma w_f \phi_m - \bar{w}_f) / (\bar{w}_m - \bar{w}_f)$ 或 $(-\Sigma w_m \phi_f + \bar{w}_m) / (\bar{w}_m - \bar{w}_f)$ 两种方式来衡量，即通过将所有女性或所有男性重新分配到对方的职业来解释原始差距的比例。请注意，在给定职业分布的情况下，1 减去这两个指标中的任何一个都表示男女工资差异由职业内收入差异所解释的比例。

如果男女收入之间的差异完全可以用职业分布的差异来解释，那么将女性按照男性的职业进行分布应该能够使她们的收入与男性平等。也就是说，如果 $\Sigma w_f \phi_m$ 等于 $\bar{w}_m$，则上面的第一个度量指标等于 1。或者，如果将男性按照女性的职业进行分布，并且职业分布是唯一的影响因素，他们的收入应与女性的收入相等。使用相同的符号，这意味着 $\Sigma w_f \phi_m$ 与 $\bar{w}_m$ 相等，那么上面第二个度量指标也等于 1。无论这两种度量指标之中的哪一种，还没有实证研究发现指标数值超过 41%，大多数都集中在 20% 左右。

波拉切克（Polachek，1987）的研究表明，用上述两种方式衡量的职业隔离仅能解释 1970 年 195 个职业收入差距的 20% 至 21%。同样，特雷曼和哈特曼（Treiman 和 Hartmann，1981，表 9）指出，在 222 个职业中，职业隔离只能解释 11% 至 19% 的差距，在 479 个职业中则能解释 19% 至 41% 的差距。[8] 为了推翻"职业结构变化不如职业内部男女工资变化重要的结论"，我们需要更精确地进行职业分类。此外，令人感兴趣的是，在几乎所有的计算中，当将男性工资水平与女性的职业分布相结合，职业分布所能解释的工资差距比例更大。出现这一现象的部分原因在于，与男性相比，女性在不同行业之间收入差异较小。在保持职业不变的情况下，男性收入差异较大则因为他们在不同行业和部门的分布差异较大。[9]

职业如何影响男性和女性的收入可能需要更精确地衡量部门和企业内部的职业隔离。第四章和第六章中使用的一个资料来源允许按职业和"职业—行业"分类对 1940 年的办公室工作人员进行详细分析。

美国劳工部妇女事务局的一份公告总结了 1940 年雇用文员企业的大规模调查（美国劳工部，1942），其中包括 44 个详细职业和 145 个详细"职业—行业"组别（例如，电话部门的打字员、铁路部门的打字员）的男女办公室雇员的收入情况。尽管这 44 个职业都雇用了男性和女性工作人员，但职业在不同行业存在高度隔离。例如，在 1940 年，费城的铁路公司、电报公司、州和联邦政府办公室雇用了男性打字员，而银行、保险公司、电话公司、印刷和出版公司以及受调查的百货公司则没有雇用男性。调查显示，在非营利组织和制造企业中雇用了女性手工簿记员，但没有一家银行、保险公司和铁路公司雇用女性手工簿记员。所有部门都有男性手工簿记员。行业内职业隔离程度极高，以至于在 145 个"职业—行业"组别中有 114 个只存在男性或女性就业的情况。其中，82 个行业组别中没有发现男性，而 32 个行业组别没有发现女性。

上述测量实际收入差异的方法要求在一个狭义的职业中至少有一名男性和一名女性，然而只有 31 个"职业—行业"符合这一标准。

第三章 收入和职业的性别差异

因此,我们使用另一种方法,即使某些"职业—行业"中只雇用男性或只雇用女性。

根据所使用的权重,在44种传统职业中(如打字员、簿记员、速记员),只能解释男女办公室职员之间收入差距的很小一部分,这一比例为-4.6%至15.6%。实际上,假设女性的职业分布与男性相同,得出的结果是-4.6%,这表明女性更倾向于在工资最高的职业中就业。当进一步按行业划分职业时,可以解释更大比例的收入差距(16.1%至55.5%),但只能计算上述31个"职业—行业"组别。相反,如果将工资差异归因于职业隔离,则职业分布所能解释的收入差异比例要小得多(5.2%至28.1%)。[10] 职业解释能力下降的原因可以从男性和女性在不同行业中极端分化中清楚地看出。男性仅在女性密集型职业(如打字员)中选择收入较高的部门(如铁路、公用事业)。因此,通过将这些部门的工资计算到那些雇用男性打字员的部门内,那么在"职业—行业"内将产生更加极端的差异。因此,排除只雇用男性或女性的职业,降低而非增加各个职业内部的差异,加剧了各个职业之间的差异。

当然,"职业—行业"分布的一些差异是由于工作经验、教育、工作职责、工作时间以及其他可能因性别而异的与生产力相关的特征和选择变量造成的。然而,还有一个较为显著的部分似乎不完全归因于这些特征,同时,男性在公共事业和铁路等高收入部门中所占比例普遍过高。

因此,即使存在500种职业,传统的职业分类仍无法解释男女工人之间的收入差异。特别是当考虑将女性工作者按照男性职业进行分布这一假设情况时,结果更是如此。如果女性的职业分布与男性相同,收入差距只能缩小19%。即使将职业进一步细分为"职业—行业"组别,其解释力也不如预期的高。在同一职业内部,男女劳动者的收入差异仍然是一个重要问题。我已经证明,在类似1940年前后办公室职员的例子中,收入差异在很大程度上并非由职业分布所致，而是由工人的行业和部门分布导致，并且还需要考虑他们所从事的具体职位。

男女收入比变化的来源

在 1890 年至 1970 年间，女性与男性的收入之比从 0.463 增加到 0.603（见表 3.2），这一趋势似乎符合预期。与男性相比，职业女性在工作经验和受教育程度方面有所提高。从 19 世纪 80 年代至 20 世纪 80 年代末的时间里，职业女性的工作经验随时间翻倍增长，而男性则可能只是略微增加。此外，在文书部门逐渐扩大的背景下，女性通过接受教育获得了更多的回报。戈尔丁和波拉切克（Goldin 和 Polacheck，1987）对过去一个世纪男女收入比的变化进行了更加细化的研究，大约 90% 的变化可以通过工作经验增加和受教育水平提升以及市场对这两个因素回报的变化来解释。特征变量对经验变量的影响更为显著，而回报变量则对教育水平的影响更大。女性与男性收入比率增长的一半可以归因于教育回报的提高。尽管工资差距缩小可以用多种因素来解释，但无须使用相同或额外的因素来解释任何时期的男女收入差异。本书第四章将探讨一种可能性，即传统因素无法完全解释收入中存在的大部分性别差距，并确实存在较为严重的"工资歧视"。

职业中的性别差异

白人和黑人女性的职业分布

表 3.2 B 部分呈现了所有女性职业变化的大致概况。在 1890 年

至1970年间,文书和专业领域的女性就业比例有所增加,而农业、制造业和服务业的就业比例则有所下降。尽管女性就业发生了重大变化,但在过去的一百年里,这六个职业群体中男女之间的差异实际上扩大了。在进一步研究职业隔离趋势时需要更多的分类数据,并且必须先解决女性之间存在的差异。

表3.3展示了表3.2 B部分职业群体中白人和黑人女性在1890年、1930年、1970年以及1980年的职业变化情况。在1890年以及其后的几十年里,个人服务一直是白人和黑人女性最主要的职业。1890年,超过35%的职业女性以及超过30%的白人职业女性从事服务工作。即使在1930年,在服务行业工作的白人女性仍占23%。在1890年至1930年间,90%从事有偿工作的黑人女性只能选择两个就业领域:个人服务和农业。直到1940年,60%的就业黑人女性都是私人家庭的仆人。对于黑人女性来说,最初的职位转变是从农业劳动到服务行业,主要是私人家务劳动。白人女性和黑人女性在职业分布上存在着巨大差异,直到1950年之后才开始缩小,第五章将更全面地探讨教育与歧视所起到的作用。

表3.3 白人和非白人女性的职业分布比例
(1890,1930,1970,1980) (%)

	白人				非白人			
	1890	1930	1970	1980	1890	1930	1970	1980
专门领域	12.5	19.2	19.8	25.5	0.9	3.4	12.2	19.9
文书部门	5.2	25.1	36.5	32.2	0.4	0.6	20.5	25.8
销售部门	5.7	8.1	8.1	12.0	0.1	0.5	2.6	6.1
制造业	34.7	22.7	17.4	13.1	6.4	6.0	20.3	18.4
技术员、督导员	(1.9)	n.a.	(1.8)	(2.3)	(0.0)	n.a.	(1.5)	(2.3)
操作员、劳动者	(32.8)	n.a.	(15.6)	(10.8)	(6.4)	n.a.	(18.8)	(16.1)
服务业	31.3	20.3	17.5	16.3	48.2	62.6	43.0	29.3
农业	10.8	4.6	0.7	1.0	44.0	26.9	1.4	0.5

注和资源来源:数据来源见表2.1。1890年白人女性的数据来源于1900年的《历史统计》(见表3.2注释),减去每个类别中非白人女性的隐含数量。非白人女性的职业分布直接从1890年人口普查中计算出来。因此,白人百分比是1890年/1900年的情况;非白人取1890年的数据。专业类别包括管理类;制造业包括非农业劳动力;服务业包括私人家庭的服务。

白人女性逐渐从服务业和制造业岗位转向文书和专业岗位。从

1890年至1900年，再到1930年，进入文书部门的趋势尤为迅速。在20世纪头几十年里，从事文书工作的白人女性比例增长了近5倍（从5.2%增长到25.1%）。这一比例在接下来的几十年持续攀升，直至1970年达到37%，随后在1980年下降至32%。第五章探讨了文书部门在促进女性群体劳动参与率方面的作用。从1890年至1900年，再到1930年，从事专业岗位的女性所占比例不断增加，并直至1970年基本保持稳定，在1970年至1980年间再次上升。

女性劳动力的职业变化有时很迅速，往往预示着劳动参与率方面的进一步演变。然而，女性劳动力内部的变化并不意味着男女之间的差距会缩小，下面我将继续探讨这个话题。

按性别划分的职业隔离，1900年至1980年

关于职业对收入影响的研究一般假定按性别划分的职业差异在过去和现在都很明显。然而，用于计算三个基准年份性别收入的职业分类过于宽泛，无法得出有关职业隔离程度、影响以及随时间变化的有意义的结论。按性别划分的职业隔离一直广泛存在。尽管数据不是非常清晰，但很可能在20世纪初，性别之间的职业隔离比今天更为普遍，在不同时间点特别是最近几十年内这种情况有所改善。

一种常用的评估职业隔离程度及其随时间变化的方法是构建相异性（dissimilarity）指数。测度相异性的一个公式是 $D=\Sigma |f_i - m_i|/2$，其中的 f_i 和 m_i 是所有男性和女性工作者在职业 i 中所占的比例。该指数的范围从0到100，当男女在各个职业中均匀分布时其指数为0；而职业隔离最严重、职业没有重叠时，该指数为100。该指数反映了为实现男女平等，男性或女性职业所需改变的百分比。虽然没有先验的理由说明为什么男性和女性应在不同的职业中均匀分布，但有一种假设认为随着时间的推移，这两个群体特征

更加相似，并且这种相似会反映在指数变动上。

对职业隔离的各种估计显示，在1900年至1960年间，相异性指数（D）实际上变化不大；然而在20世纪70年代，该指数有所下降。格罗斯（Gross，1968）在一篇被广泛引用的文章中表明，在1900年和1960年，根据300多个职业构建的相异性指数都是66，在这两年中，约三分之二的男性或女性劳动力群体必须转换职业才能实现职业平等。雅各布斯（Jacobs，1988）对格罗斯的研究进行了改进和扩展，进而发现所有部门的指数在1950年之前基本稳定（在65至67之间），但在1950年至1980年期间有所下降（从67下降至60）。1900年，排除非农业劳动力群体提升了当年的指数值，并加剧了1900年至1950年间的跌幅（从75下降至67）。拜勒（Beller，1985；Beller和Han，1984；Blau和Hendricks，1979）的研究表明，从1972年至1981年，相异性指数下降了11%。从1900年至1980年，通过结合这些不同估计结果可以得出，在1900年至1950年间，整个劳动力市场上职业隔离基本稳定，但在非农业群体中下降了12%。而在其后的30年里，职业隔离程度进一步下降了约13%，其中80%的下降发生在1970年至1980年这段较短的时间内。

我个人对职业差异的研究表明，这些数字所呈现出的职业隔离程度应被视为一个保守估计。此外，有一些迹象表明，在计算最初几年的指数时存在较大偏差。尽管相异性指数为66是一个比较大的数值，但实际上所有年份的职业隔离程度可能更高，调整后的指数可能使1900年的值比1980年的值高更多。

虽然可以对某些部门的职业数据进行调整，但获取详细的，尤其是企业的职业数据并不容易。在1900年前后的制造业中，行业和职业上都存在性别隔离。几乎所有女性从业者都在两大行业就业，即服装和纺织品（见表3.4、表3.5）。超过60%的男性工作者则在几乎没有女性员工的行业中就业。由于职位通常与特定行业或群体相关联，行业隔离意味着很少有男性和女性从业者拥有相同的职位头衔。

表 3.4 中列示的三种行业类型，即男性密集型、女性密集型和混合型行业，在支付报酬的方式上也存在差异。在女性密集型（和混合型）行业中，按件计酬的工人比例与性别无关，远高于男性密集型行业。在所有行业中，女性员工按件计酬的比例明显高于男性员工；47% 的女性员工采用这种方式，而只有 13% 的男性员工采用同样的方式。工资差异部分是由于雇用女性的行业分工更细所导致；部分则是计件制度对监督工人起作用的结果（Goldin, 1986b）。值得指出的是，计件制度不仅适用于支付女性在家庭中从事劳动时产生的收入，还广泛应用于支付女性在工厂劳动时所得的报酬。

几乎所有的混合型职业都涉及计件工资制度，尤其是当男性和女性工人在同一家企业工作时。然而，并非所有从事混合型职业的员工都在综合型企业工作。排版工人的例子很有启发意义。约在 1900 年前后，手工排版通常包含许多特殊的缩写，排版工人是技能熟练且通常接受过良好教育的劳动者。19 世纪 60 年代，在获得了工会保障并大规模招收女性之后，这一职业变成了混合职业（Baron, 1982）。表 3.6 给出了 41 家公司的排版工人样本。有 12 家公司同时接受男性和女性，其意味着至少有一名男性和一名女性排版工人同时从业。大多数女性按件计酬并在综合型企业中工作；而大多数男性则按时间计酬，并在非综合型企业中就业。在综合型企业中，无论是男性还是女性，计件工资制度占主导地位。尽管在这些企业中计件报酬相同，但男性工资却比女性高出 35% 左右。由于没有迹象显示他们的工作时间不同，唯一可能的解释是男性和女性所完成的任务数量不同，可能是因为他们承担着不同强度或技能要求不同的任务。

当 19 世纪的工业分类被映射为更现代的二位元行业标准分类（Standard Industrial Classification，以下简称 SIC）时，表 3.4 中所呈现工业隔离现象依然很明显，表 3.5 显示了 1890 年和 1960 年的情况。根据现代分类结果显示，随着时间的推移，工业隔离大幅减少。从1890年至1960年，20个二位元SIC之间的相异性指数几乎下降了一半（从61降至33）。女性在金属、机械和运输行业中的相对就业份额有所增加，而在服装和纺织等以女性为主的传统行业中则有所下降。到1960年，制造业中女性劳动力分布比1890年更加分散。虽然女性劳动力更均衡地分布于各个行业并不一定意味着职位分配也更加均衡，但这确实意味着女性在经济的高收入部门中有越来越多的代表。回忆一下，1940年文职人员的收入差距很大程度上是由于行业或部门存在性别隔离所致；在高收入行业和部门中，男性占比非常高。有证据显示，在1890年前后存在的行业隔离也在一定程度上解释了制造业工人的收入差异（Carter和Philips，1988；也可参见Goldin，1987a）。

表3.4 48个行业的性别隔离和计件工作（1890）

	"男性密集型"行业[a]		
	制造业劳动力总数的占比（%）	成年男性劳动力（×100）[b]	成年劳动力计件工资占比[c]（%）
农具制造	0.93	98	20.59
打铁和车轮制造	1.08	100	2.65
定制靴子和鞋子	0.75	98	36.34
砖头、瓷砖、黏土和陶器制造	2.75	94	3.80
木工活	2.97	100	1.62
马车、手推车和汽车制造	3.07	99	10.81
制桶业	0.52	98	41.26
磨面和谷物加工	1.35	99	2.13
铸造类和器械车间	5.26	99	10.01
家具制造厂	1.36	95	12.79
钢铁冶炼	3.24	99	0
皮革业（包括摩洛哥皮革）	0.90	98	10.89
麦芽酿酒	0.74	98	1.27
木材及其他成品轧制	6.07	98	3.47
木材加工业	1.84	98	1.70
砌石、石瓦匠	2.30	100	1.76
粉刷墙面和裱贴墙纸	1.19	100	4.94
管道和燃气安装	0.90	98	0.74
鞍具及安装	0.64	95	21.59

（续表）

	"男性密集型"行业 [a]		
	制造业劳动力总数的占比(%)	成年男性劳动力(×100) [b]	成年劳动力计件工资占比 [c] (%)
造船	0.55	100	4.58
屠宰和肉类加工	0.86	96	3.53
镀锡和铜锻造	0.82	94	6.38
23个行业中,制造业劳动力总占比(%)		38	
所有行业中,成年男性占比(%)		79	
23个行业中,成年男性工人总占比(%)		54	
所有行业中,成年男性工人计件工资占比(%)		12.9 [d]	

	"女性密集型"行业 [a]			
	制造业劳动力总数的占比(%)	成年女性劳动力(×100) [b]	计件工资占比(%) [c] 女性	男性
靴子和鞋子制造厂	3.00	29	60.0	53.5
盒子制作	0.40	65	55.6	23.0
地毯制作	0.60	45	17.8	14.9
男士服饰	3.32	49	68.1	49.2
女士服饰	0.09	63	46.8	43.2
糖果加工厂	0.06	39	16.7	5.8
束身内衣制作	0.02	81	63.5	53.4
棉花制品	4.70	52	73.4	31.7
女装裁缝	1.43	97	*	*
水果蔬菜及罐头加工	1.08	48	49.9	19.8
男性专用产品	0.05	74	65.7	51.7
手套和拳套制作	0.02	59	78.0	39.7
帽子和礼服帽制作	0.06	34	70.2	55.3
袜子及针织品制作	1.30	67	63.0	21.3
女帽及蕾丝制作	0.03	73	41.4	29.7
定制女帽	0.05	98	*	*
衬衫生产	0.07	79	69.4	52.6
丝绸加工	1.08	57	75.6	39.8
羊毛制品生产	1.68	38	76.6	26.3
精纺制品生产	0.09	46	*	*
	"混合型"行业 [a]			
男性定制服装行业	1.83	23	54.0	56.1
纸制品及造纸行业	0.63	23	31.4	0.5
印刷及装订行业	1.23	17	15.0	9.3
刊印,报纸及期刊行业	1.22	11	19.8	18.4
烟草行业	2.75	27	64.8	65.5
25个行业中,制造业劳动力总占比(%)		27		
所有行业中,成年女性占比(%)		18		
25个行业中,成年女性工人总占比(%)		83		
所有行业中,成年女性工人计件工资占比(%)		46.9 [d]		

注：a.男性密集型、女性密集型和混合型行业是指每个行业中男性或女性的实际百分比，而不是行业的固有特征。b.男童和女童构成了一个单独的类别并没有包括在内，成年男性和成年女性的百分比数字并没有囊括整个劳动力。c.计件工资的工人比例只包括操作工，不包括文员和其他非操作人员。d.调整了棉织品计件工人的数量。在1890年的制造业普查中发现了丝绸和羊毛行业。请参阅下面的说明以了解该过程。星号（*）表示计件工资百分比的数字被严重低估。这个被低估的数字被用于计算计件工资向下倾斜的所有工人百分比，尤其是女性。棉织品、丝绸和毛织品的数据因缺少计件工人的统计而进行了调整，使用美国劳工专员更详细的公司和行业职业数据。《劳工专员第十一份年度报告》，1895—1896，男性、女性和儿童的工作和工资（华盛顿特区：政府印刷局，1897）。烟草包括雪茄和香烟；皮革包括摩洛哥靴子和鞋子；工厂包括橡胶厂。成年女性年龄均大于15岁，成年男性年龄均大于16岁。

资料来源：美国人口普查局，《美国第十一次人口普查制造业报告（1890）》，第一部分，"各州和各行业的总数"（华盛顿特区：政府印刷局，1895a）。

表3.5 二位元行业标准分类下制造业男性和女性的就业情况（1890，1960）（%）

二位元行业标准分类	所有女性		女性		所有男性	
	1890	1960	1890	1960	1890	1960
20 食品	6.17	10.29	20.2	26.8	7.04	10.67
21 烟草	4.83	0.98	31.9	48.3	2.62	0.36
22 纺织品	34.30	9.62	40.8	44.8	7.71	4.09
23 服装	35.53	19.64	60.2	74.9	6.25	2.30
24 木材	0.62	0.92	0.7	5.7	17.93	5.12
25 家具	0.56	1.49	4.8	17.8	4.31	2.40
26 造纸	2.72	2.77	39.9	22.0	0.95	3.45
27 印刷和出版	3.61	6.62	17.5	26.7	4.39	6.33
28 化学制品	1.05	3.63	15.9	19.5	1.85	5.18
29 石油工程	0	0.73	0	12.3	0.38	1.84
30 金属加工	1.14	2.45	48.8	28.2	0.34	2.16
31 橡胶皮革	5.76	3.96	21.0	49.7	5.94	1.37
32 石头、黏土及玻璃	1.11	2.22	1.4	16.6	10.42	3.89
33 金属原料	0.20	1.94	0	7.3	6.79	8.75
34 金属制品	0.31	5.11	3.3	17.7	3.18	8.21
35 非电机械	0.24	4.76	0.8	13.9	8.33	10.33
36 电器设备	0.20	11.50	16.8	35.4	0.26	7.36
37 交通运输	0.12	5.07	0.5	12.5	9.11	12.42
38 器械装备	0.29	2.49	n.c.	n.c.	0.17	1.84
39 其他杂项	1.23	3.79	n.c.	n.c.	2.03	1.92
所有制造业总计	100.0	100.0	19.0	25.8	100.0	100.0
不相似指数[a]	60.8	33.3				

注：相异性指数 $=\Sigma|f_i-m_i|/2$，其中 f_i，m_i 分别表示在 i 行业中女性和男性劳动力的百分比。n.c. 表示未计算。

资料来源：1890年和1960年美国制造业人口普查。

制造业职业隔离，1900年

数据显示，1890年前后职业隔离程度极为严重，然而随着时间的推移，这种隔离趋势可能会减弱。通过研究1900年前后发布的两份《美国劳工专员报告》，我们可以更好地了解20世纪初期的职业隔离状况。尽管每份报告都存在不完整之处：一份报告未计算男女工人的计件工资，另一份报告仅针对女性密集型和混合型行业进行了调查；但是当把这两份报告综合起来看时，我们得出了性别隔离的相异性指数。根据这些报告所得出的相异性指数估计值超过90，接近可能达到的最大值。

第一份报告是1904年进行的一项调查，包括52个行业（不包括建筑业）的483个"职业—行业"组别（不包括"辅助工作"类别），覆盖了2200多家公司（美国劳工专员，1905）。在这些职业中，只有44个或9%的职业在某种程度上具有混合特征，有35个职业仅限于女性工人。根据表3.5的数据观察，不出意料的是几乎所有混合型职业或女性职业都集中在纺织、烟草、服装、造纸和印刷等行业。而超过90%的男性工作者从事其专属职业。由于调查主要关注工作时间问题，许多计件工资工人被排除在外，因此可能导致只有女性的职位和混合职位数量减少。同时，从女性劳动者所占的比例来看，女性就业者的绝对数量仍然较少。然而，在第二份报告中仅对混合型行业进行了调查，可以克服上述缺陷。

第二份报告专注于企业层面的女性密集型和混合型行业，并提供了有关计件工人的信息，这是第一份报告中没有涵盖的（美国劳工专员，1897）。虽然大多数行业都存在高度的性别隔离，但少数混合型行业往往同时包括了男性和女性，并雇用了该行业大部分劳动力。在所有技术职业中（在女性和混合部门中），约三分之一的职业具有某种程度上的性别重叠，但不一定在同一家公司内。[11]这些职业中，约有半数（占总数的15%）至少有一个男性和一个女性被同一家公司雇用。人们可能仍然想知道，在所涵盖的行业中混合职位有多么重要。

在服装行业中，男性和女性都从事缝纫机操作员工作，约占所有服装行业员工的50%，但82%的女性缝纫机操作员在没有男性操作员的公司工作。而在印刷和出版行业中，男女排版工人被整合在一起，约占该行业总体员工数量的20%。实际上，这些工人之间虽然有相同的职称，并不意味着他们所从事的具体任务相同，但确实与完全不同行业中的其他工人之间进行比较更为接近。

第一份报告中的信息可以与从第二份报告中获得的参数值联合起来使用，从而计算相异性指数。第一份报告存在以下问题：混合型职业男女工人的数量和隔离职业中的女性工人数量都被低估了。假设从事隔离职业的男性数量并未被低估，并且根据1902年美国人口普查数据显示，制造业劳动力中有20%是女性。根据第二份报告，在所有从事混合职业的工人中，女性占比为56%，而在第一份报告中，从事混合职业的女性占比为72%，这与第二份报告所提供的证据相符。由于调整过程中需要增加混合职业中男性工人数量，因此在调整后的数据中，男性在仅面向男性的职业中所占比例下降至86%；而女性在仅面向女性的职业中所占比例仍为28%。相异性指数只需考虑工人在混合职业中的分布情况，并认为其与1904年调查的实际观察结果相同。基于此计算得出相异性指数约为91，这一数值支持了制造业在1900年前后存在严重隔离现象这一观点。[12]

表 3.6 按性别、支付方式和性别混合型企业划分的排版人员收入和就业情况
（1896） （美元）

	性别混合型企业	非性别混合型企业
男性		
按时间支付薪酬	15.8（2.9）	14.4（1.9）
	[84]	[158]
按计件支付薪酬	12.2（2.2）	16.2（1.7）
	[72]	[87]
女性		
按时间支付薪酬	9.5（3.8）	9.4（2.2）
	[24]	[21]
按计件支付薪酬	9.0（2.3）	8.1（0.5）
	[62]	[15]

注：工资以周为单位计算并且每个企业按照女性/男性雇员人数进行加权。圆括号内为工资标准差；方括号内为工人数量。样本由39家企业构成，其中有12家混合型企业和27家非混合型企业。混合型企业是指一家企业至少雇用一名女性和一名男性排版人员。"排版人员"工作内容包括"装订"，但不是"打杂"。

资料来源：美国劳工部，《第十一次劳工年度报告（1895—1896）》，"男人、女人、儿童的工作和工资"（华盛顿特区：政府印刷局，1897）。

因此，约在1900年前后，大多数技术工人都在性别高度隔离的行业中就业。在女性密集型或混合型的行业中，男性和女性从事同一职位的情况很少见。这种非同寻常的性别分离似乎可以较为容易解释。表3.4列出了许多以男性为主导的行业通常需要体力劳动，并且由于物质资本的特殊形式而倾向于雇用男性工人。其他行业可能需要长时间培训和制定了正规学徒制度。然而，男女职业存在严重的隔离，不仅仅是在体力或培训方面存在差异，还有更多的因素在起作用。

职业隔离的影响

在一个以男性为主导的行业中，职业和工厂环境会被赋予一种称之为"性别光环"的特质。该行业通常通过说辞来宣传其性别特征，

例如，在肉类加工业中认为女性不适合从事"拿刀"的工作（Abbott 和 Breckinridge，1911）。这些职业通常被标榜为"男人的工作"，并被认为不适合女性。有些规范在一段时间内强调对力量的要求（最初可能是用来证明男性劳动力是合理的），并禁止女性从事该行业内的各种职位。男性可能担心引入女性劳动力会降低他们所从事的行业内的技能水平，进而影响他们的薪资待遇。难以评估的是，一些男性担心该行业中出现女性将使得其他人降低对于该职位地位或威望的看法（Goldin，1988b）。

总结：收入和职业

本章的阐述已经证明，过去的性别收入差距并不像20世纪50年代至20世纪80年代初那样稳定。相比传统方法所揭示的职业隔离程度，1900年的职业隔离更为严重。然而，纵观我们的历史，职业隔离问题一直较为严重，并且在过去几十年里男女收入差距持续保持稳定，这成为一个令人担忧的问题。许多人认为，性别收入差距持续存在反映了劳动力市场对女性的歧视。从1815年至1930年，性别收入差距缩小可能被视为歧视减少的证据。然而，这两种解释都不完全恰当。但在为这一立场辩护之前，必须探究男性和女性收入的决定因素，并确定衡量歧视程度的标准，这将是本书第四章要探讨的主题。

第四章

"工资歧视"的出现

即使在全年工作的全职劳动者中，女性与男性的收入比在整个美国历史上也一直远低于1，到20世纪80年代初，女性与男性的收入比仍然维持在0.60左右（见第三章）。在20世纪70年代，59%的男女收入比率成为劳动力市场上性别不平等的象征。这反映了市场在确保待遇平等方面的失败，并成为女性运动的一个动力。

本章的主题是探讨性别收入差异以及随着时间推移女性与男性收入比率的变化和保持稳定的可能原因。此外，我还研究了一种可能性，即大部分收入差距无法用传统因素来解释，并存在着实质性的"工资歧视"。随着教育水平的提高、女性工作经验的增加以及劳动力从制造业向办公室工作的转移，这种"工资歧视"似乎愈发严重。最后一部分对1900年至1940年间出现的"工资歧视"给出了解释。

众所周知，仅凭简单的收入比率无法充分评估劳动力市场对工人的奖励。自从19世纪末学术期刊和公共政策领域开始探讨女性收入问题以来，一个明显的问题是将收入表示成比率可能无法保持足够多的因素不变。1926年一项针对文书人员的调查遗憾地指出："是否有可能精确测定差异程度值得怀疑……通过统计程序。这将涉及收集具有完全相同工作背景的对应案例。"（NICB，1926，第28页）早在30年前，卡罗尔·赖特（Carroll Wright）就在关于1895年至1896年的一项研究中尝试过这种方法，他比较了"女性的收入……以及具有相同效率男性的收入"。从西德尼·韦伯（Sidney Webb）于1891年发表在《经济杂志》（*Economic Journal*）上的文章到现代计量经济学大师们的最新文献，人们一直在寻求各种方法来衡量女性与男性薪酬差距的程度。

"工资歧视"的衡量标准

目前，学者们已经开发了一种有效且简便的统计方法，用于评估具有相似特征的个体之间薪酬差异的程度，并确定这些差异是否与性别或种族相关。该方法被称为"工资歧视",因其可能反映出一个群体对另一个群体的偏见。

简言之,该方法计算了劳动力市场中的两个群体的(例如男性和女性)各种特征的经济价值。然后,它会评估单个群体,比如女性,如果按照男性所得到的报酬计算,应该获得多少回报。计算得出的女性工资值与实际观察到的女性工资值之差,除以男女收入差异,可以得到衡量"工资歧视"的指标。因此,该方法评估了对于男女的不同特征在有相同报酬的情况下存在的收入差异,并将结果与实际差异进行比较。该指标给出了原始收入差距中无法用对劳动生产率有影响的、有形的、可衡量的特征差异进行解释的百分比。

首先考虑以下情况:就边际增量而言,男性和女性获得的回报是相等的;然而在具有相同能力的男性和女性之间,收入却存在差异。图4.1(a)描述了这种情况。当男性和女性因总经验的增加(E)而获得相同的回报时,唯一需要考虑的是男性和女性收入之间的差异(w_m-w_f),该差异由特征价值乘以特征差异[$\beta(E_m-E_f)$],以及两条线 m 和 f 的截距差(a_m-a_f)所引起。如果他们具有相同的特征,则截距差将衡量出他们在收入中"无法解释的"或"剩余的"差异部分。实际特征差异与(β)的乘积就是"被解释"的部分。残差及被解释的差异如图4.1(a)所示。

现在考虑更复杂的情况,即对于男女特征的回报不同的情形。在图4.1(b)中,f 线已经变为 f' 线,其斜率与 m 线不同,这意味着女性和男性在工作经验增加时获得的回报是不同的。不同的斜率和截距可能是导致男女工资差异的主要原因。用两种极端方法来评估收入差距到底在多大程度上是由性别差异造成的。前面提到过一种方法是考虑点 $w_{f,m}$,这表示女性获得了男性的工资水平。差异($w_m-w_{f,m}$)是通过男性比女性拥有更多工作经验水平来解释的,而剩余部分($w_{f,m}-w_f$)则被视为残差。未被解释部分或者残差部分可用来衡量女性所遭受惩罚的程度,因为她们从较低收入水平起步,并且每年积累的工作经验少于男性。如图4.1（b）所示，残差部分是由于截距不同而产生的，还有部分是由斜率不同引起的。刚刚提出的测量方法通过使用男性特征价值（β_m）对特征差异进行处理，就好像女性与男性获得相等的报酬一样。另一种方法则是使用女性斜率（β_f）作为比较基准点［如图4.1（b）］。尽管这两种方法可能会产生不同结果，但选择任何一种都可以。

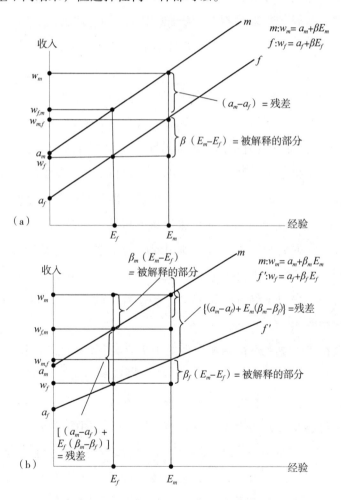

图4.1　收入函数与"工资歧视"

注：（a）特征的统计值与性别相对应（$\beta_f = \beta_m = \beta$）

（b）特征的统计值按性别存在差异（$\beta_f < \beta_m = \beta$）

第四章 "工资歧视"的出现

这种方法最初是由罗纳德·瓦哈卡（Ronald Oaxaca，1973；另见 Blinder，1973）提出的，并已广泛应用于经济歧视实证研究中。更正式地说，我们考虑了两个方程，一个用于男性，一个用于女性，它们将收入的自然对数（$\log W$）与其决定因素（X），如经验、教育、培训和工作时间联系起来：

$$\log W_f = a_f + \Sigma \beta_f X_f \text{ 和 } \log W_m = a_m + \Sigma \beta_m X_m$$

男性收入对数和女性收入对数之间的差异有两种表示方法。第一种方法使用男性斜率（β_m's）作为参考基点；第二种方法则使用女性斜率（β_f's）：

$$(w_m - w_f) = [(a_m - a_f) + \Sigma X_f (\beta_m - \beta_f)] + \Sigma \beta_m (X_m - X_f) \text{ 和}$$
$$(w_m - w_f) = [(a_m - a_f) + \Sigma X_m (\beta_m - \beta_f)] + \Sigma \beta_f (X_m - X_f)$$

其中小写 $w = \log w$。括号内的每个方程的前两项是无法解释的部分，由截距差和斜率差乘以男性或女性平均特征值组成。第三项是被解释的部分，即使用男性或女性特征价值系数乘以特征差异。需要注意的是，如果系数相同但截距不同，则两种方法是相等的。在只有一个特征变量的情况下，将上述 X 设定为 E，则可以得到：

$$(w_m - w_f) = [(a_m - a_f) + E_f (\beta_m - \beta_f)] + \beta_m (E_m - E_f)$$
$$= (w_m - w_{f,m}) + (w_{f,m} - w_f)$$

对于第一个方程，可以分解成图4.1(a)和4.1(b)所表示的形式。第一项是指男性工资与按男性身份领取工资的女性之间的薪酬差异；第二项是指按男性身份领取工资的女性与女性真实工资之间的差距。"工资歧视"是指一个群体（这里指女性）相较于另一个群体（这里指男性）而言薪酬较低，即使他们具有相同特征。它衡量的是相同特征被市场赋予不同价值的程度。然而，对"工资歧视"的解释要比定义复杂得多。

"工资歧视"这个概念可以衡量劳动力市场对女性的偏见在多大程度上降低了她们与男性相比的收入。但是，如果女性被拒绝提供职业培训和教育，或者工作按性别进行隔离，那么偏见可能比"工资歧视"表现得更为普遍。此外，如果收入函数忽略了诸如工作强度、工作时间和责任等相关变量，则可能高估了歧视的程度。即使所有相关变量都包含在估计中，如果数据存在经典的误差问题，"工资歧视"的计量经济学测量也可能存在向上偏差（参考 Hashimoto 和 Kochin，1980）。最后，在本章的结尾，我指出了对"工资歧视"实证方法的潜在批评。

20 世纪 80 年代末，美国政府开始在报告男女收入差异时采用了"工资歧视"的衡量标准。平等就业机会委员会（EEOC）已将其作为依据 1964 年《民权法案》第七章提起的歧视案件的证据。[1] 至少有一个州政府已经采用这种方法来消除男女之间的工资差异，而不是依赖"可比价值"政策。1988 年 4 月，康涅狄格大学（University of Connecticut）使用了一种与前述程序几乎相同的方法，计算出考虑女性教师资历后她们应该获得多少工资。经研究发现，"约有 1700 美元可以归因于性别歧视"，也就是说这是无法解释的或剩余的收入差异。男女教师之间的收入应该根据此数额进行调整。[2]

20 世纪 80 年代末研究中的"工资歧视"

经济学家在研究"工资歧视"时需要获取男性和女性的详细个人信息，以分析劳动力市场中获得回报的个人特征和其他可能反映个人偏好的因素。然而，现代数据集很少提供关于男性和女性的工作经验、教育背景及个人信息的详细数据。大多数关于歧视问题的实证研究要么使用美国追踪调查（NLS），要么使用美国收入动态面板研究（PSID），这两种方法都是基于长期追踪调查数据。有些研究者则利用公司层面的数据，通常来自真实存在的歧视案例（如 Malkiel 和 Malkiel，1973）。凯恩（Cain，1986）和马登（Madden，1985）对大量研究结果进行了综述，这些研究结果主要是关于性别

第四章 "工资歧视"的出现

收入差距中由特征差异解释的比例以及未被解释的部分,未被解释的部分在此被称为"工资歧视"。

在一项著名且经常被引用的研究中,(白人)男性和女性对数收入差异的44%可以通过特征差异来解释(Corcoran和Duncan,1979)。该项研究包括了对工作经验进行真实衡量,并对工作周数和工作小时数进行校正。换句话说,56%的收入差异不能用特征差异来解释,这正是我们要测量的"工资歧视"。其他研究通过引入被忽略的变量进一步缩小了差距。在最近的男女大学毕业生中,以男女大学专业来衡量教育质量的差异,将回归方程的解释效力增加了1.6至2.3倍。如果大学专业不是方程中的一个变量,那么只有28%至34%的工资差异可以被解释(取决于所使用的权重);但加入大学专业之后,特征差异可以解释工资差异的44%至77%(Daymont和Andrisani,1984)。

在大多数(但不是全部)的研究中,女性的教育回报率高于男性。例如,根据科克兰和邓肯的研究(Corcoran-Duncan study),白人女性和男性工作者的教育回报率分别为0.077和0.059。对于女性而言,总工作经验的回报率要低得多;但在现任雇主那里,工作的回报率(通常被称为任期变量)通常更高。已婚男性的收入通常比单身男性高出约10%。然而,女性的收入通常与婚姻状况无关;即使未婚女性和已婚女性收入存在差异,也是未婚女性赚得更多。

上文得出的"工资歧视"衡量结果和男女特征系数是基于现代的数据进行的研究。本章中关于"工资歧视"的历史证据提供了有趣且令人吃惊的比较结果。1940年文书部门的数据得出的结论与现代研究结果几乎一致。唯一的例外是高等教育如今降低了"工资歧视",但扩大了历史资料中存在的差异。同样引人注意的是,1940年以及现代的样本与20世纪初的制造业工人呈现出截然不同的结果。然而,在介绍这些历史研究细节之前,必须先解决"歧视"与"工资歧视"度量之间的关系难题。

"歧视"与"工资歧视"

"工资歧视"度量和"歧视"并不是一个概念。在我们谈论歧视或偏见时,通常指的是因为某些与生产力内在因素无关的特征而对他人区别对待。还有一种发生"歧视"的情况是因为一个人属于某个群体(例如所有女性或所有黑人),具有与另一个群体(例如所有男性或所有白人)不同的平均特征。如果无法辨别个体特征,则个体按照平均特征被归类到其所属群体之中。第一种形式的歧视通常被称为"品味歧视"(taste discrimination),经济学家加里·贝克尔(Gary Becker,1957,rev. 1971)率先正式地提出了该理论。而第二种形式则被称为"统计歧视"(statistical discrimination),与肯尼思·阿罗(Kenneth Arrow,1972,1973)的理论研究相关(另见 Phelps,1972)。

在统计"歧视"方面,各群体并非必然在与生产力相关的特征方面有所差异。然而,其他人根据教育等特征推断不同群体的劳动生产率的能力可能存在差异(Aigner 和 Cain,1977)。不同群体在能力、教育或技能上可能确实存在一些微小差异,但长期来看,最初微小的差异可以通过反馈效应而转变为巨大的差异。[3] 贝克尔的"品味歧视"模型包括了雇员、雇主和顾客之间的歧视现象。该模型已扩展到包括等级形式的性别歧视,其中男性不喜欢在女性指导下工作,但不讨厌监督女性。

无论是"品味歧视"还是"统计歧视","歧视"的存在并不必然导致个人收入或职业存在差异,尽管歧视可能是两者的起因。虽然社会上存在着严重的"歧视"和偏见问题,但竞争性市场机制可能有助于减轻其对收入的影响。如果一家公司的男性员工不愿意与女性共事,那么相较于她们实际的生产价值,女性员工的作用很可能被低估;而另一家只雇用女性的公司则可以获得较高的利润。[4] 然而,即使公司只雇用生产价值被低估的女性员工,偏见仍然存在。

第四章 "工资歧视"的出现

如果有足够规模的雇主或雇员没有"品味歧视",则由市场力量决定的薪资水平可能无法揭示潜在品味的异质性。统计"歧视"也可以通过雇主更好地识别高能力工人而降低。

然而,历史资料表明,职业隔离和"工资歧视"都确实存在,尽管两者随着时间的推移在程度上有所变化。无论是由于品味还是统计差异,竞争力量并没有消除"歧视"的影响。考虑到19世纪和20世纪初制造业中存在严重的性别职业隔离,但在男性密集型行业中几乎找不到只雇用男性员工的公司,这种现象颇令人费解。海伦·萨姆纳(Helen Sumner)为我的发现提供了唯一例证,但这个例子也可能是杜撰出来的:"在1871年……据说在芝加哥有一个卖鞍具和马具的人雇用了一百多名女性。"(美国参议院文件,1910—1911,第94卷,第229页)

尽管现在我们使用了特殊的经验数据和强大的计量经济学工具,但对于男女收入存在差异的原因,以及如何解释"工资歧视"和残差仍然悬而未决。然而,历史证据极大地加深了我们对此问题的理解。

我将证明,白领所在的部门在1890年至1940年间出现了"工资歧视"现象。正如第三章所示,尽管制造业具有高度性别隔离的特征,但考虑到这两个群体的特点,男性和女性的工资比以往任何时候都更加平等。然而,随着女性开始延长劳动时间并与男性直接竞争白领职位时,"工资歧视"问题表现得更为突出。目前对男女收入差异中无法解释的部分衡量还不精确,但历史证据揭示了几个主要原因。

一个原因是被称为"统计歧视"的现象。因为大多数女性在结婚时就会退出劳动力市场,因此雇主拒绝给予她们晋升机会,使得女性只能被安排在没有前途或流动性极低的职位上(Thurow,1975)。对办公室中男性和女性所从事工作的历史调查揭示了意在以这种方式隔离员工所设计的政策。

另一个相关原因是男性工人和雇主不喜欢与女性共事或在女性

的指导下工作。换言之，对于女工的歧视可能源自多种因素。男性工人担心与女性共事会降低他们的收入，弱化劳动分工和资本密集度提升对技能的要求。在19世纪和20世纪初，男性制造业工人了解到机械化和劳动分工对烟草和罐头行业产生的影响。例如，在第一次世界大战期间，制模工人联合会对培训女性制模的行为处以罚款，并禁止女性加入该行业工会（美国劳工部，1920；也可参见Greenwald，1980）。当然还有一种可能的因素是男性工人认为引入女性会降低他们职业的地位或威望（Goldin，1988b）。

意图寻找男女收入和职业差异的单一原因只会无功而返。当前劳动力市场差异通过恰当行为的概念，工人、顾客和雇主的偏见以及个人期望对未来的差异产生影响。高度隔离的工作场所导致女性工作报酬低于男性，进而加剧了对女性从事该职业的偏见；这种偏见反过来又强化了现状。高度隔离的劳动力使得那些追求从事男性职业的女性成为异类，这种耻辱可能会对其他社交领域（如婚姻）产生影响。

解释男女收入差异

决定男女收入的因素有很多。如今，接受更高教育、经过更深入培训、拥有丰富经验的人往往比一般人获得更高的收入；同样地，那些更聪明、更有能力的人也是如此。然而，在一个对这些技能需求不高的经济体中，学校教育和培训所带来的收益相对较低。教育并非总是像现在这样具有可观的回报。在19世纪晚期制造业领域中，强壮和耐力比通过学校获得的正式技能更受重视。但在20世纪初兴起的白领阶层中，接受教育对男性和女性都产生了较高的回报。从19世纪末至20世纪20年代，劳动力市场发生了几方面变化，并对男女工作者之间存在的差异产生了重要影响。这里将详细研究制造业和办公室文职部门，从而探讨男女收入和职业差异背后的根源。

第四章 "工资歧视"的出现

工资在劳动力市场上具有多种作用。在19世纪，工资主要是为了调节劳动力市场供求，类似于商品市场上的价格。然而在20世纪的某个时期，除了平衡供求关系之外，工资、福利、工时和收入的其他方面也开始发挥作用。收入、职业和福利成为管理层改变员工行为的工具。工资结构，即一个工人一生中的收入随时间变化的路径，在某种程度上可以将其看作管理的创新。薪酬方案能够起到监控、督促、筛选、鼓励和引导员工的作用。

也有越来越多的证据表明，在劳动力市场上存在相当大的利润分享，支付给工人的是"公平的"工资而非有竞争力的工资（Akerlof 和 Yellen，1986）。某些行业往往比其他行业向员工支付更高的薪酬，并且基于技能分布对高技能者支付的更多。此外，工业领域的薪酬水平在相当长的一段时间内保持稳定；1900年的高收入行业通常也是1980年的高收入行业。[5] 同样值得注意的是，已婚男性相较于单身男性拥有更高的收入（Korenman 和 Neumark，1987），但对女性来说却并非如此，从1890年至20世纪80年代末，男性婚姻溢价比例一直相对稳定。

在所关注的这段时间里，对劳动力各种特征的需求发生了变化，供给也是如此。为了确定不同特征人群收入差异的原因，需要获取工人、收入以及相关特征的信息。同时，为了研究不同经济部门（如制造业及后来的文职部门）的出现及发展对女性收入的影响，需要利用不同部门工人在不同时间点的数据。

制造业，1888年至1907年

从1888年至1907年间，美国联邦政府和州政府对制造业和销售业女性工作者进行了几次大规模调查，以马萨诸塞州的报告《波士顿女工（1889）》为起点，以美国参议院发表《妇女和儿童工资状况报告（1910—1911）》为终点。这些调查是基于多种目的而设计的。对某些人来说，这些调查所采用的方法并不能回答开展这些调查的缘由。卡罗尔·赖特是那个时代最著名的劳动统计学家，也是美国第一任劳工专员，他经常关注年轻女性工作者的道德问题。他收集的关于收入、工作经历和对亲属贡献等信息或许可以揭示职业女性的勤奋程度，但不能直接呈现她们是否从事淫乱和不道德行为。

其他不那么私密的工作细节则通过调查得到了更深入的挖掘。赖特在《男人、女人、儿童的工作和工资（1895—1896）》（U. S. Commssioner of Labor，1897）的报告中为所面临的问题提供了一个典型案例。他关注经济低迷时期女性是否抢夺了男性的就业机会，并在从事同样工作的情况下是否比男性获得了更少的报酬。但由于数据处理方法粗糙并缺乏现代建模和假设检验技术，他的这一努力受到了阻碍。然而，一代人可能失去的东西却成为另一代人的收获之源。由于无法有效处理大量原始数据，这些数据只是简单地附在文件最后，仿佛它们自身的分量就足以支持简短的报告所主张的观点。整个报告不足 20 页，而相关数据则多达 600 页。

我们将采用多种不同的调查来探讨 1888 年至 1907 年间职业女性收入的决定因素。研究对象主要是在制造业工作，年轻且未婚的人。其中一些样本提供了已婚和丧偶女性的信息，另一些样本则调查了销售人员，部分样本提供了东北部大城市中与家人分开居住的女性数据。各项调查所设计的问题类型各不相同，大多数调查关注收入、职业、行业和年龄等方面。相关问题还包括对一般工作经验以及特定职业和公司的询问。赖特及其追随者无须现代经济学家来告诉他们工作任期和工作经验对于决定收入方面具有重要性。但仅有的两项研究中包含了关于学校教育的问题。或许赖特及其劳工委员同事意识到正规教育在某些经济领域具有重要性，但他们同时也认识到（如下面所示），正规教育对工厂女性工作者的收入几乎没有影响。

在这里，收入的几个方面及其决定因素至关重要。一个主要问

第四章 "工资歧视"的出现

题是，19 世纪末 20 世纪初的女性与男性收入比率较低是否可以归因于女性工人相对比较年轻并缺乏工作经验，或者应该归因于相同特征下的薪酬差异，即所谓的"工资歧视"。同样令人感兴趣的是，在制造业和销售部门，教育的回报如何，并且销售职位的报酬是否更高，尤其是对在美国出生的人而言。对于已婚女性和其他有抚养子女责任的女性来说，在过去和现在都同样重要的问题是子女以及丈夫的就业状况对其收入产生何种影响。对这些不同问题的解答将影响本章后面"工资歧视"的度量，并揭示了导致女性劳动参与率上升的一些原因。

有 5 个不同的样本用于研究 1900 年前后女性收入的决定因素，对所有数据集的完整描述可参见数据文献。其中有 4 份样本来自美国参议院的《妇女和儿童工资状况报告（1910—1911）》，另一份来自美国劳工委员会的研究报告《大城市中的职业女性（1889）》。规模最大的微观层面的数据集被称为"1907 年单身职业女性"，包含了 1796 名 15 岁以上在棉纺织和服装厂工作的女性。同一来源的一个相关数据集为"1907 年纽约市职业女性"，记录了 1300 多名住在家里，但在纽约市工厂和商店工作的女性的信息。还有一个数据集被称为"1907 年'漂泊'女性"，与前面描述的相似，但关注点是纽约和费城离家出走的女性，包含了近 400 个观测值。来自美国参议院报告的一个数据集被称为"1907 年已婚职业女性"，包含了 900 多名主要从事棉纺织和服装行业的已婚女性、丧偶女性和离异女性的观察结果。第五组数据源自赖特所著的《大城市中的职业女性》，被称为《1888 年职业女性报告》，包含 1148 个"城市—行业"组别，涉及 22 个城市近 1.75 万名职业女性。

《1888 年职业女性报告》《1907 年纽约市职业女性报告》《1907 年"漂泊"女性报告》对所有女性的婚姻状况进行了调查，尽管在这 3 份报告中只有《1888 年职业女性报告》调查了她们的婚姻状况。"1907 年单身职业女性"样本和"1907 年已婚职业女性"样本明显按照婚姻状况进行了分类。除了关于已婚女性的样本外，所有样本都调查了她们的工作经验和收入。其中，有两个样本询问了教育问题；3个样本给出了开始工作的年龄；3个样本包含了工作天数数据；所有样本都涵盖了种族和其他家庭变量信息。对已婚女性的调查包括子女、丈夫就业状况以及该女性是否从事家务劳动等信息。3个1907年的样本包含了就业的女儿及妻子将收入汇给家人的信息（更多关于样本的细节，请参见数据文献）。

制造业女工的收入

这些样本中的女性普遍很年轻，考虑到1900年超过四分之三的女性劳动力处于未婚状态（见表2.4），以及单身女性在制造业中就业的比例更高，这一发现符合预期。1888年的调查是五次调查中信息最全面的，调查对象平均年龄为22.7岁，年龄中位数为20.6岁。[6] "1907年纽约市职业女性"调查对象平均年龄为20岁，而中位数仅为18岁。[7] 在19世纪末20世纪初的样本中，女性在非常年轻的时候就开始工作。《1888年职业女性报告》中年龄的加权平均值仅为15.4岁，而中位数才只有15.1岁。下面将会指出，在进入劳动力市场后大多数女性会一直工作至结婚。

与20世纪初在纺织厂工作的大多数女性以及20世纪后期离家上大学的许多年龄稍大的女性一样，许多在美国城市工作的年轻女性与家人分开居住。1900年前后，有超过三分之一的在美国大城市生活和工作的未婚且于美国本土出生的年轻女性选择与家人和亲属分开居住；如果包括所有种族和国籍，这一比例将更高（38%）。然而，如果不包括仆人和女服务员，上述两个数值则会有所减少，因为仆人和女服务员通常寄宿在雇主家中。[8] 即便如此，在剔除仆人和女服务员之后，1900年在大城市土生土长的白人职业女性中，有整整 27% 的人以租客身份寄宿或单独居住。因此，在 19 世纪末 20 世纪初关于她们的研究成为许多州和联邦政府关于"漂泊"女性报告的主题。[9] 在欧·亨利（O Henry）笔下的很多小说中，把本国出生且住在出租房里的职业女性描写成了可悲且可怜的角色，如《带家具出租的房间》和《绿色之门》。

所有这些因素——工人的年龄、她们开始工作的时间以及不受父母约束的自由——使得社会改革者将注意力集中在进步时代的工人所面临的困境上。除了有明显的年轻和依赖因素外，经济变迁也是该时期出现困境的原因之一。在 19 世纪 90 年代的经济大萧条时期，制造业的失业情况可能与 20 世纪 30 年代（经济大萧条时期）全国范围内的失业情况一样普遍（Keyssar, 1986; Lebergott, 1964）。许多人将年轻女性职工视为边缘劳动者，她们降低了成年男性的工资并提升了他们的失业率，而成年男性工人则是社会的重要经济支柱。

自 19 世纪初以来，任务简化和各种机器的运用促使女性开始从事制造业工作。不同行业引入女性员工的过程各不相同，而在某些行业，如铸造厂、钢铁、肉类加工、农具以及后来的汽车行业中，这种情况即使有也很罕见。然而，在大多数行业中，劳动分工是十分普遍的现象。缝纫机彻底改变了鞋子和服装厂的生产方式，机械加工降低了雪茄和香烟制造所需的技能水平，现代罐装和保存技术使得食品加工可以雇用技能较低的劳动者（Baker, 1964; Brown 和 Philips, 1986）。厂商有动力通过一系列微小步骤来制造产品，每个步骤都可以由无经验的人员完成。1890 年，计件工资职位几乎占所有女性职位总数的一半（47%）（见表 3.4），计件工资主要用于支付女性劳动者的薪酬。相比之下，从事计件工资职位的男性劳动者比例约为四分之一（1890 年为 13%）。

一般说来，技术进步往往伴随着某一行业或经济部门中女性从业人数的增加。以全要素生产率衡量，1890 年至 1980 年是技术变革最为显著的时期，女性就业增长相对于就业平均增长来看也最为显著。[10] 当然也有特殊情况存在，在传统女性密集型行业中发生了例外。例如，在19世纪纺织业领域出现了相反的趋势，因为自动化织布机的应用使得工人能够同时操作多台织机（Abbott，1910，第96页）。虽然技术变革并非总导致男性工人被女性取代，但技术变革使男性工人取代女性的例子也极其罕见。

1900年前后，由于女性工人的预期工作年限较短，因此男性和女性工作之间存在许多差异，例如更普遍的劳动分工和对女性采用计件工资制度。因为预期工作年限较短，女性（及她们的家庭）不愿意接受长期的培训。[11] 需要强调的是，尽管工作时间较短，但1900年前后女性工人就业的连续性相当不错，就像在1939年一样（参见第二章）。实际上，在1890年，女性从事工厂或销售工作的平均年限可能超过6年，即使她们结婚后没有留在劳动力市场或几年后重新进入劳动力市场。到了1939年，在单身女性进入劳动力市场后，有80%以上的时间都在从事工作（见图2.3）。

预期的就业时间无法直接观察，只能通过理论框架和横截面数据进行估计。由于可用的工作年限数据是横截面而不是时间序列的，因此，工作人口的平均年限并不一定等同于个人最终平均工作年限。在这段时间内，女性在制造业和销售行业就业的数量迅速增长，导致大量新员工的平均工作经历有所下降。一个行业增长率越高，其经历年限分布就越倾向于较低水平的工作经历。从统计学角度看，这个问题相当于推断一个高出生率社会中的预期寿命。在高出生率社会，年龄分布将偏向年轻人口，由于婴儿和儿童所占比例很大，整体人群普遍较为年轻。更重要的是，平均年龄是对群体平均预期寿命不精准的估计，类似地，平均工作经历并非对个人平均预期工作时间的精准估计。基于人口统计学发展起来的，利用年龄横截面分布数据来推断死亡率的方法可以应用于劳动力问题。尽管这些方法应用于劳动力问题时可能存在一定程度的不精确，但对6年左右的经验进行估算还是比较准确的。[12]

回顾一下第二章的内容，即使到了 1940 年，大多数年轻职业女性在结婚后便退出了劳动力市场，只有少数人会重新加入。1900 年，年轻女性在 15 岁左右开始进入劳动力市场，6 年的工作经历意味着她从开始工作到结婚时几乎一直持续工作。然而，劳动力连续工作并不意味着连续从事某一特定工作。但补充证据显示，年轻女性更换工作的频率远低于普遍认为的水平。1888 年的全国调查数据表明，职业女性中仅有 14% 的人表示她们曾从事过两种或两种以上的职业，超过 50% 的人以前没有任何职业经历，并且她们即使更换工作，也是在同一个行业的不同公司而非更换行业。此外，以上百分比与女性工作经历关系不大，相同的比例也出现在总工作经历限制在 5 年或 5 年以上的样本中。[13]

尽管劳动力和特定工作存在连续性，但职业选择受到总体预期工作时间的影响，而女性的总体工作时间相对较短。男性工人的平均预期劳动年限要长得多，尽管特定公司的工作年限在性别之间不存在太大差异。1900 年前后，即使假设女性在结婚前有工作经历，女性一生中所获得的工作经验与男性相比也可能不到 15%。[14]

在 19 世纪，男性和女性的工作都具有难度高、工时长且不稳定的特点。一般来说，每周工作 6 天是常态。因此，收入相对较低的女性在婚后选择专门从事家庭用品生产的劳动也就不足为奇了。女性就业时间短暂可能存在循环性原因，这一点对同时代的人显而易见，我们也能够理解。"在大多数情况下，可能由于女性对婚姻的期望导致了她们缺乏技能；但在某些情况下可以毫无疑问地看出，因为缺乏技能她才渴望婚姻，并以此来摆脱难以忍受的劳动"，海伦·萨姆纳（Helen Sumner）对参议院报告做出了尖锐的评论（美国参议院文件，1910—1911，第 96 卷，第 32 页），这里所使用的几组数据就来源于这份报告。

表 4.1　职业女性收入的决定因素（1888—1907）

变量	（1） 1888 年职业女性	（2） 1907 年单身女性	（3） 1907 年纽约市职业女性	（4） 1907 年"漂泊"女性
	年收入 [5.58]	年收入 [5.30]	周收入 [1.76]	周收入 [1.88]
常数项	5.57 （46.0）	−2.01	1.21 （32.8）	1.52 （12.7）
工作及培训特征				
经验	0.087 （10.6）	0.0936 （22.3）	0.0805 （14.3）	0.032 （5.60）
经验 $^{2}\times 10^{-2}$	−0.489 （7.87）	−0.293 （14.7）	−0.367 （11.9）	−0.0683 （4.65）
学校教育		0.0345 （3.43）		0.0196 （0.60）
学校教育 $^{2}\times 10^{-2}$		−0.157 （1.75）		−0.121 （0.52）
开始工作年龄	0.014 （3.32）	0.0295 （9.22）	0.0178[a] （9.04）	
已登记未工作天数	−0.085 （7.78）			
已登记工作天数		1.22 （73.9）		
商店工作	0.186 （8.58）		−0.0815 （3.00）	0.0486 （0.72）
商店工作 × 经验			0.0214 （3.53）	0.0154 （2.87）
之前的职业	0.107 （1.97）			
个人特征				
健康状况不佳	−0.314 （2.71）			
丧偶或离婚	−0.076 （0.64）			
单身	0.163 （2.09）			
做家务	−0.117 （3.50）			
与父母同住	−0.335 （5.39）			
美国本土出生	−0.217 （5.48）			
外国出生		−0.0216 （0.48）		
国外 × 美国居住的年数		−0.0011 （0.79）		

(续表)

变量	（1）1888年职业女性	（2）1907年单身女性	（3）1907年纽约市职业女性	（4）1907年"漂泊"女性
本地出生				0.0749
				（1.65）
母亲为本地出生	−0.139			
	（1.85）			
父亲为本地出生	−0.044			
	（0.56）			
母亲在世		−0.0419		
		（1.42）		
R^2	0.487	0.845	0.338	0.187
样本数量	1066	1785	1318	329

注和资料来源：a.变量是年龄，而不是开始工作的年龄。每个样本的说明见数据文献。因变量是收入的自然对数。括号内是平均值。

《1888年职业女性报告》：经验＝年龄－开始工作年龄；如果在商店工作，则Store=1；如果在工厂工作，则为0；如果目前职业之前有两个职业，则以前的职业=1；损失天数=由于罢工、工厂关闭、疾病等原因而没有工作的天数。所有变量都是工业—城市单元的平均，或者是比例（如单身、丧偶、健康状况不佳），或者是平均值（如经验、开始工作的年龄）。回归分析值是用每个"工业—城市"类别中女性人数的平方根来加权的。其他变量：三个区域的虚拟变量。

1907年单身女性：接受教育的月数除以9。其他变量包括父母是美国人的本土出生者、城市和州的虚拟变量。

1907年"漂泊"女性数据：其他变量包括纽约虚拟变量，德国血统，英国血统。括号内为t统计的绝对值。

表4.2 已婚女工收入的决定因素（1907）

变量	1907年已婚女工
	平均收入
	[4.84]
年龄	0.0270
	（3.32）
年龄$^2 \times 10^{-2}$	−0.0447
	（4.26）
已登记工作天数	0.0327
	（33.7）
从事家庭工业劳动	−0.470
	（11.9）
丈夫	
去世	0.0193
	（0.45）
离开	−0.0436
	（0.64）

（续表）

变量	1907年已婚女工
	平均收入
未被雇用	0.127
	(1.84)
美国本土出生	0.285
	(4.55)
儿童	
数量≤2年	0.0538
	(0.67)
数量3—5年	−0.0487
	(0.65)
数量6—9年	−0.101
	(0.45)
≤2年×家务	−0.150
	(2.34)
3-5年×家务	0.0304
	(0.54)
R^2	0.742
样本数量	936

注和资料来源：1907年已婚女工样本说明见数据文献。因变量是年收入的自然对数。平均值在括号中。变量还包括工作天数；养育儿童的时间（2年、3—5年）；城市和州的虚拟变量。括号内为 t 统计的绝对值。

19世纪末20世纪初，无论女性期望工作时长较短的原因是什么，从表4.1和表4.2的回归方程中可以清楚地看出对收入带来影响的因素。表4.1提供了上面所描述的四个数据集的收入函数，表4.2则提供了第五个数据集中已婚女性的收入函数。"收入函数"一词用于描述收入与个体特征之间的关系，这些特征包含能够对收入产生影响的工作经验、正规培训、学校教育、年龄、健康和婚姻状况等。这些回归方程通过收入的自然对数个体特征回归估计得出。采用这种特殊函数形式，经验和教育系数可以解释为培训投资所带来的回报，这种形式可以从人力资本投资理论框架中推导出来（Mincer，1974）。

制造业工人的收入

在一个职业的最初几年里,制造业工人的收入会迅速增长。根据《1888年职业女性报告》和《1907年纽约市职业女性报告》这两份报告的数据显示,工作时间累计到10年时收入达到顶点。"1907年单身职业女性"调查表明,女性工作16年时达到了收入的最高点,并且比1888年报告中的增长速度更快。[15]通过二次方形式研究收入和工作时间之间的关系发现,收入会在工作10年到15年后下降,但这种现象可能只是函数形式的体现。其他更灵活的函数如Gompertz(双指数)以及应用工作时间虚拟变量表明,15年内收入会随着经验的增加而增长,并在15年后趋于稳定。然而,各种观点都显示,在某个阶段的收入确实随着工作时间的增加而减少。

值得注意的是,表4.1中的三个方程增加了"成熟度"这个变量。因为这些样本中许多女性在很年轻的时候就开始工作,因此引入这个变量来表示女性开始工作的年龄。该系数反映了推迟工作一年对收入的影响。在工作开始的年龄(15岁左右),推迟一年工作,收入将会增长1%至3%。

有3个样本的数据包含了制造业和销售这两个职业群体,两个群体的收入和工作时间之间的关系有所不同。随着工作时间的增加,销售人员的晋升机会稍微多一些,但通常会伴随较低的初始收入。大约在四年这个时间点,两个群体的薪资基本相当,但此后销售部门的工资更高一些(见第三列结果)。蓬勃发展的销售部门和后来新兴的文书部门相对较轻松,并且工作时间更短。如果年轻女性不用依赖自己的收入,并且能够接受较低的薪资水平,那么她们会更倾向于选择在这些部门工作。

考虑到普遍存在"歧视"的可能性,研究在外国出生的人、在外国出生的父母的女儿和在美国本土出生的父母的女儿之间的收入差异是很有意思的。然而,从这些数据中无法得出关于美国不同种族和不同年龄群体收入差异方面的明确结论。尽管在《1907年纽约市职业女性报告》中,美国本土出生的女性收入更高(约高出4%),但《1888年职业女性报告》显示,她们收入更少(如果其母亲也是在本国出生,则减少了14%)。然而,这种与出生地相关联的收入差异可能反映了工作强度而非雇主的偏见。例如,"1907年单身职业女性"调查显示,给定工作天数,如果其母亲在世,女儿的收入会减少4%。

1888年的调查揭示了家庭背景方面的大量细节。那些居住在(父母)家里并从事家务劳动的女性比其他年轻职业女性的收入低40%左右。这或许在一定程度上表明了家庭责任对工作强度产生了影响。然而,也有可能的是由于回报较低导致工作强度下降;居住在家中的年轻女性几乎将其所有收入都给了家人。[16]

女性的收入结构表明,1900年前后,大多数女性被安排在可以迅速掌握技能的任务上。多年来,年轻女性可能会在公司内调动,但其在公司和行业内晋升的机会仍然非常有限。随着工作时间的推移,收入短暂而迅速的增长只是反映了女性粗浅的学习情况,但缺乏基本的培训。当然,并不是没有例外情况。缝纫行业需要一些培训的机会,根据1907年参议院报告评论,"大衣制造行业中职位晋升需要改变工作性质,并伴随一段生产率和工资降低的时期"(U.S. Senate Documents,1910—1911,第87卷,第477页)。但随着工作时间的推移,获得高收入的女性技术工人都被提升到了主管职位。[17]在制造业中,几乎没有其他职位能够提供足够高的收入,以至于工作时间的重要性超过了最初的收入增长。

其他研究将总工作经历分为职业时间和公司时间(即任期),以探索收入和工作时间之间的关系(Eichengreen,1984)。在1900年前后,女性工人的收入受到在公司工作的时间(或者说任期)以及从事目前工作年限的显著影响。然而,一般来看男性员工从工作经历中获得更高的收入,并与在特定公司或特定职业中工作的连续

■ 第四章 "工资歧视"的出现

性无关。这些发现与根据后来的数据集中观察到的结果非常相似，比如下面将介绍的1940年办公室工作人员的数据集，以及上面所讨论的一些现代研究。

定量结果进一步强化了定性证据所传达的观点：在1900年前后，女性工人几乎没有接受任何教育，因此几乎没有能力转移到其他就业岗位上。在某些行业中，她们的工作是没有前途的，因为她们被雇用来完成特定任务，如编织或纺纱。随着时间推移和技能提高，她们可以生产更多产品或操作更多机器。而在其他行业中，如上面谈到的服装行业，工作没有前途意味着只是从缝纫过程的一个阶段转移到另一个阶段。但对工作定量评估有明确界定的上限，并可以在几年内实现，那就是计件工资制度本身。在缝纫行业，女性工作的上限是纽扣孔技师（缝纫水平），这是女性在服装行业的终极工作领域。

在制造业和销售行业中，正规教育所带来的回报率较低，这并不奇怪。有两个样本关注了教育问题，通过受教育年限（或月数）和识字程度来衡量教育水平。在与家人分开生活的女性样本中，发现受教育年限对制造业工人的收入没有影响《1907年"漂泊"女性报告》。同样，在该样本中，对销售人员而言，教育也未能对其收入产生显著影响。[18] 然而,在对单身女性就业群体进行研究后发现，接受数月的教育确实提高了从事棉纺织和服装工作的年轻女性的收入（1907年单身职业女性调查）。值得注意的是，这种增长主要归因于识字能力而非仅仅接受的数月教育。在这些工人当中，大多数（86%）都具备识字能力，并且仅凭借识字能力就使她们的收入增加了14%。

女性无法通过工作培训来掌握技能，而正规教育对她们在制造和销售部门的劳动没有多大价值。因此，这个时代的女性劳动力被普遍认为是不熟练的也不足为奇。然而，在工人收入达到高峰期时（工作10年左右），其工资与起薪之比为1:5；根据定义，未受教育（但识字)与受过教育的新入职者的工资基本相当。随着工作时间的增加，近一半的收入增长发生在3年后，到5年左右时，就能实现80%的收入增长。[19]

1900年前后，年轻单身女性在劳动力中存在的现实推动相关部门开展了各种不同的劳动力调查。到了1900年，已婚女性在所有就业女性中所占比例仍不到十分之一，因此政策制定者需要二三十年的时间才能开始重视她们。但1907年美国参议院报告提供了全面的数据信息，对已婚女性、丧偶女性和离婚女性进行了调查，并成为"1907年已婚职业女性"样本的主题。尽管该样本揭示出来的技能不如其他调查那么详细，但它更多地展示了家务工作的性质以及家庭角色。虽然调查中没有包含工作经历和教育方面的变量，但包含了丈夫信息、是否有孩子、是否在家工作以及年龄等内容。结果如表4.2所示。

保持工作天数不变，在家工作的女性收入比在工厂工作的女性低47%。那些在家工作并有3岁以下幼儿的女性，每有1个孩子会导致收入降低15%。然而，一般情况下，子女对于外出工作的女性的收入没有影响。这意味着只要女性在外工作，孩子不会改变其工作时间或工作强度。如果在1910年前后的工作时间是灵活的，给定工作天数，那么有小孩的女性可能会出现与现代样本中已婚女性同样收入减少的现象，并且女性劳动力数量可能更多。女性工作天数因其拥有孩子的数量而略有不同。有小孩的女性在工厂工作的时间比没有小孩的女性一年少25天，但在家务工作中所花费的时间是相同的。给定工作天数和家庭构成，在家从事家务劳动的灵活性及自由环境（没有监督）是对巨大收入差异的补偿。但是，对于分析1910年调查数据的人来说，主要原因是由于家庭劳动者无法接受培训以及使用机器设备。

第四章 "工资歧视"的出现

制造业的"工资歧视"

19世纪后期,能够引起全国对女性劳动力关注的情况几乎不存在。相较于女性,男性工人年龄较大,受到的道德关注较少,而且获得的工资比女性高。但男性工人及其家庭成为各种统计调查的对象,其中有一些调查是由专门研究女性工人的劳动局进行的。在进步时代(1900—1917年),国家对男性工人及其家庭的关注在很大程度上源于移民在工业岗位上的集中就业。州劳动局对加利福尼亚州和密歇根州工人的调查所涵盖的范围与上述对女性工作者的调查大致相同。这些数据集能够估计类似于表4.1所示的收入函数,并可用来构建"工资歧视"指标。

男性和女性技术工人的平均(全职)年收入有很大差异。1890年,美国全职女性技术工人的收入是男性技术工人的54%,1900年为55%,1905年为56%(详见表3.1)。这一比例因产业结构和地区的不同而有所不同,在唯一同时包含男性和女性工人的州调查中,加利福尼亚州女性技术工人的收入仅为男性的46%。[20]

男女收入差距的部分原因可以归结为男性劳动力在工作时间和职业经历方面具有更大的优势。一般而言,男性总工作经历是女性的3倍,在当时职业上的时间几乎也是女性的3倍,在当时雇主工作的时间是女性的1.5倍。[21] 因此,女性工人和男性工人之间的收入差异在很大程度上源于19世纪后期男性的工作时间更长,而不是因为他们对特定公司的依赖程度更高。而持续从事某项工作和职业可能与年轻人更有能力获得正式或非正式的学徒资格有关。

收入差异的其他部分将取决于在给定特征的情况下,男性和女性如何获得报酬。从对制造业中女性职业的讨论中可以明显看出,尽管她们的工资一开始上涨得很快,但她们的职业晋升机会相对较少,收入在就业早期就达到了平稳状态。然而,男性拥有更长远的职业晋升发展路径,并且获得了在公司和行业中备受重视的技能。

由于对男性和女性的相同特征的报酬不同，因此，在考虑这些特征时，必须应用本章开头所描述的方法来解释收入差异问题。

19世纪末和20世纪初制造业男女收入的数据可以直接用于衡量"工资歧视"。在加利福尼亚州的样本中，女性和男性的收入都是给定的，女性技工的平均收入是每周6.70美元，男性技工的平均收入是14.69美元，二者之比为0.456。如果女性员工特征的回报与男性相同，那么她们的收入将达到8.81美元。男性收入（14.69美元）与女性收入（8.81美元）之间的差异是由于工作性质、职位和工作经验不同所致。用女性工人实际收入（6.70美元）与推测收入之差除以男女实际收入之差，即为"工资歧视"的测度指标，在这种情况下得出的数值为35%（使用对数值）。[22] "工资歧视"源于市场上对相同特征的不同评价，以及常数项，即无工作经验工人的收入。在这种情况下，"工资歧视"主要反映了刚开始工作时的收入差异。随着在公司工作经历积累年限的增加，男女员工之间的薪酬差距会逐渐缩小而非扩大。

公司和总工作经历缩小了收入差异与现代研究结果形成了鲜明对比，也与1940年文书工作的结果不同。这可以参考图4.2来理解，图4.2显示了在各种假设下制造业男性和女性的收入函数。[23] 男性因结婚而获得更高的收入（在样本中增幅为17%），而女性则不然。图中已婚比例有所不同，M曲线表示单身男性，M'曲线表示结婚男性的平均值。研究发现结婚会增加男性工人的收入，这一点在几乎所有使用现代数据进行的收入研究中都得到了验证。[24] 但人们对于婚姻在提高男性工人收入的作用机制方面仍然知之甚少。根据现代数据显示，随着婚姻时间的延长，收入溢价逐渐增加，这被归因于有家庭的个体会更加努力（Korenman和Neumark，1987）。但研究人员并没有否认这样一种可能性，即雇主更青睐已婚男性并频繁地提拔他们而不考虑其他特征。经济大萧条时期关于办公室职员的调查数据显示，雇主给予已婚男性职员更高薪水并频繁地提拔他们。

在工作初始阶段，男性和女性的收入差距是相当大的（当两组人都未婚时，差距约为47%），直到约10年之后才开始缩小。当所有的工作经历都是在同一家公司和同一职业中获得时，单身男性和女性员工之间的收入差异缩小到8%，婚姻取实际情况的均值时收入差异则为14%。给定同样的假设和婚姻状况，如果总工作经历的一半是在目前公司和职业，收入差异分别是28%和34%。随着时间的推移，男女收入逐渐趋于一致主要是因为女性的收入函数在几年内急剧增长，而男性的收入函数则上升缓慢。这很大程度上取决于总工作经历的结构。根据现代数据显示，在同一公司内，女性的收入增长速度超过男性；但在不同公司和职业中，女性的收入增长速度则要慢得多。

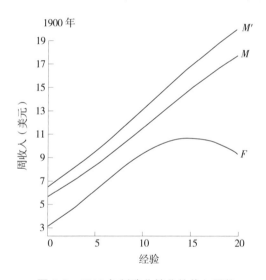

图4.2　1900年制造业就业的收入函数

注和资料来源：见正文。M 曲线表示 $w_m = \exp(1.75 - 0.1663 + 0.0849 \times E - 0.0014 \times E^2)$，其中 E 代表工作经历。曲线 $M' = [M + 0.1663 - (0.1663 \times 未婚比例)]$，其中样本中单身所占比例为0.65。因此，$M$ 代表未婚男性，M' 代表整体样本数量。曲线 F 表示：$w_f = \exp(1.14 + 0.1646 \times E - 0.0055 \times E^2)$。使用的其他假设：工人在公司和工作中拥有连续经历，所有其他变量都是由样本中的平均值给出。

除了少数例外，女性工作者最初从事的工作很少涉及先前所掌握的技能，无论是脑力、体力，还是来自其他公司的技术。随着她们不断学习，她们变得更加高效。但由于女性工作者的收入通过计件工资与当时的生产率相挂钩，因此她们的收入完美地反映了她们的生产效率。相比之下，男性最初被安排从事的工作通常要求具备较好的体力或者支付溢价以吸引他们继续做学徒。因此，他们的收入不能像女性那样明确地反映出学习水平。

在19世纪晚期的制造业数据中，最令人好奇的发现是，男性和女性在刚开始工作时的收入差异最大，随着工作时间的延长而逐渐减少。但是自1940年以来，尤其对非体力劳动者而言，更常见的发现是，初始差距较小但随着时间的推移而逐渐扩大。因此，需要解决一个核心问题：是什么导致了制造业数据中巨大的初始收入差异。

一种可能性是，由于在一个对设备使用仍然很少的部门中男性工人的体力更好或工作强度更大，因此男性工人的平均劳动生产率可能比女性高。体能问题可能是将行业分成女性密集型和男性密集型的原因。钢铁、农具和铸造厂最初是男性密集型产业，而棉纺织和服装业则是女性密集型产业。由于19世纪初期不同行业初始性别构成不同，每个行业可能都采用了不同类型的资本设备和工作组织。在任何行业中都会有足够强壮、有能力的女性与男性表现相当，然而某些行业几乎没有女性技术工人。很有可能，在某些行业中以各种明显而微妙的方式禁止女性进入。例如，铸造厂明确提出不培训女学徒；在1904年罢工之前，一些行业通过各种方式禁止了女工进入屠宰场，即使后来她们被允许进入香肠车间工作，但大多数地方仍拒绝接受她们。因此，男性和女性收入差异的部分原因可能是职业障碍所致，其结果从1890年前后出现的非常严重的行业和职位性别隔离现象中可见一斑（见第三章），而另一部分差异的原因则可能源自平均体力和劳动强度存在明显不同。

鉴于在男性密集型行业中几乎没有女性，并且很少有男女共同从事的职业，因此很难评估体力和工作强度所带来的回报。然而，在一小部分按件计酬的职业中，同一家公司内存在大量男性和女性工人。在一个计件工资的职业样本中，即使工作内容相同，计件工资相同，并且都在同一家公司工作，男性的收入也比女性高出25%。[25] 对于表3.6中提及的排版工人这个数字约为35%。尽管样本中的男性和女性都超过了18岁，但没有什么因素是可以保持不变的。由此可以推测，男性工人接受了更好的培训，其中25%的差异归因于经验和培训上的差异，这些因素应该在"工资歧视"上予以考虑。然而，即使体力较强的女性被选中从事非技术性的、初级的工作，但在同样类型的工作中男性的平均收入仍比女性高出15%左右。[26]

计件工资数据所反映的最初收入差异源于个体能力的不同，然而计件工资并不适合衡量体力的差异。由于习俗、"维多利亚时代道德观念"或男女人口的实际差异，依赖力量的职业通常雇用男性。因此，计件工资数据可能仅呈现了所有工作之间实际差异的下限。

15%这个数字可作为制造业生产效率初始差异的下限。没有工作经验的工人收入中包含了最初的差异，但不应归咎于"工资歧视"。通过将女性收入函数的常数项调增至15%，上述例子中的女性平均收入从6.70美元提高到了7.78美元，并将无法解释的部分缩小至略高于1美元，即男女收入对数差异的19.5%。

即使在最初的、未经调整的35%水平上，制造业（1900年）的"工资歧视"与最近的研究发现相比也是比较小的。通过调整后的19.5%这一差异水平，可以看出制造业中存在较低程度的"工资歧视"。[27] 前面提到，现代实证研究普遍发现，"工资歧视"至少解释了男女收入对数差异的55%。由于缺乏各种难以测量或未观察到的因素，尚无法合理解释这55%的差异。19.5%似乎更容易解释，特别是考虑到行业的体力要求、工作强度和工作环境可能更有利于男性而不是女性。

尽管行业和职业在性别之间存在着严重的隔离，但在19世纪晚期的制造业工作中，女性与男性的收入比率较低，很大程度上是由性别差异和工作经验的差异所致。但这种性别差异可能是由歧视性因素所引起的。人们已经注意到年轻女性缺乏努力工作的动力。她们几乎不能留下个人收入，没有晋升的机会，并且她们所从事的工作在特定的工厂之外没有价值。毫不奇怪，她们把婚姻和自己的家庭视为一种逃避的方式。虽然职业和行业中存在的性别隔离对女性与男性收入比率产生了一定影响，但并不像"工资歧视"数据所显示的那样大。

文书部门，1940 年

在一部写于 1905 年前后的自传体小说中，多萝西·理查德森（Dorothy Richardson）描述了她作为一个打工女孩的生活经历（O'Neil, 1972；1905 年初版）。[28] 她 18 岁时离开宾夕法尼亚州西部的家乡，开始在纽约市从事各种工作。她曾在纸箱厂工作，制作人造花，在花季结束时努力成为一名缝纫机操作员，在珠宝厂和蒸汽洗衣店也工作过，并最终成为一名售货员，这一切都发生在大约 5 年的时间里。对于每段工作，她指出："主要的障碍……似乎是缺乏经验。我能找到很多工作，一星期能挣 5 美元，但如果没有一技之长，两三个月之后我就可能会饿死。"（Richardson，第 44—45 页）在从事制造和销售工作几年后，她决定参加夜校并成了一名速记员，每周薪水达 8 美元。她通过 60 周的夜校学习提高商业技能，并接受拼写和语法方面的基础培训。上述活动带来的回报是巨大的；用她自己的话说，"我会变得富裕起来"。

无论理查德森的故事是真实的还是虚构的，尽管其风格备受争议，但它几乎忠实地描绘了上面提到的情况。她在制造和销售工作的收入相对较低，但随着当时工作经验（而不是总工作经验）的增加而迅速提升，并且很快达到了上限。然而，与不同样本中的女性相比，她在工作的连续性方面要差得多。理查德森与家人分开居住，找房子的过程常常干扰她的工作。她将这个故事命名为《漫长的一天》，戏剧化地描述了工厂工人异常漫长的工作时间和艰苦的劳动。通过教育和文书工作来实现自我拯救，并将其定为最终目标。如果这个故事是在50年后写的，那么它就不能恰当地展示女性劳动力随着时间的推移所发生的变化。

这个故事中的人物在上进心和能力上都是独一无二的。在理查德森列出的出生队列中（假定是1880年），只有不到20%的年轻女性最终完成了高中学业，她们的平均受教育时间不足8年。从1900年至1920年，高中毕业的年轻女性比例翻了一番，全国各地的公司对文书人员的需求飙升。这一个人的经历将成为整个女性劳动力群体的经历；教育程度的提高和经济部门的结构变化改变了女性劳动力情况。教育和对受过教育的劳动力的需求使得女性能够提高收入并改善工作条件。这反过来又进一步增加了女性在劳动力市场中的比例以及整个生命周期一直留在劳动力市场中的比例。

文书工作和文书工作者

从1890年到1930年，在文书部门就业的女性的比例从4%上升至21%。1890年，文书工作者中女性所占比例为15%，但到了1930年，这一比例超过了50%。尽管该部门的男性就业人数也有所增加，但文书部门的男性就业比例仅略有增加，从3%上升至6%。文书部门的就业增长主要是通过雇用女性员工实现的。许多刚刚从高中毕业的人在过去几十年里会在全国各地的工厂和零售店工作，正如前面的讨论中提到的那些年轻女性一样。办公室对于年轻女性具有吸引力，并且正如索福尼斯巴·布雷金里奇（Sophonisba Breckinridge）所言，"女学生愿意'在办公室工作'而不是在工厂工作"（1933，第181页），这并不难理解。工厂工作艰苦、受限制、肮脏且存在安全风险，而且教育回报几乎为零。随着美国受教育程度的提高以及完成高中学业的年轻女性相较于男性更多,出现了大量潜在的文书人员。如果说男性在制造业领域具备某种优势,那么女性在文书部门中也同样拥有优势。

20世纪早期,文书工作者的就业规模显著扩大,这个部门被与美国工业革命相关的过程所改变。19世纪的文书人员是可信赖的雇员,承担着各种任务;秘书则成为公司总裁最亲密的助手(这也是该词的起源)。两者都需对公司运营有全面的了解,并最终都有可能晋升为主管。随着公司规模的扩大,需要更多的文书人员,而这又促进了劳动分工,这种情形与制造业相似。例如,以打字机为代表的机器发展反过来推动了劳动分工。19世纪70年代发明的打字机几乎立即被美国企业广泛采用,但实际上这个发明是一个存在了很久的想法(Davies,1982)。簿记、会计、复印和其他机器都是因自动化需求增加而发明的。与制造业类似,文书部门自动化导致任务的专业化,并减少了雇用能够全面了解公司运营情况并具备技能人员的必要性。商学院和高中商科课程的增加使得公司可以雇用初级员工,她们几乎不需要额外培训,而且可以被安排在一个永远不会晋升的岗位上工作。[29]

在现代办公室发展的早期,某些工作的薪酬是计件支付的,如制造业。以格拉顿和奈特制造公司(Graton and Knight Manufacturing Company)为例,公司的打字机配备了循环计数装置,"按下240个打字机键或空格键相当于一个点……600点被认为是基础产量,超过的每一点以一分半进行计算"(Coyle,1928,第23—24页)。然而计件工资制度并没有盛行,主要原因在于雇主对那些在入职前就完成了商科课程和高中教育的工人进行了能力测试和筛选。联邦爱迪生公司(Commonwealth Edison Company)就曾宣称,公司的速记员、打字员和录音机操作员都是经过"气质和能力分类的。当需要一个女孩时,雇主会致电给中央事务局,要求派遣适合该岗位的人员过来工作"(Coyle,1928,第23页)。

■第四章 "工资歧视"的出现

在转型后的文书部门中,大多数新兴职业是为以前从事制造业工作的女性员工设计的。这些女性年轻且单身,人们认为女性在结婚后没有兴趣继续工作,但现在这些女性也具备高中文凭,经常学习商科课程。打字员、速记员和办公室设备操作员通常直接从高中毕业生中招募,而秘书和会计人员则经常从普通职员中选拔。直接从高中毕业生招聘的职位主要面向女性,而公司从内部提拔的职位主要面向男性。许多新兴职业迅速呈现女性化趋势,但仍有很多传统职业仍然由男性工人占据。

从1890年至1930年间,机械化程度的提高、劳动分工的深化以及受过良好教育的美国人口增加,使得文书工作者相对于其他群体的收入降低,并缩小了该部门的性别差距。1890年,女性文书人员的平均收入约为制造业女性员工的1.5倍,但在1930年,这一数字仅为制造业女性员工收入的1.25倍(见表3.2)。男性方面下降更为明显。1890年,男性文书人员的平均收入是制造业的1.6倍,而到了1930年,两者收入基本持平。文书部门中女性与男性的收入比率从1890年的0.487上升到1930年的0.706(见表3.2),这种增长推动了整体经济中女性与男性收入比率的提升。在整个经济范围内,该比率的提升很大程度上是因为激励个体更多地考虑智力因素而非体力因素。这些变化似乎暗示着劳动力市场正在以一种积极并朝着可能解放女性的方向发展。关于文书人员薪资和个体特征方面的证据可以通过计算"工资歧视"来进行评估。

文书工作者的收入

随着进步时代的结束,美国劳工部和各州相关部门停止了对女性收入和工作条件的调查。国家不再关注单身女性和移民家庭的劳动情况,相关研究在20世纪最初10年的后期和20年代告一段落,此时文书工作开始迅速兴起。第一次世界大战结束后（1920年）成立的美国劳工部妇女事务局，在各个劳动部门停止对女性收入和工作条件的调查之际开展了一系列关于女性工作者的重要研究。其中两项研究分别在1931年和1940年进行，涉及办公室的男性和女性职员，1940年的调查还涉及了个人层面的问题。[30]

一个被称为"1940年办公室人员调查"的数据样本来自费城，数据文献部分进行了详细描述。该样本包含1200多名参与者，其中大约有700名女性和500名男性。美国劳工部妇女事务局的工作人员要求提供有关教育、工作经验、收入、职业、失业以及婚姻状况等各种个体特征的详细信息。同时还获得了在公司工作初期和当时两个时点的职业及收入信息。类似于制造业样本，我们对男性和女性收入与个体特征之间的关系分别进行了估计，结果见表4.3。

与制造业一样，男性文书人员在受雇时比女性获得了更多适合市场的技能。总工作经历的边际增加使男性的收入增幅超过了女性，因此，工作5年后更换工作的男性较女性收入高11%，工作10年后更换工作的男性比女性收入高19%。[31] 尽管女性工作经历提升主要依赖于工作的连续性，但对于拥有额外工作经历的男性和女性来说，其价值对于当时的公司来说是相同的。每增加一学年的教育可以使收入增加3%以上。拥有大学文凭的男性收入会增加11%，而女性仅提升7%，大学教育每增加一年会使男性收入提升6%，而女性仅提升3%。已婚男性平均收入比单身男性高出12%，但婚姻状况对女性的收入几乎没有影响。

文书工作相较于制造业工作更干净、轻松，且薪酬普遍较高（见表3.2）。此外，文书工作还带来了更持久和适用性更广的技能，并提升了对教育的回报。这可以解释为什么年轻女性更偏好办公室工作，以及为何文书部门的增长会促使已婚和生育后的女性继续工作。回顾一下，在制造业就业除了识字之外几乎没有给予教育任何回报。女性收入因职业和公司变化而受到严重影响。在制造业中，更换公司和职位的女性仅能增加收入的20%，而在文书部门则可以超过60%。[32] 接受教育的女性文书员工比在制造业就业的女性收入多22%。[33] 最后，根据1940年办公室工作人员调查的数据显示，女性由于家庭责任而离开劳动力市场会导致年收入下降1.6%，这一数字与使用现代数据进行研究所得出的结果基本相同（Mincer和Polachek，1974）。

表4.3　男女办公室职员收入的决定因素（1940）

变量	全职年收入情况		平均收入情况	
	男性办公室职员	女性办公室职员	男性 [7.42]	女性 [6.98]
常数项	6.272	6.281		
	（83.1）	（84.2）		
工作经历				
总工作经历	0.0521	0.0290	16.0	10.9
	（12.9）	（9.43）		
（总工作经历）$^2 \times 10^{-2}$	−0.0864	−0.0441		
	（10.8）	（5.19）		
当前公司经历	0.0156	−0.0025	13.2	8.3
	（3.40）	（0.72）		
连续性 × 公司经历	−0.0032	0.0166	12.5	7.4
	（0.80）	（5.99）		
未工作年数	−0.0434	−0.0124	0.10	0.15
	（2.35）	（1.31）		
在家工作年数		−0.0159		0.51
		（3.35）		
受教育程度及个人情况				
已婚	0.115	0.0225	0.55	0.23
	（3.93）	（1.17）		
受教育年限	0.0354	0.0305	11.7	11.5
	（5.40）	（4.44）		
高中毕业文凭	0.0192	0.0151	0.60	0.64
	（0.60）	（0.59）		
大学毕业文凭	0.111	0.0688	0.13	0.05
	（2.88）	（1.65）		
R^2	0.675	0.517		
样本数量	482	724		

注和资料来源：对1940年办公室职员调查的描述见数据文献。因变量是全职年收入的自然对数。括号内为平均值。全职收入是指上一个工作期间支付的工资乘以每年的工作天数。总工作经历 = 目前公司的工作经历 + 其他办公室工作经历 + 办公室以外的工作经历；如果当时公司的工作是连续的，则连续性 =1；在家工作的年数 = 开始办公室工作

的年数-在当时公司工作的年数-之前办公室工作的年数。其他变量包括职业学校毕业生，商业课程的虚拟变量。括号内是 t 统计的相对值。

如果制造业中男性和女性的收入差异主要体现在对体力劳动的回报不同上，那么脑力劳动对体力劳动的替代应该会在男女起薪方面达到平衡。实际上，男女文书工作的起薪差异已经缩小到了无法通过统计进行区分的程度。考虑到以前的工作经历和教育程度，文书工作的实际起薪差异约为5%。[34] 尽管根据收入函数所显示，未婚男女文书人员的起薪差异可以忽略不计，但在制造业领域，这一差异却高达47%。虽然办公室工作的起薪几乎与性别无关，但接下来的收入差距每年都在扩大，如图4.3所示。通过对制造业和文书工作者收入图形的比较，揭示了对男女收入差异的不同解释。

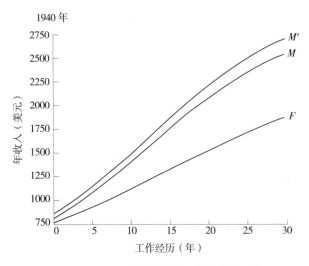

图4.3　1940年办公室工作的收入函数

注及资料来源：系数来自表4.3。M曲线表示：$w_m=\exp(6.272+0.0645 \times E-0.000864 \times E^2+0.0354 \times S)$，其中 E = 工作经历年数，S = 受教育年数，这里为11.5。曲线 $M'=(M+0.115 \times$ 已婚比例$)$，其中样本中已婚比例为0.55。因此，M 代表未婚男性，M' 代表整体样本。曲线 F 表示：$w_f=\exp(6.281+0.0431 \times E-0.000441 \times E^2+0.0305 \times S)$，其中学校教育年数也是11.5年。其他假设包括工作经历与在公司的任期相同，工作具有连续性，女性在工作中没有中断，休假变量为零，其他变量的值由样本均值给出。

文书人员调查中的男性员工与制造业样本（16年）中男性员工

的工作年限大致相同，只是男性文书人员开始工作的年龄较大，约18岁。与之前的样本相比，他们在当时公司的连续任职时间更长。尽管19世纪30年代的经济大萧条可能降低了他们在不同公司间的流动性（请注意，这项调查是在1940年进行的），但在他们16年的劳动生涯中，有整整13年（83%）是在当时的公司度过的。女性文书人员平均总工作经历约为11年，其中75%是在当时的公司任职。因此，她们的工作经历几乎相当于男性员工的70%，而在当时公司内任职时间则是男性员工的63%。与大约30年前的制造业相比，在文书岗位上男女之间具有类似的任期长度。受教育程度也十分接近：两者平均受教育年限都在11.5年左右，并且62%的人完成了高中学业；然而拥有大学学位的男性人数超过女性人数两倍以上。

文书工作中的"工资歧视"

给定这些相似之处，对特征差异进行调整只能解释39%的初始对数收入差异（平均为28%和49%），[35] 这一结果并不令人意外。这个数值明显低于使用制造业数据计算得出的65%和81.5%。假设女性文书工作者按照男性取得报酬，那么女性每年的收入将是1333美元（以1940年的美元计算），而不是实际的1075美元。男性平均年收入为1669美元。因此，推测的女性（将女性作为男性）收入比女性实际获得的报酬多24%；如果以男性身份获得报酬，女性与男性收入比率将从64%（1075/1669）提升至80%（1333/1669）。

图4.3显示了导致男性和女性收入差距的两个主要因素。其中一个是男性的婚姻溢价，解释了收入差异的12%，上面已经提到过婚姻因素的作用。另一个则是有工作经历的人收入增长更快，尤其在男性中表现得更加明显。工作经历每增加一年，对于男性收入增长的影响比女性就更大一些，而培训对收入的影响并不明显。事实上，

在工作伊始，男女收入是相同的。随着时间的推移，无论是何种工作经历水平，男性都能获得更高的回报。

女性工作5年后的收入比同等学力和工作经历的男性低14%，而拥有5年工作经历的单身（或已婚）女性的收入比相同经历的已婚男性低26%。虽然受教育年限对男女收入的提高程度大致相同，但大学教育对男性的价值更高。与受过相同教育和培训的男性相比，女性挣得更少。随着每一年工作经历和每一年高中以上教育程度的增加，"工资歧视"也会扩大。在拥有5年工作经历的大学毕业生中，未婚男女的工资差异为21%，已婚男女的工资差异为33%。

男性和女性文书人员在工作的初始阶段显然具有相似的技能，但由于被置于完全不同的职业发展轨道上，由此产生了高度的职业隔离。虽然起始职位都是综合性的，但对于大多数女性来说，晋升到秘书已是最高职位。尽管秘书的薪酬相较于打字员高出40%，但与经历相同的男性相比明显少很多。

1940年前后文书部门的估计表明，"工资歧视"的程度与现代研究中发现的几乎相同，但必须承认计量经济学中的各种复杂性。特别是变量误差问题可能导致对"工资歧视"进行过高估计。误差的方向通常是未知的，但几乎肯定会夸大"工资歧视"的程度（参见Hashimoto和Kochin，1980）。误差程度将取决于多个因素，包括受教育程度、经验和其他相关变量准确衡量劳动生产率的能力，以及劳动生产率与性别之间的相关方式。

"工资歧视"的向上偏差可能是非常大的。然而，其他证据显示，至少在目前考虑的时期内，这种结果不太可能发生。有充分的证据表明，公司政策将女性排除在几乎所有涉及内部晋升的办公室职位之外。因此，"工资歧视"的实证测量与人工统计误差并不是一回事。由于女性被禁止从事大多数具有晋升机会的工作，因此根本无法达到男性的收入水平。关于公司层面政策的证据可能是特定研究时期所独有的，在当时基于性别和婚姻状况进行的歧视并不违法，并且由于经济大萧条,这种歧视经常被认为是具有公益精神的。公司在经济大萧条前后很可能都有类似的政策(也可参见第六章)。

通过大多数公司的人事政策,女性被禁止从事各种文书工作,并且正如第六章将详细说明的,已婚女性也被禁止进入许多规模大且收入高的公司。美国劳工部妇女事务局观察到的是公司层面的记录,仅用于衡量1940年的"工资歧视"程度,调查包含了公司关于男性和女性两方面职业政策的答案。确切地说是"哪些(办公室)工作只对男性开放","哪些(办公室)工作只对女性开放"。表4.4列出了260家雇员超过19人的公司中不同类型工作(包括男性和女性)的分布情况。

在3个大型样本城市中,有74%的公司采取了正式的"仅限女性"限制政策,并影响了样本中79%的女性员工。[36] 70%的样本公司采用了关于男性职业的正式规定,影响了样本中70%的男性员工。公司通常存在两种形式的限制措施。有13%的公司设定了排除女性措施,仅有9%的公司设定了排除男性措施,61%的公司同时设定了排除男性和女性的措施,而17%的公司没有设定任何排除措施。从表4.4的数据来看,在考虑最低雇员人数规定时,这些排除措施与公司的规模无关。

表4.4 公司办公室雇员中按性别划分的职位限制(1940)

受限制职位数目	男性			女性		
	公司(%)	加权列(%)	雇员平均数	公司(%)	加权列(%)	雇员平均数
0	30	30	162	26	21	191
1	20	11	120	16	13	195
2	21	31	248	21	17	183
3	14	14	207	25	39	211
4	6	6	207	8	4	80
≥5	9	7	238	4	6	228

注和资料来源:1940年办公室人员调查报告。参见数据文献和第六章。所列受限制职业的数目根据公司政策"仅限男性"或"仅限女性"的职业得出。最后一行表示男性数据同时包括"所有工作仅限男性"的限制;如果公司表示"所有文书工作都仅限女性",那么女性的限制值就设置为3。加权列使用男性或女性员工的数量作为权重。这里的分析仅限于260家员工超过19人的企业,其中至少有1名女性和1名男性员工。由于四舍五入,所列数据可能不会加到100%。

公司经常把男性排除在速记员、打字员、电话员、总机接待和计算机操作等职位之外，这些职位通常被认为没有晋升前途；而女性则被排除在各种各样的职业之外。公司禁止女性从事权威工作（如行政人员和部门主管）以及需要较高技能的职位（如工程师和绘图员）。女性经常被限制进入会计部门（包括会计、出纳、收账、成本控制和工薪出纳），而在非技术性工作中表现出主动性和干劲的男性往往会得到晋升。并且公司也不允许女性从事初级且不熟练的岗位，如邮差、跑腿和信使。纽约人寿保险公司认为办公室的男性新员工们是"未来雇员的来源"，费城运输公司同样雇用男性信使，"因为他们是原材料的来源"（1940 年办公室人员调查）。

限制女性担任权威职位和需要较高技能职位的政策很容易解释；同样，限制女性担任某些初级职位的政策也很容易理解。然而，对于限制男性从事没有前途的职业的政策却需要进一步考察。一个可能的原因是这些工作的薪酬高于许多为男性保留的初级职位（如邮差、信使）。但由于女性职业缺乏晋升机会，管理层可能希望阻止男性进入这些岗位，以免他们感到沮丧并要求晋升，在此过程中可能会唤醒女性员工对于工作缺乏流动性的意识。例如，《费城纪事报》只雇用女速记员和簿记操作员，因为"她们对更高职位没有迫切需求，并且对当前工作更感兴趣"。美国浸信会出版协会不愿雇用男性从事某些工作，因为"没有提供给男性晋升的机会"（1940 年公司办公室人员调查）。

虽然一些办公室工作给予女性职员的薪酬相对较高，并允许其在公司和职业过程中获得晋升（如秘书、簿记员），但调查的大多数公司实际上限制了女性晋升。大多数女性办公室职员在被雇用时，都被引导进入了没有晋升前途的岗位，这些岗位不会随着工作时间的推移而向上发展（打字员、速记员、某些文员）。少部分女性则从各种文书岗位开始，并在几年内达到最终的职业目标。

表 4.5　非熟练和熟练办公室工作人员的收入函数（1940）

变量	低技能全职年收入		打字员、速记员全职年收入	高技能全职年收入	
	男性	女性	女性	男性	女性
常数项	6.17	6.19	6.48	6.50	5.72
	（69.5）	（52.3）	（69.9）	（58.6）	（34.6）
总工作经历	0.0461	0.0287	0.0238	0.0456	0.0384
	（10.1）	（3.59）	（4.22）	（6.86）	（4.19）
（总工作经历）$^2 \times 10^{-2}$	−0.0709	−0.0590	−0.0390	−0.0800	−0.0719
	（7.85）	（2.15）	（1.95）	（6.02）	（3.71）
当时公司工作经历	0.0121	0.0144	0.0134	0.0102	0.0189
	（3.75）	（3.14）	（4.26）	（2.57）	（2.68）
受教育年数	0.0426	0.0347	0.0205	0.0321	0.0640
	（6.39）	（3.85）	（2.97）	（4.87）	（5.52）
已婚	0.083	0.0162	0.030	0.181	0.134
	（2.34）	（0.41）	（1.14）	（3.94）	（2.38）
R^2	0.725	0.464	0.381	0.514	0.536
样本数量	204	187	338	237	121

注和资料来源：1940 年办公室人员调查。因变量是全职年收入的自然对数。全职收入是指上一个工作期间支付的工资乘以每年的工作天数。总经历 = 目前公司的工作经历 + 其他办公室工作经历 + 办公室以外的工作经历。低技能职业包括信使、邮差、各种低技能文员、油漆机操作员等。打字员、速记员行列同时包括各种机器操作员。高技能人员包括专业人员、主管人员、会计组人员等。选择低技能组和高技能组是为了在男性和女性办公室职员之间进行对比；样本中很少有男性从事打字员和速记员工作。括号中为 t 统计的绝对值。

表 4.5 中男性和女性的收入回归方程部分揭示了企业所采用的内部劳动力市场机制。对于低技能职业的男性和女性给出了两个方程，这些职业几乎是所有男性的起点。还有一个方程是描述女性在打字和速记领域的情况，这些较低技能的工作很少有男性从事。最后的两个方程是针对男性和女性的高技能职业，并且这些职业是从低技能人群中选拔人员。无论是整体上还是在当时的公司，低技能职业和高技能职业对男性工作时间的回报大致相同；同时，在教育回报方面也大致相当。男性的职业晋升同时伴随着收入函数截距的向上移动而不是斜率的变化。[37] 然而，女性的职业晋升会导致每年工作经历回报及教育回报发生改变。与男性相比，在非技术类岗位中女性收入函数斜率更为平缓，尽管在技术类岗位中女性工作经历的边际

回报有所增加,但仍然低于男性。

在晋升前,工作经验和教育水平相同的单身男女员工的收入差距为14%。而晋升后,该差距扩大到40%。因此,未被解释的男女办公室职员收入差异在很大程度上反映了晋升机会的不平等。在晋升方面存在的巨大差异则明显反映了女性职业发展中所面临的障碍。

"工资歧视"的根源

文书部门而非制造业部门揭示了"工资歧视"的实质性原因,即与19世纪末至20世纪初工作组织方式的变化有关。在19世纪,制造业和其他许多行业的就业机会都属于所谓的"现货市场"。工人通常根据他们为公司创造的价值或劳动边际产品的价值(经济学术语)获得报酬。现货工资最清楚直观的例子是计件工资制度,工人随时都能获得与其边际产量相等的报酬。工作期间接受培训而导致生产数量减少,也会相应地减少收入;由于疾病、缺勤或公司关闭而导致时间损失也会精确地反映在收入减少上。1890年,在制造业中近一半的女性工人采用计件工资形式,各个行业中也有很高比例的男性采用此种付酬形式(见表3.4)。按时间而不是按件计酬的工人也可被称为"现货劳工",同样适用于大量男性临时雇员。除了一些高技能职业(如炼钢工),大多数制造业岗位都很容易学习掌握;除了管理类的工作,大多数岗位都可以由新手胜任。公司通常会定期招聘新员工,其主管会在一周左右的时间里对新员工的能力做出评估。不称职的人将迅速被淘汰,而新手接受培训后很快就会成长起来。此外,培训费用通常由工人支付。

在20世纪,"现货市场"逐渐被内部劳动力市场以及具有长期隐性合同的工作所取代。[38]文书工作在20世纪最初10年出现并在20世纪20年代和30年代走向成熟,文书工作并不像制造业那样简单付酬。个别劳动者的劳动价值不够明确,即使可以确定(如打字员计件工资的例子),监测其产出的成本也过高。计算雪茄、外套、鞋子和玻璃器皿的成本要比计算打印信件、处理交易和服务客户的成本低。此外,由于计件工资只关注数量而很少考虑质量,因此要求质量的制造业工作也很少采用按件付酬(Pencavel, 1977)的方式。[39]

许多办公技能,如打字和速记,都是商科学校所教授的,这使得公司能够轻松地筛选应聘者。然而,并非所有技能都可以被事先评估。例如,在20世纪20年代的秘书需要具备打字和速记的技能,但又必须比打字员和速记员更加出色。因此,公司从低级别的工作中筛选女性来担任秘书职位。会计部门主要由男性组成,他们是从一群不起眼的职员和办公室杂工中选拔出来的,并且晋升机会取决于他们在工作上付出的努力和强度。

公司通过晋升制度来激发底层员工付出努力,保持忠诚。20世纪20年代,一位人事官员指出,当副主管去世时,他雇用了一名邮递员,这并非开玩笑。邮差在晋升过程中可能获得了关于公司的许多知识,他也会在每个级别上更加努力地工作,因为他明白未来会有越来越有利的晋升机会。根据1940年美国劳工部妇女事务局办公室的调查显示,大多数公司表示更愿意招聘年轻、没有工作经验的工人,并从内部培养提拔。像环球影业(Universal Picture)的一位受访者一样,很多人更喜欢内部晋升政策,因为该政策创造了"忠诚合作"的员工队伍。白领岗位升职的"胡萝卜"取代了蓝领岗位解雇的"大棒"。

制造业和文书职业的另一个区别是对技能投资的差异。我们已经注意到,文书工作对接受过正规教育的人回报较高,而制造业工作通常不是这样。大部分制造业的经验知识都是在实际工作中学习获得的,并且很多知识都与行业和岗位相关,而非公司特有的。职业经验带来了可观的回报,尤其对女性来说更为明显,但在某一特定公司积累的经验或通常所谓的"终身职位"实际上没有回报。终身聘用制表明某一特定公司存在特有技能，并且这些技能不可转移，当工人跳槽时这些技能就失去了价值。由于这些技能属于特定企业专用，因此被称为"特定人力资本"（Becker，1975）。特定人力资本的成本通常由工人和企业共同承担，因为双方在进行投资时都存在固有的风险。因此，增加"特定人力资本"是企业希望提高员工忠诚度和减少员工流动的另一个原因。还有一个例子展示了从19世纪的制造业工作到20世纪的白领工作的转变，是一场从"现货市场"到长期隐性合同市场的变迁。

现代劳动力市场的演变在很大程度上要归功于各种类型公司中人事部门的出现（Edwards，1979；Jacoby，1985；Nelson，1975）。人事部门从制造业的工头和其他部门的主管手中夺取了控制权。雇用、解雇和晋升的集中管理有助于实现管理层的长期目标，这些目标往往与工头和部门主管的目标不同。工资、工时、福利和收入一揽子计划的其他组成部分已不再仅仅是劳动力市场出清机制的一部分。它们是用来联结员工与公司的方式，并根据能力或辞职倾向对工人进行分类，促使不同类型的员工发挥适当的能动性。

人事部门和管理劳资关系的各种公司政策在第一次世界大战结束时出现是有多方面原因的。其中最主要的原因是与劳动力市场总体变化相关的因素。19世纪后期，劳动力市场的一个特点是出现大量失业人员，特别是在美国大城市的工业部门。在第一次世界大战前夕，整个美国的失业率为8.5%，城市和工业地区失业率更高。但随着美国参战，失业率急剧下降，并在20世纪20年代的大部分时间里维持在较低水平。美国一直拥有充足的劳动力资源，特别是在19世纪90年代至1914年间移民快速增长。然而战争限制了劳动力的跨国流动，并且美国在第一次世界大战后的立法中永久性地减少了劳动力流动（20世纪20年代）。在战时极度紧张的劳动力市场中，制造业的人员流动率飙升；经济学家保罗·道格拉斯（Paul Douglas，1919）声称，人员流动率比任何其他单一因素都更能导致

第四章 "工资歧视"的出现

人事部门的建立和人事制度的全面修订。然而,第一次世界大战期间劳动力市场的特点很可能只是加速了由于工作性质和技能改变所引起的变化。

随着人事部门的设立,各种工作制度和工资标准也随之出现。公司认识到设立职业规划是有必要的,当员工表现出特殊能力时,他们将获得晋升机会,而这种晋升可能会影响员工的努力程度。鉴于男性和女性在工作岗位上的预期年限存在差异,公司发现将他们分别安排在起始和结束时间不同的岗位上是合理的。

尽管许多女性最终会在劳动力市场长期工作,但公司通常把她们的性别视为预期工作时间较短的信号。雇主可能很难确定哪些女性会长期工作,哪些女性会辞职离开。通过将员工按性别划分为两种职业晋升路径(以及一些没有晋升机会的职位),公司或许能更好地利用薪酬结构来引导和揭示员工能力(见 Lazear 和 Rosen,1989)。然而,预期女性工作时间较短不能成为性别隔离、女性职业限制以及禁止男性进入其他职业的唯一原因。

由于男性工人、雇主甚至顾客的偏见,女性可能会面临被禁止担任管理和监督职务的情况。在女性大量涌入会计行业之前,男性一直在该行业占据主导地位,因此他们可能通过限制女性进入公司来维持自身地位。1988年1月,美国州立农场保险公司败诉的性别歧视案件表明(该案由平等就业机会委员会提起),在相当长的一段时间内,保险行业对女性理赔代理人设置了障碍(《纽约时报》,1988年1月20日)。另外有证据支持的现象是,客户(尤其是银行和保险行业的客户)对女性员工存在歧视。直到第二次世界大战后,客户意识到在战争期间女性可以成为可信赖的出纳员后,许多公司才迅速用女性出纳员取代了男性出纳员(Strober 和 Arnold,1987)。

女性在制造业中也遭遇了职业限制,无论是通过微妙的方式还是通过更明显、更直接的方式。在保持个人特征不变的情况下,制造业中的歧视现象更多地表现为工人在行业分布的差异上，而非收入差异上。在女性相对较短的劳动力从业时间里，高技能职业的限制对女性收入方面的影响较小。当工资主要用于反映劳动力市场状况，以及个人对于公司的价值时刻都能得到回馈，"工资歧视"就不那么明显了。[40]

然而，在白领部门，工资和岗位的另一个用途就是惩罚短期劳动力。公司发现，将劳动力进行细分并为与劳动力有不同平均终身依附关系的群体分配不同的终身工作是有利的。虽然许多年轻女性可能会选择理想的职位，如打字员、速记员和电话接线员，这些职位不需要多少工作投入，也不需要承担多少责任；但可以肯定的是，依然有一些女性会对她们损失平均收入的61%持无所谓的态度，因为她们在职位晋升上最高也只能达到秘书的级别。

女性的工作经历在两个时期呈现明显的增加趋势，部分原因可能是20世纪30年代的经济大萧条。在经济大萧条时期，未婚女性的比例激增，初婚年龄也在上升，而出生率却在下降。尽管离校年龄延迟了，并且工作经历也有所增加，但一些增长可能会超出预期。因此，某些"工资歧视"可能是由于不正确的职业安排和不适当的工作期望所致。但1940年在文书部门发现的"工资歧视"程度与1970年和1980年的数据几乎相同，因此，研究结果很可能更多地揭示了长期变化而不是1930年的特殊情况。

总结："工资歧视"

1900年前后制造业男女收入差距为20%，到1940年办公室工作男女收入差距达到55%。因此，"工资歧视"的起源可以在各种政策中找到，这些政策将劳动力从制造业的"现货市场"转变为现代企业的工资设定领域。在现代企业中，收入并不等同于工人对公司的价值。制定这些有意识的政策目的在于激发员工适当努力，筛选合适的员工并建立员工与公司的联系，以及其他原因。1940年美国劳工部妇女事务局的样本显示，大多数的大公司都采用了内部晋升方法，使管理人员能够改变员工付出努力的程度，并从众多员工中选拔最优秀的人。此外，公司在职业内外都设置了有效培训机制。

在这个新兴劳动领域中，女性白领受到与男性不同的待遇。办公室和制造业公司发现，将女性视为一个群体而非个体来对待是有利的。作为一个群体，她们不太可能渴望承担责任；作为一个群体，她们留在劳动力市场的机会可能较小。但是，因为女性可以同男性一样进入办公室工作行列——毕竟，她们是以相同的薪资开始工作——如果公司（或其员工）不希望她们进入某些职业，则可以禁止她们参与其中。这种情况与制造业不同，制造业很少存在正式的职业障碍。但制造业对于体力等各种规范的实际要求，导致某些岗位仅适合男性，并阻止女性申请进入这些领域。许多行业很少雇用女性员工的事实表明，社会规范对制造业产生了影响。然而，在办公室工作中的限制是由公司政策规定的，即明确禁止男性和女性从事某些特定岗位。

新劳工政策有意识地促进了职业性别隔离。工作预期时间长度的不同可能是男性和女性在工作晋升规划上存在差异的主要原因。然而，长期以来职业隔离以及社会对性别分工和职业区分合理性的共识加剧了这些差异。由于缺乏一种对立的观念使女性对她们作为一个群体受到的待遇感到不满，这也对差异的持续存在起到了雪上加霜的作用。（见图4.4至图4.18）

图4.4 19世纪早期的家庭生产。在19世纪初,纺纱和织布等家庭工作随着年轻女性转移到工厂(由美国国家档案馆提供)

图4.5 农业劳动者。"一位黑人女性在锄地。她于美国南北战争结束前两年出生在奴隶家庭。"这张照片拍摄的可能是一个佃农、一个雇佣工人或者是一个租客,就像一个世纪前得到奴隶一样容易。照片来自密西西比州农场安全管理局的 Dorothea Lange,1937年6月(由美国国会图书馆提供,USF 34-17324-C)

■ 第四章 "工资歧视"的出现

图4.6 农业劳动者。"一名农夫的妻子正在采摘棉花。"农妇尤其是白人农妇,虽然她们生产经济作物,但在人口普查中被严重低估。照片来自阿肯色州农场安全管理局的 Russell Lee,1938年9月(由美国国会图书馆提供,USF 33-11670-M4)

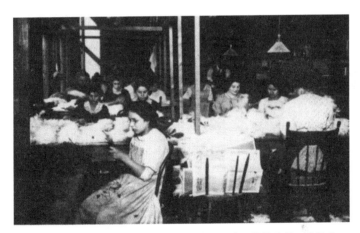

图4.7 1910年,女性密集型产业。在羽毛店工作的女性。人造花和羽毛的需求随着季节相互更替,这家店的工人在夏天制作人造花。这两组工人因做过短暂学徒,所以她们的收入通常会翻倍。有制作羽毛和人造花经验的工人主要按件计酬,许多人从事家庭工业劳动。制作羽毛又脏又满是灰尘,并且对健康不利。1910年,制造业单身女性工人平均年龄约为18岁;注意照片前景中的孩子。Lewis Wickes Hine 拍摄(Lewis W. Hine 收藏,美国历史、地方历史和家谱部,纽约公共图书馆,Astor,Lenox 和 Tilden 基金会)

图 4.8 1910 年，女性密集型产业。小工厂里做女帽的工人。Lewis Wickes Hine 拍摄（Lewis W.Hine 收藏，美国历史、地方历史和宗谱部，纽约公共图书馆，Astor，Lenox 和 Tilden 基金会）

图 4.9 1905 年，男性密集型产业。男男女女在斯威夫特公司制作腊肠，肉类包装行业可能是 19 世纪末 20 世纪初唯一雇用女性的行业。肉类加工行业女性工人因就业问题举行罢工一年后，拍摄了这张照片。1900 年，女性在所有肉类加工劳动力中的占比为 5%；在 1890 年，占比仅有 3%（由美国国会图书馆提供）

■ 第四章 "工资歧视"的出现

图4.10 1909年，女性密集型产业。北卡罗来纳州格林斯博罗的白橡树棉纺厂的女工。线轴机械把纱线从线轴缠绕到梭心上。1900年，大约三分之一的女性制造业工人在纺织行业工作。女性占整个行业的比例为50%；纺织工人几乎都是女性，并通常按件计酬。19世纪末20世纪初，展现地域差异的立体照片非常流行（由H.C.怀特公司提供）

图4.11 1920年，男性密集型产业。照片的取景地在肯塔基州路易斯维尔标准卫浴有限公司的生产车间。照片显示女工们不用离开座位就可以把金属盘子放在运输架上。男性工人将盘子运送到烤箱。金属行业并没有给女性提供很多工作机会，但女性通常可以制造小金属器皿。美国劳工部妇女事务局收集了这张照片，并评价该厂"前景光明"（由美国国家档案馆提供）

图4.12 1927年，女性密集型产业。坐在皇家伍斯特紧身胸衣公司灯光明亮的敞开式工作间，女性工人正在熨烫紧身胸衣（由美国国家档案馆提供）

图4.13 1926年，男女混合工作。男性排字工和女性排字工在综合印刷办公室使用单字排字机工作。单字排字机的工作原理与打孔机相似。将纸条按照信息打孔后传递到连铸机，连铸机产生字形并将其放入活版盘。机器和货架上的罐子里都有正确的码。排字工人是受教育程度最高的制造业工人之一，排字工也是制造业中为数不多的男女混合职业之一。图片由 D. Sargeant Bell 拍摄（由宾夕法尼亚历史学会提供）

■ 第四章 "工资歧视"的出现

图 4.14 1918 年，第一次世界大战。"冲床上的女操作工。在费城通用电气公司，女工们坐在宽敞明亮的厂房工作。"美国劳工部妇女事务局是在第一次世界大战期间为女性工业劳动者提供服务而成立，其任务是检查女性工业劳动者的工作条件。这张照片拍摄于停战前夕，展示了和平时期女性不常见的工作（由美国国家档案馆提供）

图 4.15 1941 年，第二次世界大战。"Vultee 油田分装部的 Linnette Lauri 和 Jean Crowe，她们是高效铆钉团队成员。Linnette（左）在组装机身隔板，用轻型铆钉枪敲打铆钉。"尽管 20 世纪 40 年代女性就业率快速增长，但类似图片中的女性铆工在第二次世界大战后普遍离开了劳动力市场。20 世纪 40 年代，已婚女性就业率的增加大多发生在第二次世界大战之后（由美国国家档案馆提供）

图 4.16 1904 年，在办公室工作的电话接线员。在密苏里州堪萨斯城的主要家庭办公室，一排排的女电话接线员正在工作。20 年前，电话总机操作员主要是男性（由美国电话电报公司提供）

图 4.17 1926 年，在银行办公室工作的女性。在费城储蓄基金协会的学校银行部门，十几个穿着考究的年轻女子在一名男性职员的密切监督下工作。在大多数银行职员都是男性的时代，这个只与儿童打交道的部门主要雇用女性员工。地板上的袋子可能装着存折和从各个学校收来的钱（由 Meritor/PSFS 档案室提供）

■ 第四章 "工资歧视"的出现

图 4.18 电脑操作员正在办公室工作。在费城煤气厂,一排排电脑操作员摆好工作姿势。图片的房间里有几个男性员工,显然是职员不是电脑操作员。D.Sargeant Bell 拍摄(由宾夕法尼亚历史学会提供)

第 五 章

已婚女性经济角色的变化

在女性劳动力的历史变化中，已婚女性劳动参与率的提升具有最为重要的意义。这一趋势与家庭稳定性下降、性别关系改变以及女性政治权力增加密切相关。已婚女性从家庭角色向市场角色的转变带来了深远而广泛的社会和政治影响。因此，本章将聚焦于她们就业规模扩大的原因。

回顾一下第二章的内容，已婚女性的就业在20世纪初和之前是一个相当模糊的经济概念。很可能在劳动参与率的扩大指标中，包含了家庭和农场的有偿工作和无偿工作，劳动参与率在显著上升之前有所下降。然而，在将劳动力的概念被限制在家庭以外的有偿工作时，白人已婚女性的劳动参与率从1890年到20世纪80年代末一直在增加。第二章提供了采用更传统定义的理由是，在家庭以外从事有偿工作能够改变家庭关系，提高个人生产效率，并产生更深远的社会和政治影响。本章将参照更传统的劳动力概念来讨论已婚女性劳动参与率问题。

1890年和1900年，已婚白人女性中只有不到5%的人从事有偿工作。这一比例在外国出生的女性和大城市女性中同样较低，但在黑人女性中要高得多，1890年黑人女性的劳动参与率几乎是白人女性的10倍。白人女性的劳动参与率每十年都在增长，1920年前后，城乡之间以及不同年龄之间女性的劳动参与率出现了差异。20世纪初，年轻已婚女性（相较于年长女性）的劳动参与率首先出现了提升，这种现象反映了教育程度提高和白领就业机会出现的重要性。

然而，直到1950年，美国劳动力中已婚女性所占比例的增加与后来的发展相比是微不足道的。即使在1950年，也只有21%的已婚白人女性和23%的城市女性加入了劳动力大军。自1950年开始，已婚女性的劳动参与率每十年增加10%，在撰写这本书时，已婚白人女性的劳动参与率接近60%。尽管所有年龄组都经历了劳动参与率的增长，但最初年长已婚女性增幅最大，而不像20世纪20年代和30年代那样年轻群体的劳动参与率增幅最大。但年长女性在20

第五章 已婚女性经济角色的变化

世纪五六十年代的劳动参与率大幅提升与早期现象有关,即20世纪20年代和30年代参与工作的年轻女性群体成为第二次世界大战后的年长女性群体。第二次世界大战后女性劳动参与率的增加是历史的延续。正如这个例子所表明的那样,历史往往是由一群人在时间的长河中所创造的。第二次世界大战后女性劳动参与率的提升,部分是由当时的因素引起的,也被称为时期效应,例如对劳动力需求的增加等。这些因素对女性有显著的影响,因为她们接受过更多的教育和更好的培训。因此,个人历史或群体效应至关重要,并且变化通常根植于之前可能不太明显的事件之中。

我在第二章中提到,20世纪20年代是女性工作演变的转折点。前一个时期是单身职业女性的时代,年轻单身女性为谋生而工作的比例越来越高。20世纪20年代,公共政策和社会注意力从保护女性工作者和解决年轻女性工作者的困难转移到已婚女性有偿劳动所带来的社会影响上。然而,1950年之前的几十年对已婚女性的关注表明了其经济角色改变所产生的结果并非在程度上发生了多大变化。人们的注意力集中在一种令人担忧、日益增长但规模仍然很小的变化趋势上。这也揭示了无论是有形的障碍还是意识上的障碍,都对真正的变革产生了影响。从规模而言,转折点显然出现在1950年。在此之前,已婚女性劳动参与率的增长是缓慢且循序渐进的,但1950年之后,则迎来了爆炸式的增长。

理解性别差距：美国女性经济史

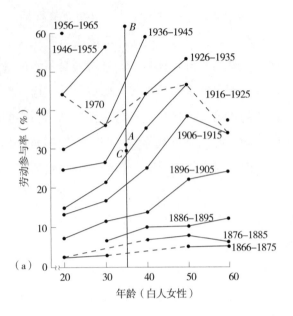

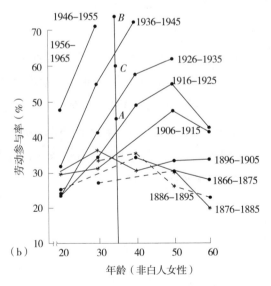

图 5.1　1866 年至 1965 年出生的已婚女性按队列和种族划分的劳动参与率（1890—1980）

注和资料来源：见图 2.2 和表 5.6。A 点表示 1920 年至 1930 年间出生、35 岁女性的劳动参与率；B 点表示 1944 年至 1954 年间出生、35 岁女性的劳动参与率；C 点表示 14 岁至 24 岁的年轻人在 1968 年被问到"当你 35 岁时你想做什么？"时的回应。

第五章 已婚女性经济角色的变化

在图 5.1（a）、5.1（b）和图 2.1 中，已婚女性劳动参与率的爆炸式增长是显而易见的。[1] 图 2.1 清晰地展示了 20 世纪 40 年代和 50 年代年长女性有偿劳动增长最为迅猛，而 20 世纪 70 年代和 80 年代年轻女性有偿劳动增长最快。20 世纪 20 年代，只有大城市年轻已婚女性劳动参与率最初上升较为明显（见表 2.3）。白人女性［图 5.1（a）］和非白人女性［图 5.1（b）］的队列数据，同样表达了图 2.1 所包含的信息，这两个图形具有相同的增长趋势并突出了队列的影响。图 2.1 和图 5.1（a）清晰地显示出，年长白人女性劳动参与率迅速增长，这个现象在 1906 年至 1915 年之间出生的人群中尤为普遍，相同的趋势也发生在 20 世纪 40 年代后出生的年轻女性群体中。回顾第二章的内容可知，黑人女性的劳动参与率与白人女性的劳动参与率惊人地相似，但其起始水平更高，并在经济大萧条期间大幅下降。

本章通过多种方式阐释了已婚女性劳动参与率提高的原因，首先应用传统供需分析，其次通过估计横截面和时间序列模型来区分群体效应和时期效应，最后分析预期的变化来评估问题隐含的方面。但这个困难任务并没有完美解决，部分原因是缺乏整个历史时期的数据（参见 Joshi 等，1985；Smith 和 Ward，1985，使用了两种相关方法）。相反，本章主要阐述导致已婚女性参与率提升的相关因素。

在尝试解释女性劳动参与率提升的原因时，很多研究将横截面分析（工资和收入效应）估计得出的系数应用于时间序列数据。这种方法评估了女性实际工资和家庭收入对女性工作决策的重要性，从而确定这两个变量对女性劳动参与率的影响。已婚女性劳动力长期增长的主要因素是劳动需求沿着相对稳定且具有弹性的劳动供给函数向外移动。然而，在之前的分析中假设收入和工资影响不变，而事实上长期来看它们的影响发生了变化。这种变化改变了女性劳动力供给所起的作用。这一分析让人们对劳动力供给的长期稳定性产生了怀疑；如果该理论是正确的，那么在 19 世纪，已婚女性在劳动力市场上的工作就应该有所增加，但事实并非如此。为了解释女性劳动力供给在某些时期发生变化并对经济因素反应更加敏感的问题，可以通过将队列作为分析单位进行研究。

在以往大多数关于女性劳动参与率的研究中，时间维度主要包括两个方面：女性的年龄（提供生命周期信息）和日期（提供当时的时代信息）。然而，出生年份或队列也具有重要意义。各种变化，如教育和生育率的变化，会贯穿人们的整个生命周期并影响她们的工资、就业以及做出有关工作和家庭决策的方式。通过结合横截面和时间序列分析，可以将队列效应与时期效应区分开来。但不同年份出生的女性可能在某些方面存在难以测量的差异，劳动力群体的变化可能表现为"漂泊"状态，无法用可观察因素的差异来解释。年轻的群体也许更有能力通过规避陈旧的行为限制（曾规范其长辈行为）来推动改变。通过观察过去的劳动力发展趋势，可能有助于她们进行更好的预测，并为未来做好准备。本章最后一节分析了队列是否形成了符合实际的预期。

解释已婚女性劳动参与率的长期趋势

供给与需求

已婚女性的经济角色发生变化的原因和变化本身几乎同等重要。由于社会规范的瓦解和女权主义意识形态的兴起，已婚女性进入劳动力市场的观点得到了广泛的认可。时间对社会规范产生了影响。第二次世界大战期间及其后不久，参与工作的女性人数大幅增加，限制女性工作的社会规范逐渐减少。一种解释是，自20世纪60年代末以来，女性就业更为显著的增长证实了女权主义意识形态对经济变革的巨大贡献。这种解释可以被视为劳动力市场供给方面起主

第五章 已婚女性经济角色的变化

导作用,并由此推断个人必然改变了她们对有偿工作的偏好;但也可以这样看,需求方面通过对雇主限制的改变而发生了变化。另一种与之相反的解释是,对劳动力需求的增加,尤其是以女性为主要构成的文书工作和销售工作的增长,使女性劳动参与率得以上升。以需求为中心的解释得到了社会学家瓦莱丽·奥本海默(Valerie Oppenheimer,1970)和几位经济学家(Mincer,1962;Smith 和 Ward,1984)的支持。

对于已婚女性群体劳动参与率增加的解释一般分为两大类,即强调供给因素的作用和强调需求因素的作用。可以改变劳动供给函数的因素包括那些改变偏好的因素,如女权运动带来的"更强"意识;家庭责任,如孩子的数量;生产家庭用品所花费的时间,如食品、衣服和家庭清洁;以及其他家庭成员的收入和家庭资产。工作的条件、时间和状态也可能影响供给函数的位置。可以改变需求函数的因素,包括部门变化,例如文书和销售工作机会的增加,互补资本的使用,提高男女劳动力之间替代性技术的应用,可以取代岗位培训的正规教育,以及雇主和雇员的个人风格(通常被称为"歧视")。

尽管供给和需求是经济学家研究的基石,但这两个词不仅代表决定数量和价格的一系列因素,也代表选择和约束的概念。通过了解它们的相对力量,可以揭示女性面临的约束是否发生变化,或者反过来说,女性是否改变了自己的行为。一般而言,在劳动力市场中,需求侧因素更合理地归为改变约束条件的因素,而供给侧因素更合理地归为受到选择影响的因素。对于某些变量,很难将约束的变化与选择的变化区分开。例如,生育率下降可能被视为一个群体选择的改变,但同时也可能是其他群体的限制条件发生了变化——如一个群体生活在避孕技术进步的时代。当然两个因素也存在互动空间。正如本书第六章将讨论的那样,在 20 世纪 20 年代和 30 年代许多大公司禁止已婚女性从事文书工作;然而在 20 世纪 50 年代,当年轻单身工人的供应量明显减少时,公司转向年龄较大的已婚女性作为未开发的劳动力资源，这种限制措施就被废弃了。由此可见，对于已婚女性的限制发生变化既由于年轻女性选择提高生育水平，也因为前几代人通过降低生育率改变了人口的年龄分布。

有许多学者试图评估需求侧和供给侧因素在收入和就业方面的相对重要性（Mincer，1962；Oppenheimer，1970；Smith 和 Ward，1984）。我在此方面的贡献是将研究时间延长到 19 世纪，并通过一种众所周知的技术来应用于一个被普遍接受的经济模型。将各种横截面研究中对劳动力供给的估计参数应用于 1890 年至 1980 年的女性收入和就业数据中，结果得出了供给变化和需求变化的估计值，进而产生了关于收入和就业的观察数据。虽然在没有其他参数的情况下，无法将供需变化进行分解，但这两组因素的相对力量以及它们随时间变化的方式是可以确定的。下面首先介绍劳动力供给参数。

劳动力供给：收入、工资和替代效应

在给定的时间周期和生命周期中，个人选择工作的小时数、天数和年数通常被称为"劳动力供给"。经济学家研究了劳动力供给的决定因素，以了解税收和福利补贴等公共政策对个人工作选择的影响。当劳动力供给对净工资变化非常敏感时，税收政策可以极大地改变人们工作的时间、天数和年数。里根政府早期的经济学家关注的是因税收所引起的"供给侧"效应，许多（现已被抛弃）供给侧经济学理论是在劳动力供给对边际税率变化较为敏感的基础之上建立起来的。各种社会问题也推动了对劳动力供给的研究。20 世纪 70 年代出现的负所得税以及后来社会保障对退休的影响引起了人们的广泛兴趣，为进一步衡量劳动力供给对工资和资产变化的反应提供了额外的理由。大量关于男性和女性劳动力供给方面的实证研究产生了不同的参数估计结果，可以用于理解并模拟政策变化。

第五章　已婚女性经济角色的变化

在劳动供给模型中，假设个人通过考虑其单位时间的实际工资与其他活动（包括休闲、家庭服务和教育）的时间价值之间的关系来选择最优的工作时间（或天数，或是否参与工作）。[2] 资产和其他（非劳动）收入也将通过改变预算线（budget line）的位置对劳动力供给决策产生影响。尽管资产和非劳动收入的增加提高了预算线，但并没有改变其斜率，这只会对劳动力供给产生"收入效应"（即随着收入的增加而导致工作时间的变化）。一般假设收入效应为负值，并且这种假设通常得到了实证研究的支持。收入增加将减少个人的有偿工作时间，并增加其休闲和家庭生产时间。此外，也有观点认为收入效应是引起美国长期工作时间减少和退休年龄持续下降的原因。

工资变化对劳动力供给的影响比收入变化的影响更为复杂。一般的假设是工资提高使时间的机会成本增加，从而促进劳动力供给规模的扩大。然而，这个问题较为复杂，因为当工作时间为正值时，工资提高也会增加收入。因此，工资水平提高包含两种效应：收入效应和替代效应（即补偿工资效应）。关于劳动力供给方面的实证分析已经产生了支持和反对"逆向弯曲供给曲线"的证据。然而，在所有新古典经济学理论中，无补偿的工资效应（例如，工作时间随着工资变化而发生变化的情况）可以是正向的也可以是负向的；但补偿工资效应或"自身"替代效应（在保持实际收入或在效用水平不变的情况下，由于工资变化而导致的工作时间变化），总是正向的——至少在理论上如此。

这里需要考虑大多数劳动供给模型和研究中的两个主要因素：单位时间的实际工资和非劳动收入。请注意，在已婚女性的条件下，非劳动收入可能（但不一定）包括其他家庭成员的收入，尤其是丈夫。然而，还存在其他影响劳动力供给的因素。特别是对女性来说，孩子数量和生育时间的选择可能是增加其家庭时间需求的相关因素。然而，生育与就业决策可能是共同决定的。渴望事业发展的女性可能会降低生育水平或推迟生育。当然，孩子数量少并不是劳动力供给增加的原因。相反，两者都受到一系列类似变量的驱动，比如职业方向、教育和能力等。其他家庭成员是否失业也是一个具有重要历史意义的变量，并引发了许多关于"增加工人假设"的研究（Mincer，1966）。此外，替代家庭生产商品的价格（例如电器、冷冻食品、日托服务）以及休闲花销（例如飞机旅行、儿童夏令营）也值得关注，尽管其在横截面上的变化幅度不大。

在许多相关变量中，有些是可测量的，有些则是无法测量的。并且这些变量已经被合理地纳入劳动供给函数中，其中，实际工资和非劳动收入引起了最大关注。如上所述，政策经常要求关注收入和工资效应（即收入和工资变量的系数）。例如，所得税会改变净工资和非劳动收入。但是，人们对影响劳动力供给的这两个参数的关注主要是出于一种愿望，即预测未来并解释过去劳动参与率和工作时间的变化趋势。除了生育率变量（由于其与劳动力供给共同决定，在许多研究中被合理地忽略）之外，实际工资和非劳动收入这两个主要因素随着时间的推移而发生了较大变化，并且容易被测量。

许多关于女性劳动参与率时间趋势的文献都采用了上述框架的一种变体。这种方法可以通过参考劳动供给函数来理解，该函数显示了在保持其他因素不变的情况下，实际工资与个人期望工作的小时数、天数或年数之间的关系。当供给函数弹性越大，即工资效应较大时，随着实际工资的增加，劳动力供给也会相应提高。然而，收入效应则决定了劳动供给函数随收入变化而发生的移动。因此，在任何工资水平，对于特定非劳动收入增长而言，收入效应越小则劳动供给减少就越小。在给定的限制条件下，从工资和收入影响的横截面以及实际工资和非劳动收入变化影响的时间序列中获得的证据，就是预测这两个变量对劳动力供给产生影响所需要的全部证据。

上面概述的方法被雅各布·明瑟（Jacob Mincer，1962）应用于他对女性劳动力供给的开创性研究中，随后被詹姆斯·史密斯（James Smith）和迈克尔·瓦德（Michael Ward）在时间序列分析中采用（1984），并有其他学者使用第二次世界大战后的数据对几个国家进行了分析。[3] 这些研究的发现对我们理解女性劳动力供给有重要影响,并值得进一步探究。两项研究均表明,1900年至1950年间,已婚女性劳动参与率的很大一部分变化都可以采用简单的劳动力供给模型来解释(Mincer的研究),也可以解释1950年至1980年所有(不只是已婚)女性的总工作时间的变化(Smith和Ward的研究)。这个简单模型仅关注了女性工资和其家庭成员的收入变化所产生的影响。[4]

仅凭两个变量就可以解释劳动参与率和工作时间的巨大变化,这一发现直接推翻了传统的观点,即女性进入劳动力市场是由一系列更复杂的因素所致。这些因素包括社会规范的变化、她们带薪工作障碍的减少、工作灵活性的增加、孩子数量的减少以及家庭中节省劳动力设备的普及等。然而,根据上面提到的学者以及其他学者的观点,女性工人实际收入的增加而非劳动力供给函数的移动才是导致女性劳动参与率和有偿工作时间持续提升的主要原因。在这一分析框架内,女性劳动参与率的提升主要由需求曲线沿着具有弹性且相对稳定的供给函数移动导致的。

已婚女性劳动力市场的一般模型

图5.2是普通劳动力供求图形的变体,以此图作为参考可以理解模型更深层的含义。横轴表示劳动参与率(或可用工作时间的比例)随时间的变化率,而不是静态值;纵轴则表示女性(全职)收入随时间的变化率。供给函数的斜率代表了供给的(未补偿的)工资弹性的倒数,需求函数斜率是需求弹性的倒数。截距 D^* 和 S^* 标记了需求和供给函数的位移项。

数学上,这些函数可以从静态需求和供给函数中导出。假设女性劳动供给函数为

$$\ell_s = [S'Y_m^{-\varepsilon}]w^\eta$$

需求函数是

$$\ell_d = Dw^{-\delta}$$

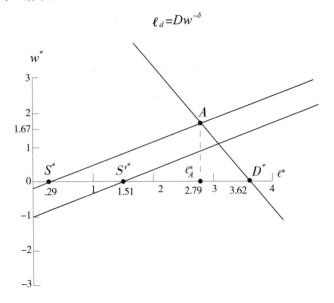

图 5.2　供求模型

注：1890 年至 1980 年已婚女性劳动力市场的示意图。在此期间，已婚女性的劳动参与率（ℓ^*）平均每年增长 2.79%，全职女性的实际收入（w^*）平均每年增长 1.67%。假设女性劳动力的供给弹性为 1.5，需求弹性为 -0.5，则劳动力供给的年平均增长率 S^* 为 0.29%，如果不考虑收入效应，劳动力供给增长率 S'^* 将达到 1.51%，劳动力需求增长率 D^* 则达到 3.62%。更多细节请参阅正文。

其中，ℓ 代表女性劳动参与率，Y_m 代表家庭收入（不包括妻子收入），w 代表妻子在职时的全职收入或工资，S' 包括除 Y_m 和 w 外所有影响劳动力供给的因素，D 包括除 w 以外所有影响需求的因素，ε、η、δ 表示模型参数。ε 表示收入弹性，η 是供给方程中（未补偿的）工资弹性，δ 是需求弹性。需要指出的是，劳动参与率（ℓ）作为供给和需求方程的因变量，并非传统意义上的工人数量。这样设计有其简单明了之处。例如，在相关人口增加 10% 时，劳动力供给（或需求）也会相应增加 10%；也就是说，劳动供给和需求弹性（这里表示已婚女性）为 1（这是一个合理的假设）。两边取对数并进行微分，推导如下：

$$\ell_s^* = [S' - \varepsilon Y_m^*] + \eta w^* = S^* + \eta w^* \qquad (1)$$

（1）式为供给函数变化率，其中 $S^* = [S'^* - \varepsilon Y_m]$

$$\ell_d^* = D^* - \delta w^* \qquad (2)$$

（2）式为需求函数变化率，其中星号（*）表示 $\partial \log_e(\cdot)/\partial t$（$t=$ 时间）。当供给等于需求时（以通常的方式或以变化率的形式），公式（1）和（2）可以导出两个简化等式，再次以变化率的形式表示如下：

$$w^* = -[S'^* - \varepsilon Y_m^*]/(\eta + \delta) + D^*/(\eta + \delta) \qquad (3)$$

（3）式表示工资：

$$\ell^* = [S'^* - \varepsilon Y_m^*] \cdot \delta/(\eta + \delta) + D^* \cdot \eta/(\eta + \delta) \qquad (4)$$

（4）式表示劳动参与率。如果对劳动力的需求是具有无限弹性的，即如果工资（及其变化率形式）是由外部因素决定的，那么就只有一个简化方程：

$$\ell^* = [S'^* - \varepsilon Y_m^*] + \eta \tilde{w}^* \qquad (5)$$

其中 $\tilde{w}$ 表示由外部因素决定的工资。

随着时间的推移，获取 ℓ、$\tilde{w}$ 或等价的 w 和 Y_m 信息变得更加容易，可以通过横截面数据对收入和工资的弹性 ε 和 η 进行估计。现在可以很容易地解释明瑟以及史密斯和瓦德提出的计算逻辑线。如果工资是外生的，如式（5）所示，则只有 $\tilde{w}^*$ 和 Y_m^* 以及构成 S'^* 的因素决定了 ℓ^* 的估值。当 η 值很大但 ε 值很小时，即 εY_m^* 值也很小，则可以得出这样的结论：女性工资和男性收入的变化可以"解释"很大一部分劳动参与率的变化，并且其他因素相对不那么重要。明瑟以及史密斯和瓦德对 η 和 ε 的估计、对工资和收入变化率的计算都得出了以上结论。将明瑟估计的参数应用于表5.1中可以解释1890年至1960年已婚女性劳动参与率变化的53%，如果使用明瑟（Mincer，1962）最初收集的数据可以解释变化的75%。[5] 史密斯和瓦德估计的模型解释了1950年至1980年间所有女性工作时间增加的60%。

然而，这些研究所采用的框架是由两个简化形式方程（3）和（4）得出的，是一般模型的特殊形式。给定需求弹性值 δ，有两个未知数和两个方程——供给和需求方程的位移项。即使无法精确地知道 δ 的值，仍然可以确定供给和需求变化的相对幅度，并且 $\delta=0$ 的特殊情况对研究具有指导意义。因此，在缺乏精确信息的情况下，可以通过需求因素和供给因素来解释对于已婚女性劳动参与率增加的相对作用。

表 5.1 展示了三个变量（ℓ，w，Y_m）的数据。已婚女性的实际工资和劳动参与率都随着时间的推移而大幅增加。因此，均衡点（以变化率的形式表示）必须位于图 5.2 的正象限中，正如点 A 所示。因此，需求方程的位移项必须是正值且与 δ 无关，并至少与 ℓ_A^* 值相等。然而，供给函数的位移项取决于供给工资弹性 η 值的大小。η 值较大则导致位移项 S^* 的值较小，甚至可能为负值。在 η 和 ε 给定的情况下，S^* 值越小，需求因素对劳动力变化的影响就越大。直观地看，根据静态分析可以得知，供给的工资弹性 η 值越大，劳动参与率的增加就越有可能是由需求函数在相对稳定（和平坦）的供给函数上向外移动引起的。尽管出现这种变化是由导致需求曲线移动的因素所致，但也与供给弹性有关。在给定需求变化的情况下，供给函数越平坦，则劳动参与率增长幅度就会越大。

表 5.1　城市白人女性劳动参与率与收入（1890—1980）

年份	城市白人已婚女性劳动参与率（%）（e）	全职（1967=100）女性收入（美元）（e）	全职（1967=100）男性收入（美元）（Y_m）
1890	4.0	1085	2181
1900	5.1	1216	2556
1910	n.a.	—	—
1920	8.7	1686	3242
1930	12.4	1986	3485
1940	15.2	2060	3387
1950	23.1	3015	5292
1960	31.2	3897	6471
1970	39.3	4760	8123
1980	49.3	4870	8212

第五章 已婚女性经济角色的变化

注和资料来源：《城市女性劳动参与率》。来源参见表2.1和2.3。1900年的数字是根据1890年的数据外推得出的。

全职女性收入：

1890年、1900年、1930年：通过白人女性的职业分布数据，根据表3.2计算得出。

1920年：用制造业和文书工作者收入的加权平均值从1900年推算。参见C. Goldin，《女性经济角色的变化：一种定量方法》，载《跨学科史学期刊》，13（1983年春季），表1。

1940年、1950年、1960年：美国全年全职白人女性的人口普查数据。

1970年、1980年：白人女性全职工人的年平均收入，从（$t-2$）到（t），《总统经济报告》，1986。

全职男性收入：

1890年、1900年、1930年：使用白人男性的职业分布数据，根据表3.2计算得出。

1920年、1930年：Goldin（1983）利用Lebergott的数据从1900年推断得出。

1940年、1950年、1960年：《当前人口报告》P-60系列（1962年1月）的全职白人男性（中位数）年收入。

1970年、1980年：白人男性全职工人的年收入平均值，从（$t-2$）到（t），《总统经济报告》，1986。

平减指数：CPI的三年平均值，从（$t-2$）到（t），《历史统计》（1975）和《总统经济报告》，1986。

通过将一般框架与表5.1的数据、明瑟（Mincer）的弹性数据以及0.5的需求弹性（δ）进行拟合，可以证明1890年至1980年间女性劳动力的供给函数是相对稳定的。如图5.2所示，其中$\ell^*=2.79$，$w^*=1.67$。当$\eta=1.5$，$\varepsilon=0.83$，$\delta=0.5$时，位移项$S^*=0.29$，$S'^*=1.51$，$D^*=3.62$。需要注意的是，如果$\delta=0$（极端情况），则ℓ^*的值至少为2.79。需求变化速度是供给的12倍以上，而供给位移项仅为0.29，与0很接近。因此，实际上供给是比较稳定的。即使忽略丈夫收入增加的负面影响，净供给变动（这里称为S'^*）也仅为1.51，不到需求幅度的一半。

因此，明瑟根据方程（5）计算得出的结论，在广泛应用的框架中得到了支持。劳动参与率90%以上的提升是由需求增加所致。需求对劳动参与率的影响远远大于供给，但前提是参数长期稳定。然而，这种假设似乎并不成立。

明瑟最初对收入和工资的影响进行估计目的是解决克莱伦斯·朗

（Clarence Long）在 1958 年关于劳动力的著作中提出的一个悖论。朗感到困惑的是，使用个体层面数据进行横截面分析时发现，收入（而非工资）对劳动参与率产生了更大的影响。给定的女性与男性收入比率缓慢增长或相对稳定，这个发现意味着，随着时间的推移，女性劳动参与率将会下降而不是上升。因此，朗开始研究其他因素来解释这种趋势的变化，例如 20 世纪 30 年代和 40 年代家用电器的普及，以及其他因素减少了对女性家庭时间的需求。尽管这些研究有助于解释朗的困惑，然而他认为这还远远不够。他推测，唯一的可能是供给函数由于其他原因发生了移动。

明瑟对朗提出的悖论的解决方法是认识到，从现有横截面研究中估计得出的收入效应并不能用来预测和解释时间序列。横截面分析中的收入效应包含个人收入短期变化所带来的影响，而时间序列变化则不包含这种短期成分。为了解决这个问题，他从城市横截面汇总的数据中估计了收入和工资的影响。估计得出的收入效应反映了永久收入的变化，并可以用于推断时间序列趋势。明瑟提供的估计结果显示，工资效应远大于收入效应，因此可以很容易地对时间序列数据进行解释。

自明瑟的研究之后，很多学者对前后时期进行了类似的横截面估计，并且重新估计了明瑟系数（Cain，1966）。此外，还有很多横截面估计使用了微观数据，其中大部分是基于近期工作时间数据而不是劳动参与率数据（Killingsworth，1983；Killingsworth 和 Heckman，1986；Smith，1980 等文献提供了详细总结）。最近，对微观横截面（小时）研究的两项综述给出的结论是，估算结果范围较为宽泛，更多地取决于计量经济学设定而不是时间段和数据集。综述的作者确实在该问题上为读者提供了一些指导。然而，1975 年以后对收入和替代弹性最可靠的估计值都相当小（请参阅 Ben-Porath，1973，关于工作时间和劳动力研究估计值的警示说明）。

收入、工资和替代效应的估计

我认为，关于表 5.2 中总结的跨城市研究的参数，还有更多可以探讨的内容。部分原因是这些研究跨越了近一个世纪，而个体层面上的观察主要依赖于 20 世纪 60 年代末和 70 年代的数据。必须提及一些与估计技术相关的注意事项。自 20 世纪 70 年代初以来，劳动力供给函数估计中各种计量经济学问题已经得到了解决。首先遇到的问题是工作时间和劳动参与率有明显的取值范围，例如，工作时间不能为负数，通常为 0，劳动参与率处于 0 和 1 之间。如果不考虑取值范围，估计结果可能会有严重偏差。其次的问题是只研究了就业者的收入，但也有必要对那些未就业者的收入进行估计。此外，在动机、能力和驱动力等各种不可观察的特征方面，参加工作的个体并非随机选择的群体。针对这些估计问题提出了解决方案，并催生了计量经济学一个子领域的发展，这在很大程度上要归功于詹姆斯·赫克曼（James Heckman）的工作（参见 Killingsworth 和 Heckman，1986 中的参考文献）。值得注意的是，在表 5.2 中许多研究并没有采用应用于个人层面数据的先进技术。

尽管存在这些警告，表 5.2 中的工资、替代和收入弹性的时间序列依然揭示了一个关于已婚女性有偿工作演变的故事，这个故事与许多其他证据相一致。数据表明，随着时间的推移，已婚女性收入、工资和替代弹性发生了非常大的变化。然而，在讨论证据之前，先暂时偏离一下主题。

表 5.2 总结的大部分研究估计了城市女性劳动参与率对女性工资和男性（或家庭）收入变化的反应。为了实现可比性，我将这些反应（即系数）转换为弹性。劳动参与率对于女性工资变化的反应被称为供给的工资弹性，对于男性（或家庭）收入的变化被称为供给的收入弹性。回想一下，工资弹性可以细分为收入弹性和替代弹性（也称之为供给的补偿工资弹性）。使用其他两个弹性来计算工资弹性

并非总是简单的事情（Ben-Porath，1973）。

此时，出现了一个问题，因为表5.2中列出的各种横截面研究使用的是劳动参与率而不是工作时间，而劳动参与率变化的确切含义相当复杂。解决方法将取决于为什么劳动参与率会随着工资的提高而上升，这里有两个极端的例子。一种情况是所有职业女性每年的工作时间都增加了，另一种情况是更多的女性进入了劳动力市场。这个问题与第二章讨论劳动力供给的异质性时提出的问题相同。如果职业女性是同质的，那么所有女性每年工作的小时数（或周数）都相同，只是在一年中随机分配工作时间。这种情况下的替代效应可通过标准的斯拉茨基（Slutsky）分解（见表5.2注释）得出，并显示在表5.2中"自身替代弹性"（η^s）一栏中。但如果女性是异质的，则劳动力中的女性全年都在工作。劳动参与率随着工资的增长而提高意味着从未就业的新劳动者进入了劳动力市场。在这种情况下，工资增长不会产生收入效应，只产生替代效应。工资弹性等同于替代弹性，换句话说，未补偿工资效应等于补偿工资效应。当然，也存在中间情况，但要更加复杂。

表5.2　劳动力供给弹性（1900—1980）

年份	来源	工资弹性（未补偿）（η）	自身替代弹性（补偿工资）（η^s）	收入弹性（$-\varepsilon$）	（$a \times -\varepsilon$）
	跨城市研究，已婚女性劳动参与率				
1900	Fraundorf（1979）工薪阶级	0	0.26	−1.32	−0.26
1930	Rotella（1981）25—34岁，白人女性	0	n.a.	−1.16	n.a.
1940	Bowen and Finegan（1969）	0.60	1.35	−0.60	−0.75
1950	Bowen and Finegan（1969）	0.97	1.55	−0.88	−0.58
1950	Mincer（1962）	1.50	2.03	−0.83	−0.53
1950	Cain（1966）Mincer进一步研究	1.30	1.60	−0.47	−0.30
1960	Bowen and Finegan（1969）	0.41	0.67	−0.42	−0.26
1970	Fields（1976）	0.37	0.52	−0.22	−0.15
	时间序列研究				
1950–1980	Smith and Ward（1984）工作时间	0.82	1.13	−0.52	−0.31

注：自身替代（补偿工资）效应是根据 Slutsky 方程计算的：$\eta = \eta^s - a\varepsilon$，其中 $a=$ 妻子的全职收入（w）除以丈夫（或家庭）的实际收入（Y_m）。这个公式（$a \times -\varepsilon$）也代表总收入弹性（Killingsworth，1983）。跨城市回归的弹性（1930 年除外）都是根据每个研究中的 ℓ，w，Y_m 的系数和数值计算的。因变量是各城市已婚女性在劳动力中的百分比（ℓ）。1930 年，回归弹性以双对数形式估计。1900 年，使用了"其他家庭收入"替代"Y_m"。Cain 的收入数据被用来得出 1950 年和 1960 年 Bowen 和 Finegan 的弹性数据；普查数据用于 1940 年。Cain（1966，表 11）也给出了 77 SMAs[①]的结果，而不是 Mincer 样本中的 57 个。仅包含收入和工资变量（与 Mincer 使用的规范一致）的回归工资弹性为 0.96，收入弹性为 −0.22；那些更一般的回归工资弹性（与 1960 年和 1970 年使用的规范一致）是 1.06 和 −0.72。两者都不影响从表格中得出的主要结论。1970 年的数据是 100 SMSAs[②]。

女性劳动力在其劳动力供给方面一直是并且显然是相当异质的，因此第二章的证据建议应用第二种情况，即估计的供给工资弹性为替代弹性。然而，在这里选择这两种极端情况并不重要。从经验上看，表 5.2 中的分析结果与刚刚概述的两个极端情况非常相似。20 世纪初这两种情况的替代弹性很小，然而都在 1950 年持续升高，之后又逐渐减小。由于讨论结果与使用哪种工资弹性（未补偿的或补偿的）无关，因此两者都将"工资弹性"作为通用术语。

回到表 5.2 的结果显示，随着时间的推移，收入弹性呈现出不稳定的趋势。在 19 世纪末 20 世纪初，收入弹性较大且为负值，而工资弹性相对较小。因此，工资和收入弹性之间的关系与明瑟在 1950 年利用横截面估计得出的结果恰好相反。已婚女性不容易被高工资吸引进入劳动力市场，但其丈夫和其他家庭成员的高收入反而导致她们退出劳动力市场。1940 年，收入弹性绝对值有所减少，但工资弹性却大幅增加。根据最近的数据集发现，收入和工资弹性都相当小。那么问题是，什么会导致收入效应随着时间的推移而下降，而替代效应会先上升后下降？

20 世纪初，已婚女性收入弹性出现较大的负值，其部分原因是家庭内部的性别分工所致。丈夫的收入越高，对妻子家务服务的需

[①] SMAs，标准大都市区。

[②] SMAs，标准化大都市统计区。

求就越大。然而，另一个逐渐减弱的因素——男性希望保持家庭地位，同样加剧了负收入弹性现象。如果妻子有工作，则其丈夫即使勤劳也可能被视为懒惰。

回顾过去，在19世纪末20世纪初，大多数女性从事制造业、农业和家政服务领域的工作。文书工作和专业部门仍然很少雇用女性，正如第六章将进一步讨论的那样，只有少数学区（美国行政区）和大型公司会聘用已婚女性。尽管在1900年至1920年间，单身女性迅速进入了文书、销售和专业领域，但大多数女性仍然从事家庭用人和制造业工作。1900年前后，在家庭外就业的白人已婚女性，很可能成为一名制造业工人，而其丈夫通常因收入较低、失业、患病或其他原因无法工作。

当一名已婚女性工作受到严重限制时，她在家庭之外依然从事有偿劳动会被视为一个明确的信号，表明她的丈夫未能承担起家庭的经济责任。即使在20世纪70年代，一位当代作者也曾评论道："历史上，女性能在（蓝领）社区说'我不必工作'，一直是地位的一个来源……对于这样一个家庭来说，如果妻子外出工作，则意味着公开承认了[丈夫的]失败。"（Rubin, 1976，第171页）

然而在19世纪末20世纪初，受过高等教育的女性能够获得一份工作，并且工作职位能清楚地反映出她们自身的能力，并非其丈夫的失败。因为男性通常会娶同样受过高等教育的女人，也就是说"门当户对"的原则使受过良好教育的妻子外出工作所传达的信息几乎为正面的。但随着时间的推移和教育经济价值的变化，妻子工作所提供的信号逐渐减弱。

在20世纪早期，出现了一系列新的白领工作，这提升了教育的回报，尤其是对受过高中教育的女性，大学教育的回报则相对少一些。因此，在20世纪早期，劳动力市场为工人的妻子提供了更多的选择，往往也提供了更高的薪酬。但对劳动者来说，有偿工作依然传递了不利信号，导致女性放弃工作，从而无法获得潜在收入。因此，社

第五章 已婚女性经济角色的变化

会规范产生了较小的（正）替代效应，但带来了较大的（负）收入效应，至少目前看来如此。

随着越来越多受过教育的女性进入劳动力市场，妻子的就业状况所传递的信息非常模糊。在 20 世纪 50 年代，受过大学教育的女性所从事的职业通常与拥有高中文凭的女性所从事的职业基本相同，只有教师和护士明显例外。从妻子的职业和参加劳动的情况来推断其丈夫的经济地位和勤勉程度变得越来越困难。

在经济学家的收入和替代效应框架内，可以明显看出就业限制对 20 世纪 20 年代和 30 年代新一批办公室工作人员的影响。格蕾丝·科伊尔（Grace Coyle）在一份关于文书工作者的报告中指出，"文书丈夫"不愿意"允许"他们的妻子工作，但他补充说，"职业女性数量的增加在一定程度上对已婚女性的工作产生了更有利的驱动，也可能对 [文书] 职业群体产生影响"（1929，第 183 页）。林德夫妇（Lynds）在他们著名的关于米德尔敦（Middletown）的社会学研究中，评论了新中产阶级妻子的出现及其随之而来的问题：

> 当人们讨论在米德尔敦工作的已婚女性时，几乎是专门谈论米德尔敦的工人阶级和最底层商业阶级。情况一直持续……在一个规模更大、阶级层次更分明的社区里，人们可以把这些人称为下层中产阶级。在这一群体中，年轻妻子普遍倾向于保留其文书工作直到丈夫事业稳定。而商业阶层的顶端，有少数年轻妻子非常富有，她们"必须工作"是没有问题的，并且没有反映出其丈夫的"供养"能力。（1937，第 181—182 页）

因此，不同教育水平的已婚女性在文书部门和销售部门就业数量的增加，通常会削弱已婚女性工作传达出的信息。当工作不那么受欢迎时，劳动力中唯一的女性是那些因丈夫收入低而被迫工作的女性。但当工作更受欢迎时，职业女性要么因为丈夫收入低，要么因为她们的时间价值高而被雇用。随着时间的推移，职场工作的妻子传递出的信息逐渐减弱，其收入效应也随之降低。妻子的工作不再像以前那样强烈地表明丈夫懒惰。因此，收入弹性绝对值下降了，但替代效应却增加了。当市场商品的可得性以及对家庭生产商品的替代程度逐渐提高，进一步加剧了收入效应的下降。

替代效应的增强和收入效应的减弱，与1890年至1940年间职业女性相对于整体女性受教育程度的进一步提高是一致的。1900年前后的收入效应强而替代效应弱，意味着职业女性的受教育程度占比偏低；而1940年前后收入效应较弱而替代效应增强，则意味着情况正好相反。

今天的职业女性平均受教育程度高于整体女性。然而女性劳动力并非总（不成比例地）来自受教育程度最高的人群。从统计数据来看，1890年的职业女性主要来自受教育程度较低的人群。尽管无法准确估计她们的受教育水平，但根据"1907年'漂泊'女性"抽样调查的证据显示，职业女性的平均受教育年限不到7年，而整体女性的受教育年限则接近8年。1940年，在包含有关教育水平信息的人口普查和其他涉及教育水平的调查中，职业女性受教育年限相较于总体人口高出1年。因此，数据表明女性劳动力受教育程度正在逐渐改善，这一事实与替代效应的增强和收入效应的减弱是一致的。

从20世纪40年代至20世纪80年代末，收入效应和替代效应变化的历史轨迹是，收入弹性持续下降和工资弹性持续上升。随着离婚率上升以及女性赋予了工作更多的意义，丈夫的收入对妻子劳动参与率的影响降低了。女性的个人财富不再由丈夫的收入决定。此外，非体力工作的增加意味着工作已不仅仅是赚取收入的手段，而成为追求人生目标和地位的方式。在职业培训方面也发生了变化。在生命周期的某个阶段的就业可以提高其他阶段的收入，并且跨时间重新建立联系增加了间歇性工作的成本。由于这两个原因，可测量的替代效应预计会在程度上有所减弱。近年来，对女性劳动力的收入效应和替代效应的估计与对男性劳动力的估计相似，这并无奇怪之处。他们对薪酬、收入和资产的变化反应相对较弱（参见Mroz，1987，使用 1975 年数据的估计）。

因此，表 5.2 中的估计是有逻辑基础的，当然这些估计的来源不同。1900 年以来收入下降的影响可以用几个因素来解释。20 世纪上半叶，女性就业状况逐渐不再体现丈夫的勤奋程度，因此，男性对女性就业的阻力也越来越小。市场商品代替了家庭生产品，并且其可获得性更高和价格更低导致收入效应在全国范围内下降。20 世纪80 年代末，婚姻的不稳定性进一步加强了这种效应。由于离婚可能对经济安全构成威胁，女性参加工作的决定不再像从前一样以当时家庭收入是否充足为考虑基础。工资效应最初的增长可能与女性受教育程度的提高有关，因为受教育程度的提高使女性能够从事更满意的工作，而不是仅从事那些收入更高的工作。然而，已婚女性就业方面存在各种障碍导致工资效应出现了延迟。随着女性工作与男性工作越来越相似，并考虑到培训内容以及职业内在价值等因素，使替代效应变得更小。正如亨利·希金斯（Henry Higgins）曾设想的那样，随着收入效应和工资效应同时下降，哪怕只是从劳动力供给参数角度看，女性也最终变得更像男性了。

应用一般模型，1890 年至 1980 年

通过将 1890 年以来的整个时期划分为三个子时期——1890 年至1930 年、1940 年至 1960 年、1960 年至 1980 年——利用收入和工资供给弹性的横截面估计来解决最初提出的问题：在已婚女性劳动参与率长期上升中，供给和需求因素所起的作用到底如何？为了解供给和需求的相对作用，可以通过简化形式的方程（3）和（4）、表5.1 和表 5.2 中的数据以及对需求弹性的合理估计（$-\delta$）来评估。假

设需求弹性为 – 0.5。前两个子时期结果对于从 0 到 – ∞ 范围的值具有稳健性，然后我们探讨最后一个子时期的结果的敏感性。[6]

大约从 1890 年至 1930 年，供给函数很可能迅速向外移动；也就是说，在早期 S^* 可能相当大且为正。如果没有男性（丈夫）收入增长带来的强烈负面影响，供给函数将以与需求相同或超过需求的速度外移；即 S'^* 明显大于 S^*（S^*=2.8%，S'^*= 4.3%）。在观测的三个时期中，1930 年之前出现了女性劳动力供给函数的最大绝对增长，以及相对于需求的最大变化（D^*=3.6%）。此外，由于劳动力供给弹性较低（供给的工资弹性可能接近于零），决定劳动力供给量增长的因素［根据公式（4）］完全由供给侧力量组成。在完全无弹性的供给函数下，p^* 的均衡水平完全取决于劳动供给函数的位移项；然而，需求因素将决定 w^*。[7] 因此，从 1890 年至 1930 年间不仅出现了供给函数迅速向外移动的情况，并且供给的向外移动很可能是导致参与率上升的唯一原因。在该时期内，各种因素促使供给函数向右迅速移动，包括教育水平提高、生育率下降以及关于女性工作的规范发生变化等。然而，进入下一个子时期后，即 1940 年至 1960 年，情况就大不相同了。

在 1940 年至 1960 年间，需求函数向外移动的速度远远超过供给函数向外移动的速度。在此期间，当考虑男性收入的负面影响时，供给函数实际上是向左移动的（S^*= -0.56%）。当收入效应被抵消时，供给函数以相当缓慢的速度向外移动（S'^*= 0.94%）。1940 年至 1960 年间，劳动参与率的所有增长都来自需求侧力量，并且其变化几乎是 S'^*（D^*=5.2%）的 6 倍。[8] 在此期间，在提升劳动参与率方面供给函数中许多变量仍在发挥作用，但它们会因家庭收入的增加和家庭规模的扩大而受到抑制。第二次世界大战期间和 20 世纪 50 年代是经济快速增长时期，特别是在主要雇用女性工人的部门。因此，需求变化是促使已婚女性参与劳动力市场的主要原因。我们将在第六章中发现，20 世纪 50 年代的美国经济改变了工作的

第五章 已婚女性经济角色的变化

各个方面来适应已婚女性工人，有兼职工作、更短的工作时间和废除婚姻限制等，所有这些措施显示出美国经济渴望吸引曾被认为不重要的劳动力资源。

在最后一个子时期，即1960年至1980年间，需求方面的力量可能仍然超过供给方面的力量（$S^* = 1.9\%$；$S'^* = 2.2\%$；$D^* = 2.9\%$），但对劳动参与率方面的影响可能已经减弱。[9] 由于劳动力供给弹性小，因此，结果高度依赖需求弹性 δ。当 $\delta = 0.5$ 时，供给侧力量解释了劳动参与率变化的47%，而需求侧力量解释了剩余的53%；当 $\delta = 1$（估计上限）时，供给侧力量在决定 ℓ^* 中的相对重要性增加，能够解释劳动参与率变化的60%，其余归结为需求力量。这些数值都与史密斯和瓦德的估计值一致（Smith 和 Ward，1984，1985），他们在估计过程中拟合了一个不太常用的模型，考虑了生育率的作用和跨期替代的性质。在过去的二三十年中，已婚女性的劳动参与率再次受到供给方面因素的推动，例如子女数量减少、离婚概率增加、各种职业障碍减少以及社会规范发生变化。

很明显，明瑟对已婚女性劳动参与率上升的解释完全适用于1940年至1960年这一时期，但在该时期前后都不适用。回想一下，明瑟使用了更简洁的表达方式，即公式（5），并假设工资率是外生的。经过使用公式（4）和表5.2中给出的弹性数据进行分析发现，"经济"影响（即需求因素）并不能解释1890年至1930年间女性劳动参与率的上升。但从1940年至1960年，需求因素几乎解释了所有的增长，而从1960年至1980年，需求因素解释了大约一半的增长。1940年至1960年间，劳动力需求大幅增长，并且已婚女性的劳动参与率对工资的变化非常敏感。需求因素以及供给的工资弹性非常大，在很大程度上解释了该时期劳动参与率的提升。然而在此之前和之后的时期，可能存在同等或更重要的供给因素发挥作用。

因此，已婚女性劳动参与率的演变是一个更为复杂的过程，而非（水平的）劳动需求函数与具有固定弹性的劳动力供给相互作用的过程。相反，供给函数在时间上呈现出弹性变化，并且供给函数本身也发生了移动。首先考虑劳动力供给对于环境变化的反应能力。在第一阶段（1890年至1930年），大多数已婚女性对于更多工作机会并不积极，因为她们之前几乎没有新兴行业的工作经历。然而，在20世纪初的几十年里，年轻单身女性接受教育的机会显著增加，从而容易被新兴职业和销售部门所雇用。在第二阶段，年长已婚女性的劳动参与率有所增加，并且她们积极参与市场劳动可以追溯到第一阶段中职业和教育水平提高所带来的影响。因此，这种变化是通过两种方式产生的：一方面是需求因素发生了变化；另一方面则是不同年龄组的女性对工作环境反应能力的增强。她们对时期效应的反应更强，同时队列也随着时间的推移而发生变化。

对这一过程的描述揭示了按队列详细审视劳动参与率情况的优点。它还强调了女性劳动力历史演变滞后的重要性，该滞后源于队列随时间的变化以及每个群体对未来劳动参与率的预期。更复杂的是，这种滞后还受到阻止变革的规范和制度的影响。下一节将探讨队列和同期变化，即第一个问题。本书下一章将讨论变革过程中的障碍。

已婚女性劳动参与率变化的队列研究

队列——出生在不同年份（几十年）的个体组成的群体——通常因不同的禀赋而存在差异，如教育和财富水平，以及每个人年轻时所经历的社会化过程，但却受到相同的同期因素的影响，即所谓的时期效应，如失业、需求部门的转变和各种形式的社会动荡。第二章得出了一个重要结论：队列概念对于分析女性劳动参与率，尤其是已婚女性劳动参与率至关重要。如前文所述，原因在于不同队列接受的教育程度不同、生育的子女数量不同、积累的劳动力市场

第五章　已婚女性经济角色的变化

经验不同，并且在不同的社会环境中成长，下文将对此进行更全面的探讨。随着时间的推移，这些特征将跟随队列一起传承，并与其他共存的特征区分开来。

队列方法在研究已婚女性劳动参与率演化过程中具有重要意义，必须同时考虑两类变量。第一类是同期因素，即影响所有队列的更普遍的因素。经济繁荣通常会增加个人收入，而这与他们出生的年代无关，尽管并非总是如此（参见 Freeman，1979，关于年代效应的研究）。同期因素可能在某个队列的一生中发生变化，但队列变量作为第二类因素将保持不变。

这里需要考虑队列的三个特定因素。第一个因素是生育率，通过已婚已育的女性数量和已婚未育的女性数量比例来衡量。第二个因素是受教育年限，以平均或中位数年限来衡量，包括至少拥有高中文凭的比例和至少拥有四年大学教育的比例。第三个因素是女性在婚前从事市场劳动和家庭经验方面的情况。本书第二章在讨论 1880 年至 1930 年间"在家"的单身女性比例时提到了这个主题，现在将其扩展到包含最初职业的作用。

重新审视图 5.1（a）和图 5.1（b）将会有额外收获，图中展示了 1890 年至 1980 年间美国本土出生的已婚白人和非白人女性的劳动参与率，涵盖了 1866 年至 1965 年出生的队列。需要注意的是，在第二次世界大战期间及之后，某些队列的劳动参与率显著增加，而另一些队列的劳动参与率则在近 20 年内才逐渐提高。尽管所有队列中白人已婚女性劳动参与率相较于之前有所增加，但某些队列的劳动参与率提升得比其他队列更快。如前所述，出生于 1900 年至 1910 年的白人女性群体似乎已经启动了一个改变未来几十年女性劳动参与率的演变过程。从 1940 年至 1950 年，很多队列就业规模急剧扩大，而在其他时期就业规模却增长缓慢。婴儿潮时期的母亲们在其年轻时的劳动参与率仅略微增加。尽管不同白人女性队列就业都有所增长，但经济大萧条时期的劳动参与率的变化同样微乎其微。

不同队列的生育率差异

美国女性的生育趋势有两个显著特征，一个是长期性的，另一个是周期性的。从 19 世纪初至 20 世纪 30 年代，美国女性的生育率经历了长期的持续下降。图 5.3 中按出生队列排列的人口普查数据显示，1840 年出生的白人已婚女性平均生育 5.5 个孩子，而 1910 年前后出生的白人已婚女性平均只有 2.3 个孩子。资料表明，在人口普查数据研究队列之前生育率就开始下降了，甚至在 18 世纪晚期出生的女性中生育率也有所下降（Wahl, 1986）。对于 1860 年至 1870 年以及 1890 年至 20 世纪初出生的队列，这种下降趋势更为明显。生育率在 1910 年前后出生的队列中发生逆转，并显现出第二个特征，即周期性。

伊斯特林的多项研究（Easterlin, 1968, 1978, 1980）都探讨和分析了生育率的周期性。生育高峰期始于 1910 年前后出生的队列并持续到 20 世纪 30 年代中期出生的队列。随后，这个过程再次逆转，根据图 5.3 显示，婴儿低谷一代的生育率在 1940 年以后开始下降。

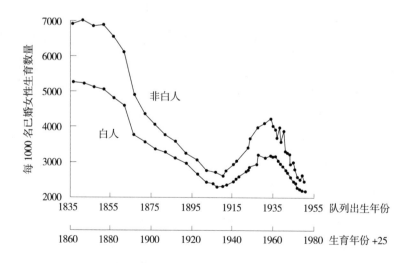

图 5.3　按种族和队列划分的每 1000 名已婚女性的生育率

资料来源：1835—1924 年出生队列，历史统计 B 系列 42-48；其他部分摘自美国人

口普查局,《当前人口报告》,P-20 系列,《美国女性生育率》,第 225、341、387、406 号（华盛顿特区：政府印刷局，不同日期）。

在生育率的长期性和周期性方面，非白人女性的数据与白人女性的数据惊人地相似，但其生育水平始终较高，尤其是在图 5.3 的初始部分和婴儿潮一代。然而，生育转折点和大幅下降时期实际上是相同的，这表明存在着一系列影响两个群体的共同因素；但在整个时期，这两个群体的劳动力特征和经济环境却是截然不同的。

尽管并非所有影响因素都经过详细研究，但许多常见的因素仍然可以辨识出来。如图 5.3 所示，通过在队列的生育年份加上 25 年，可以轻松地识别出大多数影响因素。生育率的第一次大幅下降与 1860 年至 1870 年间出生的队列有关，尽管缺乏详细的研究资料，但其原因可以追溯到 19 世纪 90 年代的经济大萧条时期。生育率低谷趋势在经济大萧条之前就已显现，并在那个经济匮乏的十年里有所增强。

伊斯特林的生育周期波动理论，也被称为"相对收入"假说，始于 20 世纪 20 年代移民结束时期。在此之前，移民数量的减少缓解了经济衰退对人口变化的影响，从而改善了年龄结构。但同样，移民的增加限制了经济发展对就业的影响（Easterlin，1971）。移民与美国失业率密切相关且呈现顺周期的特征，在 20 世纪 20 年代两者几乎重叠，这意味着经济周期可能会在短期和长期内对生育率产生更大的影响。

移民的结束意味着商业周期对工资产生的影响无法迅速消除。经济衰退期导致结婚率和出生率下降，而非减少了移民的数量。在人口封闭的情况下，生育率变化通过改变年龄分布进而影响了下一代的相对经济回报，并产生了长期影响。因此，20 世纪 30 年代经济大萧条时期出生率下降以及移民减少导致了 20 世纪 50 年代收入相对较高和家庭规模扩大。这一推理解释了 20 世纪 30 年代生育水平较低以及随后在 20 世纪 50 年代时出现生育高峰的原因。伊斯特林进一步阐述了这个观点,将周期性变化的后半部分与在生育高峰期出生并在成年后相对收入下降联系起来。面对低于预期的收入水平,"婴儿潮"时期出生的一代及其子女们晚婚或者干脆不结婚,他们生育孩子的数量也是全美最少的。

除每名已婚女性生育数量外,生育率也与劳动参与率问题有关。在生育数量分布中,没有孩子的已婚女性是一个指标,可以反映出处理事业和家庭的女性比例。图 5.4 按队列给出了白人和非白人已婚女性中没有生育的比例。这些比例只能计算超过生育年龄的群体,因此这些数据截止到 1940 年;而 1950 年前出生的人数则使用出生预期进行衡量。

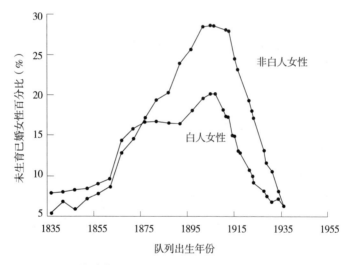

图 5.4 按种族和群体划分的未生育已婚女性百分比

资料来源:1835—1924 年出生队列,摘自《历史统计》B 系列 42—48;其余部分摘自美国人口普查局;《当前人口报告》,P-20 系列,《美国女性生育率》,第 225、341、406 号(华盛顿特区:政府印刷局,不同日期)。

没有子女的白人和非白人女性的比例与总体人口生育情况的数据相似,这并非偶然。生育率下降往往伴随着无子女人口比例的上升。然而,在图形中确实存在意外情况。考虑到白人的生育率较低,这可能是预料之中的结果。尽管已婚白人女性未生育的比例最初高

第五章 已婚女性经济角色的变化

于非白人女性，但在 1870 年前后出生的队列中，非白人女性比例超过了白人。在随后几年的所有队列中，该比例一直保持在较高水平，并在 20 世纪初出生的队列中达到峰值。与此同时，白人女性大约在同一时间达到了高峰，但非白人女性没有生育的比例要高出 43%。

白人和非白人女性中无子女的比例都相当高。在白人已婚女性群体中，有 20% 的人从未生过孩子；而在非白人女性的高峰期，超过 28% 的女性从未生育过孩子。然而，在 1950 年以后出生的队列中，预期无子女的比例远低于上述水平，即使考虑到所有婚姻状况也是如此（Bloom，1986）。由于从各种调查数据中推断出的数字存在相当大的争议，因此图形中没有显示最近队列的数据。1870 年以后出生并且结过婚的女性中没有孩子的非白人女性比例超过白人女性，但她们的生育率却更高。这一事实表明非白人女性在生育率方面的异质性要比白人女性大得多。尽管许多人没有孩子，但那些有孩子的女性生育多个孩子的比例更高。

因此，在白人和非白人已婚女性队列中，生育率和无子女比例随时间变化较大，而且两者都有长期和周期性的变化。前面已经提到了生育率、一般经济条件以及女性在同一队列内部和不同队列间有偿劳动的因果关系。其中最明显的是，生育率变化对已婚女性群体后续劳动力的行为产生了影响；而"婴儿潮"和生育低谷与主要经济变迁密切相关，比如 19 世纪 90 年代和 20 世纪 30 年代的经济大萧条，20 世纪 50 年代的经济复苏和 20 世纪 70 年代的经济衰退。

现在可以根据队列生育率之间的差异来解释队列劳动参与率的一些令人困惑的问题。在 19 世纪末 20 世纪初出生的队列中，劳动参与率的提高似乎与白人和非白人已婚女性生育率下降有关。20 世纪 50 年代，年轻已婚女性的劳动参与率略有增加，而年长已婚女性的劳动参与率则大幅增加，这似乎也与这两个群体在生育行为上存在差异有关，根据伊斯特林提出的"相对收入"假说，劳动参与率的变化可能是早期生育率变化的结果。

不同队列的教育差异

区分不同队列的第二个因素是受教育程度。图 5.5 展示了按出生队列显示的白人和非白人女性的两种教育程度指标，即高中和大学毕业率。白人和非白人女性受教育年限的中位数见图 5.6。[10] 在 20 世纪初出生的白人女性中，受教育的中位年限明显增加。年轻女性完成高中学业的比例迅速上升，占 1910 年出生群体的一半多。因此，女性受教育年限的中位数迅速增加至 12 年。对于非白人女性来说，高中毕业率上升发生在大约 25 年后，而在 1935 年前后出生的女性中，高中毕业率达到 50%。19 世纪末出生的白人和非白人女性的高中毕业率一开始都很低，但很快就出现了逆转并与 1940 年前后出生的女性趋于一致。[11]

在 1930 年前出生的白人女性中，接受四年或四年以上大学教育的比例基本保持不变，然而在 1940 年至 1950 年之间出生的白人女性中，大约在 1962 年至 1972 年之间完成大学学业的比例急剧上升。非白人女性的相关数据约为白人的一半，但在 1940 年以后出生的队列中，该比例也呈现上升趋势。

职业和教育变化

鉴于队列教育的变化，对于在第三章中提出的职业统计，现在可以给出更有意义的解释。随着第三产业或服务部门，特别是文书工作的增长，经济中职业的转变标志着各国已婚女性劳动参与率的增加（参见 Layard 和 Mincer，1985 年的研究）。美国的这种转变发生在 1910 年至 1920 年间，当时 20 岁至 24 岁的白人女性在文书部门就业的比例从 1900 年前后的不足 10% 上升到 35% 以上。在不同日期对应的数据中，文书部门中单身女性的比例高于已婚女性，年

第五章 已婚女性经济角色的变化

轻女性的比例高于年长女性。更有趣的是，在所有相关年份（1930年至1950年）中，1900年前后出生的白人女性在文书部门就业的比例都急剧上升。这一特征在表5.3中所有婚姻状况的女性中都很明显，但已婚女性尤为突出。在1930年美国本土白人已婚女性中，在1906年至1910年出生的队列中，文书工作者占27%，但在1886年至1895年出生的队列中仅占13%；1940年的数据分别是34%和20%。大城市的已婚白人女性差异更大，1906年至1910年队列中文书工作者的占比为40%，而1886年至1895年该比例仅为21%。文书部门就业女性比例的增加既有时期效应，也有群体效应。随着时间的推移，文书就业比例在所有队列中都有所增加，但对于1900年前后出生的女性来说（正如前一节所示），由于其受教育程度提高，所以文书工作占比增长幅度最大。

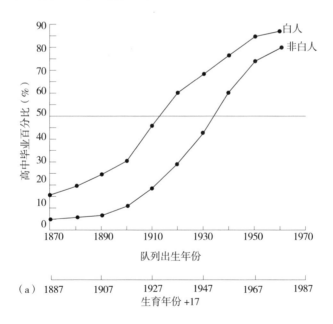

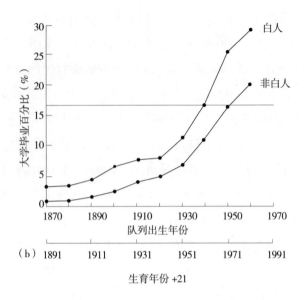

图 5.5 按种族和群体划分的高中和大学毕业生百分比

资料来源：美国人口普查局，《当前人口报告》，P-20 系列，《美国教育程度》，第 15、121、158、182、207、243、274、314、390、415 号（华盛顿特区：政府印刷局，不同日期）。

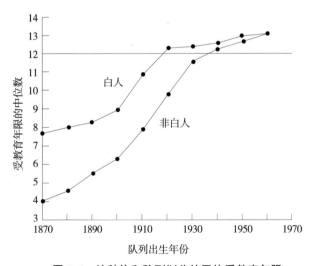

图 5.6 按种族和队列划分的平均受教育年限

资料来源：美国人口普查局，《当前人口报告》，P-20 系列，《美国教育程度》，第 15、121、158、182、207、243、274、314、390、415（华盛顿特区：政府印刷局，不同日期）。

第五章 已婚女性经济角色的变化

根据一项研究估计，1900年至1930年间，大约三分之一的年轻女性从制造业转向文书工作，其中教育水平的提高是主要原因之一（Goldin，1984）。其他原因包括这两个领域对劳动力的相对需求发生了变化，以及年轻女性更喜欢文书工作而不是制造业工作。随着白人女性受教育年限的中位数达到12年，女性的职业分布明显地向文书工作转移。1930年后，文书工作成为白人女性最重要的职业选择。

人们可能会对学校教育与女性在文书领域中就业比例增加之间的因果关系提出质疑。教育水平的提高可能是文书工作增加的原因，但不是唯一原因。然而，还有两项证据支持了这里隐含的假设，即学校教育的提升导致了文书工作者就业的增加，而不是相反的关系。首先，年轻男性也提高了他们的教育水平，但在很大程度上没有从事文书工作。其次，1910年至1930年间，美国受教育程度在城市和农村地区都有所提高，但城市地区有文书工作，而在农村地区则没有这样的工作机会。在这两个地区，6岁至20岁的女性教育程度的增加大致相同。[12]

在非白人女性的职业分布中也发现了类似但不那么显著的模式。1950年，非白人女性从事文书工作的数量很少，即使在最年轻的群体（20岁至24岁）中也很少，仅占9.1%。但在随后的年份里，在所有年龄组中该比例都呈现上升趋势，尤其是1935年以后出生的群体增幅最大。与白人女性情况相似，随着受教育中位数年限达到12年，非白人女性也迅速进入文书部门。然而无论受教育程度如何，已婚白人女性和已婚非白人女性在职业选择上仍然受到限制。对于非白人女性来说，这个问题显然更为严重。

理解性别差距：美国女性经济史

表 5.3　按群体和种族划分的文书部门女性就业百分比（1930—1970）　（%）

年份	出生队列												
	1946–1950	1941–1945	1936–1940	1931–1935	1926–1930	1921–1925	1916–1920	1911–1915	1906–1910	1901–1905	1896–1900	1891–1895	1886–1890
已婚							**白人女性**						
1930									26.9	[24.0	24.0]	[13.3	13.3]
1940						[35.5	35.5]	36.4	34.2	[28.8	28.8]	[19.5	19.5]
1940u						[42.2	42.2]	43.0	39.6	[31.9	31.9]	[21.4	21.4]
全部													
1930									33.7	31.9	27.2	21.0	16.7
1940							31.2	30.1	30.2	26.6	21.8	16.9	14.0
1950					48.2	39.0	29.8	[25.9	25.9]	[22.7	22.7]	17.0	
1960			49.2	40.2	36.2	[32.1	32.1]	[27.1	27.1]	24.2			
1970	47.6	37.7	36.7	36.1	36.0	35.5	32.4	29.1					
							非白人女性						
1950					9.1	7.2	5.2	[3.2	3.2]	[2.0	2.0]	[0.7	0.7]
1960			16.8	13.1	11.0	[8.5	8.5]	[4.2	4.2]	2.8			
1970	39.3	27.0	21.8	17.4	14.9	12.5	10.0	7.3					

注和资料来源：白人女性是指美国本土出生的白人女性。美国人口普查局，《美国第十五次人口普查（1930）》，第五卷《人口》，《关于职业的一般报告》（华盛顿特区：政府印刷局，1933b）。1940u 表示城市，它和 1940 年都包括销售额。已婚：美国人口普查局，《美国第十六次人口普查（1940）》，第三卷《人口》，"劳动力"，第一部分，《美国摘要》（华盛顿特区：政府印刷局，1943a）。全部：J. 史密斯和 M. 沃德（J. Smith and M. Ward），《20 世纪女性工资和工作》（加利福尼亚州圣莫尼卡：兰德公司，1984），表 22。美国人口普查局，《美国人口普查（1950）》，第四卷《人口》，《特别报告》第一部分，B 章，"职业特征"（华盛顿特区：政府印刷局，1956）。美国人口普查局，《美国人口普查（1960）》，"主题报告：最终报告 PC（2）-7A，职业特征"（华盛顿特区：政府印刷局，1963）。美国人口普查局，《美国人口普查（1970）》，"主题报告：最终报告 PC（2）-7A，就业状况和工作经历"（华盛顿特区：政府印刷局，1973）。中括号内的数字按需要分为两组。

尽管单身白人女性在文书领域就业数量迅速增加，但从 1920 年至 1950 年，美国各地的大型公司却禁止已婚女性担任文书职位。虽然单身白人女性能被公司雇用，但婚后往往被解雇，而年长的已婚女性则根本没有被公司雇用的机会。这些限制女性就业的政策早在 20 世纪 30 年代经济大萧条之前就出台了，并在经济大萧条期间得到了扩大。从 1920 年至 1950 年，已婚白人女性只能进入小型公司和那些没有所谓"婚姻限制"公司的文书部门。婚姻限制的原因及

第五章 已婚女性经济角色的变化

其对劳动参与率的最终影响将在本书第六章进行讨论。

根据 1940 年美国劳工部妇女事务局的一项调查（美国劳工部，1942）显示，黑人女性无论其婚姻状况、受教育程度和其他能力如何，禁止其从事文书工作的公司比例要比白人已婚女性大得多。第六章将使用该调查中的公司样本来分析婚姻限制政策，但这里关注的问题是有关"种族和肤色的政策"。虽然婚姻限制可以通过与生产力有关的因素来解释，但禁止雇用黑人女性担任文书职位的政策却不能由此来解释。[13]这些限制政策显然根植于偏见，而产生歧视的根源似乎主要在于白人员工。

不雇用黑人从事文书工作的政策根深蒂固，以至于大多数被调查的公司都像堪萨斯城的玉米产品公司一样，毫无讽刺意味地回答说："办公室里不雇用有色人种，我们这里没有种族歧视。"[14]近50% 的被调查公司表示它们有明确的人事政策禁止雇用黑人文书人员，或者执行了不成文的规定。在剩下的样本公司中，包括那些回答"从未雇用过黑人，只是因为没有人申请"的银行，如洛杉矶联邦储备银行。几家公司主动解释了制定该政策的原因；其中一家是洛杉矶证券产权保险公司（Security Title Insurance of Los Angeles），该公司只雇用"白人……从事那些需要与公众见面的职位"。堪萨斯城的库克油漆和清漆公司声称"（白人）员工的态度阻碍了对于两个种族的有效利用"，同样，费城电气公司声称其"员工拒绝在文书部门与有色人种一起工作"。

20 世纪 50 年代，公司废除了禁止雇用已婚女性的官方政策，但尚不清楚禁止雇用黑人女性从事办公室工作是何时取消的。20 世纪30 年代中期以后出生的黑人女性文书人员数量增加表明，公司对受过教育的黑人女性职位供给增加做出了回应。然而，当黑人平均受教育程度较低时，公司和雇员可能会存在更多针对黑人的歧视。

正如第二章所指出的，女性劳动力的一个主要特征是在劳动力市场上的持续性，尤其是已婚但没有辞职的女性。有工作的已婚女性长期留在劳动力队伍中，并积累了丰富的工作经验。持久性以及未来的劳动参与率似乎与女性最初从事的职业有关。考虑到教育程度、年龄和开始工作的年龄等因素，这两项指标都表明文书工作者比制造业工作者更高。考虑到教育和其他相关变量，在1939年，如果已婚白人女性在制造业而不是从文书或专业工作开始工作，那么她一直处于劳动力市场之中的可能性会降低13%（Goldin，1989）。因此，由于教育变化和经济部门转变，工作机会从制造业转移到文书部门，对女性的工作历程产生了长期影响。[15]

教育和职业并不是影响1900年前后出生队列发生变化的唯一因素。回顾一下第二章的内容，从1880年至1930年，教育程度的提升伴随着年轻女性劳动参与率的增加。教育程度和就业机会的增加，导致很少有年轻女性能够在婚前青春期"待在家里"帮助母亲从事家务劳动。到1930年，几乎所有单身年轻女性都在工作或上学；然而在1900年，约有35%的年轻女性（16岁至24岁）既不在职场上工作也没有上学。相反，她们选择"待在家里"从事家务劳动。从1880年至1930年，单身女性在学校、劳动力市场以及家庭的时间分配方面发生了重要变化。教育使年轻女性能够进入文书部门，文书工作则提升了她们的未来劳动参与率；而"待在家里"时间的减少强化了这两种效果。到1930年，年轻女性的社会化过程伴随着在父母家中的时间减少，以及在学校和工作场所的时间增多。

教育程度、生育率和第一职业等变量因队列不同而有所差异。这些变量随着时间和队列的变化表明，劳动参与率可能是队列和时间变化的结果，我称之为队列和同期因素。1900年至1910年前后出生的白人女性在几个方面与她们的前辈有所不同。她们在学校教育上取得了很大的进步，年轻时就在新兴的文书部门工作，与以往的同龄人相比，她们"待在家里"度过婚前青春期的时间要少得多。她们的生育率非常低，其中很大一部分女性选择了丁克婚姻。在20世纪50年代和60年代，随着这些女性年龄增长，她们的劳动参与率也快速提升；而在 20 世纪 20 年代和 30 年代，当她们年纪还小的时候，劳动参与率已经有所提高；在 20 世纪 30 年代和 40 年代出生的人，则有很高的生育率，她们年轻时的劳动参与率也有小幅增长。可以将最年轻的群体当作研究样本，即那些出生于 20 世纪 40 年代以后的群体，在大学教育方面取得了显著进步但生育率却降到了较低水平。在 20 世纪 70 年代和 80 年代，这些最年轻的群体的劳动参与率有很大幅度上升。

强调队列因素并不意味着轻视同期效应和随时间变化因素的作用。同期因素是大多数女性劳动参与率研究的核心。在女性劳动参与率的横截面和时间序列研究中包括女性工资、已婚男性收入、失业率、行业结构和对女性劳动力需求的其他变量。这些变量不一定因队列而异，但确实随时间而发生变化。[16] 其他同期因素包括战争、经济大萧条和社会动荡等，许多队列会在生命的不同时期经历这些同期因素。

这里强调了队列效应，因为更长的历史时间序列揭示了它们（可能）的重要性。我在本书中一直强调，经济和社会变革往往是由个体推动的，因此，队列方法可以帮助解释为什么经济变革往往会被推迟。这种经济和社会变革模式被约翰·杜兰德称为"世代继承"（Durand，1948，第 123 页）。图 5.3 至图 5.6 表明，劳动参与率大幅增长的部分原因与受教育程度的提高有关，不同队列之间的差异则可以追溯到生育率的变化。然而，由于图形演示可能具有误导性，我在多变量框架中同时考虑了队列变量和同期变量。

横截面时间序列模型

图 5.1（a）和图 5.1（b）中的数据对非白人和白人已婚女性进行了 37 次观察。每个观察值都代表了人口普查年度已婚女性的劳动

参与率。图 5.1 中包含了 10 个队列,但由于一些队列时间太近而没有完整记录工作经历。并且另一些队列存在时间缺失,因此无法覆盖每一队列的所有年龄组。从 1890 年至 1980 年共有 9 个人口普查年份;在第二章中已经讨论了 1910 年人口普查数据的特殊性,因此该数据不能使用。数据从 1890 年的 15 岁至 24 岁(1866 年至 1875 年间出生)的队列开始到 1980 年的 15 岁至 24 岁(1956 年至 1965 年间出生)的队列结束。[17]

前面讨论的变量可以分为两组:一组是对任何特定队列的影响随时间而变化的变量(称之为同期因素或时期效应);另一组是区分每个队列经历与其他队列经历的变量(称之为队列特定因素)。关于时间有三个方面需要考虑:一个是队列的出生年份,另一个是事件的时期或日期,第三个是个体的年龄。

第一组因素考虑队列内效应,包括女性的全职赚钱能力、其他家庭成员的收入、失业率和经济部门构成。此外,主要在家庭生产的市场商品和节省劳动力的资本设备的相对价格也是关键的变量,但在所考虑的整个期间并不容易获得。数据最多允许 10 个方程,每个队列一个方程,队列 i 在时刻 t 的劳动参与率为(ℓ_{it}),可以表示为时期效应向量(P_t)的函数:$\ell_{it}=f(P_t)$,$t=1,\cdots\cdots,9$;$i=1,\cdots\cdots,10$。虽然有 9 年的数据,从 1890 年至 1980 年(1910 年除外)每个人口普查年份都有一份数据,但每个队列最多可以有 5 年的数据,并且每个年龄组对应一年的数据。

第二组因素考虑跨队列效应,包括受教育程度和生育率。目前尚不能将早期社会化的其他方面(如工作经历和年轻时待在家里的时间)纳入考虑范围。对于 9 年期间每年的数据,队列 i 的劳动参与率可以表示为队列因素的函数(C_i):$\ell_{it}=g(C_i)$。将两个方程合并表示为:$\ell_{it}=h(P_t, C_i, A_{it}, C_i \times A_{it})$,其中 A_{it} 为队列 i 在时刻 t 的年龄,并考虑了年龄与队列之间的交互效应。

将问题概念化的一种补充方式是回到上述简单的供需框架。劳动参与率方程如（4'）式所示，而当需求无限弹性时，可以使用（5'）式的简化形式：

$$\log \ell = \log S \cdot \delta/(\eta+\delta) + \log D \cdot \eta/(\eta+\delta) \quad (4')$$

$$\log \ell = \log S + \eta \log \tilde{w} \quad (5')$$

队列变量和同期变量可以被归类为影响供给或需求（或两者兼有）的因素。大多数与队列相关的特定因素（如教育和生育率）通常包含在供给方面，而许多同期因素（如行业结构）则属于需求方面。但还有其他因素，如失业和男性工人的收入，在某种程度上可同时包含在这两方面中。例如，根据式（1）所示，男性收入被纳入供给函数从而反映家庭总收入，但也可以作为女性劳动力的替代成本纳入劳动力需求函数。由于估计目的是寻找劳动参与率的影响因素，而不是确定劳动力供给和需求参数，因此不需要将变量明确划分到一方或另一方。

这里对于白人已婚女性和非白人已婚女性分别估计了一个方程。劳动参与率的决定因素包括上述队列因素：每位已婚女性的生育率、大学毕业比例和平均教育程度。增加了两个交互项：一个是最年轻的年龄组和生育变量的交互项，因为较高的生育率可能对年轻女性有更大限制；一个是大学变量和三个最年长的年龄组的交互项，因为完成学业往往会减少年轻女性的工作年限。同期因素或时期效应，包括失业率，用来解释第二次世界大战残余影响的1950年虚拟变量，全职（非全职）女性收入，全职（非全职）男性收入，以及表示对女性劳动力需求的贸易（零售和批发）部门实际人均价值。非白人女性的方程必须排除收入变量和贸易变量，收入变量目前还无法构建，而贸易变量似乎还不太准确。[18] 然而方程纳入了另外一个变量，即居住在南方的美国黑人的百分比，以代表对农业劳动力的需求；并考虑了男性收入较低对增加女性就业的影响。三个回归方程结果如表5.4所示：第（1）列和第（2）列显示白人女性的结果。第（1）

列中包括女性收入变量（如果其收入是外生的），如式（5）所示；第（2）列中的数据排除了女性收入变量，如式（4）所示。最后一个等式是针对非白人群体的，并且需要排除所有关于收入的变量。[19]

表 5.4　已婚女性劳动参与率的时间序列分析（1890—1980）

变量	（1）	（2）	（3）
		白人	非白人
ℓ 的平均值		[0.237]	[0.382]
常数项	−2.80	−3.41	1.41
	（7.89）	（8.76）	（1.42）
队列效应			
出生	−0.383	−0.416	−0.043
	（5.63）	（4.95）	（0.66）
受教育平均年数	0.0924	0.129	−0.0612
	（2.79）	（3.26）	（1.23）
大学毕业比例	0.0132	0.00814	0.0622
	（1.51）	（0.76）	（3.35）
队列出生年龄			
出生 × 年龄组别 1, 2	−0.0436	−0.0855	0.00600
	（1.26）	（2.08）	（0.14）
大学毕业占比 × 年龄	0.0273	0.0172	0.100
组别 3, 4, 5	（2.16）	（1.12）	（3.91）
同时期效应			
女性收入 × 10^{-2}	0.172		
	（3.90）		
男性收入 × 10^{-2}	−0.0929	0.00713	
	（3.42）	（0.64）	
失业率	−0.0123	0.0140	−0.0294
	（1.12）	（1.29）	（2.62）
战争虚拟变量	0.152	0.0297	−0.338
	（1.82）	（0.31）	（3.03）
贸易 × 10^{-2}	0.244	0.308	
	（2.17）	（2.22）	
南方非白人比例			−2.10
			（1.98）
年龄效应			
年长	−0.409	−0.381	−0.454
	（4.38）	（3.29）	（3.15）
调整 R^2	0.986	0.978	0.871

注和资料来源：每次回归的观测值为 37。所有数据均采用 logistic 变换 $\log_e[\ell/(1-\ell)]$ 进行估计，其中 ℓ 为表 2.2 中已婚女性的劳动参与率（1890 年至 1930 年的 ℓ 为父母为美国本土出生的白人女性，与表 2.2 中的数据略有不同）。在图 5.3 的自变量中，出生率是已婚女性的出生率，除以 1000；受教育平均年数来自图 5.6；大学毕业比例来自图 5.5；从表 5.1 中可以看出，女性收入和男性收入都相当于全职收入；失业率来自 1980 年《总

第五章 已婚女性经济角色的变化

统历史统计和经济报告》中的失业率统计数据,是三年平均值($t-2$)到(t);1950年战争影响虚拟变量为1,否则为0;贸易代表的是贸易部门在国民收入中所占的份额,摘自历史统计和美国商务部经济分析局,《1929—1982年美国国民收入和产品核算:统计表》(华盛顿特区:政府印刷局,1986)。南方非白人的比例来自1980年的历史统计和美国人口普查;第5年龄组中年长(Old)为1,否则为0。年龄组别为:1=15-24;2=25-34;3=35-44;4=45-54;5=55-64,交互项为虚拟变量,表示特定年龄组时为1,否则为0。括号中为t统计的绝对值。

对白人已婚女性进行的时间序列和横截面分析结果证实了讨论队列效应时的许多直观发现。包括或排除女性收入变量会影响一些系数,但不会改变关于队列效应作用的许多实质性发现。即使将贸易部门的增长、失业率和收入变量考虑在内,队列效应也是劳动参与率的重要影响因素。事实上,在这段时间内,队列效应可以解释每个年龄组劳动参与率总变化的35%左右。

教育年限和大学毕业人数中位数的增加大大提高了白人已婚女性的劳动力活跃度。劳动参与率相对于教育年限中位数的弹性为0.7。此外,在年龄较大的群体中,大学毕业的系数是原来的3倍。大学教育的增加可能导致女性改变了对未来工作的预期。尽管大学毕业生在年轻时可能劳动参与率不高,但随着年龄的增长,她们的劳动参与率显著提升。本书第七章以1957年大学毕业生为样本提供的证据表明,虽然20世纪五六十年代的大学毕业生退出劳动力市场照顾子女,但她们计划在未来重返劳动力市场。生育率上升降低了女性参与劳动力市场,这并不奇怪,然而这种影响远远超出了年轻群体范围。在年轻群体中,生育率对有偿工作产生的影响仅比对整个群体的影响高10%至20%。

女性收入越高,其劳动参与率越高,而男性收入越高则其劳动参与率越低,这一发现与劳动供给理论相一致。这些系数的变化可以解释为收入和工资效应,并且这些参数可能会随着时间的推移而发生改变。结果表明,收入和工资对劳动力市场的影响都是巨大的,甚至在包含时间变量的方程中二者的影响也很大,这两种弹性的绝对值都大于1。[20] 当女性的收入也被考虑在内时,整体失业率较高反而鼓励了而非阻碍了已婚白人女性的劳动参与率的提升。

通过引入1950年的虚拟变量,第二次世界大战在促进社会变革中的作用被纳入方程。第二次世界大战在两个方程中以及在其他估计中的直接影响有所不同。尽管这种影响很小,在统计上通常不显著,但往往是正向的。第二次世界大战造成的大部分影响都是间接的,并且已经被纳入战争对生育率的影响和第二次世界大战对工人需求增加的结果之中。第二次世界大战后的"婴儿潮"、早婚和受教育程度的提高减少了年轻女性劳动力供给,并导致雇主寻找此前一直被忽视的年长已婚女性,之前公司普遍禁止雇用这一群体(参见 Oppenheimer,1970,关于人口影响的研究)。

年长已婚女性是尚未充分开发的劳动力资源,在第二次世界大战期间被大量动员起来。表5.5所列的战时劳动力数据表明,1940年至1944年7月是战时女性就业的高峰时期,14岁至19岁和45岁以上两组女性群体的就业增加最多。在45岁至64岁的群体中增加了65%,在65岁以上的群体中增加了97%;在25岁至44岁的群体中,这一比例仅为28%,而在20岁至24岁的群体中为14%。虽然14岁至19岁的人群经历了超过200%的变化,但这种增长却相当短暂。根据1940年与1950年人口普查中就业率数据显示,较为年轻的年龄组没有出现增长,而20岁至24岁年龄组则有所下降。但在战争期间,45岁至64岁女性的就业率持续上升,甚至超过了其自身数量增加的幅度。从1940年至1950年,这一群体的就业率上升了76%,而64岁以上人群的就业率上升了87%。部分变化可能归因于简单的人口因素,但年长女性的劳动参与率也增长最快,45岁至64岁的女性增长了46%,最年长的女性增长了32%。虽然战时数据不能按种族和婚姻状况进行分类,但年龄较大的女性群体的增长表明,已婚女性(而不是单身女性)是构成美国劳动力的主要群体。

表 5.5 女性劳动力和第二次世界大战

年份	年龄					总计
	14—19	20—24	25—44	45—64	≥65	
	劳动力统计中女性的数量（千）					
1940	1377	2659	6026	2511	271	12845
1940,调整后	1460	2820	6527	2719	299	13825
1942	2370	2900	7020	3420	400	16110
1943	2930	3120	8190	3970	490	18700
1944	2900	3230	8220	4320	500	19170
1945	2720	3180	8230	4410	490	19030
1946	2160	2780	7370	4020	450	16780
1950	1440	2536	7658	4410	507	16552
1944年7月/1940	2.295	1.142	1.276	1.651	1.973	
1950/1940	1.046	0.954	1.271	1.756	1.871	
	劳动参与率（%）					
1940	18.8	45.1	30.2	19.7	5.9	
1950	22.6	43.2	33.3	28.8	7.8	

注和资料来源：1940年：美国人口普查局，《美国第十六次人口普查（1940）》，第三卷《人口》，《劳动力》第一部分《美国摘要》（华盛顿特区：政府印刷局，1943年）。为了与1940年3月的《当前人口报告》数据保持一致，调整后的数据平均膨胀了7.7%。

1942年至1946年：美国人口普查局，《当前人口报告》：《劳动力公报》，P-50系列，第2期。《1940年至1946年美国的劳动力、就业和失业》（华盛顿特区：政府印刷局，未注明日期）。

1950年：美国人口普查局，《美国人口普查（1950）》，第二卷《人口特征》，第一部分，《美国摘要》（华盛顿特区：政府印刷局，1953a）。

由于第二次世界大战期间的人口普查数据未按婚姻状况和种族分类，因此人口普查数据包括了劳动力中所有的女性。(1944年7月/1940年)比率使用调整后的1940年数据，与当前人口报告数据一致，而（1950年/1940年）比率使用未调整的数字，与1950年人口普查数据一致。第二次世界大战期间女性就业高峰出现在1944年7月。

关于第二次世界大战期间美国女性劳动参与率的情况以及战后她们在工厂被男性所取代的现象，已经有很多相关研究（Anderson，1981；Campbell，1984；Chafe，1972）。对于就业女性是否希望留在由男性主导的传统行业（尽管最终她们被迫离开了这些行业）中，仍然存在相当大的分歧。然而，显而易见的是，尽管她们从事不同的职业，但年长的已婚女性在战争期间是主要的劳动力资源，并且在战争结束后依然在劳动力市场扮演重要的角色。为了全面理解第二次世界大战的影响，需要有20世纪40年代女性就业情况的微观数据。[21]

从回归方程中可以观察到，相较于白人已婚女性，长期的经济变化对非白人已婚女性的影响并不明显，这并不意外。非白人已婚女性的参与率反映了女性新旧职业的变化。直到20世纪60年代，大多数黑人职业女性仍从事家庭服务和农业工作。因此，非白人女性的劳动参与率反映了两种极端趋势：农业部门就业机会的减少以及黑人女性最终从私人家务劳动转向文书、销售和制造业领域劳动。就白人已婚女性而言，教育水平的提高影响着她们在文书部门的就业，并带来了更高的劳动参与率。然而，对于黑人已婚女性来说，教育水平的提高首先降低了她们在家庭服务中的就业，但随后又增加了她们在其他各种工作中的就业机会。

教育程度的提高可能会对女性职业结构产生影响，但在所研究的这段时期，以受教育的中位数年限来衡量，教育程度的提高对她们参加工作的决策几乎没有影响，甚至可能会降低有偿劳动参与率。但是，大学毕业对白人女性有积极影响，如果加入年长群体和大学文凭的交互项，则对劳动参与率的正向影响会扩大约3倍。然而，大学对就业整体状态没有显著影响，因为非白人女性群体完成大学学业的占比相当小。尽管在统计上不显著，但生育率变化对非白人女性产生了负面影响。儿童对非白人女性劳动参与率的影响比对白人女性劳动参与率的影响小得多，这一发现与多项横截面研究结果一致（如Bell，1974；Bowen 和 Finegan，1969；Cain，1966；Goldin，1977）。与白人女性的研究结果相反，失业率对非白人女性的参与率有强烈的负面影响，主要是由于经济大萧条期间她们的劳动参与率大幅下降。

预期和队列劳动参与率

社会指标的快速变化往往使个人的未来计划变得复杂。估计得出的劳动力经验模型表明，个人可以很容易地根据少数变量推断出

第五章 已婚女性经济角色的变化

他们的未来。然而，社会变革的过程要复杂得多。由于人力资本投资通常发生在个人年轻时，因此最接近青年的成年人往往对人力资本投资提供了一定的导向作用。每代人都或多或少地以一种阻碍社会进步的方式将自己的规范和期望传递给下一代。

图 5.1（a）揭示了过去半个世纪以来已婚女性角色的变化。已婚女性劳动参与率的迅速增加意味着按年龄划分的横截面参与率与队列参与率情况有很大不同。因此，1970 年横截面数据中的虚线与任何队列曲线都存在明显差异。然而，个体却无法观察到自己的队列概况，除非进行回顾性分析。相反，他们经常根据他人间接提供的信息来预测未来，或者在横截面上观察别人的经历。由于队列参与率和横截面参与率存在较大差异，基于横截面数据做出的预期和选择具有相当大的误导性。

在美国，新一代年轻女性无法仅凭长辈的经历来预测自己的工作经历，而且大多数人得出的结论都大错特错。例如，在 1930 年，一群出生于 1910 年，20 岁的女孩儿如果简单地以她们出生于 1885 年、45 岁的母亲的工作经历为参照预测自己 25 年后的劳动参与率时，将会产生约 4 倍的误差。

但所有队列研究都比简单的外推法得出的结果更可靠。例如，她们知道自己受教育年限比母亲多，并且可能已经意识到目前从事的职业与母亲在结婚前从事的职业不同。她们还可以通过观察姐姐、亲属和其他相关群体的工作活动来填补其与母亲群体之间的差距。对这些差异的了解将缩小简单的外推和女性劳动参与率实际值之间的差距。有了她们和其母亲之间队列的足够数据，她们就可以相对容易地预测自己未来的劳动参与率。如果她们能够得到表 5.4 中的数据，就可以做出极其准确的预测。[22]

然而，父母和整个社会期望通过女孩儿们达到其母亲的平均劳动参与率来强化现状。虽然大多数人会根据新的信息修改自己的预期，但这对许多代年轻女性来说是不可能实现的。

根据 1944 年至 1954 年间出生人群的经验证据，展示了人们形成预期的方式，并强调了许多人可能大大低估了自己未来的劳动参与率。1968 年，美国追踪调查（National Longitudinal Survey, NLS）对当时年龄在 14 岁至 24 岁之间的年轻女性进行了问卷调研，询问她们认为自己在 35 岁时会进入劳动力市场的比例。29% 的白人女性回答她们将在 35 岁时进入劳动力市场，而 59% 的黑人女性同样给出了肯定回答（Sandell 和 Shapiro，1980）。这些年轻女性如今几乎都超过了 35 岁，其中已婚女性劳动参与率已经超过 60%，未婚女性则高达 80%。白人女性在 1968 年所预测的数据与其母亲在 1968 年的劳动参与率相当一致，这与她们自己在 16 年后的劳动参与率则相差较远。

为了使数据可视化，图 5.1 展示了两个队列的劳动参与率情况，图 5.1（a）和图 5.1（b）中都包含一条 35 岁的垂直线。B 点表示 1944 年至 1954 年出生的队列达到 35 岁时的实际劳动参与率（已婚情况），而 A 点大致位于 1920 年至 1930 年出生队列的队列线上——这是年轻女性样本中母亲的平均出生年份。[23] 图 5.1（a）中的点 C 是 29%，表示年轻白人女性给出的预期值；而图 5.1（b）中的 C 点是 59%，表示年轻黑人女性给出的预期值。在图 5.1（a）中，A 点略高于 C 点，即在生命周期的某个时间点预期就业的年轻女性比例。这些年轻女性在 35 岁时对未来劳动活动的预期与其母亲在 35 岁时的实际劳动参与率大致相等，这可能不是巧合。而对于黑人女性来说，A 点和 C 点之间存在更大的差异。

至少对于白人女性而言，年轻女性对劳动参与率的预测与她们母亲的实际经历相似。这一发现可能表明女性个体劳动力行为与其母亲相似。人们或许认为有工作的母亲会养育出参加工作的女儿。然而使用 NLS 数据在这一领域进行的研究并没有得出个体生活被此种方式改变的共识。相反，母亲的劳动行为和女儿的劳动行为之间存在更复杂的关系。两项独立研究得出结论认为，尽管母亲的有偿劳动价值观以及非典型职业对女儿的工作有影响，但母亲的劳动力行为与女儿的职业之间没有明显的关联（D'amico 等，1983；Shapiro 和 Shaw，1983）。

当年轻女性错误地评估她们未来在劳动力市场的角色时，她们很可能会在职业培训和正规教育方面投资不足。这种投资不足的现象随后可能导致女性的工资低于男性，尽管她们有相似的劳动力市场经验和多年的正规教育。而人力资本投资的减少则反过来降低了成年女性劳动参与率的增长速度。

两位研究者（Sandell 和 Shapiro）表示，严重低估自己未来的劳动参与率的年轻女性会导致在职业培训方面投资不足。桑德尔和夏皮罗（Sandell 和 Shapiro，1980）的研究结果显示，那些声称在 35 岁时仍会从事工作的女性初始工作报酬较低，相比之下那些声称 35 岁时不会工作的女性所获工作报酬相对更高。然而，整体来说那些计划从事工作时间更长的人最终赚得更多。那些认为自己在 35 岁时仍然工作的人在职业培训上投入更多。尽管她们的收入最初较低，但增长速度更快。

1968 年，尽管年轻白人女性的预期值远低于她们最终的劳动参与率，但在仅 5 年后的 1973 年，对年轻女性提出类似的问题显示，其预期值与实际劳动参与率基本一致。1973 年，在 19 岁至 29 岁的女性中，60.3% 的白人女性认为自己在 35 岁时会进入劳动力市场，而黑人女性的比例为 73.8%（O'Neill，1983）。如表 5.6 所示，1968 年至 1979 年间，不同队列和同一队列内的年轻女性大幅修改了她们的劳动预期。1968 年，年轻的白人女性预期她们 35 岁时的劳动参与率与她们母亲 35 岁时的劳动参与率更接近。但到了 1973 年，年轻女性通过当前条件进行推断而不是根据观察当时水平来形成预期。[24]

表 5.6 按种族、年龄和出生队列划分的 35 岁劳动参与率预期（1968—1979）

年龄（调查年份）	白人	非白人	
15—19（1968）	0.29—0.34	0.59	
20—24（1968）	0.29—0.34	0.59	
19—24（1973）	0.562		
25—29（1973）	0.668		
19—29（1973）	0.603	0.738	

队列出生年份（调查年份）	白人		
	15—19	20—24	25—29
1944—1953（1968）	[0.29—0.34]	[0.29—0.34]	
1944—1948（1973）			0.668
1949—1953（1973）		0.562	
1960—1964（1979）	0.74		

注和资料来源：白人15—19岁和20—24岁的数字是0.29，非白人是0.59，参见《工作期望，人力资本积累和年轻女性的工资》，1968年数据来自 S. Sandell 和 D. Shapiro，载《人力资源杂志》，15（1980）：335-353，参考了14—24岁的数据。0.34 这一数字来自 Shapiro 和 Crowley，《美国青年的抱负和预期》，载《青年与社会》，14（1982）：45，适用于14岁至22岁的年轻人。1968年，问题是："当你35岁时，你想做什么？"在1973年和1979年，问题是："当你35岁时，你想做什么样的工作？"尽管20世纪70年代的问题可能导致更高比例的人表示他们将在35岁时进入劳动力市场，但 Shaw 和 Shapiro 证明，从1968年至1978年间，预期参与率几乎一直在上升。回答"不知道"的百分比在所有年份几乎都相同（约8%），并且在假设受访者不知道他们未来的职业和劳动力分组的情况下。那些回答说她们不会有工作的女性表示会待在"家里"。1979年15—19岁青少年的数据是 Shapiro 和 Crowley（1982，第36页）中14—21岁青少年的数据。1973年的数据来自于 J. O'Neill 的《职业隔离的决定因素和工资效应》（手稿，The Urban Institute，1983）。

在1968年美国追踪调查之前的时期，没有可比的预期数据。但我们有理由推测，以前的许多年轻女性群体同样低估了她们实际的劳动参与率，20世纪20年代以来的年轻女性群体也是如此。关于预期的证据为第四章的发现提供了另一个解释，即给定女性教育和工作经验，女性收入明显低于男性。对"工资歧视"的估计是许多因素共同作用的结果，其中一个可能的原因是年轻女性的早期社会化。有关预期的证据也表明，在20世纪70年代女权主义复兴前后，这种预期出现了急剧的变化。针对这些年轻女性群体应当提供更符合她们未来劳动经验需求的教育和培训，并且"工资歧视"的衡量标准应更真实地反映劳动力市场上存在的歧视问题。

■ 第五章 已婚女性经济角色的变化

总结：劳动大军中的已婚女性

本章探讨了过去一个世纪以来提升已婚女性劳动参与率的因素。这一过程似乎比女性相对工资增长以及女性劳动力供给具有较大的弹性要更加复杂。一些学者已经利用上述观点来解释女性劳动力近期的变化趋势。虽然上述因素可能在 1940 年至 1960 年间占据了重要地位，但在 1940 年之前其影响逐渐减少，在 1960 年之后仅占了一半。此外，尚无法阐释某些群体对实际收入的变化比其他人更敏感的原因。我构建了一个框架来解释队列之间和队列内部的变化，其中包括三种类型的变量：队列效应、时期或同期因素以及年龄。在过去的一个世纪里，所有年龄组就业变化中有 35% 是由队列效应引起的，这一点在过去往往被忽视。

尽管在 1890 年至 1980 年间，白人已婚女性的劳动参与率一度较为稳定，之后出现了加速增长，但由于各种因素的影响，这种变化受到了延迟。这些影响因素包括：女性及其雇主对工作时间、工作形式（全职或兼职）、儿童保育政策等方面的期望和限制，新兴白领阶层存在的"工资歧视"；其中阻碍女性就业的"职业限制"是最重要的障碍之一。

有理由相信，在第二次世界大战之前，年龄较大的已婚女性在劳动参与率方面的变化过程尤为缓慢。我已经提到了这样一个事实，在 1950 年以前，已婚女性，特别是年长女性，很多大公司禁止雇用她们从事文书工作，也有很多学校董事会拒绝聘任她们担任教师工作。上面结合横截面和时间序列估计提供了进一步的证据来支持这一观点。年长已婚女性（35—44 岁和 45—54 岁年龄组）劳动参与率的预测值远高于 1930 年、1940 年和 1950 年的实际值。换言之，对于这些年龄组而言，方程存在很大的负残差。但同一组别的残差在 1960 年至 1980 年间却是正的。年长女性的劳动参与率低于 1950 年以前模型的预测值，表明她们的选择在某种程度上受到了限制。

由于回归线周围的平均误差必须为零，因此估计只能指向相对于所有其他组限制最为显著的一组数据。还有一种可能是，所有队列和所有年龄组的参与率都较低，这是由于诸如歧视和社会规范等限制因素造成的。现在我将转向探讨女性劳动所面临的限制，以及随着时间的推移，这些劳动限制是如何减少的以及为什么会减少。

第六章

为什么变化如此缓慢？

20世纪20年代早期，导致已婚女性就业变化的多种因素已经出现，包括教育程度提高、生育率显著降低以及文书部门的兴起等。然而，在性别差异方面，劳动参与率、收入和职业等的改变过程却非常缓慢。20世纪30年代的经济大萧条与女性在经济角色方面的进展缓慢有很大关系，但经济大萧条的影响往往是通过已经存在的社会规范和制度障碍发挥作用的。

1950年以前，劳动力市场对已婚女性和年长女性非常不友好，许多公司禁止雇用她们。大多数学校不允许已婚女性担任教师，许多大公司不招聘已婚女性从事文书工作。我在本章开头探讨禁止雇用已婚女性的规定，意在说明现代人力资源实践、社会共识、经济大萧条以及个人预期是如何共同延缓了已婚女性在美国经济中的作用。

承担家庭责任的女性也受到工作时间的限制。直到20世纪30年代，每周工作时间通常是5.5天至6天，达到了50小时；此外，在1950年以前几乎没有安排明确的兼职工作。尽管从19世纪末到1940年，所有美国人的工作时间都在减少，但在1950年之前，许多承担家庭责任的女性发现，如果工作时间太长，则从事有偿工作就得不偿失了。本章将以时间和兼职工作的作用作为结尾。

经济进步的积极作用往往因制度限制而减弱，本章将探讨两个方面：婚姻制度和工作时间。当然，其他因素也同样重要。无论是雇主还是雇员的原因，在就业上对女性的歧视必然会阻碍她们取得成就。第四章详细讨论了歧视的各个方面，并通过婚姻限制的例子发现了进一步证据。其他阻碍变化的因素较为复杂，例如关于女性适当职业的规范所发挥的作用。总体而言，这些限制在阻碍真正变化方面起了很大作用。

在20世纪50年代之前，变化受到阻碍的观念通常是从第二次世界大战前已婚女性劳动参与率增长缓慢和经济大萧条时期就业政策的说辞中推断出来的。然而，许多其他因素可能起到了间接作用。第五章阐述了教育、第一职业和生育率等因素对已婚女性劳动参与率产生的影响，这些队列效应贯穿一个人的一生。但第五章的分析表明，即使在队列和横截面参与率的多变量分析中考虑了这些因素，残差也为负值，并且在1930年、1940年和1950年年龄较大的人群中残差最大。[1] 给定分析中所考虑的其他因素，可以得出已婚女性的参与率更低。我们将在本章探讨背后的原因。

婚姻限制

对女性的歧视表现在许多方面。但在其最典型的表现形式中，似乎不存在明文的障碍。相反，雇主、雇员和顾客可能通过不愿与女性工作者交往来表达对女性的偏见。如第四章所示，这种形式的歧视通常是根据其对收入和职业的影响而推断出来的。在其他情况下，习俗和传统起着主导作用，个体会因违背传统而受到惩罚。对女性培训和就业的相关限制也许是最容易观察到的歧视形式。在法律和医学专业以及某些中世纪行会和较现代的工会中，存在着禁止女性接受教育和培训的规定（见 Morello，1986，关于法律职业的研究；Harris，1978，关于一般职业的研究）。在其他情况下，有些规定限制了女性在武装部队、邮局、地方消防部门以及法律等领域就业。这两种类型的歧视——微妙地表露了性别偏好以及相当明显的禁止——之间的界限模糊不清，但习俗决定了结果。

关于雇用和解雇已婚女性的规定，被称为"婚姻限制"，这种限制在19世纪末至20世纪初的教师和文书工作中出现，并对已婚女性就业产生了非常重要的量化影响。1920年，只有11%的已婚女性从事教师和文书工作，但到1970年，这一比例几乎翻了两番，达到41%。一些就业障碍覆盖了20世纪50年代后已婚女性最常从事的职业。相比于其他职业，禁止培训和雇用女性担任医生和律师的规定最为严格，但只影响了少数女性。[2] 同样有趣的是，许多国家都存在针对文书人员和其他职业的婚姻禁令，日本直到 1985 年才通过《平等就业机会法》将其废除。[3]

禁止雇用已婚女性的规定一般包括两个限制，一个是禁止雇用已婚女性，另一个是在女性员工结婚后是否继续雇用她们。前者被称为"雇用限制"，后者被称为"保留限制"。很少会有一家公司雇用已婚女性，却在单身女性结婚后解雇她们。但是那些禁止雇用已婚女性的公司通常会在单身员工结婚后继续聘用她们。当公司可以筛选特殊技能的员工或者对培训投入大量资金时，解雇员工的成本就会很高。一些公司和许多学校董事会允许在职期间结婚的女性继续从事临时性工作或代课教师，但可根据意愿解雇她们，同时她们的工资也不以任期为基础。公司通常会同时设立"保留限制"和"雇用限制"。然而，很少有公司对男性实施同样的限制。[4]

这两项限制对在职女性更为严格。20 世纪 20 年代，年轻女性刚刚开始延长婚后工作时间；这一时期，寻求白领工作的已婚年长女性数量不是很多，部分原因是教育程度提高和生育率下降对 1900 年以后出生的人群影响最大（见表 5.3 按队列划分的文书部门女性就业情况）。

根据科恩（Cohn，1985，1988）提出的理由，即使不存在关于已婚女性就业不合适的这个明显偏见，实施婚姻限制也可能是对企业有利的。尽管企业因拒绝雇用已婚女性而失去了许多高素质员工，进而限制了劳动力供应，但获得的收益却大得多。企业获得收益的确切原因尚不完全清楚，我提出了两个互补的原因，这些原因在很大程度上归结于现代人事实践，如固定的工资等级和内部晋升。然而婚姻限制政策也需要一定的先决条件，如职业性别隔离及社会共识。

在第二次世界大战前，公司对已婚女性和年长工人的歧视代价很小：劳动力供给减少幅度较小，培训成本也因女性职业限制而最小化。此外公司还意识到，确保职业性别、种族、年龄和婚姻状况均衡的政策也会带来一定收益。但这种均衡的许多方面看起来很脆弱，并将在第二次世界大战期间和第二次世界大战后发生根本性变化。

到了20世纪50年代，公司不再忽视年长已婚女性群体，工作场所的某些方面也发生了变化。婚姻限制在其鼎盛时期影响了87%的学区（美国行政区）和大约50%的办公室职员，但在20世纪50年代几乎被废除。工作场所对已婚女性的态度也发生了转变。从前，已婚女性曾被认为是效率低下的异类工人，而现在却成了抢手的雇员。在20世纪50年代中期，一位人事主管称赞年长女性"成熟和稳定"，而另一位则指出："她们比年轻女性更可靠。"但他所在的公司以前却禁止雇用已婚女性。[5]

婚姻限制的范围

在整个经济领域中，对于女性就业的限制程度一直难以评估。毕竟这些限制只是个别公司、学区及地区的政策。从20世纪20年代末开始，全国教育协会（NEA）对地方学区进行了全面调查，因此，禁止雇用已婚女性教师的情况也由此逐渐清晰起来了。

19世纪末的某个时期，婚姻限制在公立学校的教学岗位中出现，并在20世纪初扩展开来。从1928年开始对学区进行的广泛调查显示，61%的学校不会聘用已婚女教师，52%的学区不会保留任何在合同期间结婚的女教师（见表6.1）。全国教育协会报告中的数据按地区大小进行分组，表6.1也按人口规模对百分比进行加权。未加权的数据通常大于加权数据，因为大城市的限制相对较少。这两种类型的限制政策在经济大萧条时期都有所增加，在美国加入第二次世界大战前夕，87%的学区不愿雇用已婚女性，70%的学区不愿继续留用结婚女性。但在第二次世界大战期间的某个时期，这两类限制都消失了。到 1951 年只有 18% 的学区存在"雇用限制"，10%的学区存在"保留限制"。

表 6.1 婚姻限制在学区（1928—1951）及雇用办公室员工的公司（1931—1940）的相关数据 （%）

年份	不保留已婚女性		不雇用已婚女性	
	加权	不加权	加权	不加权
学区				
1928	47.3	52.2	61.9	61.0
1930—1931	52.2	62.9	72.2	76.6
1942	58.4	70.0	77.7	87.0
1950—1951	9.4	10.0	19.5	18.0
雇用办公室员工的公司				
1931（178）	25.0	12.0	36.0	29.2
费城（44）	26.4	14.3	40.4	31.8
1940				
费城（106）	26.6	23.6	41.1	50.9
堪萨斯城（83）	28.4	15.7	41.7	31.3
洛杉矶（139）	9.4	8.6	24.4	15.8
（政策及自由裁量规定）			（政策及自由裁量规定）	
1931	34.7	27.3	51.7	52.8
费城	36.9	35.7	60.7	59.1
1940				
费城	34.5	34.9	58.5	60.4
堪萨斯城	46.0	30.1	57.8	43.4
洛杉矶	25.1	15.7	38.8	26.6

注：学区：加权数字采用城市人口作为权重；未加权的是学区的简单平均值。城市人口权重来源于历史统计。"不保留"的情况是（1-"可以继续教学"）；"不雇用"包括了 1942 年和 1950—1951 年"在特殊条件下极少"这一情形。雇用办公室职员的公司：加权数字将公司的女性雇员人数作为权重；未加权的是样本中各公司的简单平均值。1931 年的样本包括芝加哥、哈特福德、纽约和费城。尽管这些采访是在 1931 年和 1932 年进行的，但在可能的情况下，这些结果同样适用于经济大萧条之前的情况。1940 年的样本包括洛杉矶、堪萨斯城和费城，并参考了经济大萧条时期的做法。括号内的数字是观测值。"自由裁量"指的是公司优先考虑单身女性，已婚女性有特殊试用期，或者政策由部门主管决定。请注意，由于 1931 年的样本主要是来自少数几个行业的大公司，而 1940 年的样本包含了来自更广泛行业的大公司和小公司，如果没有进一步的统计工作，就无法在这两年之间进行比较。

资料来源：学区：全国教育协会（1928, 1932, 1942, 1952），引自 V. 奥本海默，《美国女性劳动力》（西港，康涅狄格州：格林伍德出版社，1976 年；1970 年初版），表 4.5。雇用办公室员工的公司：1931 年公司办公室调查，1940 年公司办公室调查，见数据文献。

第六章 为什么变化如此缓慢？

办公室工作中婚姻限制的程度可以从美国劳工部妇女事务局（美国劳工部，1934b，1942）进行的两次综合调查的信息中推断出来，在这里称为"1931年公司办公室调查"和"1940年公司办公室调查"（见数据文献）。在第四章中，我们使用了一个相关的数据集，即1940年调查的员工计划，来探讨男性和女性在办公室工作中收入的差异。从这些调查中获得的公司层面的资料揭示了许多关于限制的起源和影响的信息。尽管美国劳工部妇女事务局的两次调查都是在20世纪30年代进行的，但1931年进行的前一次调查包含了20世纪20年代的情况，而1940年进行的后一次调查则揭示了经济大萧条期间发生的变化。[6] 因此，前一次的调查将有助于了解在经济大萧条时期广泛实施工作配给之前，婚姻限制是否已经存在。

1931年的调查主要针对7个城市的大公司进行了抽样，其中包括芝加哥、哈特福德、纽约和费城的178家公司。1940年的调查在5个城市进行，抽样范围更广泛；样本涵盖了堪萨斯城、洛杉矶和费城的328家公司。只有费城被同时包括在这两次调查中。1931年调查的公司包括保险公司、投资公司、银行、出版公司、广告公司、公用事业公司和邮购公司。1940年的调查还包括制造公司、零售商店、批发商店、小型专业办公室以及运输和通信部门的公司。[7]

这两次调查都含有关于公司人事惯例的较为机密的资料，其中包括提供给女性或男性的职业、对黑人和犹太人的歧视、保留婚后女性、禁止雇用已婚女性、使用薪级表、内部晋升以及最低和最高年龄限制等。在当今的法律诉讼环境中，这种类型的信息实际上是不可能获取的。但是，美国劳工部妇女事务局与被采访的人事官员和其他公司管理人员进行了坦率交流，得知了他们对此类问题的看法。[8] 此外，调查还涵盖了一些更常见的人事问题，如男女雇员人数、新雇员数量、工作时间安排、福利待遇（退休计划、团体保险）、工会活动、公司内部组织架构和各种管理办法。这两次调查由同一个政府机构（美国劳工部妇女事务局）开展，因此它们在内容上比较相似，尽管1940年的调查更为全面。[9]

1931年，样本中有12%的公司采取了不保留已婚女性的正式政策（见表6.1），但25%的女性员工所在的公司实施了这一政策。因此，该政策随着公司规模的扩大而增加。部分公司没有严格的婚姻限制政策，但设立了自由裁量规定，允许保留能力出众的员工，可以在无法雇用单身女性的情况下雇用已婚女性，或将政策决定权留给部门主管。这些情况在表中被称为"自由裁量"。约35%的女性雇员在这些公司工作，一旦她们结婚，公司将根据不保留政策和自由裁量规定，不再继续聘用她们。1931年的调查结果显示，设立禁止雇用已婚女性政策的公司数量要明显多于设立禁止保留已婚女性政策的公司。[10]约29%的公司存在禁止雇用政策，这些政策影响了公司中36%的女性员工。样本中超过50%的公司未采用任何关于雇用已婚女性的政策和自由裁量权的条件，并且超过50%的女性员工就职于这些公司。[11]

解雇和雇用已婚女性的政策因公司类型和公司规模的不同而有很大差别（见表6.2）。1931年，保险公司、出版社、银行和公用事业公司的限制最为普遍；1940年，保险公司、银行、公用事业公司和制造业公司拥有办公室职员的数量较多。从女性员工数量来衡量，大型企业比小型企业更有可能制定并实施这样的政策。[12]尽管在1940年的样本中不同城市的婚姻限制政策差异很大，但在1931年的行业分布样本中，情况并非如此。

表6.1和表6.2表明，在经济大萧条时期婚姻限制政策有所加强。政策实施按公司规模排列的数据显示，在20世纪30年代实施婚姻限制政策有很大程度的增长。堪萨斯城和费城在1940年"保留限制"和"婚姻限制"的比例都高于1931年的平均水平（仅有一个例外），然而洛杉矶的数据却没有增长。[13]由于1931年的调查只包括大型公司，并且两次调查中公司的行业分布以及所覆盖的城市都有所不同，因此，很难确定是否真的存在这种增长以及增长程度。

处理结构问题的一种方法是整合两个样本，包括公司规模、行业、城市虚拟变量以及年份变量来评估经济大萧条的影响。估计结果显示，经济大萧条对雇用限制和保留限制政策表现出正的、显著的和非常大的影响。然而雇用和保留条款的自由裁量政策并没有随时间的推移而发生改变。[14] 似乎公司因为经济大萧条而将自由裁量的婚姻限制扩展到公司政策领域。在经济大萧条的第一年以及之前，如果公司在雇用和解雇已婚女性方面行使了自由裁量权，到1940年，它们则制定了严格的政策不再雇用和保留已婚女性。

费城是唯一一个两次都接受抽样调查的城市，这为经济大萧条时期婚姻限制政策的延续提供了进一步的证据。在1931年费城抽样调查的41家公司中，有23家被美国劳工部妇女事务局在1940年再次进行了抽样调查。而在这23家公司中，有11家公司依然执行婚姻限制政策，2家公司废除了该政策，另外10家公司（占43%）则增加了限制措施。[15]

婚姻限制被错误地描述为起源于20世纪30年代的大规模失业，但实际情况是，经济大萧条时期只是加强和扩大了已经存在的禁止已婚女性就业的政策。[16] 根据1931年的调查结果显示，受访者普遍认为限制政策是经济大萧条时期的一项措施，而且因为对数据进行了编码，结果显示，无论是保留限制还是雇用限制，公司办公室实施婚姻限制措施都要早于经济大萧条时期。然而，这种影响的确切程度无法用这些数据来确定。表6.1中有充分的证据表明，美国的一些学区在经济大萧条之前就实施了婚姻限制，并且学区和企业在20世纪30年代对限制政策进行了扩展。值得注意的是，这种扩展通常会以政府法规的形式出现，从而进一步加强了已经存在的社会规范和习俗。

表 6.2 按公司规模和行业列示的办公室工作婚姻限制情况

	政策		政策及自由裁量规定		分布情况	
	不雇用(%)	不保留(%)	不雇用(%)	不保留(%)	公司(%)	女性员工(%)
1931 年公司规模[a]						
11 ≤ 20	0.0	0.0	0.0	0.0	1.1	0.1
21 ≤ 50	25.9	10.9	46.7	21.0	27.5	3.3
51 ≤ 100	40.4	8.4	63.5	28.9	24.2	6.0
101 ≤ 200	17.4	3.5	41.8	26.0	18.5	9.4
201 ≤ 400	31.0	22.2	59.5	47.5	11.8	11.3
401 ≤ 700	39.0	32.2	89.8	45.7	5.1	8.6
≥ 701	39.5	30.4	45.6	33.5	11.8	61.3
样本数量					178	51597
1940 年公司规模[a]						
11 ≤ 20	41.0	17.9	43.6	25.6	24.2	3.7
21 ≤ 50	43.6	18.2	49.1	25.5	34.2	11.2
51 ≤ 100	46.9	25.0	65.6	56.3	19.9	15.7
101 ≤ 200	50.0	25.0	75.0	43.8	9.9	13.8
201 ≤ 400	62.5	50.0	62.5	62.5	5.0	12.0
≥ 401	27.3	18.2	54.5	27.3	6.8	43.6
样本数量					161	25358
1931 年行业范围					公司数量	
保险业	61.1	45.7	73.2	59.5	58	
出版业	37.0	34.7	56.1	36.0	34	
银行业	35.4	21.2	41.9	30.2	27	
公用事业	32.9	13.5	93.9	42.9	13	
投资	11.3	1.4	26.6	9.8	27	
广告	11.1	0.0	28.2	0.0	13	
1940 年行业范围[b]						
保险业	50.0	42.3	53.8	53.8	26	
出版业	33.3	13.3	46.7	33.3	15	
银行业	54.5	9.1	72.7	45.4	11	
公用事业	50.0	33.3	66.7	50.0	6	
投资	16.7	16.7	50.0	16.7	6	
制造业	57.6	22.0	67.8	37.3	59	
销售	17.2	10.3	24.1	13.8	29	

注：女性员工数量，仅包括堪萨斯城和费城雇用超过 9 名女性雇员的公司，从而与 1931 年形成对比。

资料来源：见表 6.1。

作为《联邦经济法案》的一部分，1932 年通过的第 213 号联邦命令（Federal Order 213）要求，行政部门官员在面临裁员时，必须先解雇配偶是联邦政府工作人员的雇员。然而，这项规定几乎总是导致已婚女性遭到解雇,尽管很多男性本应该被解雇。到 1940 年,已有 26 个州通过立法来限制已婚女性在州政府工作,另有 9 个州已经实施了某种形式的限制措施(Sharcross,1940)。类似的规定也在各个地方政府中生效,并扩大了受影响的职业群体范围,包括图书管理员和护士等职业,尽管这些职业在经济大萧条之前可能已经受到限制。[17]

第 213 号联邦命令以及州和地方政府的行动为企业和地方学校董事会在经济大萧条前制定的政策提供了背书,并促进了现有政策体系的扩展。这个政策被推广到其他职业和经济部门,如制造业,在经济大萧条之前制造业的限制措施并不多。经济大萧条强化了将已婚女性,尤其是新兴中产阶级排除在劳动力市场之外的社会规范。只是因为婚姻限制政策在经济大萧条时期被扩展了,而且被认为是给贫困人群提供了一定的就业机会,因此许多人认为婚姻限制起源于经济大萧条时期。但是,如果没有先前存在的政策以及围绕这些政策建立起来的社会共识,那么婚姻限制政策在经济大萧条时期获得如此广泛的接受是不可想象的。

经济衰退往往伴随着社会衰退,导致被抛弃和过时的性别关系重新受到追捧。例如,在 1895 年至 1896 年进行的一项联邦调查(美国劳工专员,1897)中,研究了从事相似工作的男女之间的薪资差异,从而确定女性并没有抢走男性的就业机会。这份报告是国会在经济大萧条时期要求编写的,当时制造业的失业率在一段短暂的时间内与 20 世纪 30 年代的失业率一样高。第一次世界大战期间经济衰退同样导致已婚女性遭到解雇。[18] 相反,经济扩张时期往往推动了社会进步的变革,就像 20 世纪 50 年代废除婚姻限制政策一样。

公司层面的证据，1931 年和 1940 年

表 6.3 探讨了不保留已婚女性政策的相关影响因素（保留限制 = 1）。1940 年更全面的调查包括一组不同的变量。在 1931 年和 1940 年，公司雇员数量和不保留已婚女性的概率之间存在着正向但较弱的关系（见表 6.2）。但在这两个样本中，当涉及人事关系因素时，企业规模的影响出现下降。在这里，规模似乎代表了公司内部结构和相关的员工政策。实行内部晋升、固定工资等级或按工作时间定期增加工资（晋升）政策的公司更有可能不保留已婚女性。如果该政策为新员工设置了最大年龄限制（maximum age），则这种可能性也会增加。一般情况下，公司在设立内部定期晋升阶梯时都会采用最高年龄政策，这项政策一般对男女都适用。保留限制政策与养老金政策（Pension）存在正相关关系，但在 1940 年样本中因工会（Union）的影响而减少。1940 年的样本显示，每周安排的工作小时数（Hours）越少，公司的增长率越低（Growth），则不保留已婚女性的可能性就越大。

与内部晋升相关的另一个变量是存在一些仅限男性就业的工作，这个变量与保留限制政策呈正相关关系。虽然这些工作中有一些是管理职位，也有一些是专业职位，但绝大多数都属于入门级工作，比如信使、邮差和文员。此类职位的数量越多，公司内部的晋升机会就越大。[19]

研究结果表明，在内部晋升和加薪方面有既定人事规章制度的公司，在单身女性员工结婚后一般不会继续聘用她们。然而，公司政策受内部劳动力市场紧张程度的影响，工作时间较短和增长率较低的公司更有可能执行婚姻限制政策。[20]

大多数变量的系数都很大，对婚姻限制政策产生了较大影响。例如，在 1931 年的数据中，一家拥有 300 名员工、每周工作 40 小时的公司将保留限制作为政策的可能性仅有 3.5%，几乎可以忽略不

第六章 为什么变化如此缓慢？

计。但如果该公司还实施内部晋升政策，这一概率将上升至14.9%。比如说，如果由于经济不景气，工作时间从每周40小时减少到35小时，则实施保留限制政策的概率将进一步上升到29.3%。在1940年的数据中，同一家公司，保留限制政策实施的概率为15.4%；如果存在内部晋升政策，这一概率则增加至24.7%；当将工时从原来的每周40小时减少到每周35小时，概率则增加到43.4%。因此，样本中的公司在1940年更有可能实施婚姻限制政策（是1931年的1.5倍至4倍）。此外，数据显示，晋升变量的影响在1940年小于1931年。根据因变量的平均值（分别为0.121和0.151）计算，在存在内部晋升政策的情况下，保留限制政策变化的概率在1931年时为0.168，而在1940年时为0.076。[21]

所有这一切都表明，在经济大萧条时期，公司政策允许解雇已婚女性并严格限制雇用她们。在经济大萧条期间，一些公司出于与20世纪20年代类似的原因制定了这一限制措施，但其他许多制造业公司则又在寻求应对就业人员不足的方法。它们发现了歧视已婚女性的先例和共识。

最高年龄政策的存在进一步引发了与雇用女性有关的问题。在某些情况下，该政策与没有经验评级的养老金或团体保险的存在有关，最高年龄政策确保公司不会支付过多的费用。[22]该政策限制了中年男性和女性的就业，并且对缺乏工作连续性的女性具有更大的约束力。对男性来说，新的人事制度通常鼓励并经常向男性提供任职保障。但对女性而言，最高年龄限制政策成为她们在中年重返职场的额外障碍。

除了之前分析的容易量化的信息外，美国劳工部妇女事务局的调查还包含公司人事主管和代理人的评论，这些评论揭示了他们实施婚姻限制政策的理由。婚姻限制往往掺杂了公司的实际约束、个人偏见和社会规范。一些公司担心已婚女性在工作中可能会效率低下，因为她们不久就会离开职场。费城一家保险公司的人事官员指出，尽管公司没有制定正式的婚姻限制政策，但他更希望女性员工在结婚后离职，因为"她们在婚后效率较低"。[23] 其他管理人员担心解雇已婚女性会失去有价值的员工。一位费城银行的官员说："那些已经结婚的人会被告知，公司保留随时解雇她们的权利，这样那些婚后工作质量下降的人就可以被解雇了。"[24] 部分公司实际上撤销了早期的婚姻限制，比如费城的普罗维登互助人寿保险公司（Provident Mutual Life Insurance of Philadelphia）在1924年设立了婚姻限制政策，但发现"太多有价值的（员工）流失了"。[25]

然而，大多数管理者没有明确说明设定限制政策的理由，只有少数人提出了个人看法。出版业的一名受访者指出："男人太自私了，应该供养他们的妻子。"另一名受雇于基督教长老会教育委员会的人则说道："个人认为，已婚女性应该尽可能地留在家里。"[26] 许多人事管理者和其他代理人似乎非常自豪地回答说，他们的公司在雇用和薪资方面会优先考虑已婚男性，并将丈夫失业的已婚女性纳入考虑范围之内。毕竟，20世纪30年代劳动力市场的社会共识是建立在按需分配工作、男性应该赚取"家庭工资"（Family wage）的观念以及限制已婚女性经济角色的规范之上的。

表 6.3　解释婚姻限制政策：保留限制的 logistic 回归模型（1931，1940）

因变量 =1 如果实施保留限制				
	作为政策		作为政策和自由裁量规定	
变量	（1）	（2）	（3）	均值
	1931			
雇员人数 ×10⁻³	1.00	0.671	0.186	581
	(2.12)	(1.33)	(0.41)	
（雇员人数）² ×10⁻⁷	−1.26	−0.906	−0.58	
	(1.47)	(1.06)	(0.70)	
晋升	1.58	1.49	1.94	0.536
	(2.40)	(2.18)	(4.27)	
最大年龄		0.775	0.991	0.223
		(1.29)	(2.03)	
养老金		1.32	0.892	0.289
		(2.32)	(1.99)	

第六章 为什么变化如此缓慢？

（续表）

因变量 =1 如果实施保留限制				
	作为政策		作为政策和自由裁量规定	
变量	（1）	（2）	（3）	均值
小时数	−0.172	−0.228	−0.225	40.2
	(1.61)	(1.95)	(2.51)	
常量	3.27	4.91	6.29	
	(0.76)	(1.05)	(1.77)	
对数可能性比率	−54.1	−46.1	−78.3	
观测次数（次）	174	166	166	
因变量均值（未加权）	0.121	0.120	0.289	
1940				
雇员人数 ×10⁻³	1.90	0.671	0.382	149
	(1.20)	(1.33)	(0.77)	
（雇员人数）² ×10⁻⁶	−1.41			
	(1.20)			
晋升	0.593	0.155	0.227	0.347
	(1.64)	(0.37)	(0.65)	
最大年龄		1.12	1.03	0.151
		(2.62)	(2.73)	
养老金		1.11	0.724	0.188
		(2.32)	(1.85)	
工会		−0.845	−1.10	0.074
		(1.01)	(1.54)	
仅限男性		0.340	0.593	0.450
		(0.90)	(1.93)	
小时数	−0.170	−0.110	−0.093	40.4
	(2.46)	(1.42)	(1.46)	
增长		−1.93	−2.05	0.162
		(1.20)	(1.61)	
常数项	4.65	2.51	2.67	
	(1.68)	(0.78)	(1.01)	
对数可能性比率	−126.7	−99.5	−135.3	
观测次数（次）	317	271	271	
因变量均值（未加权）	0.151	0.151	0.258	

注：如果公司的政策是从内部晋升或者如果有分级工资步骤或每年加薪，则晋升=1；如果公司对新员工有规定的最大年龄，则最大年龄=1；假如公司有养老金计划，则养老金=1；如果公司的办公室工作人员成立了工会，则工会=1；如果公司至少有一项工作不雇用女性，则仅限男性=1；小时数=上班族每周正常工作时间；增长=1939年的新雇员/1939年的就业人数。均值指的是最后一列的回归。在1940年的回归中还包括城市虚拟变量和表明是否使用工资分级的变量。括号中为 t 统计的绝对值。

资料来源：见表6.1。

这些评论中一个令人惊讶的方面是，许多公司确实提到，当女性员工结婚时它们会给些小嫁妆或假期，但基本上是那些保留单身女性并雇用已婚女性的公司。在哈特福德，大多数保险公司都有雇用和保留限制政策，而凤凰互惠人寿保险公司（Phoenix Mutual Life）没有相关政策，并设立了"特殊婚礼假期"。[27]芝加哥一家投资公司也没有婚姻限制，该公司的被访者表示，老板"真的通过公司赠送礼物来鼓励婚姻"。[28]公司鼓励年轻女性结婚的方式似乎与养老金鼓励退休的方式不同。

因此，婚姻限制是由大型企业执行的，集中雇用、内部晋升机制以及工资计划通常基于在公司的任期并遵循其他现代雇用实践。有证据表明，企业可能希望员工离职，因为其任期内的收入增长比生产率增长更快。虽然只有宏观层面的证据，但学区实施婚姻限制政策的情况与公司雇用文书人员过程中存在的限制情况基本一致。

来自学区的证据

在20世纪早期的某个时候，学区与教师签订了合同和固定的工资计划。制订工资计划的目的是在最大程度上减少争议，并鼓励教师做出适当的努力。尽管确切时间不详，但对已婚女性的雇用限制和保留限制似乎与这些安排有关。[29]

美国数千个学区的薪酬结构存在巨大差异，其中规定了最低工资和最高工资、工资增幅以及晋升年限等因素。因此，工资并没有无限制地上涨。1923年，绝大多数学区都采用了工资计划，小学教师平均需要6年至8年的时间才能达到最高工资水平。[30]随着培训和暑期学校（夏校）数量的增加以及所谓"顶级薪金"的大幅增长，工资计划变得更加复杂。

就像办公室职员的情况一样，当已婚女性的潜在劳动力供给变少并且根据总体经济状况需要裁员时，婚姻限制政策就会得到更有力的推行。[31] 值得注意的是，婚姻限制政策的合法性经常受到质疑，仅在 1941 年就有 22 个州的法院裁定婚姻限制政策"反复无常且不公正"。[32]

解雇已婚教师的做法在当时来看是合理的。从道德角度看，有孩子的已婚女性应该留在家里照顾自己的孩子；在维多利亚时代，怀孕的女性在课堂上是不受欢迎的；在经济层面，已婚女性工作效率比单身女性低，并且这种认识根深蒂固。[33] 与办公室职员的例子类似，对教师的婚姻限制之所以成功，是因为大多数美国人都能证明其正当性和合理性。

因此，当地学区和雇用办公室职员的公司提供的证据表明，婚姻限制与固定工资计划、内部晋升以及其他人事政策密切相关。当限制劳动力供给的潜在牺牲最小时，这些政策就会得到严格执行。有趣的是，在雇用技术工人的公司中，很少发现这种限制政策，这些企业的工人经常按件计酬（19 世纪 90 年代，47% 的女性工人领取激励性工资，见表 3.4），因此，工人收入和生产率密切相关。唯一例外的是两家大型制造公司（通用电气和西屋电气）的电气机械操作员（Schatz, 1983），这两家公司都实施了类似于办公室岗位普遍采用的人事实践政策。[34] 实施婚姻限制的行业分布提供了一个初步的证据——当薪酬与生产率无关时，该现象就会出现。在 20 世纪 20 年代，两种形式的婚姻限制成本都很低但收益却很大，并且在经济大萧条时期可能带来更多好处。然而，由此增加的成本似乎不那么明显。

解释婚姻限制

社会共识通常围绕禁止已婚女性就业建立起来，以至于婚姻限制的最初原因被模糊了。对这些限制的一种常见解释涉及歧视受过教育的中产阶级已婚女性，特别是本土出生的白人女性（Kessler-Harris, 1982）。所涵盖的职业中，教学和文书工作几乎总是要求高中学历，因此许多人声称，这些政策旨在限制受过教育的中产阶级已婚女性就业。然而，制造业的女性工人、女服务员和女佣往往由移民或黑人构成，她们的职位通常不受婚姻限制的影响。按照这种思维方式，婚姻限制的作用是维持一种受威胁的现状，目的是让中产阶级女性留在家里照顾家人。从这个角度来看，这些限制政策是对以男权为特征的法律和社会制度的重申。

正如1940年的调查所表明的，雇主的个人偏见可能导致某些公司采取了婚姻限制政策，以限制雇用中产阶级女性。但是，这项政策与人事政策变量之间的关系表明，虽然个人偏见可能已经得到满足，但其他考虑更为重要。

还有一种对限制政策的解释是，在工资体系僵化并与员工资历挂钩的公司里，雇主希望雇用年轻、没有经验的员工，尤其是在失业率较高的时期。这个假设有两种变体。其中一个适用于管理者无法为不同工作设定薪酬标准的情况，比如存在强大的工会阻力，导致某些职位的收入增长快于生产率增长。因此，在某一时刻，某些员工的收入将超过其所创造的价值，公司就会考虑终止他们的雇用关系。[35] 大公司的日常文员工作提供了这样一个例子，在这种职位中，工作内容简单而重复，并不会随工作经验的增加而提高劳动生产率。婚姻限制是一种社会可以接受的终止年轻女性就业的方式，因为这些女性的工资最终会超过她们对公司的贡献。

英国的大西部铁路公司和邮政总局为劳动力流动是可取的这个观点提供了令人信服的证据（Cohn, 1985）。[36] 由于这些公司的工资计划随着任期年限的增长而增加，而且可能比生产率增长更快，导致一些有经验的工人成本最终变得过于昂贵，此时新员工则更受青睐。显而易见，这些公司选择解雇女性而非男性。因此，婚姻限制政策确保所有女性能够在相对较短的时间内离开，这样以成本较低的员工为代价，使得公司可以不用雇用那些有经验但成本较高的员工。由于婚姻限制政策没有规定具体的年龄和时间，年轻女性可以通过晚婚躲避"较早退休"。根据科恩（Cohn）所述，在公司工作至少6年后结婚的女性将会获得可观的嫁妆。嫁妆激励是为了鼓励年轻女性结婚，从而在实际工资上涨但生产率不变的情况下离开公司。

一种相关的情况是，当企业发现在雇用之初支付给工人低于其价值的工资是有利的，工作之后再逐步提高工资水平。人们认为，这种工资计划的目的在于降低监测和管理成本，并激励员工付出适当的努力。在某一时刻（如5年后），工资计划的贴现价值将恰好等于公司每个时点都向员工支付与其真实价值相等的薪酬。因此，在5年的时间里，公司和员工达到了平衡状态。但如果员工未能在"收支平衡"点离开公司（如5年），则之后公司支付的工资可能超过员工的价值。当然，如果员工在收支平衡点之前离开，员工就会损失自身价值，工资计划则能够使员工保持稳定。相比进行系统的监督，采取零星监督并解雇效率低下的工人的政策更有效，并且惩罚越重效果越好。通过采取最初支付较少工资，随后支付较高工资的制度，本质上将员工与公司联系起来，而解雇则迫使他们放弃这种联系。

其逻辑与拉泽尔（Lazear，1979，1981）关于强制退休和工时限制的理论相似。正如拉泽尔所研究的案例一样，这里的问题是收入曲线斜率的增加导致工人在最佳退出时点之外继续工作。[37]强制退休、工作时间限制和婚姻限制都可以被解释为最优契约。[38]在实施婚姻限制政策的情况下，公司希望在工人就业的早期解雇她们，而不是强制退休。大多数年轻女性在16岁至18岁被雇用，且大部分人在20岁出头就结婚了。因此，公司可以将5年至7年视为年轻女性预期任期，因为无论怎样大多数人都会在结婚后离职。

尽管美国案例中有许多事实与婚姻限制的解释一致，但其他事实却并非如此。经研究发现，婚姻限制与固定工资等级、内部晋升以及其他人事实践有关，而与计件工作无关。在某种程度上，切断生产率和收入之间的密切关系与婚姻限制政策有关。这些事实支持这样一种观点，即由于上面所提到的原因，人们希望出现人员流动。

然而，公司似乎对单身女性是否会长期留在公司工作并不关心。它们更加重视的是婚姻状况，而不是年龄或经验。[39] 此外，与雇用已婚女性相比，公司也不太关心如何留住已婚女性。前文所述的人员流动假说是一个关于保留限制而不是雇用限制的理论。在1931年实施某些限制政策的公司样本中，有49%的公司存在雇用限制但没有保留限制，因此这些公司不会雇用已婚女性，但会继续聘用之前单身但在本公司工作期间结婚的女性。[40]

因此，雇用已婚女性所面临的障碍不能简单地归因于期望增加人员的流动性。相反，这些障碍反映了对已婚女性就业存在各种偏见。公司可能认为已婚女性整体上工作效率较低，但实际上女性在结婚前已经经过工作的筛选。因此，许多公司似乎不愿失去技能较高和值得信赖的员工。事实上，政策限制最严格的部门往往有任期较长的女性员工。[41] 进一步的证据表明，与科恩描述的英国经验相反，有嫁妆激励的美国公司并没有设立婚姻限制。

最重要的是，普通女性文书人员（如普通文员、打字员）在任职期间每年工资仅增长1.4%（见表4.5）。[42] 因此，收入和生产率之间的差距最多只会增加1.4%。之所以说差距最多只有1.4%，是因为这个数字在一定程度上也代表了真正的生产率增长。此外，通常写在劳动合同和人事手册上的固定工资等级并没有随着时间的推移而不断上升，女性的工资水平大约维持了6年不变。

如果婚姻限制的目的是要裁掉工作满5年的员工，那么保持工资平稳和增长1.4%之间的平衡点必须是5年。假设超过这个时间点，员工对公司的价值没有增加，那么员工的收入增幅将比生产率增幅高出1.4%。在为公司服务第6年的时候，员工的成本将超过其价值

第六章 为什么变化如此缓慢？

约 3%；在第 10 年的时候，员工成本将超过其价值约 10%。上述两种情况是基于员工对公司的价值根本没有增加的前提计算出来的。[43] 这种差异足以使婚姻限制政策变得有利可图，但终身任职收入的缓慢增长使人们对此论点产生了怀疑。尽管关于人员流动的论证似乎与办公室职员的情况存在许多不一致，但它可能更符合学校教师的实际情况。1911 年至 1917 年休斯敦教师的收入数据表明，终身任期的系数略高于办公室工作，平均每年约为 2.1%。[44]

因此，人员流动理论与保留限制的回归结果一致。然而，在办公室工作的收入状况以及大部分有雇用限制而没有保留限制的公司中缺少证据支持。此外，如果流动理论解释了 20 世纪 20 年代和 30 年代的婚姻限制现象，那么在 20 世纪 50 年代取消限制政策之时，收入状况必然发生了根本性的变化。但我没有找到任何支持这种说法的证据。即使人员流动理论可能与所有证据不完全一致，仍存在相关的可能性。

雇主可能已经意识到，刚结婚不久的女性雇员的生产率降低了，同时发现在自由裁量基础上进行监督、解雇和减薪会带来高额成本。20 世纪 20 年代，大多数年轻女性在刚结婚或婚后不久就离开了工作岗位；根据第二章的估计，超过 80% 的女性都是如此。因此，公司可能不愿意继续留用结婚不久的女性，因为她们将自己的工作视为临时职位，不那么顺从，也不太愿意被留在没有前途的职位上。更确切地说，雇主发现通过制定规则来管理已婚女性的雇用和保留更加有利。人们更接受规则，而不是自由裁量权，其原因与 20 世纪 20 年代各公司制定的一系列相关政策有关。这些政策包括严格的工资等级、严谨的内部晋升和坚定的家长式管理风格。因此，这里的基本原理与科恩的理论相一致。某些公司通过人事政策和薪酬体系使员工遵循规则而不是使自由裁量权成为最有利的管理工具。

为了降低监督成本并激励员工提高效率和付出更多努力，公司通常采用内部晋升、固定工资等级和福利方案（例如，见 Lazear，

1979；Lazear 和 Rosen，1981）。随意解雇可能会导致员工提出更高的工资要求，以弥补被解雇风险增加所带来的损失。在各种基于激励的劳动力市场模型中（例如，Lazear，1986；Lazear 和 Rosen，1981，1979），员工的薪酬要求取决于其被解雇的预期概率。如果限制雇用已婚女性不会引起劳动力供给大规模减少，那么相比自由裁量权，基于规则的政策会带来更多收益。

因此，对于单身女性结婚后的保留限制一定程度上源于现代人力资源的各种政策。这些政策使得随意解雇成本变得高昂，并导致工资等级和晋升程序切断了工资与生产率之间的关系。

关于婚姻限制政策对公司的好处，人们提出了两个互补的理由：一是降低了有经验员工的成本；二是降低了解雇员工的成本。然而，公司也承担了限制政策带来的损失。按照政策要求，即使是训练有素、值得信赖的员工也必须被解雇，同时，也不能雇用已婚女性。婚姻限制政策在 20 世纪 20 年代和 30 年代被采用，因为当时这些政策给公司带来的成本较低。实际上，成本被劳动力市场的某些特征最小化了。解雇在工作期间结婚的女性的成本很低，一方面，因为限制所有已婚女性的附加规定在当时几乎没有成本；另一方面，通常为女性提供的各类工作岗位进一步压缩了限制政策的成本。第四章讨论了教育程度的增加如何促进办公室分工和机械化发展，并且这两者都增加了正式技能的价值以及减少了在职培训的需求。在大多数办公室中，经验丰富的女性员工更容易被拥有高中文凭的女性所取代。文书部门的工作存在着明显的性别隔离现象，男性通常被限制从事某些职业，而女性则被限制从事其他职业。因此，公司不会因为制定了要求解雇已婚女性的政策而损失太多。考虑到得失之间的对比，大部分公司在经济大萧条之前设立了婚姻限制政策，在 20 世纪 30 年代许多公司将该限制政策作为社会可接受的就业分配手段。

20世纪50年代婚姻限制的消失

20世纪50年代标志着劳动力市场对已婚女性、年长女性和承担家庭责任的女性的接纳方式发生了急剧变化。尽管歧视并未完全消失,托儿中心也没有得到充分发展。但在1950年之后,婚姻限制几乎完全消失了(除了空乘人员),[45]并且兼职工作变得普遍起来。导致这些变化的因素几乎促使劳动力供给发生了一场革命。[46]

1900年,四分之三的女性工人是单身,而在1950年之前(非战争时期)超过一半的女性工人是单身(见表2.4)。毫不奇怪,她们中的大多数人非常年轻。1900年,单身女工的平均年龄为20岁,所有女性工人的平均年龄为23岁;然而到了1950年,所有女性工人的平均年龄都超过了36岁。20世纪二三十年代的雇主通常只雇用没有经验的高中毕业女性;人事主管经常回答说:"我更喜欢招聘从高中直接毕业的年轻且没有受过训练的女工。因为她们刚刚毕业没有什么理由跳槽到其他地方。"[47]那段时期,年轻单身女性大规模涌入劳动力市场;她们温顺且受过良好的教育,不需要承担家庭责任。女性劳动力市场是为年轻人而构建的,但其结构基于这样一种假设:女性只有在结婚前才会工作。

20世纪20年代和30年代的人口变化不可避免地引发了许多社会变革。如图5.3所示,出生率下降意味着未来几年人口将迎来大规模老龄化,同时年轻女性和女高中毕业生在总人口中所占的比例也将下降。这种"劳动力短缺"进一步加剧了几个相关的变化——教育水平提高、第二次世界大战后结婚年龄下降以及"婴儿潮"的出现。[48]因此,20世纪40年代末之后,能够就业的年轻女性逐渐减少,而本来可以就业的女性则更早结婚并且生育了更多子女。由于所有这些原因,年轻单身女性工人的供给完全消失了。表6.4中的数据详细说明了大部分情况。

16岁至24岁的成年女性在1900年占总人口比例的31%,而

1960 年则降至 20%。1900 年，16 岁至 24 岁未婚的成年女性占总人口比例的 21%，到了 1960 年仅为 11%；18 岁至 24 岁未婚成年女性的比例下降幅度更大。1960 年，16 岁至 21 岁且是在校学生的比例是 1900 年的 1.7 倍。表 6.4 中最大的变化是将年龄、婚姻状况和教育这三个因素结合成一个指标，即 16 岁至 24 岁、单身、不上学的成年女性的百分比。1900 年该指标是 1960 年的 3.6 倍。这三个因素均显示，20 世纪上半叶，年轻单身女性劳动力供给规模在逐渐减少。

表 6.4 "劳动力短缺"（1900—1960）

女性人口	1900(%)	1920(%)	1940(%)	1950(%)	1960(%)	1900/1960
16—24 岁，16—64 岁 18—24 岁，单身	30.9	27.0	29.0	20.9	20.3	1.52
18—64 岁	14.7	12.0	10.9	7.4	6.4	2.30
16—24 岁，单身 16—64 岁，	20.7	17.0	15.2	10.9	10.8	1.92
16—24 岁，单身 16—64 岁，不在学校	14.9	12.9	9.7	5.8	4.1	3.63
						1960/1900
16—21 岁，在学校 16—21 岁	27.5	32.9	34.9	37.8	47.4	1.72

资料来源：所有数据均来自美国相关人口普查。

劳动力供给反转现象伴随着年长已婚女性寻求有报酬工作而出现。在 20 世纪最初的 10 年和 20 年代，离开高中从事文书工作的年轻女性最终在 20 世纪 30 年代和 40 年代成为年长已婚女性。从历史的角度看，她们是一个群体，并且大多数都超过了育儿年龄，因此很少生育孩子。此外，她们在新兴经济领域拥有技能和工作经验。如果没有经济大萧条，她们肯定会比 20 世纪 50 年代更早地提升了劳动参与率，第二次世界大战期间的劳动参与率提升（见表 5.5）为这一现象提供了一个初步案例。

随着第二次世界大战的爆发，企业面临的约束条件发生了巨大变化。它们不再面临失业的环境，不再禁止雇用已婚女性，并且对女性劳动力供给不再施加严格的限制。人事政策很快对新的约束做出反应（Hussey，1958，参见《1957 年赫西报告》，具体参见数据

■ 第六章 为什么变化如此缓慢？

附录）。

20世纪50年代中期，年长女性员工因其成熟、可靠、整洁的外表和不太健谈的性格特点而受到雇主的青睐。尤其是文书部门的雇主，非常愿意"重新雇用那些……之前曾从事过该职位的人"。宾夕法尼亚州互惠人寿保险公司也是如此，该公司在第二次世界大战之前实施婚姻限制政策。斯科特纸业公司（Scott Paper Company）也雇用了已婚女性，她们可以"提供在结婚前获得的技能"，并强调了女性的第一份职业会决定她未来就业的方向（Goldin, 1989）。[49]在零售业，尤其是在郊区，以前完全没有受过培训的年长已婚女性现在被视为"理想员工"。那些"温文尔雅""有教养"，无须从事家务劳动的中产阶级女性受到各大百货公司的青睐。[50]

并不是所有的人事主管都对雇用年长已婚女性持理性的态度。毕竟这种情况有利也有弊。在零售业，一位经理表示："从来没有工作过或工作了15年至20年的家庭主妇在统计方面缺乏经验，学习操作收银机也有困难。"而在银行业，"年长女性可能工作速度更慢"，但大多数人也补充道："她们所提供的服务对公司来说是很有价值的。"[51]目前仍然有部分公司对雇用年轻已婚女性持谨慎态度，其中一些公司采取了不雇用有小孩的女性或解雇怀孕女性的政策。婚姻限制政策的续集是"怀孕限制"（Pregnancy Bar）。总而言之，用西尔斯公司管理层一位成员（Sears, Roebuck and Co. officer）的话来说，优秀的女性员工是"有房屋抵押贷款，孩子已经成年的已婚女性"[52]。

到了20世纪50年代，几乎所有家长式管理风格的大公司都喜欢雇用已婚女性，然而在第二次世界大战之前，这些公司还禁止雇用已婚女性。这种彻底的转变是约束条件改变的结果，这些改变可能迫使管理人员认识到，已婚女性的生产效率实际上并不比单身女性低。20世纪30年代的失业情况迫使公司采取解雇已婚女性等方式来分配工作岗位，但这种失业问题已经消失，取而代之的是劳动力供给极其紧张的市场环境。那个20年前在结婚前几年就在一家公司工作的年轻女性被一些更晚离开学校、更早结婚的女性所取代。尽管公司经理们了解并经常夸大这些限制："在早些年，18岁的女孩可能要工作到23岁或24岁结婚……现在，她们更有可能在开始工作的6个月或1年内就结婚，并很快辞职。"[53]但我们也应该记住，20世纪50年代的已婚年长女性是从20世纪20年代和30年代的年轻女性成长起来的。《1957年赫西报告》中的公司高管注意到，女性会重返几十年前从事过的岗位。与20世纪20年代的前辈们相比，50年代的已婚年长女性尽管计算技能生疏，但她们处理现代文书和销售工作的能力要强很多。

约束条件的改变并不是导致招聘方式转变的唯一因素。第二次世界大战使公司意识到一个事实：禁止雇用已婚女性正在减少公司的女性雇员数量。在第二次世界大战期间，45岁以上的职业女性数量增长最为显著。从1940年3月至1944年7月是战时女性就业的高峰期，45岁至64岁的女性就业数量增加了165%，而64岁以上的女性数量增加了197%；相比之下，25岁至44岁的女性仅增加了128%（见表5.5）。

20世纪20年代早期，这些限制政策对潜在的劳动力供给几乎没有影响，当时大多数年长已婚女性无论如何都不会加入劳动力大军。但随着受教育女性年龄的增长，这些限制政策变得更加具有约束力，也更加严格。20世纪40年代，许多曾在办公室工作的年轻女性的孩子都已长大，到20世纪50年代时，绝大多数成年已婚女性都拥有高中文凭。在20世纪20年代，公司很容易实施限制雇用已婚女性的政策，但在20世纪50年代，对有年幼的孩子以及有购房压力的已婚女性实施限制政策已经非常困难。因此，随着最明显的歧视政策——婚姻限制政策的废除，在美国劳动力大军中已婚女性的参与率出现了明显提升。

婚姻限制的长期影响

婚姻限制政策从多个方面阻碍了已婚女性在美国经济中的参与率。最明显的是，在20世纪上半叶，禁止已婚女性从事各种职业。但是，在经济大萧条之前实施的婚姻限制政策并没有表现出明显和刻意的歧视。婚姻限制政策是对女性的一种特殊的歧视形式。而且，婚姻限制主要针对女性密集型职业，并不能说是对整个女性群体都存在限制。社会共识围绕这些规则而形成，并推动其发展，但根本原因并不一定是针对中产阶级已婚女性就业的偏见。

正如科恩（Cohn，1985，1988）所述，婚姻限制政策最初与采用基于任期的工资计划和相关的人事政策有关。其原因可能是认为单身和已婚女性员工在工作效率上存在差异，并且这种观点的形成也带有一定的偏见。对已婚女性的歧视可能导致雇主对她们的生产效率抱有偏见。这里阐述的两种婚姻限制政策存在的理由都是基于一个事实：公司按性别隔离政策划分办公室工作，通常将女性安排在没有晋升机会的职位上。第三章和第四章研究了相关歧视对这些公司政策产生的影响。然而，即使婚姻限制政策完全出于公正和利润最大化的考虑，雇主也会寻找其他理由来支持他们的偏见。反对已婚女性就业的社会规范早已形成，并促进了限制政策的实施，在经济大萧条时期，限制政策和社会规范的广泛扩展给职业女性带来了挫折。

20世纪20年代，婚姻限制政策对已婚女性就业的直接影响可能并不大，但长期影响却非常大。年轻女性很少考虑投资学习被婚姻限制政策所涵盖的行业需要的技能。她们可能从事打字员或机器操作员等职业，但因为婚姻限制政策而不会选择成为会计。婚姻限制政策还使公司无法了解年长已婚女性潜在的劳动力供给规模。随着20世纪20年代末和经济大萧条时期婚姻限制政策的广泛实施，许多本来可能寻找工作的已婚女性都被阻止了。由于受过良好教育和拥有丰富经验的已婚女性群体规模不断扩大，企业可能低估了婚姻限制政策所产生的成本。

在经济大萧条之前和整个经济大萧条期间，办公室限制政策对已婚女性就业造成了阻碍，但并没有完全阻止她们在办公室就业。那些没有建立现代人事制度的小公司会雇用已婚女性，并且不会在其结婚后解雇她们。然而，在银行、保险和公用事业等部门，则严格禁止已婚女性入职；全国大部分学区也是如此。对于办公室工作来说，限制政策往往意味着已婚女性无法进入那些提供内部晋升机会的公司。虽然任何部门的内部晋升都与女性的关系不大，但限制政策降低了已婚女性的教育回报。

1940年，美国劳工部妇女事务局针对办公室文书人员的调查（1940年办公室职员调查，详见第四章）揭示了已婚和单身女性的收入差异。考虑到在当前雇主这里工作的年限、总工作经验、教育程度、失业在家时间以及其他相关因素，已婚和单身女性的平均收入大致相同。然而，在教育回报方面，已婚和单身女性因婚姻状况不同而有所不同，已婚女性的教育回报要低得多。单身女性一年的教育回报率为4.6%，而已婚女性仅有1%。[54]数据显示，已婚女性更容易被引导进入教育价值较低且没有内部晋升机会的公司、部门以及岗位。

经济大萧条时期解雇已婚女性并将工作分配给他人的政策得到了广泛实施，其根基在于1929年之前实施了婚姻限制政策。如果不是因为经济大萧条之前存在的婚姻限制政策，公司很难就解雇已婚女性达成一致意见。在历史上，这些限制政策成为导致经济大萧条时期女性就业困难的主要原因。尤其是婚姻限制政策延缓了美国女性劳动参与率的提升。

工作时间和兼职工作

第二次世界大战后，重新进入劳动力市场的已婚女性发现许多情况仍然没有改变。职业仍然普遍存在高度性别隔离，女性的收入约为男性的60%。然而她们所面对的形势也在逐渐改善；针对年长已婚女性的各种限制已经放松。大多数雇主取消了婚姻限制政策，年长女性成为受欢迎的员工，并且承担家庭责任的女性得到了各种关照。公司开始通过提供兼职工作来吸引已婚女性劳动力。例如，纽约人寿保险公司（New York Life Insurance）在1956年的报告中指出，该公司"现在雇用已婚女性，尽管在前些年不这么做，并且现在还为一些之前在公司工作过的女性提供兼职机会"。零售企业最适合提供兼职工作，斯科特纸业公司（Scott Paper Company）等制造业企业声称，它们"更加迫切地……考虑让已婚女性从事兼职工作"。[55]

工作时间

20世纪50年代兼职工作的出现只是20世纪所有美国人工作时间和工作天数变化的一个表现。19世纪的工厂每周工作6天，每天工作10多个小时。事实上，19世纪的许多罢工都是针对10小时工作制引起的。劳工组织经常将移民和女性员工列为无法减少工作时间的原因。据说，移民习惯于长时间劳动，其中许多人只是暂时来美国赚钱的。年轻的工厂女工也被视为希望收入最大化的临时工。从19世纪50年代到1919年，美国40个州通过立法规定了制造业和销售业女性雇员的最长工作时间。尽管这些立法在减少女性工作时间方面发挥的作用不大，但这通常成为有组织的劳工就减少全员工作时间达成共识的一种手段（见第七章）。[56]

从20世纪前十年到1940年，美国工厂的工作时间和工作天数确实减少了。从1900年到1910年，每周实际工作时间下降了2.8小时（从55小时下降到52.2小时），然后在动荡的20世纪的最初十年大幅下降了6.1小时（从52.2小时下降到46.1小时），并在经济大萧条之前保持稳定。到了20世纪20年代,每周工作5天半迅速成为常态,工作时间下降到48小时左右。然而,经济大萧条使美国提前实现了每周5天、共40小时的工作制,从那以后并没有发生实质性变化。[57] 尽管自1900年以来每周的工作时间有所减少,但在20世纪50年代之前,几乎不存在计划好的兼职工作。此外,在调查的大部分时期里,常规工作日和工作周的工作时间都非常长。

兼职工作

今天的兼职工作被定义为每周工作时间少于35小时的职位。在追溯兼职工作的历史时,遇到了各种经验和概念上的问题。美国人口普查局自20世纪50年代以来针对全年从事劳动的个体,一直收集关于兼职工作的数据,并将其作为当前人口调查的一部分;自1940年以来针对在调查周工作的个体进行调查,作为十年一次的人口普查的一部分。1940年以前的数据是从美国劳工部妇女事务局发布的各种公报中汇集出来的,美国劳工部妇女事务局研究了20世纪20年代女性的工作时间问题。

大多数1940年前的工时数据指的是计划工作时间而不是实际工作时间,而1940年后的工时数据指的则是实际工作时间而不是计划工作时间。这两个概念密切相关。计划工作时间通常是合同规定的工作时间,而实际工作时间可以反映因疾病和工厂关闭等因素引起的暂时性工作时间损失。还有概念性问题涉及兼职工作界定。目前兼职工作每周不高于35小时,是每周40小时工作制的87.5%,但仅为20世纪初每周55小时工作制的64%。

按照每周工作低于35小时这个标准,表6.5显示女性从事兼职工作明显上升,同时给出了1920年至1970年间从事兼职工作的女性的百分比。1940年,仅有18%的女性从事兼职工作,而到了1970年,

第六章 为什么变化如此缓慢？

这一比例上升至31%。销售部门的增长幅度更为明显，在20世纪20年代，销售部门平均每周工作时间少于35小时的女性比例为7%，而在1970年该比例接近50%，增长了7倍。实际增长甚至超过了7倍，因为在20世纪20年代，大多数工作时间少于35小时的女性并非兼职员工。在被调查的商业机构工作时间安排显示，女性雇员每周工作时间不少于44小时，即每天工作8小时，每周工作5天半。[58] 即使今天一些工作时间少于35小时的工人，实际上也是从事全职工作，只不过由于非自愿的原因出现工作时间损失。在1940年和经济大萧条期间，许多从事兼职工作的女性被迫接受低于其预期的工作时间安排，尤其是在制造业领域。

因此，在工作时间和工作天数方面，存在两个明显趋势。首先是在第一次世界大战和经济大萧条时期，工作周数持续减少。其次是计划兼职工作的增长，这实际上是第二次世界大战后出现的一种现象，并在20世纪50年代迅速发展，尤其是在销售部门。工作周数的长期变化和兼职工作的增加使得承担家庭责任的女性有可能进入并留在劳动力队伍之中。[59]

表6.5 兼职就业情况（1920—1970）

年份	兼职就业整体占比（%）	销售部门兼职占比（%）
1920		
新泽西州		4.3
罗得岛州		6.1
伊利诺伊州		10.1
1940	18.0	14.3
1950	19.0	24.9
1960	27.7	40.3
1970	31.0	48.3

注和资料来源：1940—1970年的数字代表整个美国。兼职工作被定义为每周工作时间少于35小时的工作。1920年：美国劳工部妇女事务局，《女性在新泽西州、罗得岛州、伊利诺伊州的工业：时间和工作条件的研究》，第21、37、55号（华盛顿特区：政府印刷局，1922、1924、1926）。使用实际小时分布；没有女性被安排每周工作少于35小时。1940年：美国人口普查局，《美国第十六次人口普查（1940）》，第三卷《人口》，劳动力，第一部分，《美国摘要》（华盛顿特区：政府印刷局，1943a），表87，一般商品、服装和配件商店的贸易部门工人。1950年：见表2.1。1960年：美国人口普查局，《美

国人口普查（1960）》，主题报告，《职业特征：最终报告》PC（2）- 7A（华盛顿特区：政府印刷局，1963c），就业人员的工作时间。1970年：见表2.1。

  有人可能会反驳说，兼职工作的增加是已婚女性劳动参与率增加的结果，而非原因。兼职工作的部分增长无疑反映了女性劳动力构成的变化。相较于1920年，1960年渴望从事兼职工作的女性越来越多。但是，在工作时间和兼职工作的可得性方面，也发生了真正的变化。公司人事官员提出设立兼职工作并改变婚姻限制政策是导致这种情况初步形成的原因之一。在年轻女性劳动供给数量减少时，公司尤其是销售部门开始雇用已婚女性和年长女性。

  较短的工作时间在提高已婚女性的劳动参与率方面所起的作用也可以从横截面证据中推断出来。我（Goldin, 1988a）的一项研究显示，在1920年的31个大城市地区，按出生和婚姻状况分组的女性劳动参与率与制造业的平均计划工作时间之间，存在着显著的负相关关系。[60]部分地区工时标准已经从19世纪的60小时过渡到20世纪20年代的50小时，而其他地区则没有进行调整。各州制造业的平均计划工时为51.5小时，标准差为2.4小时。女性劳动参与率与所有制造业工人的每周计划工作时间呈明显负相关关系。这种关系在已婚女性中尤其重要。随着工作时间的减少，承担家庭责任的女性在劳动力市场上的就业机会增加了。

  对于研究中大多数的"出生地—婚姻状况"组，劳动参与率相对于计划工作时间的弹性超过1（绝对值），这意味着每天减少10%的工作时间将会导致劳动参与率增加10%以上。该值的范围从-1.11（已婚，本国出生的女性）到-2.60（已婚，本国出生，父母是外国出生的女性）。[61]

  确实，许多相关变量并没有包含在这项评估之中。根据该估计结果，工作时间的减少可以解释1920年至1940年间已婚女性劳动参与率上升的很大一部分原因。1920年，居住在大城市且在美国本土出生的已婚白人女性的平均劳动参与率为11%，每周平均工作时

第六章 为什么变化如此缓慢？

间为 51.5 小时。到 1940 年，平均每周工作时间下降到 44 小时左右，而劳动参与率上升至 18%。由于工作时间减少所带来的预期劳动参与率增加几乎达到了实际变化的一半。[62] 最近的研究也得出了类似的结论，例如金（King，1978）在其 1970 年的研究中发现，在男性工作时间较短的城市中，已婚且有孩子的女性劳动参与率更高。

当工作时间很长并且在商店及工厂找不到兼职工作时，需要承担家庭责任的女性往往会做出相应调整。然而，替代工作在许多方面都不如 20 世纪 50 年代出现的兼职工作便利。有证据（Goldin，1988a）表明，20 世纪 20 年代，在工作时间较长的州，从事制造业工作的女性每周工作的天数较少。因此，在每天工作几小时或每周工作几天之间存在着一种权衡。此外在季节性工作领域（如罐头企业），女性在当季工作时间过长而在其他时间很少工作或不工作。对于制造业的工人来说，几乎没有机会选择每周或每年少工作几天，而且对于需要处理繁重家务的人来说，更加艰难。正如格温多琳·休斯（Gwendolyn Hughes）在关于职场母亲的研究中指出的那样："在许多情况下，作为母亲理想的工作方案无疑是兼职工作……但目前为止，现代企业还没有研究出能适应其雇员社会需求的技术。"（Hughes，1925，第 14 页）

计件工作可能比严格的按时间支付报酬更加不规律，1890 年，几乎一半的制造业女性工作者拿到的都是某种形式的激励性工资。但在许多行业，如纺织业，工作速度仍然由机器决定。然而，在服装、造纸和雪茄等其他行业，工人在很大程度上能够控制产量。[63] 在资本和监管投入的固定成本较低的地方，管理者可能不会关心工人是否在某段时期缩短工作时间，但在其他时间段却又密集工作。许多对制造业工人的调查没有收集计件工人的工作时间信息，因为人们认为雇主缺乏可靠的工作时间数据（参见美国劳工专员，1905）。但是，美国国内大型工厂的大部分记录表明，无论是计件支付薪酬还是按时间支付工资，员工都严格按照规定的时间工作。因此，在工厂环境下，很难为女性提供兼职工作。

洗衣店（Butler，1909，第195页）和服装行业使得女性在处理家务的同时，通过承包劳动赚取收入。寄宿家政服务工作（见第二章）提供了类似的灵活性，但通常只适用于那些拥有住房条件的人。然而，已婚女性工作者的收入数据表明，承包劳动的经济弊端也很大。在家工作的已婚女性的收入不及她们在工厂的一半，而且拥有两岁以下的孩子将导致她们的收入减少15%（见表4.2）。在工厂工作的女性每日收入不受其子女数量和年龄的影响，由此可以认为工厂工作时间固定且缺乏灵活性。承包劳动50%的收入损失可能是由于每天工作时间不足导致的，这也表明承包劳动是一种兼职工作。但收集这些收入数据的美国政府官员却有不同的见解。对他们来说，女性收入的减少很大程度上是由于技能不足导致，因为在家从事承包劳动无法获得使用工厂里的机器所带来的好处。如第四章所述，在家工作的女性无法在短时间内获取大量的工厂工作经验。

因此，1950年以前已婚女性可以兼职工作和从事家务劳动。但由于种种原因，她们的薪资较低，且职业选择极其有限。从事兼职工作的女性每天的收入比从事全职工作的女性少得多，而且很可能每小时的收入也相对较低。随着劳动力市场逐渐接纳愿意从事兼职工作的女性，对兼职工作的限制也减少了，如今从事兼职工作的女性每小时的收入与从事全职工作的女性差距不大。[64]

总结：放松约束

总之，在经济大萧条之前的某个时期，婚姻限制政策作为对各种人事政策的回应出现在白领行业中，这些政策切断了收入与劳动生产率之间的关系。因此，限制政策起源于公司层面，并意在将工人与公司紧密联系起来，创造良好的福利资本主义环境，消除主管

第六章 为什么变化如此缓慢？

的自由裁量规定，并减少员工流动。然而，尽管限制政策起源于现代人事实践，但其成功推广需要满足两个先决条件。第一个先决条件是劳动力供给问题。由于20世纪20年代教育发生巨大变化，大部分已婚年长女性无法找到工作。此外，在结婚前从事工作的女性中，超过80%的人会在结婚时退出劳动力市场。因此，在20世纪20年代劳动力市场并未出现较大规模的人员流失情况。第二个先决条件是，围绕已婚女性留在家中的必要性建立了社会共识。婚姻限制政策所带来的巨大危害体现在经济大萧条时期。如果不是经济大萧条之前就存在并广泛实施了婚姻限制政策，那么已婚女性不可能遭受如此严重的歧视。

婚姻限制政策的废除和兼职工作机会的增加在很大程度上是由一系列相关的人口变化引起的，这些变化极大地减少了年轻女性劳动力的供给规模。年长已婚女性劳动力供给的增加（第五章），以及总体工作时间的减少等因素促使变化更加显著。《1957年赫西报告》显示，一些雇主认识到已婚年长女性相比之前招聘的年轻女性"更可信""更可靠"。新观点可能成为新政策辩护的理由，就像老观点曾用于支持婚姻限制政策一样。然而，大多数雇主最终意识到，婚姻状况和年龄是不合理的雇用障碍。尽管如此，女性仍然被拒绝从事有晋升机会且需要大量经验的工作。她们通常被认为是不积极参与劳动力市场且不渴望有偿劳动的群体。最终，在20世纪70年代爆发的女性争取平等的运动并不是由20世纪50年代发生的变化逐步演变而来的。女性最终成为美国社会政策中具有政治影响力的力量。

第七章

性别的政治经济学

女性获得选举权之后就成为塑造职场规则的主要政治力量。从《美国宪法第十九修正案》到平权行动、薪酬平等立法、平等就业机会委员会（EEOC）对性别歧视案件的强硬立场以及对1964年《民权法案》第七章进行有利解释等，这些事件跨越了半个多世纪。本章将探讨有关性别的公共政策的历史以及女性获得平等权利出现延迟的根源。

尽管历史上有许多人表达了经济制度对待女性的不公，但直到20世纪60年代，女性对此并没有普遍不满。第三章和第四章揭示了严重的性别隔离和"工资歧视"，但这些现象经常被雇主、社会以及女性自己所合理化。然而，随着女性受教育程度的提高，她们的期望也随之提高，并且不满情绪也逐渐累积。虽然更多的人获得了大学学位，但却未能找到与其所受教育相匹配的就业机会。就像其他少数群体一样，女性需要一种共同的声音和意识形态来推动事业发展。女性运动源于对一系列更广泛问题的不满，这些不满最终使女性团结起来，并在解决经济问题上向前迈进。因此，延迟的部分原因在于女性作为多数群体显然已经融入社会，但是依然遭到各种形式的歧视。

延迟也是由于体制因素和公共政策对女性工作最初的关切所致。在20世纪早期，女性劳动力群体年轻且容易受剥削，她们被视为需要保护的对象，并通过立法来确保女性免受工时太长、夜间工作、低薪和危险工作环境的伤害。这项立法得到了许多社会改革者的支持，却遭到了致力于男女平等人士的反对。在随后的半个世纪里，这两个群体就保护和平等问题展开不断的争执。最近，关于孕妇在职场的安全以及对孕妇保护如何影响1964年《民权法案》第七章的辩论再度引起热议。

在女性成为国内经济政策的真正影响力量之前，必须更深刻地感知她们的不满情绪，并更广泛地表达出来；同时，需要找到一种共同的声音和意识形态，并放弃依赖保护性立法。此外，在劳动参与率、参加工会组织以及对于延长职业生涯承诺方面,她们也应该变得更加重要。最近,在许多州和地方通过了具有重要价值的立法,并呼吁在儿童保育领域制定国家政策,这表明女性作为一股政治力量,在塑造劳动力市场规则方面取得了成功。

公共政策的历史维度

美国有关女性就业的公共政策可以追溯到近两个世纪前,当时是为了维护这个新成立的国家的制造业利益。作为鼓励工业发展的一部分,第一任财政部长亚历山大·汉密尔顿(Alexander Hamilton)于1791年呼吁全国女性进入企业就业。汉密尔顿和后来的加拉廷(Gallatin,美国第四任财政部长)认为,工厂制度是利用未充分就业的女性劳动力和加快国家经济增长步伐的有效手段。

汉密尔顿和加拉廷时代的制造业企业零散分布在内陆地区。尽管新英格兰和中大西洋中部各州的工业地区年轻女性劳动参与率较高,但总体而言,职业女性数量较少且不足以引起公众的关注。在美国,女性就业很少受到人们的重视,甚至在1860年之前都没有进行过有关女性职业情况的人口普查。直到1890年,公开出版的人口普查报告也几乎没有关于女性劳动参与率和职业方面的统计数据。

1880年,工业发展已经从美国内陆地区向城市转移,越来越多的行业开始雇用女性。在美国,无论工业和城市出现在哪里,女性特别是年轻女性和未婚女性的劳动参与率都显著提高。其中有两个群体被视为需要保护,但原因不同。

大量从农村地区和小城镇迁徙到中心城市工作的年轻女性组成了一个群体。到1900年,全国城市中25%的单身女性工作者(16岁至24岁)(不包括仆人和女服务员)与家人分开生活(见第四章)。这些职业女性缺少父母帮助,通常完全依靠自己生活,与19世纪中期新英格兰工厂以及城镇农场中只是暂时离开家庭工作的女孩不同，她们中的大部分永久地迁移到了城市。社会改革者有充分的理由认为她们是脆弱的，因此需要对她们做好保护。

与父母同住的职业女性是另一组群体。这些年轻女性几乎将所有收入都寄给了家人（详见第二章）。尽管她们能享受更多保护，免受雇主欺诈和城市危险，但她们的学业以及可能拥有的闲暇时间都受到了工作的影响。一项针对19世纪的家庭进行的研究表明，十几岁的孩子从有偿劳动中得到的报酬和收获很少（Goldin和Parsons，1989）。因此，很难将她们的工作视为自主选择。

因此，对于进步的改革者而言，女工与更明显地受到剥削的童工之间是无法区分的。尽管她们的劳动跨越了阶级界限，但工人阶级、移民和黑人家庭中的女性劳动参与率最高。大量积累的证据表明，由于年轻且缺乏经验，女性在选择工作时几乎没有讨价还价的能力。[1] 年轻、相对贫穷、缺少父母的帮助以及可能遭受家庭和雇主剥削等因素使得女工成为改革运动所关注的焦点。

此外，还有一个问题是国家经济的健康状况。自19世纪70年代中期开始到19世纪晚期，美国时常出现严重的经济衰退。而19世纪90年代的经济大萧条导致的城市失业率飙升，甚至可以与20世纪30年代的失业率相提并论（Lebergott，1964）。同时，没有经验的移民劳动力淹没了劳动力市场，尽管在高失业率时期员工流动性减少，但劳动力存量总是很高（Easterlin，1971）。因此女性产业工人的增加成为一个备受关注的问题。人们意识到女性劳动者抢走了男性的工作机会，降低了他们的工资并延长了工作时间。

在进步时代，对女性就业的关注最初出现在美国各州。马萨诸塞州于1873年建立了美国第一个劳动局。卡罗尔·赖特（Carroll Wright）成为美国第一任劳工专员，在他的得力指导下人们很快开始关注"女工"群体。赖特的报告《波士顿的工作女孩》（Wright，1889）为他内容更丰富的著作《大城市的职业女性》（美国劳工专员，1889）提供了模板，该报告出版于他担任新成立的美国劳工统计局局长的第四年，这一年也标志着该机构正式成为美国劳工部门。虽然赖特关心的是工作条件，但他指出："进行这项调查的主要原因之一是确定是否有妓院从工厂中招募女性。"（美国劳工专员，1889，第394页）赖特极力反驳那些对女性职场最夸张和不准确的批评。

19世纪90年代，对年轻女性就业及其工作和家庭生活条件的关注逐渐增加。赖特的研究为全国各地的劳工专员提供了启示。随后十年，伊利诺伊州、堪萨斯州、缅因州、密歇根州、明尼苏达州、密苏里州、纽约州和罗得岛州也相继效仿，并开展了类似形式的研究。这些调查在州和联邦层面对工资待遇、工作条件、家庭生活以及劳动经历进行了大规模调查。超过2000名女性接受了《波士顿的工作女孩》作者的采访；来自27个城市的17000多人接受了《大城市的职业女性》作者的采访，而最引人注目的调查报告是关于美国参议院的《妇女和儿童工资状况报告（1910—1911）》，第19卷，包含超过15万名女性劳动者的信息，其中大部分来自个人采访记录。从样本覆盖面上看，相比赖特出版的《男人、女人和儿童的工作和工资（1895—1896）》（1897）还是略显不足。《男人、女人和儿童的工作和工资（1895—1896）》包含了近24.5万名工人的数据，这些数据来自公司记录而非个人记录。

许多研究报告都是为了缓解人们对女性抢走男性工作机会的担忧。虽然移民对本地出生的男性劳动力构成更大威胁，但关于女性工作的非合意性更容易达成社会共识。此外，在美国本土出生的男性心目中，任何国籍的男性工人都遵守工作场所的规则，而女性则不然。男性工人经常抱怨女性计件工人不遵守限制生产规则，无视"限产"要求（Montgomery，1987，第38页）。赖特在1895年至1896年进行的这项研究在一定程度上是为了评估女性和男性是否在"同工同酬"的情况下挣得相同的工资；如果结论是肯定的，赖特就可以反驳那些认为女性收入低于男性并取代男性工人的批评意见。为了保持生产效率不变，赖特努力寻找使男性和女性有相同"效率"的工作方式，并通过雇主的评价进行衡量。[2] 赖特所使用的计量经济模型可以与任何现代劳动经济学家关于可比价值的研究相媲美。

有关女性劳动者的政府报告大多是具有政治倾向的文件，然而由于数据过于广泛而无法进行适当的分析，因此一个世纪以前的实际调查数据很难用于特定目的。相反，各州和联邦政府的报告通常包含大量原始的以及个人层面的观察结果。尽管数据的数量庞大，但只有少数被采用以支持主要论点。这些报告留下了许多1888年至1907年间尚未被发掘的数据，其中部分数据在第三章和第四章中进行了分析（另见数据文献）。

赖特和他的劳工专员同事在意识形态上与汉密尔顿和加拉廷等工业民族主义者类似。虽然并非出于平等主义原因，但他们都捍卫了女性有偿劳动自由的权利。但需要注意的是，汉密尔顿等更关注国家工业发展和经济健康状况而不是女性工人的权益，尽管当时这些问题同时存在。

在第一次世界大战结束时，公众的关注焦点迅速从年轻未婚女性转移到已婚女性。美国劳工部妇女事务局于1920年在劳工部内成立（见Sealander 1983年对美国劳工部妇女事务局的详细研究），延续了由州政府和卡罗尔·赖特所在的联邦机构所开展的工作。该机构主要关注职场环境，包括工时、工资、职业安全和一般卫生条件，同时也关注女性员工的家庭状况——照顾孩子、丈夫的收入和生活安排等。美国劳工部妇女事务局坚持认为职业女性需要养家糊口，并试图反驳公众关于女性抢占了职位的观点。美国劳工部妇女事务局回击了关于女性员工的批评，这些针对女性的批评在进步时代依然存在，认为她们抢走了男性工人的工作。此外，美国劳工部妇女事务局还积极参与推动相关保护法案的立法进程，包括最长工作时间限制、夜间工作规定、最低薪酬标准和危险工作条件的保护性立法。

因此，20世纪20年代有关女性的公共政策是对赖特以及在他之前的汉密尔顿和加拉廷所关注问题的直接延续。女性被视为需要国家保护的合法劳动者。对于大多数19世纪的观察家而言，保护和平等这两个目标是一致的。然而，对于20世纪20年代的大部分人来说，甚至在美国劳工部妇女事务局内部，保护和平等这两项政策存在直接冲突。[3]

自那以后，保护和平等问题一直是女性工作辩论的核心。在州和联邦层面，对女性雇员的工作时间、薪酬和工作条件进行了研究和立法。但出现了一股反对力量，这种力量逐渐壮大并最终占据主导地位。女性获得就业的权利、同工同酬以及职业晋升机会与单独保护她们存在着冲突。保护与平等这两个目标之间仍然存在紧张关系，最近对于孕妇和育龄女性被"保护性排除"就是明显的例证，即不允许孕妇免于从事某些高风险工作。[4]

从19世纪中期到20世纪20年代，在州一级的保护性立法方面取得的进展，引发许多原本主张个人自由的人反对这些立法，如《平等权利修正案》和相关的《反歧视法》，这些法律的目的在于确保女性得到平等的待遇。埃莉诺·罗斯福（Eleanor Roosevelt）、约翰·肯尼迪（John Kennedy）、埃斯特斯·凯弗尔（Estes Kefauver）和其他知名的自由主义者担心，如果平等权利法案通过，那么保护性立法取得的进步将会消失（Harrison，1988）。

直到20世纪60年代，社会和政治仍然以20世纪初相似的方式来定义女性工作者——年轻、未婚、易受剥削、过渡、无组织，因此需要国家的保护。最终结果是出台了一系列令人遗憾的长期政策，并推迟了确保职场真正平等的措施。保护工人和工作权利这两个原本和谐共存的目标变得不相容。这一事件表明，制度约束和女性劳动力的历史演变在塑造公共政策方面具有相关性。因此，性别的现代政治经济分析必须从保护性立法的起源和影响入手。

保护性立法的起源和影响

从19世纪中期开始，几乎所有州都通过了规定女性雇员工作时间、薪酬和工作条件的法律（Baer, 1978; Lehrer, 1987; Steinberg, 1982）。这里以最长工作时间立法为例（这是最广泛且可能是最重要的保护性立法）来说明平等权利和反歧视立法相对立时，为什么保护性立法得到了坚定的支持。

19世纪中期，各州陆续出台规范每日工作时间的法律。到1919年，除了5个州以外，其他所有州都在某个时期通过了工时限制（表7.1）。除少数例外，所有法律都只适用于制造业和商业机构的女性员工，但各州规定的确切工时和细节有所不同。第一部法律于1847年在新罕布什尔州通过，规定任何制造企业不得强迫女性每天工作超过10小时。但是，就如缅因州（1848年）、宾夕法尼亚州（1848年）和俄亥俄州（1852年）等州的立法一样，这些早期法律无法实施，因为法律不能强迫女性员工的工作时间接近最高限度。直到19世纪80年代末才开始通过可执行的法律，在1893年伊利诺伊州实施该法律之前，大多数法律规定每天工作10小时。伊利诺伊州的法律明确规定每天工作8小时，每周工作48小时。然而，1895年伊利诺伊州最高法院（里奇诉人民案）宣布放弃了该项立法。

1909年，已有20个州通过了可强制执行的最长工作时间立法。仅有5个州将最长时间限制在10小时以下。当时，在所有州，制造业工人工作日的平均计划工作时间为9.5小时，虽然男性在工作中占据主导地位，但他们不受法律保护。1919年，40个州颁布了最长工作时间立法。36个州规定每天工作时间不超过10小时，其中8个州规定每天工作时间不超过8小时。4个州设定了每天超过10小时的限制策略。1919年的平均工作时间是8.5小时。因此这些法律很少有极端禁令，并经常与所有制造业工人的平均计划工作时间相一致。

表 7.1 最高工时立法和各州规定工时情况（1909—1919） （小时）

州	第一部强制执行法			制造业法定每日工时			制造业计划工时	
	年代	工时	范围	1909	1914	1919	1909	1919
亚拉巴马州[a]							10.2	9.4
亚利桑那州	1913	10/56	S,L,T				9.5	8.9
阿肯色州	1915[b]	9/54	M,S,L			9	9.9	9.5
加利福尼亚州	1911	8/48	M,S,L,T		8	8	9.2	8.0
科罗拉多州	1903	8/	M,S	8	8	8	9.7	8.6
康涅狄格州	1887	10/60	M,S	10	10	10	9.4	8.6
特拉华州	1913	10/55	M,S,L,T		10	10	9.5	8.3
哥伦比亚特区	1914	8/48	M,S,L,T		8	8	9.0	8.2
佛罗里达州							10.0	9.3
佐治亚州							9.4	8.9
爱达荷州	1913	9/	M,S,L,T		9	9	9.8	8.3
伊利诺伊州	1893[c]	8/48	M	10	10	10	9.4	8.3
印第安纳州							9.6	8.8
艾奥瓦州							9.6	8.8
堪萨斯州	1917	9154	S,L			8	9.7	8.6
肯塔基州	1912	10/60	M,S,L,T		10	10	9.5	8.9
路易斯安那州	1886	10/60	M	10	10	10	10.2	9.3
缅因州	1887[d]	10/	M	10	10	9	9.7	8.7
马里兰州	1912	10/60	M,S,L		10	10	9.6	8.3
马萨诸塞州	1879[e]	10/60	M	10	10	9	9.4	8.1
密歇根州	1885[f]	10/60	M	9	9	9	9.7	8.6
明尼苏达州	1895[g]	10/	M	10	9	9	9.5	8.6
密西西比州	1914	10/60	all		10	10	10.2	9.4
密苏里州	1909	154	M,S,L	154	9	9	9.3	8.5
蒙大拿州	1913	9/	M,S,L,T		9	8	9.2	8.6
内布拉斯加州	1899	10/60	M,S,	10	9	9	9.6	8.8
内华达州	1917	8/56	M,S,L			8	9.3	8.5
新罕布什尔州	1887[h]	10/60	M	9.7	10.25	10.25	9.5	8.3
新泽西州	1892[i]	155	M		10	10	9.4	8.2
新墨西哥州	1921[j]	8/56	M,L				9.7	9.1
纽约州	1886[k]	160	M	10	9	9	9.3	8.3
北卡罗来纳州	1915	11/60	M			11	10.3	9.4
北达科他州	1919	8.5/48	M,S,L,T			8.5	9.4	8.5
俄亥俄州	1911[m]	10/54	M		10	9	9.5	8.6
俄克拉何马州	1915[n]	9/	M,S,L,T			9	9.6	8.9
俄勒冈州	1903	10/	M,L	10	10	9	9.6	8.0
宾夕法尼亚州	1897[o]	12/60	M,S,L	12	10	10	9.7	8.6
罗得岛州	1885	10/60	M	10	10	10	9.5	8.5
南卡罗来纳州	1907[p]	10/60	CW	10	10	10	10.0	9.5
南达科他州	1923[r]	154	M				9.6	8.9
田纳西州	1908[q]	162	M	161	10.5	10.5	9.9	9.1
得克萨斯州	1913	10/54	M,S,T		10	9	9.9	8.9

理解性别差距：美国女性经济史

(续表)

州	第一部强制执行法			制造业法定每日工时			制造业计划工时	
	年代	工时	范围	1909	1914	1919	1909	1919
犹他州	1911	9/54	M,S,L,T	9	9	8	9.4	8.7
佛蒙特州	1912	11/58	M		11	10.5	9.4	8.7
弗吉尼亚州	1890	10/	M	10	10	10	9.9	8.8
华盛顿州	1901	10/	M,S,L	10	8	8	9.7	7.8
西弗吉尼亚州							9.7	8.8
威斯康星州	1911ʳ	10/55	M,S,L,T		10	10	9.7	8.9
怀俄明州	1915	10/56	M,S,L,T			10	10.3	9.4
制造业执行有效工时法的州数				20	33	40		
平均计划工时								
按员工人数加权							9.5	8.5
未加权							9.6	8.7

注：a. 在1887年，亚拉巴马州通过了一项8小时工作法（无法执行），并于1894年废除。

b. 棉纺织企业被豁免。

c. 在1895年被宣布违宪；1909年通过了一项10小时工作法。

d. 缅因州在1848年通过了一项10小时工作法（无法执行）。1887年的法律允许每周工作时间超过60小时，但要求雇员获得加班费。

e. 马萨诸塞州于1874年通过了一项被称为"无法执行"的10小时工作法，但Atack和Bateman（1988）指出，在该法律下至少有一个案件会在法庭上得到支持。

f. 密歇根州的法律在1893年进行了修订，仅适用于21岁以下的女孩；该法律在1907年再次规定了所有女性的工作时间。

g. 明尼苏达州在1858年通过了一项10小时工作法（无法执行）。

h. 新罕布什尔州在1847年通过了一项10小时工作法（无法执行）。

i. 新泽西州于1851年通过了一项适用于所有工人的10小时工作法，但该法律没有规定罚款或者处罚。1892年通过了一项仅适用于女性的55小时工作法，1904年被废除；并在1912年后又出台了一项10/60小时工作法。

j. 1921年的法律还规定了销售人员每天工作时间不得超过9小时，每周工作时间不得超过56小时；电话工作者白天工作时间最多为8小时，夜间工作时间最多为10小时。

k. 该法律仅适用于21岁以下的女性员工，但在1899年推广适用于所有女性。

l. 1863年，北达科他州通过了一项10小时工时法（无法执行）。南达科他州在1913年通过了一项法律，但允许工人签订每天超过10小时工时的合同。

m. 1852年通过了一项10小时工作法（无法执行），该法律在1880年被废止。

n. 俄克拉马州在1890年通过了一项10小时工作法（无法执行），该法律于1909年被废止。

o. 1848年通过了一项10/60小时工作法（无法执行），适用于宾夕法尼亚州纺织和造纸厂的所有工人。

p. "这法律适用于所有人；1911年通过的一项12/60小时工作法仅适用于女性。"

q. 田纳西州的法律于1907年通过，但在1908年1月1日后开始实施。1910年，实行每周工作时间减少至60小时。

■ 第七章 性别的政治经济学

r. 威斯康星州在 1867 年通过了一项 8 小时工作法（无法执行），该法律于 1913 年被废止。

工时：每天 / 每周。范围：M= 制造业；S= 销售；L= 洗衣店；T= 电话和电报；CW= 棉纺织品和毛纺织品。

许多早期的法律（如新罕布什尔州，1847 年；缅因州，1848 年；宾夕法尼亚州，1848 年；俄亥俄州，1852 年；明尼苏达州，1858 年）是不可执行的，因为允许工人与雇主签订超过最大工作小时数的合同。这些法律规定公司不能"强迫"工人的工作时间超过最大限制劳动时间。在此背景下，"可执行"还意味着该法律对违反者进行罚款或监禁，并且可以作为一份具有法律效力的文件来实施。制造业中规定的每日工时只包括可执行的立法措施；当没有每日最高限制时，则给出每周最高限制。对南方各州而言，制造业只包括纺织品生产。曾经有许多州（如阿肯色州、加利福尼亚州、特拉华州、爱达荷州、马里兰州、明尼苏达州、内华达州、新泽西州、新墨西哥州、纽约州、俄勒冈州和华盛顿州）普遍或在某些月份豁免了罐装食品加工行业的工时限制法律。附加或一些较小的限制适用于各州。计划工时指所有工人工作时间的平均值，即每周平均工时除以 6 天得到结果。关于时间数据，请参考戈尔丁（Goldin, 1988a）的研究。

资料来源：美国劳工部妇女事务局，《美国妇女劳动立法的时间发展》，公报第 66-11 号（华盛顿特区：政府印刷局，1932）；美国人口普查局，《美国第十三次人口普查（1910）》，第八卷，"1909 年制造业总报告和分析"（华盛顿特区：政府印刷局，1913b）；美国人口普查局，《1920 年人口普查》，《美国第十四次人口普查（1919）》，制造业普查（华盛顿特区：政府印刷局，1928）。

关于保护性立法，已经出现了两种相互矛盾的解释。一种观点认为，这项立法源于改革者对所有美国人工作条件的真正关注，并最终使女性从中受益。而另一种观点则认为，保护性立法旨在限制雇用女性，并以改革之名来推行这种限制。这两种观点都得到了历史资料的支持。[5]

1905 年，美国联邦最高法院裁定，限制男性和女性工作时间的立法违宪，因为该法律侵犯了劳动者自由签订合同的权利（New York v. Lochner）。之前，许多州都以相同理由废除了工时立法，即使该法律仅适用于女性，例如 1893 年通过的《伊利诺伊州 8 小时工时法》。但在 1908 年的穆勒诉俄勒冈案（Muller v. Oregon）中，美国联邦最高法院裁定限制女性工作时间的规定符合《美国宪法》。根据美国联邦最高法院所述，各州可以通过立法限制女性的工作时间，但不能限制男性的工作时间。俄勒冈州的这项立法被认为是符合《美国宪法》要求的，部分原因源自一份法律简报。在接下来的几十年里，这份简报成为区别对待女性的法律依据。穆勒诉俄勒冈案留下的影响远超支持俄勒冈州 10 小时工作制的判决。

当时，年轻的律师路易斯·布兰代斯（Louis Brandeis）与其在全国消费者联盟工作的嫂子约瑟芬·戈德马克（Josephine Goldmark）一起撰写了上述这份简报（Brandeis 和 Goldmark，1908）。他们对 10 小时工作制进行了讨论，主要基于该制度对女性及其后代的负面影响。简报依据男女之间固有的差异展开，其中女性孕育了下一代而男性则不然。[6] 这证明了女性因身体结构与男性存在差异而需要保护的观点。国家干预可能是合理的，理由是女性及其雇主行为可能伤害未来的生命，并且尚未出生的胎儿没有足够的民事权利能力。此外，女性自己也可能被迫长时间从事劳动。然而，布兰代斯、戈德马克的简报比表面上看起来的要更加微妙。

如果女性作为个体工人和群体更有力量，改革运动就不必组织如此激进的案例来保护她们。然而，与男性工人相比，女性工人的组织性较低。1914 年，只有 6.3% 的女性制造业工人加入了工会，而男性工人有 13.7% 加入了工会，其数量高于女性两倍甚至更多。[7] 正如之前多次指出的那样，女性工作者往往年轻、贫穷、在外国出生、流动性较高而且易受剥削。对于保护女性以及未出生的孩子，社会很容易达成共识，在案例中美国联邦最高法院也接受了这一点。许多社会改革者认为，为所有美国工人提供更好的工作条件是完全合理的。洛克纳（Lochner）案明确表明，缩短工作时间不可能通过综合性立法来争取，却可以针对某些特定群体（如女性）。许多改革者和劳工组织者都清楚地表达了这种策略。[8]

缩短工作时间的要求是自 19 世纪三四十年代棉纺厂罢工开始的。尽管要求缩短工时，但在 19 世纪美国各州的制造业每周工作时间仍普遍较长。对最长工时法进行的一种解释是，劳工认为这是降低所有工人工作时间的手段，但法律却只适用于女性。当时有位学者发表了具有说服力的表述："要求立法保证所有人缩短工作时间，推动了 8 小时工作制的实施。当这种不受限制应用的法规被证明无效时，对规定工时方面的尝试便集中在特定类别雇员身上。"（Cahill，1932，第 94 页）

缩短女性工人的工作时间是否会减少所有工人的工作时间，其确切机制尚不完全清楚。大多数女性只在纺织和服装两个行业就业，而男性工人则分散在更多行业中（详见表 3.4 和表 3.5）。由于行业和职业存在严重的性别隔离现象（见第三章），至少在短期内，几乎没有替代劳动力可以填补受工时限制女工的空缺。一些改革者认为，缩短女性工人的工作时间将减少女性密集型行业的每周工作时间，从而减少这些行业中男性工人的劳动时间。戴维·蒙哥马利（David Montgomery）赞同这个观点，他指出，在马萨诸塞州纺织业的案例中，"因为很少有工厂不依靠女性劳动力而还能长期运转，所以这项法律有效地建立了纺织业劳动的新标准"（1987，第 165 页）。一些改革者认为可能会出现从众效应，即男性工人特别是在那些有组织的行业中的男性工人，可能会在缩短工作时间方面获得让步。此外，某些行业缩短了工作时间也可能会鼓励同一城市其他行业一同缩短工作时间。

一种反对保护性立法的理由是，本国出生的白人男性支持工时限制，因为他们担心女性工人会抢走他们的工作机会。限制女性的工作时间可以减少对女性劳动力的需求。[9] 烟草和罐头行业的机械化降低了对熟练男性工人的需求，人们认为工时限制会阻碍其他行业从对男性工人的需求向对女性工人的需求的转变。

在历史记录中也有反对保护性立法观点的支持证据。在实施夜间工作法律的州，超过工作时间限制或要求雇员上夜班的公司都将无法雇用女性。有效约束在法律投诉中得到了体现，例如在两名女性制盒工人的案例中，她们声称伊利诺伊州的 10 小时工时法限制了她们赚取收入的能力（Kessler-Harris，1982，第 190 页）。然而，这些限制通常只对男性劳动力占主导地位的行业产生影响，如铸造厂、有轨电车、印刷和出版业。[10]女性工时限制的例子在第一次世界大战后的非传统行业中比较多见。工时限制有时被用来增加男性劳动者在工会谈判中的议价能力。例如，1919年纽约市有轨电车售票员同意将其每日工作时间从10小时增加到12小时，而女性则被限定为每日工作时间最长9小时；最终他们说服了纽约立法机关采取措施限制雇用女性。[11]但第一次世界大战后的发展也扭转了之前严格禁止女性就业的政策。例如，纽约州的女印刷工人曾面临夜间工作和每周工作时间受限的情况，这种情况最终在1921年才有所改善，使她们不受某些时间规定的限制（Baker，1925，第362—363页）。

20世纪早期的劳工改革者弗劳伦斯·凯利（Florence Kelley）清晰地阐述了关于保护性立法的两种相对立的观点：

尽管限制女性和儿童劳动时间的法规是出于健康和道德考虑而制定的，但常常受到其他动机的驱使。在很多情况下，男性感到自己的职业被不受欢迎的竞争对手所威胁，并要求限制这些竞争对手的工作时间……在其他情况下，男人希望减少自己的工作时间，尽管法院拒绝了这一要求，但他们却通过间接限制女性和儿童的劳动时间实现了合法减少工时的目的，因为女性和儿童的工作与他们自身的工作密切相关。[12]

从历史的角度来看，凯莉无法预见到保护性立法与真正的男女平等会在接下来的半个世纪里产生对立。因此，了解保护性立法的前因后果具有新的历史意义。

如果那些倡导限制女性就业的人支持保护性立法，并且实际上达到了他们的目的，那么保护和平等之间的最终冲突反映的是对约束女性就业和工作机会的愿望。然而，如果保护性立法对女性劳动者甚至所有劳动者都有益处，那么在追求保护和平等这两个目标之间就需要进行权衡。

为了评估这些假设中哪一个是正确的，我研究了1909年至1919

年保护性立法对工作时间和 1919 年女性就业的影响。之所以选择 1919 年,是因为保护性立法可能在 1900 年减少了女性就业,但到 1919 年却没有产生影响。20 世纪 20 年代初,在女性获得选举权并在爱丽丝·保罗(Alice Paul)成立全国妇女党(NWP)之后,关于保护和平等的辩论开始出现;直到爱丽丝·保罗提出《平等权利修正案》,才使得保护性立法与平等目标发生直接冲突,尽管此前各种群体和个人曾对工作时间限制提出了质疑。

可以通过估计立法对所涉及部门女性工作时间和就业的影响,来评估关于保护性立法的两种对立观点。尽管通过分析可以解决最长工作时间立法对工作时间和就业的实际影响,但它无法解释立法通过的原因。保护性立法的动机可能是出于人道主义关切和缩短男女工作时间的愿望,但这可能导致女性就业规模减少。还有一种选择是,虽然通过立法限制了女性就业,但可能促使雇主减少所有员工的工作时间。

最长工作时间立法通常适用于制造业的女性,尽管各州也有涉及商业和其他就业领域的相关法律(见表 7.1)。在 1909 年和 1919 年的制造业普查中,可以获得计划工作时间方面的数据,但这些数据是按行业或州统计的。在下面的分析中,我们使用了多种技术分别估计法律对男性和女性工作时间所产生的影响。[13]

工时及最高工时立法对就业的影响[14]

需要研究的首要问题是,1919 年最长工作时间立法是否对减少工时有所帮助,或者换句话说,是否与男性和女性制造业工人每周工作时间的减少有关。研究将平均工作时间表示为男性和女性工时的线性组合,每个州(哥伦比亚特区)的所有制造业工人在 1919 年的平均每周计划工作时间($Hours\ 19$)是根据导致工时在各州之间变化的变量进行回归分析得出的，例如南方地区（*South*）和城市人口百分比（*% Urban*）。此外还考虑了女性在制造业领域就业所占比例（*% Female*），现存最长工作时间法律情况（在1914年或1919年法律实施），[15] 以及最后这两个变量交互项（*% Female×Law*）。回归方程为：

$$Hours\ 19 = 54.7 + 1.73\ South - 0.059\ \%\ Urban + 0.041\ \%\ Female$$
$$(55.7)\ (3.01)\qquad (3.87)\qquad\qquad (0.48)$$
$$- 1.82\ Law + 0.035\ Law \times \%\ Female$$
$$(1.56)\qquad\quad (0.35)$$

R^2=63；观测次数 = 49次；括号内为 t 统计绝对值

因此工作时间立法于1914年被明确。[16]

结果显示，工作时间立法与男性和女性制造业工人每周工作时间缩短约1.8小时存在相关性。男女工人的薪资减少幅度没有明显差别。工作时间立法与每周工作时间缩短之间的关系并不意外。然而，这一发现的奇怪之处是男性和女性劳动者工作时间都出现了下降；毕竟，最长工作时间立法只适用于女性员工。但结果可能有偏差，因为男性和女性的劳动时间是汇总统计的结果，立法对女性工作时间的影响是通过统计程序推断出来的。需要强调的是，1909年各州之间存在着不同程度的劳动时间差异，并且与各州最终实施的法律无关；也就是说，工作时间较长的州没有实施更严格或更宽松的法律，这可能导致法律和工作时间之间出现虚假相关。

制造业普查也列出了行业和各州的计划工作时间，由此可以推测出几乎没有雇用女性员工的行业工作时间减少的情况。对符合标准的铸造厂进行了类似的估计，证实了所有行业均符合这个结果。事实上，实施最长工时立法的州（仅限女性），铸造厂工人计划工时的减少幅度与上述估算结果一致，工人工时减少了约1.8小时。[17] 研究结果支持了这样一种观点：在劳工强烈要求缩短总工作时间的州，保护性立法得到了批准。这个推论可以通过 1914 年和 1919 年各行业分类数据来直接检验，该时期所有美国人的劳动时间都呈大幅下降趋势。

每个州选出两个规模最大的女性密集型产业和两个规模最大的男性密集型产业进行分析。在两个规模最大的女性密集型产业中，女性平均约占劳动力的 50%；然而，在两个规模最大的男性密集型产业中，女性占劳动力总数的比例不足 2%。因此，男性密集型产业工人不可能将女性视为其就业的直接威胁，例如木材和铁路行业只雇用少量女性工人。

将 1914 年的每周工作时间限制和其他变量作为自变量，对 1914 年至 1919 年间各州各行业所有雇员的工作时间进行回归分析，从而来解释各州之间的工作时间差异。在这段时间，大部分行业和大多数州的工作时间出现了显著下降；毕竟，这是一段劳动力需求增加的时期，是美国工会力量达到最高点且移民数量相对较少的时期。男性密集型行业的工作时间减少了 3.4 小时，女性密集型行业的工作时间减少了 4.4 小时，降幅约为 7%。[18]

将 Δ 男性计划小时数（Δ *Male hours*）定义为 1919 年男性的平均计划小时数减去 1914 年男性的平均计划小时数，Δ 女性计划小时数（Δ *Female hours*）与男性的定义相同。*Limit1914* 表示 1914 年的每周工时限制。可以得出下面的回归方程：

$$\Delta \textit{Male hours} = -20.24 + 0.256 \, \textit{Limit 1914} + 1.39 \, \textit{South}$$
$$(3.65) \quad (3.06) \quad\quad\quad (1.61)$$
$$+ 0.0362 \, \% \, \textit{Urban}$$
$$(1.64)$$

R^2=0.22；括号内为 t 统计绝对值

在对 49 个州（包括哥伦比亚特区）进行估算后得到的结论表明，1914 年工作时间限制与 1914 年至 1919 年间男性工作时间减少呈正相关关系。工作时间限制的下限值越小，男性工作时间的缩小幅度越大。然而，女性工时的下降与1914年的工时限制无关。女性的回归方程如下：

$$\Delta Female\ hours = 4.27 - 0.090\ Limit\ 1914 + 0.11\ South$$
$$(0.85) \quad (1.19) \quad\quad\quad (0.14)$$
$$+ 0.0569\ \%\ Urban$$
$$(2.85)$$

$R^2 = 0.17$；括号内为 t 统计绝对值

综上所述，这些结果支持了一种假设，即在那些最终导致男性劳动者工时减少的州中，从事男性密集型行业的劳动者会积极游说政府以实施更严格的工时限制。在这些州中，木材是占主导地位的男性密集型产业，在第一次世界大战的特殊环境下，产业工人联盟领导了连续不断的罢工活动（见Hidy等，1963，第332—351页）。

1909年至1919年间，尽管工时限制与所有工人（无论男女）的工时减少有关，但工时限制立法可能导致了女性就业机会的减少。针对最长工作时间限制立法最明显的控诉是，它约束了女性工人并导致雇主不再聘用她们。在各大城市的印刷出版业和有轨电车上工作的女工受到工时限制的明显约束。然而，在整个城市范围内进行的分析显示，平均而言，制造业中的女性就业并没有减少。因为根据1920年城市的分析结果（见第六章）显示，可以看出女性劳动参与率与较低计划工作时间呈正相关关系，并且缩短工作时间可能增加了女性就业机会，这个结果可能是通过使工作更加愉快、方便以及符合家庭责任来实现的。

为了检验最长工作时间立法是否减少了女性在制造业的工作机会，这里基于1919年（Fem 1919）女性在制造业所占份额（以州来划分），对影响因素以及相关法律进行了回归分析。其中一个被称为"限制性措施"（Restrictive）的变量衡量了1909年的制造业工人受最长工作时间立法（1914年实施）约束的程度。[19] 因此，如果1909年60%的劳动者每周工作时间超过54小时，而1911年立法将工作时间限制在 54 小时，则该变量将等于 0.60。回归方程还包括 1909 年女性在制造业中所占比例（*Fem* 1909），同时引入虚拟变量来说明该州是否在 1905 年至 1914 年间通过了第一部最长工作时间立法（*Law* 1905—1914），并考虑南方（*South*）和城市化（*%Urban*）的影响。基于 49 个州和哥伦比亚特区的数据分析得出：

$$Fem\ 1919 = -0.013 + 0.753\ Fem\ 1909 + 0.01\ South$$
$$(1.28)\quad (11.4)\qquad\quad (1.16)$$

$$+\ 0.0003\ \%\ Urban - 0.0157\ Law\ 1905{-}14 + 0.0181\ Restrictive$$
$$(1.44)\qquad\qquad (1.83)\qquad\qquad\qquad (1.39)$$

$R^2 = 0.86$；观测次数 = 49；括号内为 t 统计绝对值

结果显示，法律约束性并没有对女性在制造业中的就业产生负面影响，反而可能带来一些积极的效果。1905 年至 1914 年通过的最长工时立法与制造业女性就业比例的小幅下降有关。对销售部门的类似估算表明，法律约束的正向影响更显著（详见 Goldin, 1988a），而 1905 年至 1914 年通过的第一部法律所带来的负面影响更小。因此，限制工时的法律可能与女性在销售部门所占比例的增加有关，并且似乎与女性在制造业就业比例的减少无关。

保护性立法与平等

在 1920 年前后，保护性立法几乎未对女性就业产生不利影响，与法律实施较为宽松的州相比，严格执行工时法的州工人工时下降幅度更大。当然，有部分女性的就业受到了法律的约束。但从工会领袖、改革者或希望减少工作时间的劳动者角度来看，为最长工作时间立法和其他类型的保护性立法付出一定代价是值得的。许多"社会女权主义者"在 20 世纪 20 年代后期参与美国劳工部和其他部门的"女性事务",她们年轻时曾是制造业工人。对她们来说,保护性立法是女性工作者集体行动不可缺少的替代品。她们可能是正确的,尽管确切机制尚不清楚,但保护性立法与所有工人工作时间下降有关,并且最长工作时间立法只对就业产生了很小的影响。然而,由于对确保两性权益真正平等的反对,导致保护性立法的实际成本开始迅速上升。尽管如此,仍有许多争取缩短工作时间和改善工作条件的人铭记着这些好处。

《美国宪法第十九修正案》通过后,全美女性选举权协会的激进派组成了全国妇女党(National Woman's Party)。在爱丽丝·保罗的带领下,全国妇女党开始了争取实施《平等权利修正案》(ERA)这一漫长而尚未完成的运动。全国妇女党要求"不再禁止女性从事任何职业,并且所有对男子开放的职业都应对女性开放,男性和女性在劳动时间限制、条件和报酬等方面应该是相同的"。(Baker,1925,第432页)

爱丽丝·保罗起草的《平等权利修正案》规定:"在美国各地及其管辖范围内,男女享有平等权利。"(Becker,1981,第19页)1923年仅有三个州没有批准该法案,在经济大萧条时期和第二次世界大战结束后这仍是一个悬而未决的问题。1971年,众议院最终通过了《平等权利修正案》,1972年参议院也通过了该法案;但由于受到各州反对团体的阻挠,《平等权利修正案》最终未能获得批准。自20世纪70年代以来,对《平等权利修正案》的反对显然与保守势力有关;但在早期,批评者群体更加多元化。1923年最初的批准失败后,支持保护性立法的组织立即联合起来反对《平等权利修正案》。包括费利克斯·法兰克福特(Felix Frankfurter)在内的20世纪20年代最优秀的法律学者认为,平等权利和保护性立法是不相容的,并主张拥抱平等权利意味着放弃保护性立法。[20]

从20世纪20年代到60年代,许多自由主义者对《平等权利修正案》持反对态度,而保守主义者则通常支持该法案。那些能从真正平等中获得最大利益,并在终止保护性立法方面损失最小的专业女性和商业女性,通常为《平等权利修正案》辩护;而反对者通常是"社会女权主义者",她们认为女性将因失去保护性立法而遭受损失。自由主义者继续使用与进步时代改革者相同的术语来定义女性劳动力,即年轻的、贫穷的、临时的、无组织的女性工作者,并强调她们更需要被保护而不仅仅是寻求平等。[21] 保护性立法推迟了一项旨在反对歧视女性的国家政策,该政策将女性定义为边缘工人,并引起了针对真正平等的反对。

联邦政府与女性的经济地位

对女性的差别待遇由各州和联邦政府立法,并得到法院的批准。这是社会和家庭稳定的众多支柱之一,并且出于其他原因,被看作"家长式"管理风格而非歧视。相较于性别歧视,美国人更容易理解有害的种族歧视。直到20世纪60年代,很少有美国人意识到性别歧视的严重性和影响。"对黑人的歧视引起了愤怒,"卡洛琳·伯德(Caroline Bird)指出:"但是对女性的歧视却让大多数人觉得好笑。"(Bird,1968,第4页)白人和黑人在收入、职业和受教育程度上的差异被更合理地解释为机会不同而不是选择不同的结果。男女之间的差异似乎不太容易解释。对许多美国人来说,黑人和白人生来平等,但男性和女性则不然。

有许多因素可以用来解释性别差异。男性和女性选择成立家庭;孩子需要母亲在家里照顾一段时间,这必然会对女性职业产生影响。目前还不清楚观察到的差异有多少是由选择所致,有多少是由机会引起。即使是对歧视的度量,如第四章所讨论的"工资歧视",也不能准确地解释差异产生的原因。在20世纪60年代,争取性别平等运动需要一份文件,能够向持严重怀疑态度的观察者证明女性受到与男性不同的待遇，并且这种差异并非由于她们的选择所致。这份文件是由 1963 年妇女地位总统委员会提供的。

妇女地位总统委员会，1963 年

1963 年，妇女地位总统委员会发布了期待已久的报告。该委员会于 1946 年就提出了关于妇女地位总统委员会的设想，并在 1961 年应埃莉诺·罗斯福的要求由时任美国总统肯尼迪签署行政命令，建立了妇女地位总统委员会。妇女地位总统委员会在促进女权主义和平等事业方面的作用目前还有待商榷。虽然这可能是一段近代史，但各种研究得出的结论一致认为，妇女地位总统委员会发挥了重要作用（Harrison，1988；Mathews，1982）。它的影响首先通过报告本身发挥作用，其次则通过激励基层行动的州委员会发挥作用。我们将重点研究第一种影响。

妇女地位总统委员会是根据行政命令设立的，旨在审查六个领域的进展情况并提出建议，包括私人就业、保护性立法和政府招聘等。妇女地位总统委员会编写了最终总结报告《美国女性》（1963）以及小组委员会的 6 份独立报告。私人就业小组委员会由经济学家理查德·莱斯特（Richard Lester）领导，他同时也是妇女地位总统委员会成员之一。作为一名经济学家，莱斯特深知男女之间收入和职业差异并不是构成有害歧视的最初证据，就像男性之间也存在差异一样。相反，他和其他小组委员会主席都认识到，只有列出限制女性和差别待遇的清晰且无可争辩的事例才能确定存在对女性的有害歧视。

最终报告明确指出了在各个领域都存在针对女性无可争辩的歧视。在公务员的聘用和晋升政策与实践中，歧视现象显而易见；即使男女具备相同资格，主管人员可以并且确实会根据性别来安排人选。各种研究表明，私营部门经常违反同工同酬的规定。州法律对女性最长工作时间的规定明显阻碍了她们从事专业和管理职位，就像夜间工作时间立法阻碍了其他人就业一样。实施禁止女性担任陪审员和持有财产的州法律也属于歧视性行为。

这份报告并不是一份激进的声明。其作者中只有一人对立法确保女性就业平等投了反对票；他们不想废除保护性立法，并重申了家庭的重要性和女性在家庭中的重要作用。妇女地位总统委员会成员和大多数美国人一样，将性别歧视和种族歧视看作不同的问题："社会的共识是性别歧视的性质及其原因与种族歧视存在本质不同，因此有必要制订单独的计划来消除女性在就业和晋升方面所面临的障碍。"（妇女地位总统委员会，1963，第8页）

然而，妇女地位总统委员会的报告毫无疑问地确认，在私营和公共就业以及各州的法律中存在对女性的歧视。此外，这种歧视对整个国家造成了不利影响。美国公众需要一份强有力的、权威且明确的声明来唤醒他们对长期以来存在歧视行为的意识。妇女地位总统委员会的报告正满足了这方面的需求。[22]

1963年《同工同酬法案》和1964年《民权法案》第七章

当1945年首次提出《同工同酬法案》时，它是一种阻挠《平等权利修正案》的策略，当年众议院司法委员会投票支持了《平等权利修正案》（Harrison，1988）。男女同工同酬的原则在1963年时并不是一个新概念，它有着漫长而矛盾的历史。在和平时期和两次世界大战期间，工会经常要求实行男女同工同酬以保证男性工人的工资不会被女性工人压低。例如，在19世纪60年代早期，男性印刷工人要求对女性同行采取"同工同酬"政策——与其说是为了公平，不如说是为了保护自己免受针织业低薪的影响（Baron，1982）。国际机械师协会谴责第一次世界大战期间"付给女性尽可能少的工资来剥削女性"的做法，并呼吁"同工同酬"（纽约劳工部，1919，第45页）。第二次世界大战期间，国家战争劳动委员会通过1942年第16号总统令，在推进同工同酬方面取得了一定进展，并再次保护了男性工人的工资不受低薪女性的影响（Kessler-Harris，1982，第289页）。

同工同酬原则显然是市场中两性平等政策的核心。许多自由主义者，如约翰·肯尼迪不支持《平等权利修正案》，因为其与保护性立法相冲突；但却支持《同工同酬法案》，因为它不会危及现有法律。《同工同酬法案》最初使用"可比工作"一词，但后来改为"同等工作"。考虑到在整个经济中，特别是在公司之间存在严重的职业隔离，在公司内部，《同工同酬法案》对男女职业和收入的差异几乎没有影响。此外，该法案没有对行政执法事项做出规定，只涉及《公平就业标准法案》覆盖范围内的工作。因此，同工同酬在反对歧视方面一直是一个相当薄弱的原则。

《同工同酬法案》立法通过以及妇女地位总统委员会发布报告一年后，1964年《民权法案》获得通过。该法案已成为"禁止就业歧视的联邦和州法律中最全面和最重要的法案"（Babcock等，1975，第229页）。1964年《民权法案》第七章禁止基于种族、肤色、宗教、性别或国籍在雇用、晋升等方面的歧视行为。然而直到该法案通过的前一天，"性别"这个词才出现在文件中。对于在该法案第七章中插入"性别"一词存在相当大的争议。据悉，国会议员霍华德·史密斯（Howard Smith）在投票前一天提出了"性别"这个词。有人声称他这样做是为了阻挠他所反对的《民权法案》通过；然而，包括史密斯本人在内的其他人坚持认为，如果该法案获得通过，他希望保护白人女性与黑人女性享有平等待遇。有观点认为，作为《平等权利修正案》的支持者，史密斯接连不断地遭受来自全国妇女党

（NWP）的压力；但也有其他人认为，实际上他持相反的主张，并把整个事件视为一出闹剧，将以此使得该法案无法通过。[23]

1964年《民权法案》与第十四条修正案和第十五条修正案的通过存在有趣的相似之处。它们都要求女性推迟她们的诉求，以便进一步推动种族平等事业的发展。在南北战争结束时，女性参政论者和废奴主义者倡议将女性选举权纳入第十四修正案和第十五修正案，但即使是她们的废奴主义者朋友也放弃了这个目标（参见1944年Myrdal敏锐的评论，附录5）。如果不是因为1964年《民权法案》中突然引入了"性别"一词，女性可能也会失去选举权。然而，在1964年，女性被告知不干涉政治不仅符合民权运动的最佳利益，而且对她们自身也有好处。卡罗琳·伯德写道："1964年，自由主义者和大多数女性组织反对在《民权法案》中增加'性别'要求，主要是因为她们不想破坏对黑人的保护，而且担心在法律面前男女之间的绝对平等可能会损害女性的权利和特殊待遇。"（1968，第6页）

1964年《民权法案》将"性别"一词纳入其中，这是一个意外，甚至是一个笑话；表明动员美国人通过保障性别平等的立法是多么困难。即使在1964年《民权法案》第七章获得通过并设立了平等就业机会委员会（EEOC）来接受和调查就业歧视的指控之后，用于应对性别歧视的资源仍然极其有限。早年，平等就业机会委员会积极调查报纸招聘中标明种族的广告，但不追究写明性别的类似案件。平等就业机会委员会回避了可能违背州保护立法的案件，例如禁止女性上夜班。事实上，1966年成立的全国妇女组织向平等就业机会委员会施压，要求其处理与性别歧视相关的案件（Harrison，1988）。

图7.1显示了向平等就业机会委员会提出控诉的案件总数以及按性别分类的控诉所占的百分比。从1966年至1970年，平等就业机会委员会所受理的案件增长缓慢，但在20世纪70年代初到1976年间急剧增加，特别是在1972年《平等机会法案》强化和扩大了1964

年《民权法案》第七章的覆盖范围之后，增加更快（详见 Beller，1982）。在平等就业机会委员会成立时，所有案件中有四分之一与性别有关，但这一比例逐年下降，到 1969 年时下降到 18%。从 20 世纪 70 年代初至 1973 年，涉及性别的案例占比激增至三分之一，此后一直保持在 30% 左右。

不满的根源

在 20 世纪 60 年代以前，很少有美国女性承认性别歧视影响了她们的收入和就业。我并不是说在 20 世纪 60 年代之前，女性没有对她们在劳动力市场上的待遇感到不满，特别是受过教育的女性认为禁止她们就业，尤其在专业领域的就业是对女性的一种轻蔑。第二次世界大战后大量女性遭到解雇引发了女性群体的愤怒。20 世纪 30 年代实施的婚姻限制政策以及美国联邦政府对已婚女性的解雇，使越来越多的女性公开发表关于她们遭遇的言论。[24] 然而，大部分女性对其无法晋升和参加培训却默不作声，以及对在经历和教育相同的情况下存在收入差异也保持沉默。而且她们的沉默是习俗和偏见的产物，就像美国黑人的沉默一样。女性需要一种认知来辨别不公正，同时需要一种意识形态来唤醒她们并让她们团结起来。20 世纪 60 年代，受过大学教育的中产阶级女性明确表达了不满，并最终引发了 20 世纪 60 年代和 70 年代的女权主义复兴（Freeman，1975）。虽然贝蒂·弗里丹在其 1963 年的著作中描述了这种早在 20 世纪 20 年代就已存在的明显的不满情绪（Cowan，1983），但实际上是接受过大学教育的女性的期望与现实的严重背离激起了一场声势浩大的群众运动。

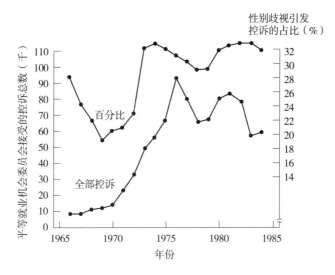

图 7.1　平等就业机会委员会接受的控诉（1966—1984）

注和资料来源：平等就业机会委员会，《1966—1984 年度报告》。总数是在给定的年度内向平等就业机会委员会提交的所有新控诉。与性别歧视相关的控诉比例由不同的总数得出。由于平等就业机会委员会以一种涉及重复计算的方式加总控诉，因此这里的总数是所有原因控诉的总和。由于平等就业机会委员会管辖权的变化，1981 年至 1984 年期间因年龄歧视而提起的控诉被取消。

"歧视"的观念

"歧视"表示在投入相同的情况下，收入和职业在性别上存在明显的不平等结果。19 世纪和 20 世纪初，大部分有偿职业集中在制造业和农业，收入的不平等被认为是由于男女在力量、耐力、动力和雄心方面的内在差异引起的。例如，巴特勒（Butler）指出："对婚姻的期望……阻碍了女性的职业抱负。这种缺乏野心……限制了效率，并将她们局限在辅助性的、无趣的和单调的工作上。"（1909，第 373 页）有些差异被认为是由社会所决定的，例如拒绝让女性做学徒，不仅因为她们自身不愿意留在这个行业，也因为社会上普遍认为给予或接受培训对女性来说是不合适的。[25]

本书第四章的计算结果显示，给定特征差异，与1940年之后的时期相比，1900年前后男女制造业工人之间的收入差异较小。"工资歧视"指标显示，每个人获得的收入或多或少与其为劳动力市场带来的生产特征相匹配。因此，关于19世纪和20世纪初男女在收入和职业上存在差异的断言可能有一定道理。

但是，随着文书、销售和专业部门职业的增长，"工资歧视"也在显著增加，这些行业依赖脑力劳动而不是体力劳动，并倾向于用正规教育代替在职培训。在初级职位上，男性和女性可以相互替代。回顾第四章可知，从事文书工作的女性通常与男性一样从初级职员开始做起，但男性会随着工作时间的推移而晋升，女性则通常没有这样的机会。获得晋升的女性几乎总是被局限在专为女性保留的职业中，这明确地反映了公司政策问题。尽管男性和女性具有实际相同的生产特性并且工作年限也相同，但在工作几年后，男性和女性的收入和职业发展却出现了巨大的差异。第四章还探讨了为什么公司发现即使从长远来看，提拔男性员工而非女性员工也是有利可图的，以及根据性别划分职业有利于公司发展的原因。问题在于为什么女性很少对日渐扩大且明显的不平等现象发出声音。

部分原因与适当行为的定义和对越界行为的惩罚规范有关。正如第四章所提到的，职业具有"性别光环"，光环已经明确了男性和女性在职场中应该追求的职业。例如，19世纪后期，打字工作对女性来说过于辛苦。然而很快，在没有技术变化的情况下，打字成了典型的女性职业（Davies, 1982）。打字工作的必要条件由艰苦付出转变为灵活灵巧。因此，女性的满意度可能存在循环效应。性别隔离的职业很快与性别差异联系在一起，但这并不一定是职业隔离最初理由的一部分。对女性来说，表达不满就等同于拒绝某种特质，从而接受另一种特质。

确保劳动力市场规范的惩罚措施通常会涉及另一个市场，即婚姻市场。定义了女性适当工作的规范之所以成功，部分原因是不当行为需要付出沉重代价。对于许多女性来说，最极端的代价就是完全放弃婚姻。婚姻在美国几乎是一种普遍存在的制度。白人女性结婚的比例从未低于90%，在1816年至1930年期间出生的人群中，这一比例普遍接近95%，用欧洲标准来衡量，这一比例非常高。由于婚姻具有普遍性，不准备结婚则被认为是离经叛道，而这种行为通常基于更高层次的需求，如奖学金、宗教或人道主义关怀等。对女性而言，最大的职业障碍通常是那些要求未婚女性的行业。例如，在19世纪末和20世纪初进入大学或图书馆工作的年轻女性最后很可能进入了修道院，最终几乎终身不结婚（详见Garrison，1979）。对于那些选择非典型行业工作或接受非典型行业培训的女性来说，已经违背了传统观念。挑战市场规范通常会将其他社会关系置于危险之中，这其中包括但不限于婚姻关系。因此，维持规范并在抑制女性不满方面存在着强有力的制约措施（Axelrod，1986，关于规范和惩罚的讨论）。

根据第四章的估计，到1940年，在办公室工作的男性和女性收入差异中有40%无法通过生产特征差异来解释。美国劳工部妇女事务局公报（美国劳工部，1942）开展了关于"工资歧视"的调查，并指出了男女文书人员在收入和职业方面存在巨大差异。这份报告评论了婚姻限制政策的存在以及许多只针对男性或女性开放的职业。但是，尽管有强有力的证据表明，职业隔离由公司政策强制要求实施，且经常解雇已婚女性，但从未使用"歧视""偏见""成见"等词来描述其结果。

在我研究过的文件中，有观点认为男性和女性存在群体差异，因此第四章所定义的"统计歧视"在某种程度上解释了这种差异。习俗和传统也可能起到一定作用。然而，在20世纪60年代之前，并没有明确将男女收入和职业差异定义为"歧视"的结果，历史对女性的影响实际上是沉默的。历史的声音如此沉寂的原因之一是，在20世纪50年代之前，大多数职业女性都很年轻且未婚，并在结婚时离开了劳动力市场。20世纪60年代，随着成年已婚女性劳动力的增加，女性接受大学教育程度的提升以及女权运动的兴起，这种沉默被打破了。

正如乔·弗里曼（Jo Freeman, 1975）和其他学者指出的，20世纪60年代接受过大学教育的中产阶级女性对未来有更高的期望，并将自己的成就与丈夫及男性同龄人进行比较。然而，她们可能会发现，女性作为一个群体，远远达不到这些标准（参见Mathews, 1982；O'Neill, 1969）。正是这些受过大学教育的女性意识到并表达了对劳动力市场结果最大程度的不满，也因此引发了20世纪六七十年代女权主义复兴。在美国历史上也曾经存在过一段由受过教育的中产阶级女性联合起来争取平等权益的时期，但现在她们占据了主导地位。在20世纪60年代，拥有大学学位的女性比例增加了（见图5.5），同时，第二次世界大战后的"婴儿潮"也意味着20世纪60年代和70年代拥有大学学位的女性数量显著增加。

大学毕业生的不满情绪

大学毕业生广泛存在的不满情绪可以追溯到20世纪50年代，受过良好教育的女性普遍职业选择受限。正如在第六章中提到的，20世纪50年代劳动力市场最终接纳了年长已婚女性，正如20世纪20年代接纳拥有高中教育文凭的女性一样。但是，接受大学教育的年轻女性发现，除了教学、护理、图书馆和社会工作之外，并没有很多与她们所接受的教育相匹配的工作机会。

在《1957年赫西报告》中（见第六章），几位雇主对接受过大学教育的女性在就业方面发表了评论。有人认为，问题在于女性是否会在公司工作足够长的时间，进而值得在职或离职后接受培训。北美保险公司代理人说："大多数应聘的女孩并不期望有事业，而少

第七章 性别的政治经济学

数有事业追求的女孩,在几年内就改变了计划……因此,公司不雇用女性大学毕业生从事职业工作。"(1956年9月12日)然而具有讽刺意味的是,其他人则面临相反的问题;因为公司主要雇用女性高中毕业生,接受过大学教育的女性会感到厌倦并会很快离开。商人银行和信托公司指出:"银行曾试图聘用大学毕业女性担任出纳员,但几个月后,她们开始质疑自己为什么整天数钱……培训出纳员的成本很高,所以人力资源部门需要找到能够在银行工作超过……的女大学生。"(1956年11月19日)米利亚姆·赫西(Miriam Hussey, 1958)在其最终报告中得出结论:"女大学生仍然没有多高的地位。"

1957年,美国劳工部妇女事务局进行了一项全面而广泛的研究,关注接受大学教育的女性在美国经济中的地位。来自153所高校近6000名女性(占所有女毕业生的7%)在毕业几个月后接受了调查。收集到的信息包括学术经历(主修和辅修)、个人信息(年龄、婚姻状况、子女数量等)、经济信息(职业、工作周数和小时数、收入和丈夫的职业)以及其他信息,如女性对未来就业的期望等。此外,女性还被鼓励撰写更详细的陈述,描述她们的大学经历如何为她们进入劳动力市场做了准备。七年后的1964年,美国劳工部妇女事务局对这些女性进行了再次调查,原始样本中超过80%的人做出了回应。1964年的调查对1957年的调查中提出的问题进行了更新,如婚姻状况、子女数量、年龄、就业、收入和丈夫的职业等,并新增了如丈夫对工作的态度等问题。同样要求这些女性再次撰写更详细的陈述,描述她们的工作经历和她们为获得工作所做的努力。尽管早在1945年就已开展类似的研究项目,但"1957年和1964年大学毕业生调查"(1957/1964 College Graduate Survey)是美国首次大规模的大学女性纵向追踪调查项目。我们从美国国家档案馆中挑选了大约800份记录样本,并将其与两次调查结合起来(详见数据文献)。

毕业三个月后,84%的人成功找到了工作,其中54%是教师,

5%是注册护士。[26]有38%的女性成立了家庭,其中77%的人有工作,10%的人至少有一个孩子或者怀了第一个孩子。尽管许多女性计划离开劳动力大军来照顾家庭,然而大多数女性依然相信,她们会在晚些时候重返劳动力市场。1957年,只有14%的人希望追求"事业",另有8%的人表示她们将继续工作,但没有明确的职业规划。仅有8%的人表示不打算工作或者只会在家庭需要额外收入时才会工作。1957年,绝大多数人(71%)表示结婚或生育后将停止工作或仅在婚后短时间内继续工作。

这项调查并没有明确显示女性计划中断工作的时长。但是,通过将1964年与1957年的调查数据结合起来,我们发现,在那些表示将在1957年停止工作的人中,在1964年有77%的人表示计划在未来的某个时间重返工作岗位。因此,在71%的原始受访者中,有77%,即55%的人打算暂时中断工作,而剩下16%的人不打算重返职场。因此,综合两次调查结果可知,在1957年有21%的女性会持续工作,55%的女性不再继续工作,而24%的女性完全没有计划进入职场。大多数女性已经为从事如教师之类的工作做好了准备,这些工作既可以随时中断,又可以抚养孩子。到1964年毕业7年后,80%的女性已经结婚,并且其中81%的已婚女性有了孩子。

毕业几个月后,大多数人对大学教育为其就业做好的准备感到满意,尽管她们经常抱怨缺乏"更多的实践经验"和"丰富的课程"。一些评论认为,女大学生应该"具备打字和速记"技能。虽然大部分人从事了教学和护理等工作,她们已经接受过这些领域的培训,但即使接受过大学教育的女性也非常重视商业技能。尽管有些人认识到劳动力市场存在不公平,但仅有少数人对其感到不满;一位社会工作实习生评论说,她"发现很难找到一份与(她的)领域相关的工作……公司非常愿意安排男性,但很少为女性安排好职位"。对大多数人来说,她们的生活刚刚开始,新婚不久后孩子也刚刚出生。总体来说,她们对生活感到比较满意。但7年后,她们的观点发生

第七章 性别的政治经济学

了很大变化。虽然无法将年龄因素与经验、个人不满与对劳动力市场的不满完全分开考量,但其表达的内容明显有所改变。

1957 年的很多评论都在表达满意,而 1964 年却有越来越多的女性在表达沮丧:"在高管培训项目中,过去的经验……显示了对女性的巨大障碍。""和很多人一样,我觉得这份工作的薪水对大学毕业生来说太低了。""不幸的是,学校系统中存在一种惯例,即男性在行政和/或监督工作方面比女性更受青睐。""我有化学工程学士学位,最终却在图书馆工作。"一位女药剂师说:"我曾经历过雇主对雇用女性从事传统男性的工作持有偏见。""我问校长为什么没有考虑聘用我……他回答说他需要的是一个男性员工。"

在最近一项实证研究中,支持了这样一个观点:接受过大学教育的女性相较于其他女性更容易感受到就业歧视(Kuhn,1987)。1977 年的全国抽样调查结果显示,对于"你是否觉得在工作中因为你是女性而受到歧视?"这个问题,13% 的女性回答是肯定的;但是,如果只考虑年龄在 25 岁至 34 岁之间且接受过大学教育的女性,感受到"性别歧视"的人数增加了近 3 倍,达到 35%;如果对于年龄在 55 岁至 76 岁之间,接受过高中教育的女性,这种看法就会下降到不足 1%。在接受过大学教育的所有年龄段女性中,约有四分之一的人感到受到了歧视。[27] 因此,1977 年女性雇员感受到"性别歧视"的人数随着教育程度的提升而显著增加,随着年龄的增长而减少。

根据这些发现,人们可能会认为,接受过大学教育的年轻女性比年龄较大、受教育程度较低的女性更容易遭受"工资歧视"。但事实似乎并非如此。相反,研究发现,"工资歧视"的估计(类似于第四章的计算结果)与自我感受的"歧视"呈负相关关系。那些遭受过明显歧视的个体不可能报告她们所遇到的偏见;而那些遭受"工资歧视"最少的个体——更年轻且受教育程度最高的群体——则最有可能报告自己受到了歧视。受过大学教育的年轻女性可能更容易遇到其他形式上的歧视,或者可能对歧视更敏感,因此更容易主动报告所经历的歧视情况。

这两种解释均符合许多劳动经济学家的观点，即歧视案件通常是由接受过高等教育的女性提起的。同时，这两种解释也都支持了这样一种观点，即接受过大学教育的女性和年轻女性对自己在劳动力市场上的待遇表达了更多的不满。库恩的文章以及"1957年和1964年大学毕业生调查"结果表明，随着女性大学教育程度的提高，人们越来越认识到劳动力市场对女性在某种程度上是不公平的。人们普遍认为劳动力市场存在偏见，《同工同酬法案》（Equal Pay Act）和1964年《民权法案》第七章（Title Ⅶ）在改变现状方面收效甚微，这种现象引发了一场要求薪酬平等立法的运动，该运动在公共部门和美国许多大型机构中逐渐发展壮大。

性别的新政治经济学：
可比价值与1964年《民权法案》第七章

男女收入差异通常是不同职业分配的结果。例如，第四章分析的1940年调查结果显示，办公室职位经常故意按性别隔离，女性的晋升机会受到严重限制。最近的几项研究表明，在保持个人特征和行业不变的情况下，职业中女性劳动力的比例与女性和男性的工资差异存在负相关的关联。根据这些研究，职业的性别构成可以解释女性和男性收入差异的10%到30%（Johnson和Solon，1986；Sorensen，1989）。

《同工同酬法案》不可能消除因职业不同而产生的薪酬差异，因其只适用于同一职业中男性和女性之间存在薪酬差异的情况。1964年《民权法案》第七章在消除因工作和晋升差异而产生的薪酬不平等方面存在明显的缺陷。[28]然而，1964年《民权法案》第七章的措辞和相关的《贝内特修正案》（Bennett Amendment）留下了一种可能,即"同工同酬"的主张在法律上是合法的。《贝内特修正案》被附加到 1964 年《民权法案》第七章,并以一种直到最近还令大多数法律学者感到困惑的方式将其与《同工同酬法案》联系在一起。《同工同酬法案》在两个方面受到限制;它只适用于狭义概念下的"同工同酬",并规定了雇主可以提出抗辩理由,例如因成绩和资历差异而支付不同的工资。1981 年,在具有里程碑意义的华盛顿县诉冈瑟案中(County of Washinton v.Gunther),美国联邦最高法院裁定《贝内特修正案》仅适用于对《同工同酬法案》进行辩护,并不适用于其限制的部分。然而冈瑟案的裁决并没有明确 1964 年《民权法案》第七章是否可以实际扩展至可比价值情况(美国国家事务局,1984)。

工作的可比价值是"同工同酬"原则的延伸,正如西德尼·韦伯在 1891 年所指出的,"同工同酬"[29]的问题在于,"除了极少数情况外,很难发现男性和女性在同一地点、同一时代从事完全相似的工作"(Webb,第 638 页)。尽管 20 世纪 80 年代末比 1891 年更有可能遇到男性和女性在同一职业中工作,但他们仍然存在着从事非常不同工作的情况。由于不同工作的特点造成的收入差异部分可以通过运用可比价值原则来消除。可比价值原则指出,同等或可比价值的工作应该得到同等的报酬。问题在于如何确定可比性。判断一项工作所需的难度、技能和责任等因素有多种方法,公司通常会聘请人事顾问来评估其薪酬计划。人事顾问为每个因素(例如,工作的责任、所需的技能水平)赋分,然后将这些分数加起来,以确定每种职业的"价值"。

自冈瑟案判决以来,多位法官都反对将 1964 年《民权法案》第七章扩展到同等价值领域。相反,已有 20 个州和地区通过了涵盖州和地方公共雇员的同等价值立法(Cook,1985)。根据这些法律提起的案件通常使用每个职业的评分来衡量不同职业之间的薪酬差异,这些职业因性别构成而非评估分数存在很大差异。一个常见的指导原则是将"女性工作"定义为女性岗位占70%以上的工作，将"男性工作"定义为女性岗位占30%以下的工作，并在这两组评分相等的职业中实现薪酬平等。

可比价值在20世纪80年代成为一个重要的议题，源于对男女收入和职业差距稳定性的挫折感。此外，它还得到了从事低薪工作女性的支持，如打字员、秘书和护士。但是，如果没有其他的改变，认为女性进步停滞不前的看法永远不可能变成对新政策的支持。虽然我既不提倡也不反对价值可比理论，但我认为采用这种理论是女性政治力量的一个指标。

随着女性劳动参与率的提高和公共部门工会的兴起，劳动力市场的政治权力发生了转移。自20世纪60年代初以来，私营部门工会数量持续下降，这些工会主要代表男性、白人，并通常是蓝领工人。与此同时，由女性、黑人和白领工人组成的公共部门迅速实现了工会化，这令观察者们感到惊讶。根据弗里曼（Freeman，1986）的研究，在1984年，44%的政府雇员是劳工组织的代表，36%是工会成员，而私营部门仅占18%。在20世纪60年代早期，公共部门工会的力量相对弱小，大约只有1984年规模的四分之一。然而，在1960年，私营部门工会的实力是20世纪80年代末期的两倍，当时工会成员占私营非农业劳动力的35%。此外，女性在公共部门工会中的所占比例也显著增加。1984年所有公共部门工会成员中女性占了一半（Freeman和Leonard，1987）；1974年只有四分之一的教师（一个高度女性化的职业）加入了工会，但在1980年该比例超过了一半（Kokkelenberg和Sockell，1985）。

总结：改变规则

随着女性在劳动力市场上力量的增强，她们已经能够改变劳动力市场的规则，将来可能会对收入分配的真正变化产生影响。公共部门工会相对崛起以及这些工会吸引了相当一部分劳动力加入，进一步扩大了她们的权利。然而，评估女性改变劳动力市场和经济规则方面的政治力量时，我们必须谨慎。

毫无疑问的是，女性新获得的政治权力已经因各种原因被推迟了。进步时代对年轻单身女性工人的关注催生了保护性立法，最终阻碍了市场上真正平等运动的实现。尽管受到相当大的歧视，但女性缺乏共同的声音，并受到社会规范的严格限制。女性劳动参与率不断扩大，接受高等教育的人数持续增加，以及引发20世纪60年代和70年代女权主义复兴的一系列因素，共同促成了女性政治力量的巨大变革，这种变革可能会改变劳动力市场的运作方式。美国国会做出的有关儿童保育和产假的提案以及民主党和共和党在1988年大选期间支持的其他提案表明，女性问题终于成为国家级的议题。

第 八 章

经济进步与性别平等

在历史发展进程中，男女在收入、职业和经济福利方面的差异可能一直存在。我所研究的问题是，经济进步是否有助于推动性别平等。许多人对过去男女之间巨大差异的缩小持怀疑态度，并且对其最终消除表示质疑。虽然我没有预测能力，但我相信历史可以提供一定指引。

目前的状况

对于经济进步在促进性别平等方面的作用，有许多人持怀疑态度。一些人从美国女性的现状及其20世纪80年代末的经历中找到了支持。在本书的前面部分一个经常被提及的担忧是，尽管在过去几十年里，大量女性进入劳动力市场，但她们并没有得到与男性平等的待遇。许多观察家认为，女性在收入和职业方面受到越来越多的歧视，而她们却试图在劳动参与率方面实现更大的平等。这种观点可以从1950年至1980年这一时期找到证据支持。20世纪50年代以后是成年女性就业发展最迅速的时期。然而，在1950年之后的30年里，女性与男性的收入比率实际上一直稳定在0.60左右。许多人认为，只能通过女性经济待遇的不足来解释这些事实。劳动参与率的提升与收入差距稳定不变似乎是矛盾的，因此人们呼吁制定新政策来应对市场上存在的"歧视"。

目前的情况比较乐观，因为自1981年到撰写本书时，女性与男性的收入比率有所上升，并且自1970年以来，职业差异也有所减少。然而，尽管许多人对性别差距缩小抱有希望，但仍有人担心是否会出现类似经济大萧条时期的曲折状况。

其中一个担忧是女性在劳动力市场上获得的个人收益明显未能在家庭中体现。过去几十年来，女性的经济收入似乎有所下降。女性以惊人的速度进入劳动力市场，虽然她们参加有偿劳动的时间增加了，但作为父母和妻子的无偿工作并没有相应地减少。据估计，1959 年至 1983 年间，女性在劳动力市场和家庭工作的时间增加了 5%，而男性则减少了 9%。有家庭并有工作的女性每周劳动时间（含家务劳动和劳动力市场工作）比其丈夫多 5 小时（1975—1976 年妻子与丈夫每周工作时间为 58 小时与 53 小时），且比没有参加劳动力市场工作的女性多 7 小时（58 小时与 51 小时），如果她们从事全职劳动力市场工作时，其工作时间长达 62 小时。因此，女性有偿工作的扩大使女性工作时间大幅增加。[1] 由于缺乏关于家庭内部消费方面的精确数据，并不能确定女性额外增加的时间是否得到了充分补偿；同时因无法衡量家务劳动强度的变化，所以无法判断女性总工作量是否增加。但即使存在这些不确定因素，女性（而非男性）的总工作时间增加是无可争议的。

另一个担忧是离婚率的上升以及与之相关的父亲缺失情况增加。越来越多的女性依靠自己的收入独立抚养孩子。此外，由于过去在市场技能方面投资较少，母亲的收入很可能低于父亲。目前尚不清楚离婚率上升与女性就业率上升之间是否存在关联，[2] 但父亲缺失都将导致这两种情况发生。

由于女性收入较低，再加上离婚和父亲缺失情况，相对于男性，更多的女性处于贫困状况。根据 1988 年美国人口普查局数据显示，在 1987 年所有贫困成年人中，女性占比为 63%，在所有贫困黑人成年人中，女性占比为 68%。然而，尽管人们普遍认为过去十年中贫困女性所占比例越来越大，但实际情况并非如此。20 世纪 60 年代出现了女性贫困人口所占比例上升的趋势，但在 20 世纪 70 年代初有所下降，虽然彼时整体贫困率有所上升（Fuchs，1986，1988）。此外，由于女性的平均收入低于男性，与 1960 年相类似，贫困女性百分比的增加可能是男女收入差异的统计结果（Fuchs，1986，1988）。然而，在 1987 年，21 岁以上的女性陷入贫困的可能性是同龄男性的 1.5 倍。[3] 过去的十年里，贫困可能并没有像许多人认为的那样变得"女性化"。更有可能的是,贫困一直是女性化的象征。[4]

越来越多的关于发展中国家女性的文献支持经济进步不会产生平等的观点,这些文献认为现代技术成果并没有被男女平等地分享。然而,经济发展的影响超出了经济领域,女性除了失去经济地位外,似乎还常常失去法律、政治和社会地位。许多人意图寻找女性的"黄金时代",因为如果经济发展削弱了女性地位,那么在过去的某个时期中,至少相对而言,女性地位可能是非常高的。历史研究揭示了女性地位下降的几个时期,例如,欧洲工艺行会曾有女性成员,并且她们的有偿劳动在19世纪早期比后来更受重视;她们通常享有合法的财产权利,但随后又被剥夺了。然而,并没有一个时代出现过女性生活明显更好的情况,因此女性的"黄金时代"不太可能出现。[5]

刚才提到的所有因素——女性工作者面临的经济歧视、双重负担、父亲的缺失以及成年贫困女性的比例——引发了人们的担忧:经济进步并没有带来经济平等,反而产生了相反的结果。尽管对于经济进步作用的有些担忧是合理的,但正如我在本章以及其他章节所强调的,有些担忧则毫无道理。此外,今天对女性从经济发展中获得的模糊利益所引起的许多合理关切,与女性在工作场所的境况几乎没有关系,却与家庭劳动分工以及丈夫应履行义务方面所扮演的角色关系更大。

只要女性在抚养孩子方面承担不成比例的负担,劳动力市场就会反映出一些差异(详见 Fuchs, 1988);只要丈夫不履行对孩子的义务,女性和儿童就会成为这个国家贫困人口的主要构成群体。第一个问题的补救措施可能是税收激励或儿童保育补贴。然而,必须从人口增长和学龄前儿童的福祉给国家带来的好处中寻找理由。要求公司为有新生儿的女性保留工作岗位的政策可能给雇用女性的公司带来更大的成本,而产假政策的实施可能需要税收激励。解决第二个问题,即父亲不履行义务的问题,在理论上至少要比解决第一个问题容易得多。可以通过一套积极的法律程序强制要求父母履行抚养子女的责任。

过去的状况

尽管上面提到了许多合理的担忧，以及关于这个议题令人印象深刻的历史和发展文献，但从长远来看，经济进步已经产生了经济平等的趋势。此外，下面提出的大量证据表明经济平等将继续取得进展。我在本书中强调，女性劳动参与率的提升在很大程度上是经济发展的结果——劳动力需求向服务业部门转移、教育程度的提高、工作时间的减少、实际工资的提高、技术变革和生育率的下降。男女收入差距缩小经历了两个时期：工业革命时期（1820年至1850年）和白领工作兴起以及受教育程度提高时期（1890年至1930年）。20世纪70年代末至80年代末，收入和职业性别差距缩小，这个时期可能会被未来的经济史学家视为第三个时期。

然而，从这段历史中吸取的一个教训是，经济领域的进步通常是模糊不清的。我在讨论婚姻限制和"工资歧视"时强调，经济进步往往会在某些方面改善性别差异，同时也对其他方面造成了负面影响。部分原因在于阻碍变革的社会规范和偏见；其他原因则是在一个允许性别限制的社会中追求利润最大化。

例如，白领阶层的兴起显著提升了女性的劳动参与率，扩大了女性的职业范围，提高了女性与男性工资的比率。相较于体力劳动，办公室工作、教学和其他白领工作为女性提供了更优越的工作条件、更灵活的工作时间和更高的工资待遇。然而，无法解释的是，在办公室工作方面，男性和女性之间收入差异比制造业还要大，并且办公室就业对于女性来说形成了一种正式障碍。在经济大萧条开始之前，婚姻限制和明确禁止女性从事特定工作（以及男性从事其他工作）的政策几乎只存在于办公室和教学领域。然而，这些障碍似乎并非源自雇主或雇员的偏见，反而是因为追求利润最大化所致，并没有针对女性员工持有偏见。尽管这些政策可能是由偏见推动产生的，但其主要根源在于所谓的"统计歧视"。

与"统计歧视"相反，女性作为一个群体不太可能在婚后长期留在工作岗位上，并且更愿意接受有较少培训需求的工作。尽管大部分女性满足于现状，但依然有少数重要并不断增长的女性群体对现状并不满意。然而，少数人无法改变现状，因此"歧视"得以延续。在此过程中，还有一个因素是社会对"统计歧视"的强化，这个社会经常把从事非典型职业的女性称为社会偏差者。

女性经济史的另一个教训是，进步通常存在滞后性。真正的进步可能会发生，但往往被推迟几十年之久。本书第二章探讨了已婚女性在工作经历方面存在巨大差异。女性一生中的大部分时间都处于劳动力市场或者不在其中。20世纪50年代和60年代，许多长期没有工作经历的女性（尤其是45岁以上）被吸引加入劳动力队伍。因此，女性劳动参与率的提高抑制了而非增加了女性积累工作经验的机会。其他研究人员也发现，女性劳动参与率的大幅增加降低了女性工人的平均教育水平（Smith和Ward，1984）。这两个因素都意味着，与男性相比，女性在劳动力增长期间其收入可能会保持稳定。1950年至1980年间，女性与男性的收入比率相对稳定在很大程度上归因于这些因素。然而，在1980年之前由于劳动参与率已达饱和状态，因此其进一步提升将促进女性与男性收入比率的增长。

进步常常被推迟的另一个原因是，变化往往是随着群体的老龄化而出现的。年轻人最先获得经济进步的成果，例如教育、培训的提升、预期的调整和对生育率的更好控制等。但要使变革渗透到整个群体还需要时间。因此，在美国历史上的每个时刻，我们都必须从年轻女性那里寻求指引，并展望未来。

例如，在20世纪20年代，年轻女性完成高中学业后从事办公室工作，并且通常在婚后延长工作时间，这在过去是不可能发生的。30

年后,该群体成长为20世纪50年代的年长已婚女性,在孩子长大后重新加入劳动力市场。鉴于第六章所述的原因,这一群体对女性劳动力的影响直到第二次世界大战结束才逐渐显现。然而到了20世纪50年代,劳动力市场在工作经验和工作时间方面能够完全接纳年长已婚女性。这些群体需要几十年的时间才能对所有已婚女性劳动参与率产生影响。

未来的状况

正如过去随着一代人的老龄化所显示的那样,未来也可以通过今天年轻女性的经历来揭示。根据本书第三章的研究数据显示,25岁至34岁人群中女性与男性收入比率高于年龄更大的群体,其他数据表明,年轻且未婚的女性与男性收入比率更高。此外,在20世纪80年代,25岁至34岁人群中女性与男性收入比率远超整体比例(见表3.1)。

影响年轻人的最有意义的变化之一是男女在大学毕业比例、所学专业和研究生教育选择方面的趋同(见图8.1)。1960年,女性占大学毕业生总数的38%,并且该比例逐年上升,直到1981年达到50%。[6] 1960年时,授予女性的第一专业学位仅占3%,然而1972年以来,这一比例迅速攀升,在1987年达到35%。[7] 1975年,法学院毕业生中只有15%是女性,而到了1985年则增加至38%。

男性和女性在大学选择的课程也趋于相同。尽管各专业之间仍然存在巨大差异(女性在所有工程专业中占13%,但在所有教育专业中占76%),但总体上具有很多相似之处。1985年,约30%的女本科生主修商科,而主修商科管理和生命科学的男女数量大致相当。即使是那些男女生源差异明显的专业,在过去的25年里也发生了显著变化。1960年,近50%的女大学毕业生选择主修教育专业,然而到了 1985 年，这一比例仅为 13%。[8]

考虑到男性和女性在大学毕业率、所学专业和研究生教育的趋同性，女性在这些职业中取得迅速进步并不意外。然而，在 1990 年人口普查之前，我们无法观察到按具体年龄组划分的职业发展情况。[9] 尽管如此，我们可以通过整个人口中职业结构的变化以及某些职业中 35 岁以下从业者数量的变化来评估教育进步对年轻群体的影响。例如，1979 年女性占所有律师总数的 10%，而 1986 年则增至 15%；在 35 岁以下的律师中，女性比例达 29%。同样，1979 年她们占所有医生总数的 11%，而到了 1986 年则上升至 17%。[10] 在许多其他职业中，女性比例也有了大幅度提升，包括计算机程序员、会计以及大多数管理和监督岗位。这一增长明显超过同期所有女性的劳动参与率的增幅。[11]

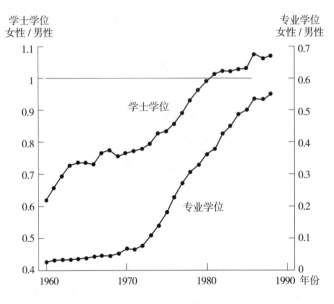

图 8.1　按性别划分的学士和专业学位（1960—1988）

资料来源：美国教育部，《教育统计文摘》（华盛顿特区：政府印刷局，1988 年），表 166。专业学位表示第一专业学位，主要是牙科、医学和法律。

男女之间存在职业差异的一个主要原因是女性需要从工作中抽

第八章 经济进步与性别平等

出时间来生育和抚养孩子。当时，那些孩子幼小的女性劳动参与率增长最为迅速。1977 年，孩子不满 1 岁的女性参加工作占比为 38%，而 1988 年该比例上升至 52%。此外，相较于 20 年前，如今可以整年参加全职工作的年轻女性比例更高。1966 年，25 岁至 34 岁的女性每年全职工作 50 至 52 周的比例为 39%，然而到了 1986 年，这一比例增至 55%。对于 45 岁至 54 岁的女性来说，增幅不是很大，仅从 52% 增至 60%。与之前相比，20 世纪 80 年代末期的年轻女性的就业连续性大大提高，全职工作的比例也显著提升。所有这些都意味着她们的职业和收入水平应该与同等教育程度的男性更加接近。[12]

此外，值得庆幸的是，女性已经能够更好地预测自己的未来，并能够在技能方面成为更明智的投资者。回顾第五章，20 世纪 60 年代大多数年轻女性没有预料到 70 年代和 80 年代女性就业数量的大幅增加。许多人可能在继续就业所需技能方面缺乏充分投资。然而，在 20 世纪 70 年代初，期望与现实迅速融合，年轻女性开始更明智地投资于技能。一项追踪 1944 年至 1946 年间出生女性的研究发现，在 1968 年只有 33% 的女性预计会在 35 岁时进入劳动力市场，但到 1975 年该比例达到了 57%。1980 年，当这群人 35 岁时，其中 64% 的女性已经参与到劳动力市场之中（Shaw 和 Shapiro，1987）。1968 年，该群体的预测与实际情况存在 31% 的差距，而 1975 年预测差距仅为 7%。正如第五章所指出的，20 世纪 70 年代的群体同样经历了上升的预期。

经济进步可以带来两性之间的经济平等，但也可能会出现一些明显而真实的短期停滞。在本书中，我试图通过以前的性别差异来解释当今经济中存在的性别差异，并且我们可以通过观察年轻群体的经历来预测未来，这些经历给予了我们保持乐观的理由。如果认为经济发展起了很重要的作用，那是因为从长远来看，这些因素在解释劳动参与率、收入和职业变化方面具有显著效果。但我也意识到，只有把女性作为个体才能实现真正的平等。因此，尽管经济进步可以推动性别平等，但必须依靠立法和社会变革来辅助实现。

附 录

对1890年前后女性劳动参与率的修正[1]

1940年以前的人口普查劳动力数据的准确性和代表性一直备受质疑。[2] 有人认为，女性可能不愿意向人口普查员透露她们从事的某种职业，尤其是那些无报酬或零散工作以及在家中完成的工作。此外，劳动参与率的定义在1940年由"有酬工人"转变为"劳动力"，引发了一致性问题。虽然对人口普查程序提出了许多批评，但官方统计数据至今未出现实质性改变。[3]

尽管从1890年至1940年期间的数据值得怀疑，但最初几年的数据能够揭示出最严重的偏差现象。为了简洁起见，并考虑到资料需要，我将重点放在1890年至1910年这段时间上。19世纪末20世纪初，美国全国调查提供了人口普查的可靠性、一致性以及可能遗漏寄宿公寓管家和制造业家庭工人方面的独立证据。我们使用了1890年至1910年的人口普查和20世纪20年代的各种时间预算调查来修正女性农业劳动力估计，并构建后期在市场上生产的家庭产品的价值。

通过这些修正，可以得出几个结论。首先，与劳动力结构相比，"有酬工人"概念不一定会高估或低估女性工人。关于每年工作天数的证据表明，这两个概念在经验事实上可能非常接近。其次，在某些职业中，女性工人的人数严重不足：城市寄宿公寓管家人数严重不足；南方棉花产地往往忽略了家庭农场工人；而在美国其他地区，家庭农场的临时工很少被统计在内。最后，在1890年之后约14%的家庭生产价值转向了市场生产，并被纳入官方国民收入账户的统计，而早期则必然被排除在外。

劳动参与率

如果个人在人口普查年度被标注为有职业，则根据"有酬工人"概念纳入劳动力统计范畴。劳动力的定义包括在调查周内受雇于有酬劳动、从事无薪家庭劳动且每周工作时间超过14小时以及失业并

▪ 附录 对1890年前后女性劳动参与率的修正

正在积极寻找工作的个体。杜兰德认为,对于"有酬工人"数量的估计往往会夸大劳动力总数(Durand,1948,1975)。对于女性群体而言,这意味着对1940年以前具备收入来源的女性劳动者数量进行估算时存在上升偏差,因此导致低估了劳动力增长水平。

然而,在"有酬工人"和劳动力概念之间并不存在简单的理论关系。二者之间的确切关系取决于两个因素:在1940年以前一年中构成某种职业工作天数或周数的公认标准,以及一年中实际工作天数或周数的分布。

假设在1940年以前,所有人都报告称,只要他们受雇至少半年(例如26周或更长时间),就可以被认定为有一份职业。因此,26周将成为构成有一份职业的工作周数的公认标准。然而,在1940年之后,在劳动力结构下,每年工作26周的个体将具有50%的劳动参与率。[4] 但考虑到1940年之前的公认标准,工作26周以上的个体在"有酬工人"定义下的劳动参与率达到100%。根据这种情况,对于"有酬工人"的估计将明显高于劳动力概念,并且杜兰德也提出了类似观点。然而,如果工作周数低于26周,则有酬雇员估计将低于劳动力概念。[5] 当工作周数不足时,"有酬工人"估计值为零;而劳动力估计值等于实际工作周期除以52。

因此,总体劳动参与率和采用某种指标或另一种指标的偏差将由整个人口中工作周数(或天数)的分布以及职业所需时间的社会规范共同决定。在上述例子中,无论是根据哪种定义,大约26周均匀或对称分布都会得出类似的估计结果。作为一般准则,这些概念始终与对称分布相符合,而对称分布具有构成职业所需时间的社会规范的平均值。不幸的是,并没有方法可以确定这个规范的内容,或者是否确实存在这样的社会规范。给定来自各种来源的实际工作天数分布,在下面的例子中将使用各种看似合理的社会规范。

实际上,在19世纪末20世纪初,工作日的分布并不对称。它呈现出一个长尾分布。因此,必须按照实际工作天数的分布来确定，并根据有酬劳动者和劳动力概念来计算劳动参与率是否存在实质差异。

1907年对女性制造业工人进行的一项大规模调查，《妇女和儿童工资状况报告（1910—1911）》（美国参议院文件），即1907年参议院报告表明，15岁以上单身女性的平均工作天数为249天。[6]因此，根据目前的劳动力概念，约有83%（249/300）的就业人数被计算在内（其中300为每年最多工作日数）。如上所述，有酬工人的估计将取决于一年中工作天数的社会规范和天数的实际分配。如果标准是半年或150天，这些女性中有92%将会被统计在内（该值从实际分布中计算得出）。如果社会标准是200天，即全年的67%，那么这些女性中有83%将被统计在内。因此，在这种具体情况下，劳动力和"有酬工人"结构符合全年67%的常态。对于低于200天的数据，"有酬工人"估计值将夸大劳动力结构；对于高于200天的数据，"有酬工人"估计值将低估劳动力结构。需要注意的是，劳动力衡量标准对社会规范并不十分敏感，例如，如果工作天数减少50天，劳动力绝对数量仅增加约11%（92/83）。

上面提到的报告还对已婚女性进行了调查，她们主要从事制造业劳动，但不完全局限于工厂和家庭。该群体年平均工作时间为212天，略低于单身女性。按照劳动力的定义，该群体中有71%的人有工作。如果那些工作超过150天的人向美国人口普查局登记了自己的职业，则73%被归类为"有酬工人"（根据实际工作天数分布计算）。这两种定义的结果存在175天重合，占全年的58%。

因此，对于单身女性和已婚女性而言，这两种定义对劳动力的影响似乎并没有太大差异。此外，采用另一种概念化"有酬工人"的方法得出了相同结果。在1940年以前的人口普查期间，如果个体能在特定时间内精准登记职业，则这两种定义总是一致的。根据这两种定义构建，人口普查只会记录那些在人口普查周内从事有偿就业的个体。

间歇、兼职和家庭劳动

与不断变化的定义问题密切相关的是,一个世纪以前有相当一部分有工作的已婚女性不愿意登记职业,或者人口普查员对登记职业的女性存有偏见。[7]对于那些质疑人口普查数据的人来说,这些女性可能更不愿意承认在承担家务劳动的同时也从事了有偿工作。而那些选择在家工作的人可能是为了规避社会对已婚女性就业持反对态度的规范。此外,已婚女性如果在全年内只是兼职或间歇性地工作,很可能不会主动登记自己的职业情况。关键问题在于这些职业女性每年被雇用天数是否足够多,从而使"有酬工人"与劳动力两种定义的结果保持一致。

有两项调查可以解释这个问题,即《劳工专员第六次年度报告》(1890)和《劳工专员第七次年度报告》(1891),以下称为《1890年和1891年年度报告》(详见数据文献)。这些报告对工业家庭进行了调查,详细列出了所有家庭成员的收入情况,包括妻子的收入和租金收入。《1907年参议院报告》则包含了对在工厂和家中从事制造业的已婚女性的调查。1890年和1891年年度报告支持了官方人口普查关于已婚女性的劳动力数据。如果人口普查员将这一年收入为正的所有女性都纳入劳动力范畴,则已婚女性(丈夫尚在)在劳动力中的占比仍然很小。例如,在玻璃行业只有2.2%的女性登记了正的收入;在重工业领域仅有1.3%的女性登记了正的收入;而在纺织业,一直是女性就业的特殊行业,仅有12.1%的女性登记了正的收入。

考虑到工业环境的特殊性和已婚女性就业方面的限制,这些统计数据并不令人意外。令人惊讶的是,在1890年,那些赚到工资的女性,其收入大约相当于从事全职工作的单身女性所获得收入的50%。尽管当时很少有已婚女性从事工业劳动,但这些数据表明那些参与该行业工作的人每年至少有半年以上的时间投入工作。[8]

上文所述的 1907 年参议院报告中的数据也涉及兼职和间歇性工作的问题。[9] 已婚女性平均每年的工作比例相当高（212/300=71%），且时间分布非常接近平均值。因此，基于这些数据得出的"有酬工人"定义可以较为合理地估计出劳动力指标。

样本中不仅涵盖几乎全职从事制造业的已婚女性，数据还显示，在家庭工作的女性每年工作的天数比在工厂工作的女性还要多。在家庭工作的女性平均每年工作 216 天，而在工厂工作平均每年工作 210 天。可以看出，工业家庭的工作显然比以前认为的更有规律。然而，1907 年经过校正家庭中小孩数量、年龄和丈夫健康等因素（见第四章），发现女性的家庭工作收入大约只是工厂工作收入的一半。这种巨大差异可能是由于待遇不同、工作强度较低、工作间隔更长或者职业培训很少等原因所致，当时政府调查人员也指出了该情况。

《1907 年参议院报告》还调查了家庭工人（通常是男士成衣的精加工工人）在多大程度上得到了家人和朋友的帮助（美国参议院文件，1910—1911，第 87 卷）。在接受采访的 674 名家庭工人中，176 人（占 24%）"或多或少地"得到了帮助。这些帮手通常是年幼的孩子，偶尔也会是女性的丈夫。36% 的案例中存在成年女性帮手，而只有 19% 的案例中涉及其他已婚或丧偶女性帮手。因此，这些女性从事工业劳动的数据表明，人口普查并没有因为她们的间歇性劳动而忽略她们；并且根据关于帮手的数据显示，其他成年女性并没有被大量遗漏。此外，由于家庭工人通常都是非美国本土出生，因此本国出生的白人女性的时间序列可能不会受影响。

特定职业和部门的女性劳动者数量不足

通常有评论认为，职场女性的数量还是被低估了。因为某些职业无法被准确统计，例如女性在家庭或自家农场劳动，尤其是从事没有报酬或工资的工作。主要包含三种职业：寄宿公寓管家、（无薪）

农业劳动者和制造业工人。

寄宿公寓管家

1880年，在费城对外提供住宿的白人家庭占比14%，但在美国人口普查中当年被列为寄宿公寓管家的女性只登记了不到1%。这一事实表明，19世纪晚期城市寄宿公寓管家登记人数严重缺失。然而，对劳动力数据进行调整所涉及的问题远不止缺乏寄宿公寓管家的统计。数据必须与两种就业概念保持一致，与前文一样选择更现代化的劳动力指标。

住宿收入和寄宿人数的数据载于1890年和1891年工业家庭报告（另见Modell和Hareven，1973）。由于这些数据可能是总收入而非净收入，因此我们采用以下程序来估计劳动参与率。

在1890年和1891年年度报告调查的工业社区中，约23%的夫妻家庭至少有一个寄宿人员或非核心家庭成员（两者被归为一组），约16%的夫妻家庭从寄宿人员那里获得收入，这一比例几乎与1880年费城美国人口普查数据推断的数字相同（Goldin，1979）。寄宿费因行业而异，纺织业家庭寄宿费收入比例最高。在所有寄宿收入为正的夫妻家庭中，平均每年可获得201美元。

总收入数字必须根据提供住宿家庭的额外收入进行调整，以使其与其他职业的收入一致。根据家庭成员的数量和组成对总租金进行回归计算，每增加一个寄宿人员，租金增加2.70美元，占总租金的3.4%。租金不会因为有寄宿人员而改变，这表明寄宿人员只是占据了原本空置的房间。然而，餐饮支出约占平均寄宿收入的29%（29美元×2/201美元，其中29美元表示每个寄宿人员的平均食品支出；2表示平均寄宿人数；201表示寄宿人员的平均总收入）。[10]每个提供住宿的家庭每年住宿的净收入约为140美元，相当于可比地理区域女性全职工作所得的47%。[11]

总体而言，约有16%的夫妻和20%的家庭主妇在1890年前后从工业地区的寄宿人员那里获得收入，这些数据与1880年美国人口普查手稿对城市进行的研究结果一致。每个寄宿公寓管家的收入大约是全职女性制造业工人的一半，这一数字与工业家庭工人的收入相当。

住宿净收入的分布表明，如果将寄宿公寓管家作为一种职业，其收入为女性制造业工人全职年收入的50%以上（这是对"有酬工人"概念的一种解释），那么大约37%的寄宿公寓管家应该被统计在劳工报告内。目前根据劳动力定义，在调查周内从事家庭工作且每周工作时间达到15小时或更长（相当于正常每周40小时）者占总数的37.5%。若以百分比衡量收入而非绝对时薪，则应将46%的寄宿公寓管家纳入劳动力统计。

这些数据以及城市中所有提供住宿夫妻的16%可以用来构建劳动力估算的上限和下限。城市和工业区所有已婚女性的调整幅度大约在0.059（≈0.16×0.37）到0.074（≈0.16×0.46）之间，这使1890年城市已婚白人女性劳动力大幅提升了4%。[12]

有人主张基于每年的工作天数，应将所有工业家庭工人纳入劳动力估算。虽然家庭工人的收入是工厂工人的一半，但每年工作天数却和工厂工人一样多。按照同样的逻辑，所有的寄宿公寓管家也应该被纳入劳动力范畴。在这种情况下，我认为存在夸大的成分，对于已婚女性来说，在所有城市和工业地区中修正率仅为16%，而这一比例较1890年城市已婚白人女性有显著增加。

这些数据仍需要转化为汇总统计数据。1890年，所有公寓中的17%位于居民人数大于25000人的城市之中。如果上述数据仅适用于城市地区，则调整值大约介于0.01（≈0.17×0.37×0.16）和0.027（≈0.17×0.16）之间。已婚女性增加了16%，寡妇增加了1.3%至3.4%。[13]

根据1900年的公共使用样本显示，在小城市和非农业农村地区，寄宿现象比1890年和1891年年度报告所覆盖的大城市和工业城镇更为普遍。在人口少于25000人的某些地区，有10.6%的妻子和11.5%的寡妇拥有寄宿人员或房客；而在同一地区的农场住宅中，这个比例分别为6.4%和7.8%。毫不奇怪，工业化程度高且人口密集的城市相较于其他地区具有更广泛的寄宿现象。[14] 对于较小规模的城市和非农业农村地区来说，随着劳动价值的增加，调整后的女性劳动力也会增加；然而关于这些地区寄宿收入分布方面缺乏数据支持。如果假设分布与1890年和1891年年度报告中的分布相似，则非农业农村地区妻子劳动力增加数量将达到约2.2%（0.106×0.37×0.558），其中55.8%代表了人口少于25000人地区所有非农业公寓占比；[15] 对于寡妇来说，劳动力增加将达到2.4%。

因此，对于所有非农业农村地区的寄宿公寓管家数据进行调整后，已婚女性的劳动参与率增加了3.2%，寡妇增加了3.7%，女性整体则增加了2.2%。由于需要考虑无薪家庭农场劳动力的调整，因此农场家庭进行类似统计变得更为复杂（详见下文）。然而，应该明确指出，小城市、农村地区和农场社区的寄宿公寓管家作为劳动力（前期被低估而后期高估了的已婚女性）进入劳动力市场的程度，并且低估了她们在19世纪参与市场经济的情况。

农业劳动者

对农业女性的保守估计还涉及农场家庭成员临时性无偿劳动问题。那些设计1910年人口普查的人意识到了这个问题，并指示普查员"一个经常在户外农场工作的女性，即使她在家里的农场为她的丈夫、儿子或其他亲戚工作，并且没有得到货币工资，也应该被视为……一个农场工人"[16]。这些指示造成女性劳动力被高估，进而导致放弃将1910年人口普查中农场工人（特别是女性和儿童）作为职业和劳动力数据来源。

1910年的人口普查可能与相邻年份的劳动力估计数据不太一致，但它提供了优质可靠的数据，可以用于推测农业部门女性就业情况的最大值。这些数据得出了1910年女性农业劳动力较之前的人口普查多出的数量，以及1890年和1900年女性农业劳动力的估计上限。

1910年，对农业劳动者的过度估计几乎全部集中在主要产棉州的无偿家庭农场劳动力类别中。[17] 相比黑人家庭，白人家庭不愿意登记他们的无偿家庭劳动，而黑人家庭则更多地将妻子和女儿列为有偿劳动力。[18] 由于1890年和1900年的人口普查数据的可用性不同，这里采用了两种互补的程序。两者都表明，如果使用以前的人口普查程序，则女性棉花农场劳动力的数量将是1910年人口普查估计的50%左右。根据每年的工作月数对未被统计的个体进行调整，女性农业劳动力未被统计的比例为1.24%。此外还需考虑非产棉地区漏报情况，在进行调整后总数大约增加了4.4%。以下是两项调整细节。

有两种方法可以纠正棉花种植区的漏报。第一种方法是计算1910年家庭农场女性工人占女性整体人口的比例，并将其与1900年的比例进行对比。这两个数字之差被认为是1900年无偿家庭农场工人被低估的最大百分比。根据1910年的数据，15岁以上白人女性中从事此职业的比例为0.063。而关于1900年职业女性人口普查的特别报告表明，[19] 这些女性中只有四分之一被归类为无薪家庭工人，因此少算了4.7%。

第二种方法是计算1910年从事农业工作女性的百分比，并将其与1890年的数据进行比较，然后根据该部门在这20年间所经历的相对下降进行调整。1890年统计数据显示，当时有8.4%的白人女性劳动力（14岁以上）从事农业工作；而1910年的人口普查表明，15岁以上的白人女性劳动力中，从事农业工作的占比为0.5%。如果男性农业劳动力相对下降也适用于女性劳动力，[20] 那么按照1890年的统计程序来推断，1910年实际数据与调整后数据之间存在的差值为 4.9%。

这两种方法得出的结论几乎相同，根据 1890 年或 1900 年的统计，15 岁以上白人女性的劳动参与率要低 4% 至 5%。使用差值进行调整，假设 1910 年所有在家庭农场工作的个体都应统计在劳动力估计中。为了使劳动力与"有酬工人"的概念保持一致，需要使用家庭劳动占整个工作年份的百分比来调整这一差距。根据关于家庭棉花农场劳动力研究（Allen，1931），女性每年在家庭农场工作约 3.7 个月。[21] 因此，在南方产棉地区，所有白人女性无偿劳动力调整后的差值为 1.24%，已婚白人女性调整后的差值为 1.33%。[22]

美国女性在各地家庭农场中一直是无偿劳动者，尤其在乳制品、家禽、花园和果园工作中（Jensen，1980，1986）。然而，她们的劳动价值和棉田工人一样被低估了。为了解决这个问题，进行了农业女性工作时间调查。这个调查主要在 20 世纪 20 年代末期进行并在西部农场家庭中开展，调查发现女性的日常生活和家务劳动与 1890 年相比没有明显变化。[23] 根据引用的 6 项调查数据显示，女性平均每周有 9 至 10 小时被用于无偿从事家庭农业劳动。[24] 如果每个女性每周只有 10 小时的无偿工作，那么按照 20 世纪 80 年代所采用的劳动力概念，则不能成为劳动力统计范畴。[25] 然而，期望价值结构可能比劳动力概念或"有酬工人"概念更合适。考虑到 20 世纪 20 年代产业工人平均每周工作 50 小时的情况下，可以将占总数 20%（10/50）的女性纳入劳动力。调整适当百分比后得出，所有已婚女性被低估了 5.4%。[26] 应该指出，在 1910 年人口普查中很少将棉花种植区以外的女性纳入劳动力统计范畴，但普查统计了无薪家庭农场工人数量。

制造业工人

Abbott（1910）、Rubinow（1907）和 Smuts（1960）注意到，19 世纪晚期制造业劳动力估算的差异来自人口普查和制造业这两个数据来源。问题在于这两个数据存在差异，尤其是女性和儿童的差异最大。Abbott（1910）推测，部分差异可能是由于两次人口普查中对劳动力定义的不同所致。而这种定义上的不同和"有酬工人"概念与劳动力概念之间的区别完全一致。根据制造业普查的定义，劳动力被视为"全职"概念；它衡量了一家公司一年内全职员工的平均数量。而根据人口普查的定义，劳动力则指有报酬从事某项职业工作的人数。考虑到前文提供的关于制造业工作天数的分布数据，在此我们不能假设哪种定义会产生更高的数值，因此这两种定义应该得出几乎相似的劳动力估计。

两种定义的差异必须追溯到它们所涵盖范围的各个方面。制造业普查没有调查那些雇用女性生产服装和帽子的小商店和企业。与此同时，人口普查可能低估了在大型制造企业工作的女性数量。对人口普查进行的调整将假设从事服装和女帽生产的女性数据是准确的，而制造业普查更准确地统计了在大型制造企业工作的女性。也就是说，修正将得出一个上限值。由于劳动力数据已经包括了人口普查中所有个体，因此只需计算大型制造企业中未被统计的工人数量。

根据美国人口普查局（1895a）的数据，1890年制造业就业女性数量达到了839952人（9岁以上），这其中不包括主管、公司管理层和文书人员。而当时的人口普查总计样本为1027242人（美国人口普查局，1897）。需要注意的是，在当时的劳动力中，从事制造业工作的女性几乎占所有女性劳动力的三分之一。在人口普查的100多万女性制造业工人中，有602677人从事服装和帽子制造。然而，制造业普查显示这一数字仅为294194。假设服装和帽子行业在人口普查中更加准确，而制造业普查则更加准确反映了其他职业的情况，由此可以推断出，在大型制造企业就职的女性数量相较于实际情况少121193名。[27] 如果这个推测是正确的，意味着1890年女性劳动力增长达到了3.1%，使得整体人口普查估计值提高了0.5%。

■ 附录　对1890年前后女性劳动参与率的修正

家庭生产

最具挑战性的调整在于统计女性在家庭生产上所花费的时间，这些家庭劳动价值现已由市场商品代替。1890年前后，随着部分家庭生产向市场转变，服装和烘焙食品似乎是最为重要的商品。[28] 根据时间预算数据显示，在20世纪20年代前后，家庭主妇每周平均花费5小时制作服装，并将约2.5小时用于烘焙。准备和清理食物所花费的总时间成为时间预算中的主要部分，平均占35%。而如今全职家庭主妇准备食物的时间占比降至23%。此外，在20世纪70年代早期，在餐馆用餐的时间占家庭成员总用餐时间的16%（Szalai，1972，第576页）。[29] 考虑到1920年农场家庭主妇每周65小时的工作时间，如果以1890年的相对价格去吸引现代家庭到餐馆用餐，这些家庭每周可以节省大约4小时用于做饭和清洁的时间。

我们似乎可以合理地假设，与1980年相比，1890年家庭生产衣服和烘焙食品的时间净增加5小时，而在餐馆用餐所节省的时间是4小时。[30] 因此，在1890年妻子将大约14%（9/65）的时间分配给家庭生产，但家庭生产的这些产品后期将会由市场供应。

1890年估计调整的总结

表2.9对统计得到的各种修正做了总结。在某些方面，我们的数据基础是非常准确的，比如对寄宿公寓管家估计的调整。然而，在其他情况下，这些调整只不过是有根据的推测，就像对南方产棉地区以外的无薪家庭农场劳动力的估计一样。在官方劳动力人口普查估计中调整劳动力规模还需要根据实际情况进一步考虑，并且只有在特定情况下调整的原始数据才是正确的。

最重要的发现是，将这些无偿和被低估的劳动计算在内之后，已婚女性的劳动参与率会提高约 10%。主要调整来自对家庭农场无薪工人的遗漏以及对寄宿公寓管家的低估。但应当指出，即使计算使用了广泛数据并采用了给出合理估计技术而非下限或上限，但来源的性质最终一定会产生下限结果。因此，1890 年白人已婚女性劳动参与率的增加（2.5%+10%=12.5%）可能等于或超过 1940 年白人已婚女性劳动参与率的增长幅度（12.5%，见表 2.1）。1890 年以前的劳动参与率很可能超过 12.5%，而众所周知，1940 年以后劳动参与率大幅超过 12.5%。如文中所述，在这些数据表明经济发展过程中，已婚女性的劳动参与率呈 U 形趋势。

数据文献

本书所使用的许多数据集均源自位于华盛顿特区的美国国家档案馆的原始调查资料。下面将对这些数据进行简要描述，从而使读者了解数据的来源、特征和可用的现有文献。我将通过密歇根大学的校际政治与社会研究联盟（ICPSR）提供这些数据集，并包括定性数据。每个数据都有一个简短的代号，以下按代号和时间顺序列出这些数据。所列日期近似于实际调查日期而非报告发布日期。

《1888年劳动女性报告》：见美国劳工专员，《劳工专员第四次年度报告》，1888；《1888年：大城市中的劳动女性》（华盛顿特区：政府印刷局，1889）；以及Goldin（1981）。这项调查由美国第一任劳工专员卡罗尔·赖特（Carroll Wright）负责，调查了"在大城市工厂依靠体力或机械进行劳动以及商店工作的女性"的状况（第9页）。这项研究包括分散在22个地区及城市的343个行业，收集了17427名女性的信息，其中88%为单身。仅有1148个"城市—企业"平均值可以使用，最初的调查并不局限于位置。收集到的数据包括年龄、工作经验、目前从业年数、一年中不工作的天数、年收入、出生年月、生活安排、健康状况和婚姻状况以及其他变量。

《1890年和1891年年度报告》：见美国劳工专员，《劳工专员第六次年度报告》，1890。《生活费用》第三部分（华盛顿特区：政府印刷局，1890）；美国劳工专员，《劳工专员第七次年度报告》，1891；《生活费用》第三部分（华盛顿特区：政府印刷局，1891）。Haines（1979）、Goldin和Parsons（1989）等人曾引用过这些数据，现在可以通过ICPSR获得，这些数据提供了工业地区约6000个家庭的收入和支出情况。我没有收集相关数据，并且没有在本书中广泛使用，因此请读者参阅所提供的参考文献或ICPSR数据列表。

1907年单身女工：见美国参议院文件，《妇女和儿童工资状况报告》，第19卷，第86—104页（华盛顿特区：政府印刷局，1910—1911）；还有Goldin(1981,1984)、Aldrich和Albelda(1980)。这些数据来自参议院的报告，该报告共19卷，研究了4个主要产业和各种相关主题。其中包括数千名工人及其家庭的信息。有几卷提供了马萨诸塞州、北卡罗来纳州、芝加哥和纽约从事棉纺织和服装行业的单身女性的数据。其他行业（丝绸、玻璃）也被调查过，但不在本样本中。样本中也没有包含相同行业从事工作的年轻女性和男性的相关信息。所使用的样本仅限于年龄大于16岁的单身女工。包括职业、收入、上学月数、识字率、工作年数、工作天数、种族和在美国居住的年数等。此外，还提供了关于父母是否健在、父亲的职业、家庭中其他子女、家庭收入、子女留给家庭的收入以及所付租金的信息。单身女性劳动力样本共计1796个观察值；完整的数据集中包含1135名儿童。

1907年已婚女工：资料来源见《1907年单身女工》。在纽约、芝加哥、费城、北卡罗来纳州和马萨诸塞州的棉纺织和服装行业的已婚女性中也收集了类似的数据（样本中约有15%的女性在其他行业工作，但由于她们的孩子在棉纺织和服装业工作，因此被纳入其中）。这些数据与描述的单身女性工作者的数据相同，只是没有提供开始工作的年份、识字率和受教育的天数，只列出了结婚年限、丈夫的状况（去世、外出、失业、在职）、是否从事工业家庭劳动以及子女的数目和年龄等。该数据集包含936个观测值。

1907年纽约女性劳动力：参见《1907年单身女工》。从家庭研究中收集了与父母一起生活的年轻女性的单独信息，她们的父母在大城市的工厂、商店和其他一些企业工作。这些信息存在一些有限变量,包括行业、职业、种族、年龄、经验年限、每周收入和每周对家庭的贡献。该数据集包含了1318个对纽约职业女性的观察结果。

1907年流动女性:参见《1907年单身女工》。比纽约女工收集的信息更全面一些,这些信息是针对那些与家人分开生活的女性而收集的,如社会改革运动所述她们是"流动"的女性。除了纽约女工样本中提到的变量外,还收集了受教育年数、每周交通费用、住房、食物支出以及对贫困亲属的馈赠等数据。费城和纽约的样本中有393名女性。

1931年公司办公室调查:美国国家档案馆,86号记录组,280—281号箱。见美国劳工部妇女事务局,埃塞尔·埃里克森(Ethel Erickson),《办公室中的女性就业》,妇女事务局公报,第120期(华盛顿特区:政府印刷局,1934b)。只有公司层面的调查记录得以保存。数据来自"对管理层的一般性访谈,内容包括男女雇员人数、工作时间、加班、假期、晋升和福利政策、基于年龄或婚姻状况的限制、使用办公机器种类以及机械化对过去5年就业的影响"(第2页)。本次调查所涵盖的公司比1940年的类似调查(见下文)要多,而且包括银行、公用事业、保险公司、投资公司、出版公司和广告公司。使用了4个城市(芝加哥、哈特福德、纽约和费城)178家公司的记录,并对男女办公室工作人员的数量、计划工作时间和人事政策(公司是否雇用已婚女性,是否解雇已婚女性,是否有内部晋升、年龄限制、养老金和团体保险)等信息进行了编码。受访者的评论也被记录下来,阐述了各种政策实施的原因,以及婚姻限制政策是否由经济大萧条引起等。

1939年回顾性调查：美国国家档案馆，86号记录组，446—450号箱。见美国劳工部妇女事务局，《女性工人及其家庭环境》，妇女事务局公报，第183号（华盛顿特区：政府印刷局，1941）；参见Goldin（1989）。尽管其他的编码卡片保存了下来，但档案中只发现了532份原始资料。这些卡片包括1939年在克利夫兰工作的2800多名女性（包括742名已婚女性）的信息；留存下来的原始时间表载有532名已婚女性的资料，她们目前没有工作，但过去曾工作过。美国劳工部妇女事务局以5年为间隔对目前工作的女性样本的工作时间进行编码，并删除调查期间没有工作的女性样本资料；因此，工作女性和非工作女性的样本包含了不同的信息。所有的记录都进行了装订。资料包括婚姻状况、年龄、出生地、教育、工作经历、第一职业、当前职业、开始工作的时间以及结婚和怀孕的日期。我相信这是第一次对美国女性工作模式的大规模回顾性调查。

1940年公司办公室调查：美国国家档案馆，86号记录组，496—500号箱。参见美国劳工部妇女事务局，《休斯敦、洛杉矶、堪萨斯城、里士满、费城办公室工作报告：1940》，妇女事务局公报，第188-1，2，3，4，5期（华盛顿特区：政府印刷局，1942）。公司和个人层面的调查记录都保存了下来（见下文）。美国劳工部妇女事务局从工资单留存以及与公司人事官员和其他代理人的面谈记录中收集相关资料。调查涵盖了各种规模的公司，包括1931年调查中列出的行业，此外还包括制造业、肉类加工、石油、运输和通信行业的办公室信息，覆盖了非营利组织、政府机构、零售和批发企业，以及小型办公室（如律师）等领域。调查范围很广，费城四分之一的上班族都包含在内。记录收集了堪萨斯城、洛杉矶、费城的328家公司，并为1931年的调查以及1939年新雇用员工列出了变量编码。人事政策及工会存在种族和性别歧视（无论公司是否有限制女性或男性从事某种职业的政策）。受访者通常会关注公司在招聘、晋升和薪水方面是否偏向已婚男性。只有具备超过 9 名女性员工且员工总数至少为 20 人的公司才会在费城进行编码处理。样本不包含政府机构。

1940 年办公室工作人员调查：美国国家档案馆，86 号记录组，472—486 号箱。见上面引用的公司办公室调查；Goldin（1984，1986b）。在费城收集了 724 名女性办公室职员和 481 名男性办公室职员的样本。并对每条信息进行编码，包括年龄、婚姻状况、教育程度（小学、高中、大学以及各种职业和研究生课程的年限和文凭）、全部工作经历、当前公司的工作经验、办公室工作经验、其他行业经验、当前收入、入职初的收入、是否被休假以及在当前公司的工作是否会持续等。

《1957 年赫西报告》（Hussey Report）：资料在第 167 号盒子里，宾夕法尼亚大学社会学系的安·米勒（Ann Miller）慷慨地借给我。这些资料在这里被称为"赫西报告"，以米利亚姆·赫西的名字命名，他是格拉迪斯·帕尔默（Gladys Palmer）的助手，负责进行数据调查。参见米利亚姆·赫希（Miriam Hussey），《费城年轻女工短缺时期的人事政策》（费城：宾夕法尼亚大学沃顿商学院工业研究部，1958）。大约存在 40 个完整的访谈记录，调查范围涵盖了 1956 年和 1957 年期间费城所有公司和零售商店。1931 年和 1940 年的公司办公室调查中也包含了许多相同的公司（见上文）。

1957 年和 1964 年大学毕业生调查：美国国家档案馆，86 号记录组，739—767 号箱。见美国劳工部妇女事务局，《大学女生毕业七年：1957 届女毕业生调查》，美国劳工部妇女事务局公报，第 292 期（华盛顿特区：政府印刷局，1966）。1957 年冬天，美国劳工部妇女事务局对 131 所院校的 6000 名女大学毕业生（1957 届）

进行了调查；1964年又对约5000名女性进行了后续跟踪调查。这里使用的样本包括在这两年中随机抽取的763名女性。有记录显示，1957年接受调查的98名女性在1964年的追踪调查中没有做出回应。1957年收集的数据包括大学专业、婚姻状况、子女数量、职业或继续教育情况、工资、未来就业计划以及其他变量。1964年的调查询问了年龄、婚姻状况、丈夫的就业状况和职业、孩子数量及其年龄、工作经历、每周工作时间、工作原因、家务帮助、未来就业计划、丈夫对妻子工作的态度等变量。这两项调查都要求提供更多关于工作经验、求职尝试和未来就业计划的信息。

注 释

前 言

1. 在关于女性劳动参与率的许多有影响力的著作中，有经济学家 Bancroft（1958）、Bowen 和 Finegan（1969）、Cain（1966）、Durand（1948）、Easterlin（1980）、Long（1958）、Mincer（1962，1966）、Smith（1980）、Smith 和 Ward（1984）的研究，以及社会学家 Oppenheimer（1970）的研究。另见 Blau 和 Ferber（1986）关于工作和薪酬性别差异的研究总结。

2. 可参考历史学家 Campbell（1984）、Chafe（1972）、Degler（1980）、Harris（1978）、Kessler-Harris（1982）、Lerner（1986）和 Tentler（1979），社会学家 Cohn（1985）和 Milkman（1987）以及经济学家 Bergman（1986）和 Matthaei（1982）的著作。

3. 所谓"工资歧视"指的是男性和女性收入差异中不能由二者的生产属性来解释的差异部分。参见第四章关于"工资歧视"的概念和生产属性受劳动力市场报酬影响的方式。

第二章

1. 计算数据来自 1975 年的《历史统计》和 1988 年的《总统经济报告》。如果女性劳动力没有扩大，那么 1987 年的全民劳动力中女性劳动力的比例将是 18.2%。1890 年的数据统计的是 14 岁及 14 岁以上劳动人口。

2. Cowan（1983b）指出，19 世纪家庭生产中发生了许多重要变革，使得男性（而非女性）从家务劳动中解脱出来。

3. 10% 和 40% 的数据来源于表 2.5，并假设 1940 年 45 岁（40 岁至 49 岁）城市女性中有 15%（城镇参与率数据见表 2.3）加入了劳动力队伍。这些数字分别是实际数值的上限和下限，因为另外 85% 的非劳动力女性在过去某个时期曾有过工作。

4. 参见 Bergman（1986，第 221 页）关于美国社会保障制度的社会后果。

5. 许多经济学家，包括美国经济协会（American Economic Association）主席罗伯特·艾斯纳（Robert Eisner），一致建议将家庭生产的商品计入国民收入账户。根据艾斯纳的观点，1981 年增长后的国民生产总值中，有三分之一归因于"家庭生产的非市场服务"（1988，第 1659 页）。

6. 包括每周至少工作 1 小时或在家无偿工作 15 小时的个体。

7. 第二章的附录和下文的讨论将证实劳动力和"有酬工人"估计具有可比性的观点。

8. 另一个假设是，就业人员是全年参加工作的劳动力。

9. Johnson 和 Skinner 的研究（1986）表明，有工作的女性离婚的可能性更高，但这种因果关系发生在预期离婚到就业之间。图 2.3 所示的数据表明，在 1939 年，早婚女性比同龄未婚女性拥有更多的工作经验。这一发现表明，晚婚并不一定会增加女性队列的平均参与率，进而使队列呈上升趋势。

10. 表 2.3 中的劳动力数据表明，城市地区与全国人口普查数据差异不大。

11. Robinson（1980）和 Smith（1977）也根据婚姻状况构建了劳动力队列研究模型。

12. 例如，Lafollette（1934，第 36 页）在一项主要研究接受过大学教育的女性调查中发现，结婚前曾工作过的女性占比高达 95%。

13. 《1957 年赫西报告》（详见第六章和数据文献）：沃纳梅克百货公司（Wanamaker's）。

14. Lynd and Lynd（1937，第 181 页）。虽然这一趋势在 20 世纪 30 年代的"中镇"［印第安纳州曼西市（Muncie）］很明显，但在 20 世纪 20 年代的东部城市也非常显著。

■ 注 释

15. 1890 年前后女性制造业工人平均年龄引自 Wright（1889；Wright 1889 年时任美国劳工专员）。两个样本的平均年龄都在 22.7 岁。

16. 1960 年超过 14 岁在职女性的平均年龄为 39.8 岁。1980 年超过 16 岁在职女性的平均年龄为 34.2 岁，比 1960 年更年轻。接受调查的所有已婚在职女性中，配偶在场的女性平均年龄为 38 岁；而 16 岁以上女工的平均年龄为 40 岁，已婚、配偶在场女性的平均年龄为 42 岁。

17. 这些歧义首先阐述在本－波拉特（Ben-Porath）富有洞察力的文章（1973）中，Heckman 和 Willis（1977）也指出了这一点。

18. 劳动参与率的定义适用于 1940 年以后正式建立"劳动力结构"时期。然而，类似的方式也可用于解释"有酬工人"结构（见附录）。

19. 术语"完全同质性"和"完全异质性"出现在 Heckman 和 Willis（1977）的论文中，引用该术语可以与他们的研究保持一致。

20. NLS 是 National Longitudinal Survey(美国追踪调查）的缩写，PSID 是 Panel Study of Income Dynamics（美国收入动态面板研究）的缩写。参见 Spproat, Churchill 和 Sheets（1985）关于 NLS 的文章。

21. 这份数据包括参加 1940 年办公室工作人员调查的 168 名已婚女性（见数据文献；Goldin, 1986b, 1984）。其待在家里的时间标准差为 3.0 年（平均值为 1.1 年），这表明大多数女性根本没有离开劳动力市场。她们可能是还没有孩子的女性，或者同经济大萧条时期的许多女性一样，决定不生育孩子（见第五章生育率随时间而发生的变化）。

22. 参见 Smith 和 Ward（1984）。

23. 几乎所有这些女性在结婚前都曾工作过一段时间，因此婚后工作连续性可能被低估了。目前在职女性结婚日期尚不清楚，假设这些女性在结婚前平均工作了 2 年且都在 22 岁结婚。如果假设成立的话，将意味着 1905 年前后出生的人中有 79% 的女性结婚后工作时间占比为75%。然而该假设结果忽略了20岁以后开始工作的女性群体，因此相同年龄组的女性样本从271名减少至184名（30岁至39岁）。

24. 1939年，美国劳工部妇女事务局从过去曾参加过工作的女性群体中特别挑选出当时没有就业且没有求职的数据。这使表2.5中的结果与异质性假设相悖，并且该表增加了目前没有就业群体的工作经验年数。

25. 当前没有就业且年龄在40岁至49岁的女性，其开始工作的平均年龄为19岁，比目前职场女性开始工作的平均年龄小3岁。假设该女性群体平均结婚年龄是22岁，那么婚后工作时间占比为20%，并且开始工作后的平均工作时间为29%。

26. 连续工作经验是指在任何一次职业经历中，休息时间少于3个月（美国劳工部，1941，第17页）。本书所使用的职业类型，与人口普查职业代码（Census Occupation Codes，COC）相一致——例如，专业人员、技术人员及同类从业者，文书人员及同类从业者，制造业工人，服务人员，等等。

27. 1939年，参与调查的111名没有工作的女性（40岁至49岁）中，有62.1%的女性在结婚时离开了工作岗位，4.5%的女性婚后才开始工作（婚前未曾工作），33.3%的女性结婚前后一直工作（见表2.6），其中婚后离开工作岗位但后期重返工作岗位的女性占比为86%。因此，婚前参加工作而结婚时离开工作岗位的女性占比为95%。1939年参与调查的123名有工作的女性中，并没明确的就业中断记录，至少没有人在婚后离开工作岗位。要了解整体就业平均水平，则需要考虑劳动参与率，1939年劳动参与率约为15%。因此，年龄在40岁至49岁的人群中，80.8%至91.1%（最低值：$0.85 \times 0.95 = 80.8\%$；最高值为91.1%）的女性在结婚时退出了劳动力队伍。

28. Henretta和O'rand（1980）、Ireland（1972）和Malllen（1974）

对退休史调查进行了专项研究。

29. 社会保障的普及可能会低估职业连续性。随着时间的推移，教师可能是获得社会保障最多的女性职业。如果一名女性在有保障的地区工作，然后转而在没有保障的地区担任教师，她将被视为在无保障期间离开了劳动力市场。家庭佣工和个体经营者因缺乏社会保障可能会导致两种结果。根据标准文献，将劳动力市场工作定义为一年中至少工作两个季度的工作。该定义与NLS和PSID回顾性分析相似。

30. 社会保障覆盖范围从成立到20世纪50年代迅速扩大，因此1951年被选定为社会保障普遍实施的开始年份。仅适用于"退休历史研究"调查的已婚女性。

31. 选择这3年来涵盖整个19年期间的数据，而不是针对其中任何一个女性的特定职业情况。

32. 表2.7没有列出3年内没有参加工作女性的数据。

33. 需要注意的是，模拟数据是为整个国家构建而非某个城市群体。表2.5中的样本数据仅代表一组城市已婚女性。

34. 以下计算中使用的权重为：

已婚职业女性的年龄分布

年龄	1930	1940	1950
20—29	0.38	0.32	0.29
30—39	0.34	0.36	0.34
40—49	0.19	0.22	0.25
50—59	0.09	0.10	0.12

需注意，该数据模型忽略了在第二次世界大战期间就业女性增加的工作经验，图2.2中队列劳动力数据不包含20世纪40年代增加的劳动参与率。

35. 根据Smith和Ward（1984）的研究程序，假定人口分为三个群体类型：S_w代表留在劳动力队伍中的女性比例；S_n代表未加入劳动力大军的女性比例；$(1-S_w-S_n)$表示马尔可夫模型运动的两种类型。在我研究的模型中，同质人群在劳动力中进进出出，异质人群或者留在劳动力中，或者随总劳动参与率的提升而进入劳动力市场。

36. Smith 和 Ward（1984，表 29，第 71 页）。

37. 尽管 Smith 和 Ward（1984）在表 29 中只提供了 1950 年至 1980 年的数据，但图 11 显示，1940 年 30 岁和 40 岁女性的工作经验程度大致相同。因此，本书的估计和他们的估计之间即使有两年重叠，估计结果也是相同的。

38. 在这三种回归分析中，每一种都只包括年龄在 56 岁以内的女性。

39. 图 10.7 采用的是表 2.4 中 1940 年按婚姻状况划分的劳动力权重。

40. 1892 年加利福尼亚州女性制造业工人的平均工作年数为 4.95 年，当前职业就业年限为 3.76 年（Eichengreen，1984）。1888 年对 22 个大城市进行的类似研究得出了更高的数据结果：自开始工作至调查截止的年限为 6.95 年，当前职业就业年限为 4.26 年（美国劳工专员，1889；1888 年劳动女性报告）。这组数据高估了开始工作以来的平均工作经历，因为对部分女性来说，就业是不连续的。

41. 由于 Smith 和 Ward（1984）未提供总横截面数据，因此这里引用的数据是根据以下程序从他们的研究结果中计算得出的。他们将工作经历数据按年龄进行划分并做回归分析；得出不同年龄组工作经历的估计结果，按每年就业女性的年龄分布进行加权。

42. Ciancanelli（1983）和 Bose（1987）对劳动参与率的调整进行了研究，认为劳动参与率的增长幅度要比调查结果大得多。许多调整后的估计值无法与现代劳动力数据进行比较。例如，钱卡内利（Ciancanelli）调查了所有接收住宿人员家庭的女性，但未考虑她们在住宿服务中花费的时间。

43. 根据目前劳动参与率的概念，即要求个体必须每周从事 14

小时以上的无偿家庭劳动，1890年每个家庭主妇每周家庭工作仅8小时，因此不会增加劳动参与率。

44. Abel 和 Folbre（1988）详细讨论了关于历史上对工作女性人数统计不足的认识。

45. 没有证据表明1890年人口普查中黑人已婚女性的劳动参与率被严重低估。

46. 参见 Durand（1975）和 Hill（1983）的研究，他们分析了日本女性在有偿就业、家庭工作以及不就业之间的选择。Hill 发现，家庭工作存在负替代效应，而有偿就业存在正替代效应，这表明随着教育水平和收入的提高，有偿就业呈上升趋势，同时家庭工作却有所下降。

47. 出版于1790年的人口普查报告给出了手稿中收集到的确切信息。

48. 费城的城市和商业名录中，"所有商业人士和户主"名单连同地址都是按字母顺序排列的。其中部分名录包含单独的职业列表，特别是医生、护士和助产士职业，后来又增加了各类行业的业主列表。从1795年开始，早期的一些目录单独列出了城市街区，创建了真实的城市住宅和商店导览。住宅和工作地点之间的区别在早期目录中很容易辨认出来，并且在后来的目录中也有多次修订。名录几乎每年编制一次，因此可以对调查对象个体进行追踪，从而获得丧偶女性及其已故丈夫的职业信息，也包括个人职业变化和地域变动信息。有关城市和商业名录的更多信息，请参阅 Goldin（1986a，第381—382页）。

49. 1860年的数据是由"费城社会史规划"（Philadelphia Social History Project）项目提供的。

50. 勒纳对美国女性地位从"黄金时代"开始恶化的论点做了最好的阐述："1800—1840年是美国女性地位发生决定性变化的时期……女性群体被心照不宣地排除在新民主主义之外。实际上，女性在许多方面的情况都恶化了……外出工作不再得到社会的认可等。许多以前对女性开放的商业和专业职业现在都关闭了……大批女性进入社会底层……工业劳动被定义为女性的工作。"（Lerner，1969，第5、7页）

51. 参见Goldin（1986a）。劳动参与率被定义为拥有一种职业，类似于"有酬工人"指标中的情况。劳动参与率对于时间的最小二乘法回归方程如下：

$$LFPR = 0.539 - 0.0028\, Time$$
$$(16.26)\quad(3.20)$$

$R^2=0.31$，括号内为t统计绝对值，时间（$Time$）从1790年开始，1790=1。

1790年至1860年间，女性户主的劳动参与率随经济波动呈顺周期变化，所有女性户主家庭的百分比呈逆周期变化。

52. 1820年和1860年分别只有6.4%和7.9%的女性独居，1820年仅有12.9%的女性与其16岁以下的孩子住在一起。也就是说，这两年大部分女性户主同另一名成年人生活在一起。

53. 请注意，铁匠、木匠和抄写员——以及其他一些行业的男性——的妻子在他们去世后无法继承他们的职业。新丧偶女性的劳动参与率高于整体女性劳动参与率，这表明一些继承的职业和生意是短暂的。这些女性很可能在短暂时间内接管了已故丈夫的职业，或许一直到她们的儿子长大成人。但遗嘱作为确凿证据表明，这些生意实际上是由寡妇经营的。Waciega（1985）发现了大量证据，证明在1750年至1850年，丈夫在世时妻子作为合伙人默默经营生意或承担活计，并在丈夫去世后继承这些生意或活计。

54. Norton（1976）研究认为，女性对家族企业、行业和一般经济管理知之甚少。然而，对丈夫扶持的妻子要比表2.10中的女性富有得多；许多人是富商的妻子，可能不参与日常经营。

55. 重要的是要认识到，在1650年至1850年间，妻子的协助并没有使其脱离丈夫而独立。正如乌尔里希所指出的,"谈论殖民地妻子的独立不仅不合时宜,而且在逻辑上也是矛盾的。一个女人成为妻子是由于她依赖,并对丈夫郑重承诺……妻子具备高超的家务技能……同时也接受了承担起丈夫的责任……几乎任何工作都适合一个女性,只要能增进家庭利益,并得到她丈夫的认可。这种方法既灵活又稳定。它允许各种行为表现,而并未真正挑战社会的父权秩序"(Ulrich,1980,第37—38页)。

56. 这些发现基于1860年费城白人女性户主在家庭组成、财富、年龄、种族和文化方面的劳动参与率进行的回归分析。样本中女性户主的平均参与率为39%。详见Goldin(1986a,第394—395页)。

57. 家庭作坊劳动主要是制作棕榈叶帽、草帽、软帽和发辫。得出的百分比是参加工业劳动的女性总数除以(10岁至29岁)女性总数。如果工业中许多就业女性的年龄超过30岁,那么百分比将偏大。Dublin(1979,第258页)的报告显示,在同一时期,在洛厄尔大型纺织厂工作的约88%的女性不到30岁,而Wright(1889)在1888年对职业女性的大规模调查表明,在制造业更加集中的城市或地区,约86%的女性产业工人年龄小于30岁。要了解更多细节,请参见Goldin和Sokoloff(1982)。

58. 科特观察,"虽然南希·弗林特作为一个单身女性不得不辛苦地养活自己,但她却对已婚的妹妹说:'长时间的分娩和其他必要的义务剥夺了无数已婚女性纯真少女般的感受。'"(Cott,1977,第54页)参见科特关于《家庭生活和婚姻如何改变年轻女性自由》的第二章。

59. 根据1890年至1960年的人口普查,白人和美国本土出生的白人群体在55岁至64岁之间不结婚的比例如下表所示。这一人口统计指标与初婚年龄高度相关,但对数据的要求较少。

理解性别差距：美国女性经济史

55岁至64岁间从未结婚的女性比例　　　　　　　　　　（%）

队列出生年份	白人	本土出生白人
1896—1905	8.2	n.a.
1886—1895	8.2	n.a.
1876—1885	9.4	n.a.
1866—1875	9.3	10.4
1856—1865	9.7	8.7
1846—1855	7.3	8.2
1836—1845	6.9	7.9
1826—1835	5.9	6.9

1890年至1970年间，初次结婚的年龄在下降，这与未婚比例的数据是一致的。然而，家庭普查记录显示，在18世纪和19世纪，初婚年龄（按同代人的出生年份计算）呈上升趋势。感谢克莱恩·蒲柏（Clayne Pope）提供的相关记录。另见Preston和Richards（1975）研究得出的关于1960年横截面的工作和结婚率类似证据。

60. 根据达布林书中复印的9名纺织工人的信件得出，她们最终都结了婚并且平均结婚年龄是27.5岁，"比同时期女性的平均年龄要高得多"（Dublin，1981，第31页）。此外，"磨坊工人的平均结婚年龄是25.2岁，相比之下非移民女性平均结婚年龄为22.9岁"（Dublin，1981，第32页）。

61. 达布林声称："当Sarah回到家时，她很可能没有把她的积蓄交给父母，而是按照她的意愿花掉它们。"（Dublin，1981，第22页）

62.《1907年纽约女性劳动力》提供了在家庭工作的女工数据样本（见数据文献），还包括1907年在纽约市工厂或商店工作的1311名女性资料。下面的公式分析了家庭汇款比率=（每周汇款/每周收入）、年龄和收入之间的关系。

$Percent = 1.346 - 0.0261 Age + 0.00038 Age\ Squared - 0.00875 Earnings$

　　　(21.28) (4.78)　　　(3.82)　　　　　　(3.45)

其中，括号中为t统计的绝对值，$R^2 = 0.07$，平均百分比=0.932，平均年龄=19.98，平均周薪=6.17。工人的出生和工作类型都不会影响家庭汇款的比率。到 34 岁时，这一比例有所下降。

63. 城镇劳动力统计结果未纳入表 2.1 和表 2.2。根据 1890 年人口普查中按年龄、婚姻状况和出生地计算得出（人口超过 10 万）城市女性人口总数（美国人口普查局，1895a，第一部分，第 883—910 页），以及这些城市的劳动力人口数（美国人口普查局，1897，第二部分，表 118，第 630—743 页）。假设大城市女性劳动力的年龄、婚姻状况与非农业女性工人的年龄、婚姻状况相同（美国人口普查局，1897 年，第二部分，表 120，第 750—751 页），1890 年单身女性按年龄和出生地分列的数据如下：

大城市中单身女性劳动参与率 （%）

年龄	美国本土出生 本地父母	美国本土出生 非本地父母	外地出生
15—24	42.9	54.0	82.2
25—34	48.0	62.8	79.0
35—44	43.1	53.3	68.0

64. 有关学校教育的数据见第五章。

65. 参见 Rotella（1980）的分析报告，1930 年，年轻的单身女性劳动力不再像 20 世纪初那样通常由家庭经济变量决定。

第三章

1. 关于收入性别差距的最新趋势，见 Smith 和 Ward（1984）和 O'Neill（1985）。Blau 和 Beller（1988）发现，考虑到所有工人而不仅仅是那些全年全职工作的工人，并且将工作时间包括在回归方程中时，差距缩小的时期延长至 20 世纪 70 年代。

2. Smith 和 Ward（1985，表 9）将 1970 年的收入应用于 1890 年至 1989 年的职业分布来构建收入比率。由于在此期间，职业男女的收入比率大幅增加（见表 3.2），按程序计算出的比率随时间推移比表 3.2 的数据更稳定，但也可能会产生误判。

3. 全职工人的定义是每周工作 34 小时以上，而全年工人则表示每年工作需要 50 周或以上。在构建 1890 年和 1930 年的估计时，通常使用全职周薪乘以每年 52 周的工资。

4. Goldin 和 Sokoloff（1984）探讨了初始职业促进地区工业化发展的程度。最初，成年女性劳动力生产率相对于男性较低的地区，预计会比相对生产率较高的地区更快实现工业化。因为所有地区都面临着制成品相对于农产品价格上涨或制造业（中性）技术变革的情况。美国北部（粮食）农业领域中的女性与男性工资比率比美国南部（棉花）低得多。本文探讨了该模型对美国南北经济发展差异的影响。美国南方不仅工业化晚于北方，且在制造业劳动力中女性（和儿童）所占比例也远低于北方，同时考虑到工业构成因素，南方公司规模也相对较小。大公司、高比例的女性（和儿童）劳动力以及复杂的劳动分工是美国北方工业化的特征。

5. 在 19 世纪 80 年代末至 20 世纪 80 年代末的时间里，制造业性别收入差距相对稳定是研究的一个主题（Carter，1988）。例如，Carter 和 Philips（1988）声称，加工机械的连续扩张降低了女性的就业率，但同时提高了女性的工资收入。因此，制造业相对于其他行业的发展可能对女性与男性的收入比率造成下行压力。

6. 1970 年各职业群体平均收入加权平均值为 0.603，且实际平均（每周就业，而不是全年就业，见表 3.1）比率为 0.623，而 1973 年比率为 0.617。表 3.2 显示所列数据的日期。

7. 表 3.2 中 D 部分的矩阵并未将构成男女职业加权收入比率变化的两个因素进行真正区分。为了得到该比率的完整数值，须应用三个基准年份中每个职业的几何加权平均收入。使用几何均值的理由是，收入的基本结构是其对数的函数。对女性与男性收入比率变化的区分强化了 D 部分矩阵中给出的结果。在整个 1890 年至 1970 年期间，各职业收入比例的变化占整个变化的 83% 至 111%（取决于所使用的权重），而结构的变化只增加了 -11% 至 17%（相互作用项增加了其余部分）。划分的细节可以参考 Goldin（1987a）。

8. 参见 Polachek（1987，表4）针对 Treiman 和 Hartmann（1981）所使用的原始数据报告百分比进行的更正。Aldrich 和 Buchele（1986）通过国家追踪调查得出相应结论，职业上的性别差异只占男女收入差距的一小部分。

9. Blau（1977）发现，工资较高的企业雇用的男性比例高于女性。Bielby 和 Baron（1984）证明了在公司层面存在相当严重的职业隔离。

10. 1939年办公室工作人员的完整数据见第241页的表格。

11. 这个数字是从15个行业样本中计算得出的（从A到C）。在所有雇用至少一名女性的职业（375个职业）中，三分之一（130个职业）的公司样本至少包含一名具有相同职业头衔的男性。请注意，即使职业中只有一名男性或一名女性，并排除男性密集型行业，这种情况也成立。

按职业划分解释文书人员的收入

	w_f ($)	w_m ($)	$\sum w_f \phi_m$ ($)	$\sum w_m \phi_f$ ($)	解释占比[a]（%）	
所有职业	96.9 (44)	134.0 (44)	95.2 (44)	128.2 (44)	-4.6	15.6
工业职业单元 如果 $f>1$，$m>1$	95.7 (31)	130.5 (31)	101.3 (31)	111.1 (31)	16.1	55.7
数据填补 w_f，w_m	95.8 (113)	136.2 (63)	98.8 (60)	124.2 (94)	7.4	29.7
数据填补和重叠	96.8 (94)	134.9 (60)	98.8 (60)	124.2 (94)	5.2	28.1

注和资料来源：a. 第一组百分比数字是 $(\sum w_f \phi_m - \bar{w}_f)/(\bar{w}_m - \bar{w}_f)$，第二组百分比数字是 $(\bar{w}_m - \sum w_m \phi_f)/(\bar{w}_m - \bar{w}_f)$。$\bar{w}_f$ 和 $\bar{w}_m$ 为1939年平均月工资；表中给出了按职业划分的男女工人的分布情况。括号内的数字代表可进入的职业或行业单元数目。即使填补了工资，对于女性来说有3个行业单元、对于男性有19个行业单元无法计算出来，只是因为该职业没有雇用女性或男性。填补和重叠行仅使用可应用假设数字的单元。例如，有113个行业单元含有女工，但其中只有60个行业单元也包含男性工人（$\phi_f > 0$）。资料来源于美国劳工部（1942）。

12. 通过下面的公式可以更清楚地理解这些调整，其中 F_i 和 F_s 代表混合和隔离职业中的女性数量，M_i 和 M_s 为男性数量，T_i、T_s 为整体工人（男性和女性）数量。1904年劳工专员统计报告并没有遗漏种族隔离职业的男性数量，但其他三种职业都被低估了。根据美国制造业人口普查结果，我们推算出女性在整个制造业劳动力中所占比例：

$$(F_i+F_s)/(T_i+T_s) = 0.20$$

同时根据1895年至1896年的劳工专员报告得出，混合型行业中女性比例为：

$$F_i/T_i = 0.56$$

根据两份报告可得出

$$F_i/(F_i+F_s) = 0.72$$

上文给出了三个方程和三个未知数，并允许对1904年的数据进行修正。由此得出的估计值为：M_s=104119（包括男性劳动者）；M_i=17151；F_s=8489；和 F_i=21829。因此，1904年的报告将性别混合行业的工人总数少计算了大约一半，而在隔离行业的女性工人数也少计算了一半。在调整后的数据中，约86%的男性员工从事男性专属职业（而原始数据中这一比例为91%），28%的女性员工从事女性专属行业。假设不同行业工人分布与1904年报告结果相同，那么性别混合行业工人分布值为 $\Sigma|f_i-m_i|$，但需要构建相异性指数，其中 F_i 和 M_i 是 i 行业中所有女性和男性工人的百分比。

第四章

1. 美国人口普查局发布的关于男女收入差异的报告称："超过一半的收入差距可以通过教育和工作经验等因素的不同来解释……"报告指出，35%至40%的收入差距不能用工作经验、任期、教育程度、研究领域或在某些职业中聚集的倾向差异来解释，这意味着在回归估计中应加入女性在职业中所占的比例。（注37）

注 释

2.《纽约时报》,1988年4月17日。康涅狄格大学通过类似政策来消除专业、非教师职位之间的薪酬不平等。一般来说,试图在相对同质职业群体中推进薪酬平等的雇主可能更喜欢"工资歧视"方法,而那些试图在异质职业(如护士和卡车司机)中推进薪酬平等的雇主更喜欢适用可比价值方法。关于可比价值详见第七章。

3. 参见 Arrow(1972)。Lundberg 和 Startz(1983)在研究中考虑了这样一种情况,即两个群体的先天能力是相同的,但训练是后天获得的,是内生的。如果一个群体后天生产率水平比另一个群体"噪声"多,但先天生产率水平"噪声"较少,那么说明后天训练"太少"。然而,在均衡状态下,这两个群体的平均工资将等于平均边际产量。

4. 请注意,根据1963年《同工同酬法案》,禁止公司向从事同一职业的男性员工支付高于女性员工的薪酬。

5. Krueger 和 Summers(1987)提供了不同行业工资差异的最新数据,并回顾了 Cullen(1956)和 Slichter(1950)收集的1900年以来的资料。Raff(1988)提供了支付高于平均工资的著名历史记录,即 Henry Ford 和 5 美元日薪的案例。

6. 根据《1888年职业女性报告》得出按婚姻状况划分的年龄构成,按表2.4中每个婚姻组的百分比重新加权后得出的平均数增加到24.3。由于该报告不是微观层面的研究,而是包含"城市—工业"所有单元,因此回归方程可以推导出每个婚姻状况组的平均年龄。使用每个"城市—工业"单元的平均年龄对婚姻构成进行回归分析,得到

$$Mean\ Age = 41.70 - 21.26\%\ Single - 7.74\%\ Married$$
$$(58.66)\ (28.06) \qquad\quad (5.72)$$

$R^2=47$;观测数 $=1148$;括号内为 t 统计绝对值;回归数值由每个"城市—工业"单元中个体数量的平方根加权得出。

单身平均年龄为20.4岁;已婚平均年龄为34岁;其他(丧偶、离婚和分居)平均年龄为41.7岁,按表2.4中给出的(1890年)百

分比加权得到 24.3 岁。

7. 1907 年纽约女工样本大部分构成为单身女性。该样本的平均年龄与《1888 年职业女性报告》中计算的单身女性的平均年龄一致。

8. 美国人口普查局（1907，表 26）按出生、职业和婚姻状况将职业女性生活安排资料进行分列显示如下：

单身女性离家生活的比例 （%）

	全部职业	排除仆人和女服务员
全部	37.9	19.8
本土白人女性	34.4	26.6

即使排除仆人和女服务员（与雇主同住一起），仍有超过四分之一的未婚、本土白人职业女性与家人或亲戚分开居住。

9. Meyerowitz（1988）第一个对"漂泊"女性进行了学术解释，他阐述了为城市女性提供帮助的网状系统，并推动了自由女性和解放女性文化的发展。参见 Vicinus（1985）对英国职业女性的研究。

10. Goldin（1987b，表 4，第 203 页）提供了 1890 年至 1980 年期间，部门或行业女性就业的相对份额对该部门或行业的全要素生产率变革（技术变革的代表）的影响。女性就业的相对比例由女性就业配额除以女性整体劳动参与率得出。除了纺织、食品和服装这三个女性密集度较高的部门，其他所有部门和行业都显示了全要素生产率与女性劳动密集度之间的正相关联系。通信、公用事业、金融、交通等行业的技术变革对女性就业的积极影响较大。文书和专业部门不在分析之内。

11. Tentler 指出："调查人员发现，虽然父母可能会试图建议儿子从事一份有前途的职业——一份可以获得技能并有晋升机会的职业——但父母很少为女儿做此考虑。"（1979，第 104 页）

12. 若每年就业净增长率为 k%，且与就业时间无关，假如每年有 r% 的员工离职，则工作经验（χ）年的概率密度函数为：

$$\lambda \int_o^\omega (r+k) e^{-(r+k)x} dx = 1 \qquad (1)$$

该方程可根据出生率为 B 的固定人口年龄分布得出，其中净增长率 k 等于出生率减去死亡率，即 $B - r$。$\lambda = 1/[1-\exp(\omega)(r+k)]$ 是一个校正因子，以确保积分取值为 ω 时，工作经验分布的总和为 1。

当 $\omega = \infty$ 时，式（1）中经验值（χ）的结果表示为 $[1/(r+k)]$，即

$$\frac{1}{r+k} - \omega\left[e^{-\omega(r+k)}/[1-e^{-\omega(r+k)}]\right] \qquad (2)$$

请注意，式（2）是未截断分布的平均值（$1/k$）减去一个依赖于截断点的值。1880 年至 1890 年间，制造业女性劳动参与年均增长率约为 4%，1870 年至 1880 年间为 4.6%。女性在零售业就业比例的可能性更高。使用 k 的保守值（低于实际值）为 4%，$\omega = 20$，1888 年样本中职业女性的经验分布与公式（1）中 $r = 0.12$ 的分布非常相似。假设 $r = 0.12$，$k = 0.04$，$\omega = 20$，横截面的平均经验值为 5.4。使用相同的参数计算，个体的真实经验是 6.3，比横断面估计增加了 17%。

13. 假设年轻的职业女性频繁而迅速地更换工作，因此经历了很大的人事变动。例如，《漫长的一天》(*The Long Day*) 讲述了一个年轻女子在大约 5 年的时间里做了 6 份以上的工作（O'Neill, 1972, 1905 年初版）。但是一般的职业女性并不经常更换职业或行业。

14. 假设一个男人的平均预期工作经验是 50 年，工作年龄从 15 岁开始到 65 岁结束。对于女性来说，从单身时期开始工作，则工龄至少为 6 年。此外还需要加上婚后工作经历。1890 年前后，外出工作的已婚女性所占比例非常小，然而丧偶和离婚女性外出工作占全部年龄段的 2.1% 至 46%（见表 2.2），如按劳动力年龄分布加权平均则为 24%。寡妇的平均年龄是 55 岁左右，并不是所有的女性最终都会成为寡妇。因此，单身女性的预期工作经验是 6 年，可能需要加补充工龄时间（假设为 1 年）。

15. 在《1907 年"漂泊"女性报告》一书的研究中，收入高峰出

现得非常晚，其原因可能与样本的异质性有关。

16. Montgomery 提到，当"Henry Gantt 为新泽西布莱顿磨坊（Brighton Mills）的卷筒机设定配额任务时……他发现年龄较大的女性很快就达到了这个比率，而许多年轻女性却失败了，甚至最后放弃了……同样，当约瑟夫和菲斯公司试图在克利夫兰布艺店推行现代管理模式时发现，年轻女性雇员无法通过增加产量来获得奖金。然而，在这个案例中，该公司进行了更深入的调查，并了解到大部分女性将所有收入都交给了父母。为了证实该调查结果，公司派遣调查人员到民宅进行补充访谈。公司估计到女性家庭的经济需要，决定从每个女性工资中扣除一笔具体数额并直接发给她的家庭，然后将其收入的其余部分再支付给她们"（1987，第 39 页）。

17. 美国劳工部（1916）参议院报告摘要指出："在工厂里，女性员工渴望的最高职位是领班，晋升是循序渐进的，需要从底层或跑腿工作开始。"（1916，第 2 页）

18. 表 4.1 中没有给出 1907 年"漂泊"女性样本中，教育对销售人员产生影响的方程。尽管受教育程度的提高并没有提高工人的收入，但销售人员受教育程度普遍高于制造业人员（样本中为 7.8 年对 6.8 年）。第（3）列结果支持的一种可能性是，销售工作的平均工资并不比工厂工人高，但销售工作条件更好并能够带来补偿福利。

19. 通过表 4.1 中的方程很容易得到数据。因变量是收入的自然对数，所以 E 年后的收入与初入职者的收入之比为 $\exp(\alpha E - \beta E^2)$，其中 E 代表工作经验，α 为经验系数，β 代表经验系数的平方，$\exp$ 为指数函数。

20. 46% 的调查数据来自 Eichengreen（1984），与旧金山 1890 年 47.5% 的制造业普查数据一致。调查数据与制造业普查数据的相似性表明，调查相对全面。然而，加利福尼亚州"劳动力构成"是导致调查数据与全国数据存在差异的原因。

21. 1892 年加利福尼亚州调查（Eichengreen，1984）、《1888

年职业女性报告》以及1889年密歇根州男性职业调查的数据如下：

	1892年加利福尼亚州调查		1888年职业女性报告	1889年密歇根州男性职业调查
	男性	女性		
自工作开始的工作年数	15.02	4.95	6.95	14.30
当前职业工作年数	10.39	3.76	4.26	6.42
当前雇主合作年数	3.92	2.57		2.98

密歇根州的调查数据最初由 Hannon（1977）收集。戴维·巴法姆（David Buffum）慷慨地提供了调查方法。

22. 推测使用以下数据，来自 Eichengreen（1984，表3）。

解释对数周收入（1892）

	男性		女性	
	系数	平均值	系数	平均值
常数项	1.75		1.14	
总经历	0.0524	15.02	0.0333	4.95
总经历^2	−0.0009		−0.0011	
职业年限	0.0212	10.39	0.1077	3.76
职业年数^2	−0.0004		−0.0030	
在公司工作年数	0.0113	3.92	0.0236	2.57
在公司工作年数^2	−0.0001		−0.0014	
从未结婚	−0.1663	0.65	−0.0005	0.91
成年或学校教育	0.0247	8.47	0.0195	9.62

最后一个术语（年龄 − 开始工作的年龄 − 6岁）由 Eichengreen 构建并用其替代学校教育，然而它也是衡量成熟度的因素。在表4.1 的收入函数中，Eichengreen 在开始工作年龄这一列计算得出了一个明显的正系数。这些数值可以根据构建对数收入方程得出：

$$w_{m,f} = 2.423 \quad w_{m,f} = 11.30$$
$$w_{f,m} = 2.176 \quad w_{f,m} = 8.81$$
$$w_m = 2.688 \quad w_m = 14.69$$
$$w_f = 1.902 \quad w_f = 6.70$$

方程使用了表4.1对应"工资歧视"的四个简写。第2列给出每周收入的实际美元值；第1列为对数形式。应该指出的是，文中推测了一名女性工人，因其劳动特征与男性员工相似而获得奖励；然而研究结果的另一种极端说法却不够严谨，即假设一位男性工人得到奖励,其原因是他像女性。

23. 本章接下来的讨论使用了Eichengreen(1984)的收益函数数据,并且他的数据与20世纪初其他关于制造业工人的研究结果完全一致。1889年密歇根州的一项研究得出了男性制造业工人的可比收入函数,与使用加利福尼亚州数据得出的结果差异在于已婚男性存在收入溢价。密歇根州的数据没有溢价,而加利福尼亚州的溢价数据为17%。除了密歇根州数据中某职业的经验回报相对较大,其他职业的经验和成熟度变量系数大体相同。戴维·巴法姆慷慨地为我提供了密歇根大学研究的收入方程。

24. 《1888年职业女性报告》显示,单身女性收入相对更高(表4.1)。单身女性比已婚女性挣得薪酬更多,但已婚男性比单身男性挣得薪酬更多,这一发现也在现代数据中得到了证实。

25. 来自美国劳工委员会(1897)的数据,适用于缝纫机操作员、针织工(针织袜)、雪茄制造工、雪茄包装工、雪茄剥离工、排字工、棉花卡片工和棉花速控装置工。

26. 被调查的是火柴捆绑岗位,两家公司中有246名工人用计件方式获取薪酬(美国劳工专员,1897)。

27. 工人自我选择会考虑各种偏见,因此将对女性收入产生影响。该影响不能用当前数据来评估,可以忽略不计。总体来说,长期留在工作岗位上的工人与提前离职的工人产生的数据结果不同。在没有可靠指标的情况下,提前离职的员工也同样具有生产率和能力,因此收入函数相对片面。另外,在劳动力市场上最有能力的女性在家庭劳动中也最有生产效率,并且她们结婚更早。从第二章的讨论来看,似乎更有可能的情况是,在劳动力市场上生产率高的年轻女性结婚更晚而不是更早。这种情况下自我选择的偏差似乎并不重要。此外,在世纪之交,女性在制造业中可能从事的职业范围非常有限,因此这种性质的偏见不会对结果造成太大影响和改变。

28. 这个短篇故事的起源仍不清楚,其真实性也不确定。

29. 参见 Rotella（1981）关于文书部门和女性劳动力的经济史，以及 Davies（1975，1982）关于文书工作的性别分类。

30. 第六章使用了这两项调查的公司明细表。

31. 经过 5 年工作经验积累，男性员工经验值增加 24%，而女性员工经验值增加 13%；10 年后的经验值，男性员工增加至 44%，同时女性员工增加至 25%。

32. 使用 Eichengreen（1984）的回归系数计算得出制造业占比 20%。文书部门的回归系数见表 4.3。

33. 文员受教育程度增加了 36.4%，同时制造业工人的识字率增加了 14%，根据表 4.1 第（2）列系数显示，该数值与制造业工人受教育程度的平均值大致相等。

34. 根据教育程度、婚姻状况、以前的职业及性别等因素对初始工资进行回归分析后得出 5% 的数据。假设性别系数为 0.05。

35. 文书人员样本的"工资歧视"计算（与图 4.1b 中对应的四个点）如下：

$$w_{m,f} = 7.195 \quad w_{m,f} = 1333$$
$$w_{f,m} = 7.296 \quad w_{f,m} = 1474$$
$$w_m = 7.420 \quad w_m = 1669$$
$$w_f = 6.980 \quad w_f = 1075$$

其中第 2 列以美元为单位表示年收入，第 1 列对数形式表示值。每一列的第三和第四个数字是男性和女性的实际收入；第一种是男性按照女性获得报酬方式的收入，第二种是女性按照男性获得报酬方式的收入。计算"工资歧视"的两种不同方法是：[（7.42-7.195）/（7.42-6.98）] =（0.225/0.44）= 51%，[（7.296-6.98）/（7.42-6.98）] =（0.316/0.44）=72%。因此，28% 和 49% 之间的差异是由特征的差异来决定的。请注意，当女性获得与男性相等的报酬时差异更小。

36. 考虑实施仅针对女性的职业限制或只针对男性的职业限制政策，两项政策可以相互转换。

37. 男性和女性的婚姻也增加了高技能职业的收入。

38. Doeringer 和 Piorc（1971）介绍了劳动力市场的内部制度。理论文献主要包含三个方面：第一个方面强调了工资状况在改变工人行为方面的作用，通过工资—经验激励方式或根据员工的绩效等级支付工资等措施，激发员工付出更多努力并与公司联系起来，起到监督员工的作用。Lazear 和 Moore（1984）探讨了工资结构在改变员工努力程度中的作用；Malcomson（1984）表明，即使在雇主无法监督实际产出的情况下，员工绩效排名的薪酬激励依然起到主导作用；Lazear（1979，1981）着眼于改变工资概况对强制退休和工作时间限制的影响；Lazear 和 Rosen（1981）研究了竞技支付模式的含义。第二个方面包含自我选择模型，其中利用工资情况来筛选工人。Salop 和 Salop（1976）构建了一个框架，在这个框架中，陡峭的上升趋势将诱导那些辞职概率较低的人进行自我选择。Guasch 和 Weiss（1981）同样认为，包含自我选择模型工资的薪酬策略适合能力更高的人。第三个方面借鉴了 Becker（1975）开创性的工作理念，通过薪酬策略使企业和工人都能够投资并持有企业特定资本。

详见 Sundstrom（1988）和 Jacoby（1985）的历史文献。两者都探讨了蓝领劳动力市场，Sundstrom 分析了 20 世纪 20 年代之前美国国内劳动力市场的演变，而 Jacoby 着重研究了 20 世纪 20 年代之后的劳动力状况。Sundstrom 得出结论认为，在 20 世纪 20 年代之前，制造业岗位内部劳动力的成熟发展是由于职业培训和公司特定技能需求决定的，而不是由工会和监督引起的。Sundstrom 对内部劳动力市场出现的时间进行设定，与现货市场向隐性合同过渡的描述并不冲突。我感兴趣的是工资与实际生产率的脱钩情况，人力资本生产及白领（而非蓝领）部门的脱钩相对更少。

39. 最近，通过现代计算机技术，在各种文职岗位上实施了计件和即时监测制度（参见 Howard，1985）。

40. 罗莎贝丝·莫斯·坎特（Rosabeth Moss Kanter）探讨女性在

管理工作中的歧视时有力地阐述了这一观点:"当管理工作程式化,所有产出都可以衡量时,从事这些工作的个体特征就变得不那么重要了。"她指出了文凭和正式培训的相似作用:"在管理技能和管理理论方面的培训使取代社会群体的成员身份成为可能,并为其发展前景提供了可靠性、可预测性和正确的方向。"(1977,第55页)

第五章

1. 图5.1(a)和5.1(b)与图2.2的左右两侧框架相同,但每个框架在第35年处有一条竖线,原因将在本章后面说明。

2. 关于现代劳动力供给模型和文献讨论,请参阅Killingsworth(1983)。

3. 参见Layard和Mincer(1985)的研究,以及Joshi, Layard和Owen(1985)关于英国的阐述,其中使用了类似于Smith和Ward(1984,1985)的分析技术;Mincer(1985)在其概括性文章中比较了不同国家的研究结果。

4. Smith和Ward(1984,1985)也阐述了工资对生育率的间接影响。

5. 分析引用了Mincer文章中的斜率,而不是表5.2中的弹性因素,其最终结果没有太大差异。为了与Mincer保持一致,在使用斜率时Y_m和w的数据用1949 = 100等式表示。结果是

$$\Delta\ell(predicted) = [\Delta(Y_m+w)=5114] \cdot (-0.53) + [\Delta w=2025] \cdot (2.05)$$

$$=14.41$$

1890年至1960年结果是14.41,而1890年至1980年的结果是18.41。1890年至1960年的实际数值$\Delta\ell$ = 27.2,1890年至1980年的实际数值$\Delta\ell$ = 45.3(见表5.1)。因此,1890年至1960年的解释效力为(14.41/27.2) ≈ 53%,1890年至1980年的解释效力为(18.41/45.3) ≈ 41%。Mincer的数据(1962,表10)得出$\Delta\ell$的

预测值为 19.20，而根据他的方式计算 $\Delta \ell$ 的值为 25.4；这样就解释了 76% 的原因。男性和女性收入的快速增长解释了我与 Mincer 之间估计的差异。Mincer 使用了 Long（1958）的数据，表明 1890 年的收入数据对男性和女性来说都太低了。

注意，Cain（1966）重新估计了 Mincer 的系数并发现了一个小错误。表 5.2 中 Cain 得出弹性是重新估计的数字，并在下面的模拟中使用。

6. Hamermesh（1986）在对劳动需求弹性研究的详尽总结中表明，绝对值几乎不高于 1，仅有少部分高于 0.5。请注意，需求弹性大于 0.5 会增加需求方程的移位项，但也会增加在公式（4）中确定 C* 时供给侧数的权重。

7. 1890—1930 年三个变量的值（见表 5.1）分别为：ℓ^*=2.8%，w^*=1.5%，Y_m^*=1.2%，均以年均变化百分比表示。给定 ε=1.24（表 5.2 中 1900 年和 1930 年的平均值），η=0，δ=0.5，方程式（4）和（5）的产出：S^*=2.8%；S'^*=4.3%，D^*=3.6%。D^* 的最小界限为 2.8%，需要注意 δ=0 时 ℓ^* 的值。当 δ=1 时，D^* 值为 4.3%，超过了 Hamermesh（1986，表 8.2）大多数估计值。因此，供给侧变化等于或超过需求侧变化的观点在合理的价值范围内是平衡的。然而，当 η=0 时，供给在改变 ℓ^* 中的作用与 δ 无关。

8. 1940—1960 年三个变量的值（见表 5.1）分别为：ℓ^*=3.6%，w^*=3.2%，Y_m^*=3.2%，均以年均变化百分比表示。给定 ε=0.47，η=1.3（来自 Cain, 1966，见表 5.2）和 δ=0.5，根据方程式（4）和（5）得出：S^*=-0.56%，S'^*=0.94%，D^*=5.2%。当 δ=0 时，D^* 的最小界限为 3.6%。在这种情况下，需求因素显然是最重要的并且经济增长的变化是稳定的。

9. 1960—1980 年间三个变量的值（见表 5.1）分别为：C^*=2.3%，w^*=1%，Y_m^*=1.2%，均以年均变化百分比表示。给定 e=0.22，η=0.37（来自 Fields, 1976，见表 5.2）和 δ=0.5，方程式（4）和（5）的得出比

率为：$S^*=1.9\%$；$S'^*=2.2\%$，$D^*=2.9\%$。

10. 受教育程度的增长速度低于平均数，1900年前后出生人群的受教育程度增长速度在两个序列中大致相同。参见Smith和Ward（1984）对白人女性平均受教育程度的调查，以及我在本书所使用平均值的更正。我在研究中使用平均值具有一定的目的性，同时强调了高中毕业和教育规范的重要性。

11. Margo（1986）讨论了根据1940年人口普查数据估计的黑人受教育程度存在的偏差。

12. 城市地区15岁至20岁学生的入学率高于农村地区。其中15岁至20岁的数据包括男性和女性。

13. 婚姻限制可以根据单身女性和已婚女性之间的生产率差异来解释，或者根据公司希望增加低技能群体的流动率来解释。在种族条件下，新员工生产率最重要的参考因素（见第四章）显然是受教育程度。

14. 许多公司经理表示，"种族"这个词意味着出生而不是肤色。引文来自1940年公司办公室调查（见数据文献）。

15. Cookingham针对受过高等教育女性的研究也得出了类似的结论："第二次世界大战期间和战后，年长已婚女性的就业行为在很大程度上是她们早期劳动力行为的一个函数。"年轻的妻子更有可能在生育后继续工作（1984，第775—776页）。

16. 横截面和时间序列研究见表5.2各条目。O'Neill（1981），Clark和Summers（1982）提供了其他时间序列劳动力供给模型。Clark和Summers研究发现，以前的职业会影响当前的就业，并且个人不会在经济衰退期与经济繁荣期交叉替代劳动力。这一发现补充了横截面证据（见第二章），即进入劳动力市场的女性往往会长期留在劳动力市场。

17. Joshi, Layard 和 Owen（1985），Smith 和 Ward（1984，1985）也估计了集横截面和时间序列于一体的模型。这两项研究都使用了年度数据，因此它们采用了更详细的计量经济学规范来估计队列效应并控制序列的相关性。但由于只采用了十年数据，因此单一因素影响较少。Joshi 等人在第一阶段回归分析中包括一组队列假设数据来解释队列内效应，然后在第二阶段回归分析中使用队列假设数据来解释跨队列差异。Smith 和 Ward 根据一阶差分（离散函数中连续相邻两项之差）得出了类似第一阶段的方程，并以此来推算群体固定效应。在第二阶段回归分析中使用数据来估计跨队列差异。两项研究都没有明确区分同期因素、队列效应和队列"漂移"。

18. 1940 年以前关于黑人女性的收入没有可靠的估计。即使是 1940 年的人口普查数据也不够精确，因为大部分全职、全年劳动的黑人女性从事家庭用人工作，她们以食宿在一起的形式劳动并获取收入。1940 年，几乎四分之三的全职、全年劳动的黑人女性都是私营服务领域工作者，她们的平均收入是同类领域工作者的三分之二（数据来自 1940 年的公共使用样本录像带）。同时黑人女性工人并没有直接获取货币收入，而是用实物代替货币作为薪酬。另外，如果将 1940 年白人与黑人女性的收入比（即使针对刚才提到的问题进行了调整）应用于 1890 年或 1900 年的白人收入公式，得出的结果显示黑人女性收入非常低。从 1890 年至 1940 年间，黑人与白人女性的收入比率有所下降，这一推论与当时黑人女性就业受到的严重限制是一致的。

19. Smith（1984）的调查研究结果包含了 1890 年至 1980 年期间黑人与白人男性的收入比率，但不是实际收入，而是根据 1970 年按职业分类收入数据得出的。

20. 如果加上时间，女性的收入系数将从 0.172 下降到 0.143。如果加上城市化水平，则该系数将下降到 0.062。具有较强时间趋势的变量之间存在多重共性，男性收入系数也出现了类似的变化。

21. 我在撰写本书时发现，Palmer（1954）的原始时间表以计算机可读的形式出现。Palmer 对 1940 年至 1951 年期间就业转变进行了全面研究。

22. 系数对所调查时期内变化的稳定性起到了决定性的作用。表5.4 根据第（1）列对 1890 年至 1960 年期间的数据进行估计，其系数与整个时期的系数稍有不同。由于缺乏 1960 年至 1980 年期间的观测值，因此无法进行 Chow 检验（邹检验，统计和计量经济的检验）。基于全模型和子样本的实际数据及预测值如下：

已婚女性实际和预期劳动参与率

年龄	年份	实际值 e	预估值 e 1890—1980 模型	预估值 e 1890—1960 模型
		1940 年出生队列		
15–24	1960	0.30	0.31	0.33
25–34	1970	0.36	0.37	0.40
35–44	1980	0.59	0.58	0.44
		1950 年出生队列		
15–24	1970	0.44	0.48	0.56
25–34	1980	0.56	0.55	0.60

如果这些队列能够根据模型和表 5.4 中的数据做出预测，则误差将小于 9%。然而这些年轻女性无法从完整的数据中获益。相反，如果该模型对 1890 年至 1960 年期间进行估算，那么 1940 年出生人群在 1970 年（25 岁至 34 岁时）的偏差将达到 11%，而在 1980 年（35 岁至 44 岁时）的偏差将达到 34%。1950 年出生人群在 1980 年的偏差仅有 7%，当时该群体年龄在 25 岁至 34 岁之间。请注意，根据子样本在 1980 年的预测对于 1940 年出生的队列来说太低了，但对于 1950 年出生的队列来说却偏高。劳动参与率的决定因素发生了结构性的变化，并且整体队列并没有低估其未来的参与率。

23. 缺乏其母亲的确切平均出生年份数据。

24. 在最近的一篇文献中，Shaw 和 Shapiro（1987）采用了 NLS 提供的关于 1980 年 34 岁至 36 岁的白人女性数据作为额外证据。他们追踪调查了这些女性从 1968 年至 1978 年的工作预期，发现在这十年中，女性工作预期的增加是连续不断的。1968 年至 1969 年期间有隔断，最初快速增长是由于调查问题的变化导致（见表 5.6）。但在1971年至1972年间和1975年至1977年间也有较大的增长趋势，在其他时期也有较小程度的增长。在整个时期，这一群体的预期值从1968年的33%上升至1978年的68%。1980年，当她们的平均年龄为35岁时，还有64%的人在工作。这些数字与表5.6中的数字完全一致。

第六章

1. 年龄分别为35岁至44岁、45岁至54岁。年龄最大的群体（55岁至64岁）并没有被考虑在内，因为该群体还包含了一个虚拟变量。

2. 例如1980年，只有1.4%的劳动力从事医生或律师职业。

3. 国际劳工组织于1962年讨论了婚姻限制和基于婚姻状况的其他歧视。Edwards（1988）分析了1985年日本《平等就业机会法》的影响。许多日本公司通常为员工提供终身雇用制，然而女性在结婚时被解雇。

4. 航空公司在20世纪50年代实施了这两种形式的婚姻限制政策，最初男乘务员和女乘务员都受了影响。剑桥大学和牛津大学曾规定男导师必须未婚。

5. 《1957年赫西报告》：宾夕法尼亚州互惠人寿保险公司，1956年8月22日；布朗仪器公司，1957年3月29日。

6. 1931年对四个城市展开抽样调查；1932年对其他城市进行了调查。

7. 政府部门被排除在调查样本之外，因为它们采用公务员程序。

8. 人事官员和公司的其他代理人坦然承认在雇用办公室职员时对黑人存在"歧视"（见第五章）。在"性别歧视"的言论中，这种坦率是一种附和及回应。

9. 美国劳工部妇女事务局收集了被调查公司人事记录中关于个人层面的数据。1931年的调查中没有这些记录的数据，然而在1940年的调查做了数据留存，本书第四章采用了这些数据（另见

Goldin，1984，1986b）。

10. 针对两年内雇用限制和保留限制数据进行交叉可以得出如下结果：

1931	1 = bar as policy or discretionary Hire Bar			1940	1 = bar as policy or discretionary Hire Bar		
Retain Bar		0	1	Retain Bar		0	1
	0	45%	27%		0	44%	23%
	1	3%	25%		1	3%	30%

11. 这些数据与 Cohn（1985，第 99 页）引用的一项全国调查数据大体一致。在该调查样本中，不雇用已婚女性的办公室占比为 51%，而在 1936 年（当时"主管的自由裁量权"被视为没有限制）不再保留已婚女性继续工作的办公室占比为 30%。在工业领域该情况的两个数字分别是 39% 和 18%；然而 20 世纪 20 年代，没有证据表明工厂对工人实施了与文书部门类似的限制政策。相反，经济大萧条之前工人们几乎没有受到婚姻限制政策的影响。

12. 1931 年调查的公司至少拥有 9 名女性员工，因此表 6.3 只包括 1940 年调查信息中的此类公司。但请注意，在 1931 年的调查中，最小规模的公司数量有限，而在超过 700 人规模的公司中，女性员工占很大比例。

13. 表 6.1 显示了 1931 年和 1940 年数据存在的差异。在这 12 种可能的情况中，除了 1940 年堪萨斯城的未加权雇用（自由裁量和政策）情况外，1940 年费城和堪萨斯城的百分比都大于 1931 年的总和。1940 年费城的加权保留（政策和自由裁量）样本仅比 1931 年的总样本低 0.2%。目前尚不清楚为什么洛杉矶是一个例外。可能只有东部和中西部各州的大城市普遍实施了婚姻限制政策；总的来说，西部城市对女性就业的限制政策相对较少。

14. 1940 年样本的虚拟变量系数为：保留限制政策情况是 0.904（$t=1.67$），雇用限制政策情况是 0.928（$t=2.20$）。例如，费城一家拥有 300 名员工的保险公司，在 1931 年的样本中出现保留限制的概率为23.4%，而在1940年的样本中出现保留限制的概率为43.0%。

15. 有一家公司实际上对每一条限制政策都做了对应的调整，并在没有经验变化的群体中进行应用。在实施限制政策的10家公司中，4家公司调整了保留限制政策，3家公司调整了雇用限制政策，另外3家公司两者都进行了调整。雇用限制政策的实施体现在3个方面：5家公司从实施自由裁量政策调整为限制政策；2家公司从没有限制政策调整为实施自由裁量政策；3家公司从没有限制政策变成了有限制政策。从自由裁量到限制政策的调整有50%的增长，为汇总回归分析结果提供了进一步的证据，即经济大萧条期间许多公司仅仅改变了自由裁量政策。

16. 例如，参见Scharf（1980）的讨论。

17. 经济大萧条期间通过并实施的立法，详见Shallcross（1940）和Kessler-Harris（1982）的调查报告；联邦213号令的详细历史可以在Scharf（1980，第3章）中找到。也可以参见Wandersee（1981）以及Pruette（1934）关于经济大萧条时期婚姻限制政策的影响。

18. 1921年，密歇根州的Highland Park镇"决定将所有女性雇员从工资单上除名……委员会之所以采取此措施，是因为有大量男性失业"（Hughes，1925，第15—16页）。

19. 类似"仅限女性"的工作变量（不考虑男性的工作），因其不是很重要而被省略了。

20. 请注意，1931年的调查结果反映了经济大萧条初期工作小时数呈下降趋势。

21. 计算过程应用了表6.3中第（1）列保留"限制政策（As Policy）"两年所有的回归系数模型。为了计算保留限制（P）的概率，需将系数（β）乘以它们的平均值（X），在本例中有300名员工，每周工作40小时或35小时，则提高变量则为0或1。估计模型中概率（P）的方程为：$P=1/[1+\exp(-X\beta)]$。内部晋升策略实施过程中保留限制调整的计算公式为：$\partial P/\partial promote = P(1-P)\beta$，其中 β 为调整变量的系数。1940 年的计算数据不适用于费城或堪萨斯城，因为包含了城市虚拟变量。

22. 该讨论提出了一种可能性，即退休和团体保险政策在 20 世纪 20 年代和 50 年代之间发生了变化，并为经验划分等级。如果实施该政策，年老女性尤其会受益。一些人事实践发生改变可能引发了一个问题，即基于终身职位的工资制度和内部晋升是否在 20 世纪 50 年代发生了变化，以适应大量年长女性员工。

23. 1931 年公司办公室调查：北美赔偿保险公司，费城。

24. 1931 年公司办公室调查：费城普罗维登信托公司，费城。

25. 1931 年公司办公室调查：费城普罗维登互助人寿保险公司，费城。

26. 1931 年公司办公室调查：费城 F. A. Davis 公司；费城基督教教育长老会委员会。

27. 1931 年公司办公室调查：凤凰互惠人寿保险公司，哈特福德。

28. 1931 年公司办公室调查：芝加哥菲尔德格洛尔公司。

29. 彼得斯（1934，第 25 页）在关于弗吉尼亚已婚女教师的书中，阐述了唯一公布的关于城乡婚姻破裂的证据。根据他的数据，弗吉尼亚的大多数城市学校董事会在 1928 年之前禁止雇用已婚女性，而大多数农村学校董事会在经济大萧条开始时就制定了限制政策。1932 年后颁布限制政策的城市学校董事会中，约有三分之一在 1918 年之前颁布过政策，而 1918 年之前只有十分之一的农村学校董事会颁布限制政策。

30. 见全国教育协会（1923）。

31. Margo 和 Rotella（1981）考虑了休斯敦的案例，婚姻限制政策在第一次世界大战之前设立，然后在战争期间取消，至战争结束后才恢复。

32. Peterson（1987，第 142 页）指出，在圣路易斯限制政策开始实施于1897年，直到1941年才有女性打破它。

33. Lewis（1925，第185—188页）列出了31条解释不聘用已婚女性作为教师的理由，以及31条支持聘用女性作为教师的理由。

34. 制造业可能还存在特殊情况。例如，奥拉·兰霍恩（Orra Langhorne）在1886年出版的《弗吉尼亚南方概况》（*Southern Sketches from Virginia*）一书中指出，林奇堡（Lynchburg）卷烟厂明确规定"不允许已婚女性"进入，然而白人女性、单身女性及黑人女性都在那里工作。

35. 假设生产率会持续增长几年后趋于平稳。然而，如果将工资固定在一个严格的标准上，那么工资可能会随资历而无限期增长。还有一种相关但稍微不同的情况是，企业希望在工作开始时支付较低的工资，而在就业接近结束时再提高收入，以激励员工努力或阻止渎职行为。下面将讨论这种情况。

36. Cohn（1988）分析了一项调查，并为"综合流动"理论找到了相应的数据支持。尽管我与Cohn在婚姻限制政策细节上有不同观点，但我们的结论非常相似。

37. 当保留工资（期望的最低工资）高于实际工资时，则是员工选择离职的时间点。结婚会让女性的保留工资（期望工资）大大提升，导致大部分女性离开劳动力市场。然而，当工资曲线斜率被人为倾斜时，它还不足以导致女性出于同样的原因离开劳动力市场。

38. 假如公司能够节省监管成本，获得更多产出或减少员工渎职，那么倾斜曲线将使公司获利更多。

39. 然而，就空姐而言，年龄和婚姻往往都是导致被解雇的原因。

40. 将限制作为实施政策以及实施自由裁量办法的公司占比为49%。这一比例中单独实施限制政策的公司为62%。1940年，相同类别的比例分别为42%和52%。

41. 在纽约，32%的女性办公室职员在目前公司工作了5年或更长时间；但44%的保险公司和38%的公用事业公司有相同女性职员比例（U.S. Department of Labor，1934，第27页）。其他城市的数据证明，公司的工作经历和婚姻限制之间没有明确的联系。

42. 表4.5中两组低技能女性群体在当前公司的工作年限的平均值为1.4%。总工作年限系数在数量级上更大（见表4.5），然而，它代表的是个人对任何公司的培训价值。企业希望在工作开始时支付员工低于其价值的工资，而在工作结束时支付高于其价值的工资，以此来节省管理成本。实际生产率和收入之间存在的差异导致出现这种理念。因此，在当时公司的年限系数（也称为任期）是有意义的数字。

43. 打字员和速记员一般从1940年开始工作，月薪70美元（美国劳工部，1942）。如果收入以每年1.4%的速度增长，而生产效率却没有增长，如果盈亏平衡点是5年，那么工人对公司的（固定）价值约为73美元。也就是说，5年内73美元的折现价值大约等于从70美元开始，5年内每年增长1.4%的收益流的折现价值。例如，在10年的服务中，支付员工的工资每月约80美元，但价值仍然只有73美元，就会比她的实际价值高出9.6%。

44. 埃丽斯·罗特拉（Elyce Rotella）和罗伯特·玛欧（Robert Margo）慷慨地向我提供了根据1892年至1922年休斯敦教师数据估算的收入函数。这些方程包括总经验、总经验的平方、在学区的任期和教育水平。在1910年至1917年期间，教师任期系数在0.011至0.025之间变化，但在此之前和之后的系数要小得多。1910年之前的观测数量很少，而且由于第一次世界大战的缘故，无法使用1917年之后的数据。休斯敦在第一次世界大战期间撤销了它的婚姻限制政策，然而战后又恢复了它。

45. 最近，美国联合航空公司（United Airlines）因解雇已婚空姐而输掉了与《民权法案》第七章相关的诉讼案（Romasanta v. United Air Lines, Inc.）。

46. Oppenheimer（1970，第5章）包含了一个关于已婚女性劳动力市场职业演变的理论。

47. 1931年公司办公室调查：Hartford记录。

48. Easterlin（1978，1980）通过一个相对收入模型将两波生育率波动关联起来。参见第五章对Easterlin相对收入假说的讨论。

49. 《1957年赫西报告》：宾夕法尼亚州互惠人寿保险公司，1956年8月22日；斯科特纸业，1957年3月28日。

50. 《1957年赫西报告》：洛德和泰勒，1956年10月30日。

51. 《1957年赫西报告》：斯特劳布里奇衣料商，1956年11月14日；宾夕法尼亚州中央银行，1956年10月19日。

52. 《1957年赫西报告》：西尔斯罗巴克（财富500强公司之一，总部所在地美国，主要经营零售业务），1956年11月7日。

53. 《1957年赫西报告》：富达基金，1956年8月17日。

54. 1940年办公室工作人员调查的附录中的样本数据由724名女性组成，其中168名已婚。戈尔丁（1984，1986b）做了详细解读。针对全职女性年收入对数的回归分析中，表明婚姻状况（1=已婚）的虚拟变量系数为0.424，但虚拟变量与受教育年限之间的相互作用系数为 -0.0362。整个样本的受教育年限系数为0.0458。

55. 《1957年赫西报告》：1956年10月8日；1956年8月24日。

56. 另见Goldin（1988a）关于1909年至1919年的研究，以及Atack和Bateman（1988）关于1880年工作时间和立法的研究。

57. Jones（1963）的研究中，工时数据代表的是制造业每周实际工时。计划工作时间有所减少，但实际工作时间依然很长。

58. 所参考的调查来自特拉华州、伊利诺伊州、新泽西州、俄亥俄州和罗得岛州（美国劳工部，1922—1927）。

59. 工时在增加女性就业方面的作用已被许多人评论过。例如，Bancroft指出："大多数工作的每周工作时间减少到了40小时……使许多已婚女性既能工作又能维持家庭。"（1958，第29页）

60. 研究只包括一个独立自变量和一个南方各州虚拟变量。目前还没有工资数据可以添加到估计中。

61. 工时从 53.9 小时减少到 49.1 小时（减幅 10%），正好是 1920 年数据平均值 51.5 的一个标准差。据预测，这种程度的工时减少将使已婚、美国本土出生女性的劳动参与率从 9.9% 提高至 11.1%，这是其平均值 10.6% 的四分之一标准差。出生在美国本土、父母是外国出生的已婚女性劳动参与率将大幅上升，从 4.6% 上升至 11.8%，超出平均值 8.2% 的一个标准差。

62. 在计算中，本地出生的已婚女性的弹性值为 1.11。父母非本地的已婚本地女性弹性值是其两倍多（Goldin，1988a，第 203 页）。使用弹性值会导致对参与变化的过度预测。

63. 由于采用计件工资制度和极低的成本投入，因此雪茄制造厂的工时相对比较灵活。帕特里夏·库珀（Patricia Cooper）在针对雪茄工人的调查研究中说道："工厂允许女性工人随时离开工作岗位，但女工们为了更高的收入通常保持稳定的工作。"（1987，第 198 页）库珀还指出，这种灵活性使得有孩子的女性工人可以在孩子放学后赶回家（第 224—225 页）。以 19 世纪早期的造纸业为例，McGaw（1987）针对女性工作时间的灵活性做出评论，这些女性总是愿意在工厂的非机械化部门工作，并选择按计件发放工资的工作。

64. Blank（1987）发现，现代制造业兼职女工每小时收入与全职女工每小时收入大致相同。从事兼职工作的专业工人获得了溢价工资，而从事兼职工作的低技能工人的薪酬则低于全职工人。

第七章

1. Montgomery（1987，第 38—39 页）得出的结论是，导致女性工人忽视工会制定的产量限制政策的原因是年龄而不是性别。

2. 根据第五十三届国会的联合决议，赖特（Wright）"被授权调查并报告……（女性就业）对男性的工资和就业产生的影响"（美国劳工专员，1897，第 11 页）。赖特的调查结果表明，在相同"效率"

的工作中，女性工资低于男性。但他没有从这一发现中得出结论。

3. 美国劳工部妇女事务局局长［玛丽·安德森（Mary Anderson）和后来的弗里达·米勒（Frieda Miller）］和该事务局中较有权势的成员都反对《平等权利修正案》，因为他们认为这会削弱保护性立法。参见 Harrison（1988）和 Rotella（1988）关于保护与平等之间冲突的研究。

4. 据《纽约时报》报道，许多律师声称："'保护性排斥'政策可能是一种非法的性别歧视。"（1988 年 8 月 2 日）

5. 参见 Baker（1925）关于纽约州相关证据的观点。她的结论是，保护性立法的积极影响显然超过了任何负面影响。

6. 从穆勒诉俄勒冈州案的案情摘要中可以清楚地看出，政府干预是合理的，因为对后代的伤害形式是外在的，而且女性可能被迫长时间工作。"女性的身体结构和母性职能的履行——她们关注的不仅是自己的健康，同时考虑种族的福祉——保护性立法使女性避免遭到男性贪婪和激情的侵害是正当合理的。"保护性立法对其合同权力的限制……不仅仅是为了女性的利益，在很大程度上是为了所有人的利益（引自 Babcock 等，1975，第 32 页）。

7. 工会的数据由杰拉尔德·弗里德曼（Gerald Friedman）慷慨提供。

8. 参见 Kessler-Harris 的论述，他认为"Brandeis 和……Goldmark……正确地推断，要使法院相信缩短女性工时实际上有利于总体福利，需要有证据证明长时间工作有害健康和安全"（1982，第 187 页）。Brandeis 对减少所有劳动者工时的关注在他为 Bunting 诉俄勒冈州案（1917）撰写的长篇案情摘要中表现得很清楚，该案件最终支持通过了一般工时法（Babcock 等，1975，第 34 页）。

9. Landes（1980）提供了最长工时对女性就业影响的理论模型。参见 Goldin（1988a）。

10. 在保护女性工人的基础上设立工时立法是合理的，然而该立法可能进一步助长了限制的设立和实施。例如，铸造厂以健康为由禁止女性进入烘烤铁芯的工作间（Baker，1925，第 367—368 页）。

Kessler-Harris（1982，第7章）还指出，最长工时立法导致限制的进一步实施，例如禁止女性成为调酒师等，部分限制政策可能会产生扩散效应。

11. 虽然通过了限制纽约有轨电车雇用女性的立法，然而女性群体提出抗议后，该限制立法的部分内容被废除（Baker，1925，第7章）。

12. 引自Baker（1925，第444页）。

13. 此外，制造业普查中的工作时间指的是每周计划工作时间而不是实际工作时间，其作为一种分布模式被分组列出（如44小时至48小时）。

14. 本章大量引用Goldin（1988a）的研究。

15. 等式如下：

$$H = a_f H_f + (1-a_f) H_m + (a_f \times Law) \beta_f H_f + [(1-a_f) \times Law] \beta_m H_m$$

式中H代表男性和女性的平均排班时数总和；H_f，H_m分别代表女性和男性的平均排班时间；A_f表示女性在制造业中的就业比例；β_f，β_m表示最大工时制度对女性、男性平均工时的边际影响；如果该州有最长工作时间立法，则用1表示Law。代入后得到估计方程：

$$H = H_m + (H_f - H_m) a_f + (H_f \beta_f - H_m \beta_m) \cdot (a_f \times Law) + (H_m \beta_m) Law$$

因此，常数项表示没有立法州的男性工作时间，a_f（% Female）的系数表示没有立法州的女性和男性工时差异；存在最大工作时间法的州中男性工作时间相对较少，最后，相互作用项（%Female×law）表示，在最大工时间立法的州中女性和男性减少工作时间的差异。

16. Goldin（1988a）调查了包括工时和就业数据的更多细节。最初选择1914年的调查数据是为了与Landes（1980）的结果保持一致。

17. 铸造数据的计算结果如下

$Hours = 54.9 - 0.046 \% Urban - 0.095 South - 1.80 Law$

　　　（61.0）（2.70）　　　（0.13）　　　（2.18）

$R^2 = 0.38$；观察人数 = 44（5个州的铸造厂就业人数不足，无法列入人口普查）；括号内为 t 统计的绝对值。回归分析未进行加权，按工人总体数量的平方根加权得到的系数为 −1.89。资料来源于 Goldin（1988a）。

18. 在女性密集型和男性密集型行业，每周减少的工作时间分别为 4.4 小时和 3.4 小时，这两个数字是根据雇员人数加权得出的；未加权结果为 3.4 小时和 3.3 小时。

19. 限制性变量几乎与 Landes（1980）中称为 REST 的变量相同，我将这个概念归功于 Landes。

20. Kessler-Harris 报告说，弗利克斯·法兰克福特在 1921 年写信给妇女工会联盟的埃塞尔·史密斯（Ethel Smith）说道："《平等权利修正案》威胁着数百万计（挣工资的）女性的福祉，甚至威胁了她们的生命。"（1982，第 208 页）

21. 参见 Becker（1981）关于战争期间《平等权利修正案》（美国于 1981 年实施）的研究，以及 Harrison（1988）自 1945 年开始的调查研究。Cott（1987，第 4 章）讨论了社会女权主义者和与 NWP 相关的个人内部和个人之间的冲突。Becker 指出，美国参议院于 1949 年、1953 年和 1959 年通过了《平等权利修正案》，并附带了所谓的"海登附加条款"（Hayden rider），该条款免除了所有针对性别的立法，进而严重削弱了修正案的法律效力（1981，第 273 页）。

22. Harrison 通过以下方式总结了该委员会的影响："为拒绝审查性别角色冲突而产生的约束寻求一致意见，以及对政治可接受性的渴望，妇女地位总统委员会（PCSW）经常留下最难解决的问题，放弃最有效的解决方案；然而，总的来说，妇女地位总统委员会的建议开辟了新路……它宣布性别歧视问题是合法的，并坚持认为它不仅伤害个人也伤害国家……尽管没有领先于公众舆论，但妇女地位总统委员会通过公开平等待遇的合法性，影响了公众的舆论。妇女地位总统委员会成立以来最重要的成果是……出乎意料的：一个重要的、充满活力的、广泛参与的女性运动的复兴，具有符合逻辑的女权主义哲学。"（1988，第 163、165 页）

23. 参见 Bird（1968）的讨论，他怀疑 Smith 的严谨性；Harrison（1988）声称 Smith 添加"性别"一词是为了确保黑人女性不会得到白人女性拒绝接受的保障；Mathews（1982）讨论了众议员玛莎·格里菲思（Martha Griffiths）的角色。另见 Livernash（1984，第 225 页）的摘要。

24. 关于 20 世纪 20 年代和 30 年代职业女性和商业女性表达的不满，见 Cott（1987，第 7 章）。

25. 参见 Lundahl 和 Wadensjo（1984）对 19 世纪末和 20 世纪初英国男女薪酬差异的全面总结。经济学家卡斯尔（Cassel）、埃奇沃思（Edgeworth）、福塞特（Fawcett）、拉思伯恩（Rathbone）和西德尼·韦伯（Sidney Webb），促成了最终涵盖经济歧视各种理论的辩论，这些理论现在以更严谨的形式成为相关主题文献的一部分。因此，关于经济歧视的概念似乎都已被解释，但不知何故却不那么受重视。可能英国人比美国人更能感受到这些变化。

26. 下文的统计只包含在 1964 年时年龄小于 33 岁的女性。

27. 这些数字由论文的作者彼得·库恩（Peter Kuhn）计算得出，结果保持在平均值附近（Kuhn，1987，表 5）。

28. 然而，Beller（1977，1982）发现，在 1967 年至 1974 年期间，《民权法案》第七章和相关立法使男女收入比总体降低了 7%，在私营部门降低了 14%。

29. 参见 Aldrich 和 Buchele（1986），他们提出了一种具有可比价值的经济方法以及可实施的各种方案。

第八章

1. 1959 年至 1983 年期间，关于工作时间变化的资料和数据来自 Fuchs（1988），并适用于所有 25 岁至 64 岁的女性和男性。已婚男性和已婚女性的总工作时间存在巨大差异。1959 年和 1983 年的家务劳动数据是 Fuchs 根据 1975 年和 1976 年的数据推断出来的。妻子们在劳动市场就业和非劳动市场就业的工作时间数据来自 Cain

（1984）；借鉴了 Juster 和 Stafford 关于全职工作的数据（1985，第 148 页）。Cain 估计，在 1975 年和 1976 年的调查中，在劳动市场工作的妻子平均花 26 小时做家务，而在非劳动市场工作的妻子平均花 51 小时做家务。在劳动市场工作的女性平均工作 32 小时，总计 58 小时。1975 年和 1976 年，丈夫们花在家务劳动上的时间约为 13 小时（Juster 和 Stafford，1985，第 148 页），而在有偿劳动市场工作的时间约为 40 小时，总计 53 小时。因此，妻子在劳动力市场工作的时间比丈夫更长，且两者比非劳动力市场工作的妻子的工作时间更长。值得注意的是，Juster 和 Stafford（1985，第 310 页）数据给出的家庭主妇"照顾家庭"工作的小时数较少（45 小时），并且这里采用有偿工作的小时数未包含上班路程、第二份工作等。获取更多的数据可参见 Juster 和 Stafford。

2. Michael（1985）提出了计量经济学证据，证明离婚与女性劳动参与率的格兰杰因果关系，尽管他之前的工作发现了相悖的结论，但这个结论更具历史意义。另见 Johnson 和 Skinner（1986），他们发现离婚的预期会增加已婚女性的劳动参与率。

3. 1987 年，成年贫困女性占比为 12.2%，男性为 8.1%，两者之比为 1.51。

4. 自 1959 年以来，成年黑人贫困女性的比例有所增长，但自 1979 年开始有所下降。Fuchs（1986，1988）的报告说明，根据固定贫困标准线进行衡量，1959 年女性占比为 59.2%，1979 年为 69.3%，最近数据显示 1987 年为 67.9%。

Smith 和 Ward（1989）的报告称，就长期趋势而言，贫困数据在 1940 年和 1950 年是与"性别"无关的，当时大多数家庭的数据中包括丈夫和妻子，然而在 1960 年前后数据偏女性化。其数据与 Fuchs 的调查有所不同，尽管他们使用相同的调查来源。在 1940 年之前，贫困女性的数量可能多于男性。Hannon（1984）报告记录了 1843 年至 1859 年间纽约州接受救济的数据。但丈夫得到救济可以用来养活妻子和孩子，因此这个数字大大低估了贫困女性所占的比例。

然而，到 19 世纪 50 年代初，获得救济的女性比例为 44%；到 20 世纪 50 年代末，这一比例上升至 55%。

5. 关于女性在现代化发展中经济地位的文献是非常丰富的，包括 Boserup（1970）的开创性专著。历史文献包括 Lerner（1969，1986）和 Goldin（1986a），讨论性文献始于 Engels（1978，1884 年初版）。

6. 美国教育部（1988）。另见美国人口普查局（1988）关于 25 岁至 29 岁完成 4 年及以上大学教育的个人百分比数据。在 20 世纪 50 年代末，25 岁至 29 岁的白人男性中有 14% 的人完成了大学学业，而白人女性中仅有 7.5%。到 20 世纪 60 年代末，这一数字分别为 18% 和 12%。而 20 世纪 70 年代末，这一数字分别为 27% 和 21%。20 世纪 80 年代末的数据显示，25 岁至 29 岁的白人男性和女性，完成大学学业的比例都为 23%。

7. 专业学位一般指第一专业学位，主要是医学、法律和牙科专业的学位（美国教育部，1988，表 180）。

8. 大学专业数据来自美国教育部（1988）。另见《总统经济报告》，1987，第 216—217 页。

9. "年轻员工的职业构成变化可能更为明显，但由于调查样本数量有限，无法获得按年龄划分的详细职业数据。"新的人口普查（十年一次）的数据可以用来研究这个问题（美国人口普查局，1987，第 4 页）。

10. 关于整体人口的数据来自美国人口普查局（1987），包括全职工人。35 岁以下人群的数据来自 1987 年的《总统经济报告》。

11. 1986 年，女性整体劳动参与率约为 55%，1979 年约为 51%。

12. 有孩子的女性劳动参与率数据来自美国劳工部，《新闻》，1987 年 8 月 12 日（第 87—345 号）及 1988 年 9 月 7 日（第 88—431 号）。全职工作及全年工作的相关数据来自 Shank（1988）。尽管在 1966 年至 1986 年间，全职工作和全年工作的参与比例有所增加，然而与兼职工作相比，全职工作的比例却没有增加。因此，劳动形式从间歇性全职过渡到整年全职。

附 录

1. 本附录来自 Goldin（1986c）的调查材料，并进行了少量的修改和补充。

2. Abbott(1910)针对19世纪末人口普查中的职业信息提出质疑；然而，Rubinow（1907）对 Abbott 的评论提出了批评。Smuts 指出："直到1910年，劳动力基本标准（劳动力概念的核心）才被明确提出。将工人定义为为了挣钱而工作的人。"（1960，第71页）同时他也针对1890年女性农场工人的数字提出质疑（1960，第76—77页）。Durand 和其他学者注意到1910年女性农场工人的估计不切实际（1948，第195页）。Durand（1948，第197—200页）和 Bancroft（1958，第183—197页）讨论了1940年劳动力定义变化对早期人口普查数据的影响。Jaffe（1956）认为，由于缺乏1890年至1900年间的数据，因此女性劳动力增长率被夸大了。然而，Lebergott（1964，第57—85页）对人口普查的劳动力估计提出了辩护。参见 Abel 和 Folbre（1988），他们总结了历史背景下女性工人数量不足的问题，Conk（1980）分析了1870年至1940年期间职业统计的相关问题。

3. Durand（1948，第199、207页）调整了1940年人口普查数据，因此1930年"有酬工人"估计数据和当前人口调查数据可以进行同期对比，但女性数据调整比例并不大。"有酬工人"数据调整基于1930年人口普查的一项特别研究，并表明"有酬工人"的概念使1930年女性劳动力夸大了2.72%。Bancroft（1958）还讨论了劳动力定义的演变以及十年一次的人口普查与当前人口调查数据的可比性。Lebergott（1964，第71—73页）总结了关于女性劳动力估计准确性的争论，尤其针对 Smuts（1959，1960）的质疑，通过接受人口普查数据作为适当的标准来进行解释。最近的研究（Abel 和 Folbre，1988；Ciancanelli，1983）内容对官方数据进行了大幅修正，但没有进行与"有酬工人"或"劳动力结构"一致的调整。相反，他们通常把在人口普查年度某个时间工作过的所有女性都统计在劳动力中。

4. 这个计算是假设工作以周为间隔时间完成的。

5. 1930 年，美国人口普查局告知人口普查员，每周"有酬工作"超过一天的个人将被统计为有职业。如果人口普查在此之前就使用统计规则，那么标准只有一周的 20%（美国人口普查局，1933b，第 29 页）。没有迹象表明曾采用过这样的规则进行统计。

6. 这些工人每日工作数据存在差异，其原因是必须包括所有年内开始工作的人。

7. 例如，Conk（1980）提出了令人信服的证据，证明人口普查执行人员假定已婚成年女性没有就业，并且通常在劳动参与率异常以及女性就业数据反常时修改数据。

8. 在工业领域工作的已婚女性平均工作时间可能超过半年，因为年长女性的收入略低于在工业领域有经验的年轻女性（Goldin，1981）。此外，已婚女性的平均收入包含了当年开始工作、当年工作天数被人为压低的女性数量，以及从事家庭劳动的女性数量。

9. 只在一天中的部分时间工作，不可能区分兼职工作类型和间歇性工作类型。兼职工作通常指每周少于标准工作时间的工作，而间歇性工作是指每周工作满足标准工作时间，且每年不间断地满足周标准时间的工作。

10. 住宿人员与提供住宿的家庭成员被列为一组，根据提供住宿家庭的收入情况估计，每个提供住宿的家庭至少拥有两名住宿人员。

11. 赖特（美国劳工专员，1889）提出，制造业全职工人的收入为 300 美元。

12. 需要注意的是，我并没有剔除人口普查中已经被统计为寄宿公寓管家的女性数量，这将导致估计结果数值偏大。要剔除这些女性数据，需要对她们的收入进行假设。填报职业为"寄宿公寓管家"的女性很可能比填报没有职业但获取住宿租金的女性有更多的收入。如果根据本书任何一种劳动力概念来统计所有填报职业的女性（这是可能的），那么调整后的百分比必须剔除已经统计的百分比。1900年的人口普查显示，在拥有大于等于2.5万人口的城市中，只有不到0.5%的已婚女性被统计为寄宿公寓管家。

13. 65%的制造业工人（不包括木材和面粉加工）居住在人口数量大于等于2万的城市。如果城市和工业区包含大于等于2500名人口数量的城市（包括1890年35%的美国白人），那么已婚女性的调整幅度约为2.1%（≈0.35×0.37×0.16）至5.6%（=0.35×0.16）之间，寡妇的调整幅度在2.6%至7%之间。请参阅下面对所有非农业农村地区的修正。

14. 1900年公共使用样本证据表明，人口数量大于等于2.5万的城市中，妻子占总人口的比例为13.7%，寡妇占总人口的比例为21.0%，所有数据略低于1890年和1891年的数据。1890年和1891年报告中比例相对较高，是因为统计中包含了工业区。

15. 1890年人口普查显示，人口数量大于等于2.5万的城市中，仅有17%的人口拥有住宅。1900年公共使用样本表明，农场住宅占比为27.2%。因此，残差为55.8%。请注意，用于分析的单位是住宅而不是家庭。

16. 美国人口普查局（1914，第27页）。本章包含少数按年龄、婚姻状况、种族和地区划分的职业数据，因此，数据不能因夸大农业劳动而得到修正。Smuts等人呼吁将这些女性纳入劳动力大军。他指出，尽管1890年"可能有400万已婚白人女性生活在农场，但人口普查显示，其中仅有约2.3万女性从事农业劳动"。1950年农场人口数量比1890年少得多，近20万已婚白人女性被视为无薪酬家庭农场劳动者（1960，第76—77页）。

17. 1910年15岁以上的白人女性无薪酬家庭劳动者占农业劳动者整体数量的比例如下（按州划分）：亚拉巴马州（0.507）、阿肯色州（0.433）、佛罗里达州（0.151）、佐治亚州（0.367）、路易斯安那州（0.165）、密西西比州（0.507）、北卡罗来纳州（0.399）、俄克拉何马州（0.177）、南卡罗来纳州（0.382）、田纳西州（0.191）、得克萨斯州（0.344）、弗吉尼亚州（0.074）。其他所有州的比例都低于 0.044（威斯康星州），平均值为 0.007。

18. 黑人女性农业劳动力很少漏报，其表明白人和黑人社区对已婚女性劳动的规范不同。Goldin（1977）讨论了奴隶制在黑人和白人家庭中对女性劳动力的不同作用。

19. 美国人口普查局（1907，第 32 页）给出的 94601 名白人女性农业劳动力样本中，农民家庭成员占比为 61%。1900 年人口普查填报了 57707 名白人女性家庭农场劳动力，占女性总人口的 1.6%。

20. 假设成年男性农业劳动力统计数字与 1910 年普查员接受的指示没有关联，那么从事农业劳动的男性比例应从 1890 年的 0.403 下降到 1920 年的 0.270。

21. Allen（1931）调查了得克萨斯州非墨西哥籍的棉花农场女性工人。接受采访的女性总数为 664 人，包括未婚和已婚女性。

22. 1.24% 数值由公式：$4.5 \times 0.31 \times 0.89$（白人在成年女性人口中的百分比）计算得出。已婚女性的数值用 1.24 乘以未被统计工人中已婚年龄的百分比（$\alpha = 0.624$），再除以成年女性整体人口中的已婚百分比（$\beta = 0.582$）。α 的值来自 Allen（1931），β 的值来自 1890 年对 15 岁至 64 岁女性的人口普查。

23. 例如，在南达科他州的调查问卷中，50% 的妻子填报了打水用时，25% 安装了电灯，46% 使用煤或木头炉灶。

24. 这些时间预算研究的清单可以在 Vanek(1973) 的研究中找到。根据其已发表的报告，以及无偿家庭农场平均工作时间和观测次数，记录如下：爱达荷州，1927 年（9.74 小时；观测 49 次）；华盛顿，1929 年（9.9 小时；观测 137 次）；南达科他州，1930 年（11.55 小时；观测 100 次）；蒙大拿州，1929—1931 年（9.12 小时；观测 48 次）；俄勒冈州，1929 年（11.3 小时；观测 288 次）；美国农业部，主要是加利福尼亚州，1924—1928 年（8.67 小时；观测 559 次）。这些家庭主妇每周平均花费 65 小时从事劳动，其中制造乳品、饲养家禽、种植果园和花园的无偿劳动占比为 15%。除了蒙大拿州，其他州的调查中使用了农场家庭主妇的记录。尽管其中一些州有大规模的谷物种植和畜牧业,并且其他州有混合农业,但各州在家庭农场劳动的妻子无偿从事家庭农场劳动的小时数相当稳定。

25. 只有两项研究给出了工作时间的分布。使用 15 小时为分界点,蒙大拿州参与统计的人员比例为 12%,俄勒冈州参与统计的人员比例为 30%。值得注意的是,1945 年发表的一项研究(Abel 和 Folbre 1988 年引用)表明,接受调查的所有在家庭农场劳动的妻子中,42% 的人在无偿家庭农场劳动中工作超过 15 小时。然而,这项研究是在第二次世界大战期间进行的,同时也反映了没有丈夫、农场工人和儿子的情况。

26. 这个计算是假设生活在农场的人口比例为 40%,而南方以外的农场占比为 68%。

27. 121193 这个数值是作为残差得出的,假设 1890 年在制造业领域工作的所有儿童中女性占比为 30%。剔除服装生产行业的女工数据,制造业普查中列举的女性数量为 545758 人(839952-294194);剔除服装生产行业的女性数据后,人口普查中还有 424565 人(1027242－602677)。这些数字之间产生差额(554758-424565=121193)是由于缺乏针对规模较大制造公司女性的人口普查所致。

应当指出的是,Smuts(1960)针对两次人口普查中各行业所包含的制造业就业数字进行调整或比较是不正确的。人口普查将工人按一般分类列出,例如"操作员",并不总是将工人与特定行业联系起来。

28. 除了膳食之外,这些都是根据 Gallman(1966)的计算修正得出的增加值,以增加 1890 年以前国民收入估计的项目。

29. 很可能现在家庭花在餐馆用餐的时间比 Szalai(1972)报告中的数值要高得多。因此,1890 年妻子在家庭生产中的时间占比高于既定市场劳动时间的 14%。

30. 计算中假设已婚女性目前每周在家庭维护、生产衣服和烘焙上所花时间约 2.5 小时。

参考文献

Abbott, Edith. *Women in Industry: A Study in American Economic History*. New York: Appleton, 1910.

Abbott, Edith, and Sophonisba Breckinridge. "Women in Industry: The Chicago Stockyards." *Journal of Political Economy* 19 (October 1911): 632-54.

Abel, Marjorie, and Nancy Folbre. "Never Done and Under-Counted: Women's Work and the Pre-1940 U.S. Censuses." Manuscript, University of Massachusetts, Amherst, March 1988.

Aigner, Dennis, and Glen Cain. "Statistical Theories of Discrimination in Labor Markets." *Industrial and Labor Relations Review* 30 (January 1977): 175-87.

Akerlof, George A., and Janet L. Yellen, eds. *Efficiency Wage Models of the Labor Market*. New York: Cambridge University Press, 1986.

Aldrich, Mark, and Randy Albelda. "Determinants of Working Women's Wages during the Progressive Era." *Explorations in Economic History* 17 (October 1980): 323-41.

Aldrich, Mark, and Robert Buchele. *The Economics of Comparable Worth*. Cambridge, MA: Ballinger, 1986.

Allen, Ruth. *The Labor of Women in the Production of Cotton*. University of Texas Bureau of Research in the Social Sciences Study, No. 3. Austin: University of Texas, 1931.

Anderson, Karen. *Wartime Women: Sex Roles, Family Relations, and the Status of Women during World War II*. Westport, CT: Greenwood Press, 1981.

Arrow, Kenneth. "Models of Job Discrimination" and "Some Mathematical

Models of Race Discrimination in the Labor Market." In Anthony H. Pascal, ed., *Racial Discrimination in Economic Life*. Lexington, MA: Heath, 1972.

―――. "The Theory of Discrimination." In Orley Ashenfelter and Albert Rees, eds., *Discrimination in Labor Markets*. Princeton, NJ: Princeton University Press, 1973.

Atack, Jeremy, and Fred Bateman. "Whom Did Protective Legislation Protect in 1880?" Paper presented at the 1988 Cliometrics Meetings, Oxford, Ohio, March 1988.

Axelrod, Robert. "An Evolutionary Approach to Norms." *American Political Science Review* 80 (December 1986): 1095-111.

Babcock, Barbara Allen, Ann E. Freedman, Eleanor Holmes Norton, and Susan C. Ross. *Sex Discrimination and the Law: Causes and Remedies*. Boston: Little, Brown, 1975.

Baer, Judith A. *The Chains of Protection: The Judicial Response to Women's Labor Legislation*. Westport, CT.: Greenwood Press, 1978.

Baker, Elizabeth Faulkner. *Protective Labor Legislation: With Special Reference to Women in the State of New York*. Studies in History, Economics and Public Law, Columbia University. New York: AMS Press, 1969; orig. publ. 1925.

―――. *Technology and Woman's Work*. New York: Columbia University Press, 1964.

Bancroft, Gertrude. *The American Labor Force: Its Growth and Changing Composition*. New York: Wiley, 1958.

Baron, Ava. "Women and the Making of the American Working Class: A Study of the Proletarianization of Printers." *Review of Radical Political Economics* 14 (Fall 1982): 23-42.

Becker, Gary. *Human Capital: A Theoretical and Empirical Analysis, with*

Special Reference to Education. 2nd ed. Chicago: University of Chicago Press, 1975.

_____. *The Economics of Discrimination*. 2nd ed. Chicago: University of Chicago Press, 1971; orig. publ. 1957.

Becker, Susan D. *The Origins of the Equal Rights Amendment: American Feminism Between the Wars*. Westport, CT: Greenwood Press, 1981.

Bell, Duran. "Why Participation Rates of Black and White Wives Differ." *Journal of Human Resources* 9 (Fall 1974): 465-79.

Beller, Andrea H. "The Impact of Equal Employment Opportunity Laws on the MaleFemale Earnings Differential." In Cynthia B. Lloyd, Emily S. Andrews, and Curtis L. Gilroy, eds., *Women in the Labor Market*. New York: Columbia University Press, 1979.

_____. "The Impact of Equal Opportunity Policy on Sex Differentials in Earnings and Occupations." *American Economic Review* 72 (May 1982): 171-75.

_____. "Changes in the Sex Composition of U. S. Occupations, 1960-1981." *Journal of Human Resources* 20 (Spring 1985): 235-50.

Beller, Andrea H., and Kee-ok Kim Han. "Occupational Sex Segregation: Prospects for the 1980's." In Barbara F. Reskin, ed., *Sex Segregation in the Workplace: Trends, Explanations, Remedies*. Washington, DC: National Academy Press, 1984.

Beney, M. Ada. *Wages, Hours, and Employment in the United States, 1914-1936*. New York: National Industrial Conference Board, 1936.

Ben-Porath, Yoram. "Labor-Force Participation Rates and the Supply of Labor." *Journal of Political Economy* 81 (May-June 1973): 697-704.

Bergmann, Barbara R. *The Economic Emergence of Women*. New York: Basic Books, 1986.

Bielby, William T., and James N. Baron. "A Woman's Place Is with Other

Women: Sex Segregation Within Organizations." In Barbara F. Reskin, ed., *Sex Segregation in the Workplace: Trends, Explanations, Remedies*. Washington, DC: National Academy Press, 1984.

Bird, Caroline. *Born Female: The High Cost of Keeping Women Down*. New York: Van Rees Press, 1968.

Blank, Rebecca. "The Effect of Part-Time Work on the Compensation of Adult Women." Manuscript, Princeton University, November 1987.

Blau, Francine D. *Equal Pay in the Office*. Lexington, MA: Lexington Books, 1977.

Blau, Francine D., and Andrea H. Beller. "Trends in Earnings Differentials by Gender, 1971-1981." *Industrial and Labor Relations Review* 41 (July 1988): 513-29.

Blau, Francine D., and Marianne A. Ferber. *The Economics of Women, Men, and Work*. Englewood Cliffs, NJ: Prentice-Hall, 1986.

Blau, Francine D., and Wallace Hendricks. "Occupational Segregation by Sex: Trends and Prospects." *Journal of Human Resources* 14 (Spring 1979): 197-210.

Blinder, Alan. "Wage Discrimination: Reduced Form and Structural Estimates." *Journal of Human Resources* 8 (Fall 1973): 436-55.

Bloom, David. "Labor Market Consequences of Delayed Childbearing." Paper presented at the American Sociological Association, Chicago, 1986.

Bose, Christine E. "Devaluing Women's Work: The Undercount of Women's Employment in 1900 and 1980." In Christine Bose et al., eds., *Hidden Aspects of Women's Work*. New York: Praeger, 1987.

Boserup, Ester. *Women's Role in Economic Development*. New York: St. Martin's Press, 1970.

Bowen, William, and T. Aldrich Finegan. *The Economics of Labor Force*

Participation. Princeton, NJ: Princeton University Press, 1969.

Brandeis, Louis D., and Josephine Goldmark. *Women in Industry: Decision of the United States Supreme Court in Curt Muller vs. State of Oregon.* New York: National Consumers' League, 1908.

Breckinridge, Sophonisba P. *Women in the Twentieth Century: A Study of Their Political, Social and Economic Activities*. New York: McGraw-Hill, 1933.

Brissenden, Paul F. *Earnings of Factory Workers, 1899 to 1927: An Analysis of Pay-roll Statistics*. Washington, DC: Government Printing Office, 1929.

Brown, Martin, and Peter Philips. "Craft Labor and Mechanization in Nineteenth-Century American Canning." *Journal of Economic History* 46 (September 1986): 743-56.

Bulow, Jeremy, and Lawrence Summers. "A Theory of Dual Labor Markets with Application to Industrial Policy, Discrimination and Keynesian Unemployment." *Journal of Labor Economics* 4 (January 1986): 376-414.

Bureau of National Affairs. *Pay Equity and Comparable Worth: A BNA Special Report*. Washington, DC: Bureau of National Affairs, 1984.

Butler, Elizabeth Beardsley. *Women and the Trades: Pittsburgh, 1907-1908*. Pittsburgh: University of Pittsburgh Press, 1984; orig. pub!. 1909.

Cahill, Marion Cotter. *Shorter Hours: A Study of the Movement since the Civil War*. New York: AMS Press, 1968; orig. publ. 1932.

Cain, Glen G. *Married Women in the Labor Force: An Economic Analysis*. Chicago: University of Chicago Press, 1966.

———. "Women and Work: Trends in Time Spent in Housework." IRP Discussion Paper No. 747-84, University of Wisconsin, Madison, 1984.

———. "The Economic Analysis of Labor Market Discrimination: A Survey."

In Orley C. Ashenfelter and Richard La yard, eds. , *Handbook of Labor Economics*. Vol. 1 . Amsterdam: North-Holland, 1986.

Campbell, D'Ann. *Women at War with America: Private Lives in a Patriotic Era*. Cambridge, MA: Harvard University Press, 1984.

Campbell, Helen. *Women Wage-Earners: Their Past, Their Present, and Their Future*. Introduction by Richard T. Ely. New York: Arno Press, 1972; orig. publ. 1893.

Carey, Henry C. *Essay on the Rate of Wages: With an Examination of the Causes of the Differences in the Condition of the Labouring Populations Throughout the World*. Philadelphia: Carey, Lea, and Blanchard, 1835.

Carter, Susan B. "The Gender Gap in Manufacturing Wages, 1885-1935: A Reconsideration." Manuscript, Smith College, April 1988.

Carter, Susan B., and Peter Philips. "Continuous-Process Technologies and the Gender Gap in Manufacturing Wages." Paper presented to the U. C. Intercampus Group in Economic History, Santa Cruz, CA, April-May 1988.

Chafe, William H. *The American Woman: Her Changing Social, Economic, and Political Roles, 1920-1970*. New York: Oxford University Press, 1972.

Ciancanelli, Penelope. "Women's Transition to Wage Labor: A Critique of Labor Force Statistics and Reestimation of the Labor Force Participation of Married Women in the United States, 1900-1930." Ph.D. diss., New School for Social Research, 1983.

Clark, Kim B., and Lawrence H. Summers, "Labour Force Participation: Timing and Persistence." *Review of Economic Studies* 49 (Special Issue, 1982): 825-44.

Cohn, Samuel. *The Process of Occupational Sex-Typing: The Feminization of Clerical Labor in Great Britain*. Philadelphia: Temple University Press, 1985.

———. "Firm-level Economics and Synthetic Turnover: Determinants of the Use of Marriage Bars in American Offices during the Great Depression." Manuscript, University of Wisconsin, February 1988.

Conk, Margo. *The United States Census and Labor Force Change: A History of Occupation Statistics, 1870-1940*. Ann Arbor, MI: UMI Research Press, 1980.

Cook, Alice H. *Comparable Worth: A Casebook of Experiences in States and Localities*. Manoa: Industrial Relations Center, University of Hawaii, 1985.

Cookingham, Mary E. "Working after Childbearing in Modem America." *Journal of interdisciplinary History* 14 (Spring 1984): 773-92.

Cooper, Patricia A. *Once a Cigar Maker: Men, Women, and Work Culture in American Cigar Factories, 1900-1919*. Urbana: University of Illinois Press, 1987.

Corcoran, Mary, and Greg J. Duncan. "Work History, Labor Force Attachment, and Earnings Differences between the Races and Sexes." *Journal of Human Resources* 14 (Winter 1979): 3-20.

Cott, Nancy F. *The Bonds of Womanhood: "Woman's Sphere" in New England, 1780-1835*. New Haven, CT: Yale University Press, 1977.

———. *The Grounding of Modern Feminism*. New Haven, CT: Yale University Press, 1987.

Cowan, Ruth Schwartz. "Two Washes in the Morning and a Bridge Party at Night: The American Housewife between the Two Wars." In Lois Scharf and Joan M. Jensen, eds., *Decades of Discontent: The Women's Movement, 1920-1940*. Westport, CT: Greenwood Press, 1983a.

———. *More Work for Mother: The Ironies of Household Technology from the Open Hearth to the Microwave.* New York: Basic Books, 1983b.

Coyle, Grace. "Women in the Clerical Occupations." *The Annals* 143 (May 1929): 180-87.

_____. *Present Trends in the Clerical Occupations.* New York: Woman's Press, 1928.

Cullen, Donald. "The Interindustry Wage Structure, 1899-1950." *American Economic Review* 46 (June 1956): 353-69.

D'Amico, Ronald J., Jean R. Haurin, and Frank L. Mott. "The Effects of Mothers' Employment on Adolescent and Early Adult Outcomes of Young Men and Women." In Cheryl D. Hayes and Sheila B. Kamerman, eds., *Children of Working Parents: Experiences and Outcomes.* Washington, DC: National Academy Press, 1983.

Davies, Margery. "Woman's Place ls at the Typewriter: The Feminization of the Clerical Labor Force." In Richard C. Edwards, Michael Reich, and David M. Gordon, eds., *Labor Market Segmentation.* Lexington, MA: Heath, 1975.

_____. *Women's Place Is at the Typewriter: Office Work and Office Workers, 1870-1930.* Philadelphia: Temple University Press, 1982.

Daymont, Thomas N., and Paul J. Andrisani. "Job Preferences, College Major, and the Gender Gap in Earnings." *Journal of Human Resources* 19 (Summer 1984): 408-28.

Degler, Carl N. *At Odds: Women and the Family in America from the Revolution to the Present.* New York: Oxford University Press, 1980.

Doeringer, Peter B,. and Michael J. Piore. *lnternal Labor Markets and Manpower Analysis.* Lexington, MA: Heath, 1971.

Douglas, Paul H. "Plant Administration of Labor." *Journal of Political Economy* 27 (July 1919): 544-60.

Dublin, Thomas. *Women at Work: The Transformation of Work and Com-*

munity in Lowell, Massachusetts, 1826-1860. New York: Columbia University Press, 1979.

_____, ed. *Farm to Factory: Women's Letters, 1830-1860*. New York: Columbia University Press, 1981.

Durand, John D. *The Labor Force in the United States, 1890-1960*. New York: Social Science Research Council, 1948.

_____. *The Labor Force in Economic Development: A Comparison of International Census Data, 1946-66*. Princeton, NJ: Princeton University Press, 1975.

Easterlin, Richard. *Population, Labor Force, and Long Swings in Economic Growth: The American Experience*. New York: Columbia University Press, 1968.

_____. "Influences on European Overseas Emigration before World War I." In Robert W. Fogel and Stanley L. Engerman, eds., *Reinterpretation of American Economic History*. New York: Harper & Row, 1971.

_____. "What Will 1984 Be Like? Socioeconomic Implications of Recent Twists in Age Structure," *Demography* 15 (November 1978): 397-432.

_____. *Birth and Fortune: The Impact of Numbers on Personal Welfare*. New York: Basic Books, 1980.

Economic Report of the President. Washington, DC: Government Printing Office, various dates.

Edwards, Linda. "Equal Employment Opportunity in Japan: A View from the West." *Industrial and Labor Relations Review* 41 (January 1988): 240-50.

Edwards, Richard. *Contested Terrain: The Transformation of the Workplace in the Twentieth Century*. New York: Basic Books, 1979.

Eichengreen, Barry. "Experience and the Male-Female Earnings Gap in the

1890s." *Journal of Economic History* 44 (September 1984): 822-34.

Eisner, Robert. "Extended Accounts for National Income and Product." *Journal of Economic Literature* 26 (December 1988): 1611-84.

Engels, Friedrich. *The Origin of the Family, Private Property, and the State.* In Robert C. Tucker, ed., *The Marx-Engels Reader.* New York: Norton, 1978; orig. pub!. 1884.

Equal Employment Opportunity Commission (EEOC). *Annual Reports, 1966-1984.* Washington, DC: Government Printing Office, various dates.

Fields, Judith M. "A Comparison of Intercity Differences in the Labor Force Participation Rates of Married Women in 1970 with 1940, 1950, and 1960." *Journal of Human Resources* 11 (Fall 1976): 578-81.

Franklin, Benjamin. *The Autobiography and Other Writings.* New York: New American Library, 1961.

Fraundorf, Martha Norby. "The Labor Force Participation of Tum-of-the-Century Married Women." *Journal of Economic History* 39 (June 1979): 401-18.

Freeman, Jo. *The Politics of Women's Liberation: A Case Study of an Emerging Social Movement and Its Relation to the Policy Process.* New York: Longman, 1975.

Freeman, Richard. "The Effect of Demographic Factors on Age-Earnings Profiles." *Journal of Human Resources* 14 (Summer 1979): 289-318.

_____. "Unionism Comes to the Public Sector." *Journal of Economic Literature* 24 (March 1986): 41-86.

Freeman, Richard, and Jonathan Leonard. "Union Maids: Unions and the Female Work Force." In Claire Brown and Joseph A. Pechman, eds., *Gender in the Workplace.* Washington, DC: Brookings Institution, 1987.

Friedan, Betty. *The Feminine Mystique*. New York: Norton, 1963.

Friedman, Milton, and Simon Kuznets. *Income from Independent Professional Practice*. New York: National Bureau of Economic Research, 1945.

Fuchs, Victor R. "The Feminization of Poverty." Manuscript, Stanford University, March 1986.

_____. *Women's Quest for Economic Equality*. Cambridge, MA: Harvard University Press, 1988.

Gallman, Robert E. "Gross National Product in the United States, 1834-1909." In Dorothy Brady, ed., *Output, Employment, and Productivity in the United States after 1800*. New York: National Bureau of Economic Research, 1966.

Garrison, Dee. *Apostles of Culture: The Public Librarian and American Society, 1876-1920*. New York: Free Press, 1979.

Goldin, Claudia. "Female Labor Force Participation: The Origin of Black and White Differences, 1870 to 1880." *Journal of Economic History* 37 (March 1977): 87-108.

_____. "Household and Market Production of Families in a Late Nineteenth Century City." *Explorations in Economic History* 16 (April 1979): 111-31.

_____. "Family Strategies and the Family Economy in the Late Nineteenth Century: The Role of Secondary Workers." In Theodore Hershberg, ed., *Philadelphia: Work, Space, Family, and Group Experience in the 19th Century*. New York: Oxford University Press, 1980.

_____. "The Work and Wages of Single Women, 1870 to 1920." *Journal of Economic History* 41 (March 1981): 81-89.

_____. "The Changing Economic Role of Women: A Quantitative Approach." *Journal of Interdisciplinary History* 13 (Spring 1983): 707-33.

_____. "The Historical Evolution of Female Earnings Functions and Occupations." *Explorations in Economic History* 21 (January 1984): 1-27.

_____. "The Earnings Gap in Historical Perspective." In U.S. Commission on Civil Rights, *Comparable Worth: Issue for the 1980's*. Washington, DC: Government Printing Office, 1985.

_____. "The Economic Status of Women in the Early Republic: Quantitative Evidence." *Journal of Interdisciplinary History* 16 (Winter 1986a): 375-404.

_____. "Monitoring Costs and Occupational Segregation by Sex: A Historical Analysis." *Journal of Labor Economics* 4 (January 1986b): 1-27.

_____. "The Female Labor Force and American Economic Growth: 1890 to 1980." In Stanley L. Engerman and Robert E. Gallman, eds., *Long-Term Factors in American Economic Growth*. Studies in Income and Wealth, Vol. 51. Chicago: University of Chicago Press, 1986c.

_____. "The Gender Gap in Historical Perspective, 1800 to 1980." In Peter Kilby, ed., *Quantity and Quiddity: Essays in U.S. Economic History*. Middletown, CT: Wesleyan University Press, 1987a.

_____. Women's Employment and Technological Change: A Historical Perspective." In Heidi Hartmann, ed., *Computer Chips and Paper Clips: Technology and Women's Employment. Vol. 2, Case Studies and Policy Perspectives*. Washington, DC: National Academy Press, 1987b.

_____. "Maximum Hours Legislation and Female Employment in the 1920's: A Reassessment." *Journal of Political Economy* 96 (February, 1988a): 189-205. (Longer version originally issued as National Bureau of Economic Research Working Paper, No. 1949.)

_____. "A Pollution Theory of Discrimination: Male and Female Differences in Earnings and Occupations." Manuscript, University of Pennsylvania, March 1988b.

_____. "Life-Cycle Labor Force Participation of Married Women: Historical Evidence and Implications." *Journal of Labor Economics* 7 (January 1989): 20-47.

Goldin, Claudia, and Donald Parsons. "Parental Altruism and Self-Interest: Child Labor among Late-Nineteenth Century American Families." *Economic Inquiry* (1989, forthcoming). (Revised version of National Bureau of Economic Research Working Paper No. 707.)

Goldin, Claudia, and Solomon Polachek. "Residual Differences by Sex: Perspectives on the Gender Gap in Earnings." *American Economic Review* 77 (May 1987): 143-51.

Goldin, Claudia, and Kenneth Sokoloff. "Women, Children, and Industrialization in the Early Republic: Evidence from the Manufacturing Censuses." *Journal of Economic History* 42 (December 1982): 741-74.

_____. "The Relative Productivity Hypothesis of Industrialization: The American Case, 1820 to 1850." *Quarterly Journal of Economics* 99 (August 1984): 461-88.

Greenwald, Maurine Weiner. *Women, War, and Work: The Impact of World War I on Women Workers in the United States*. Westport, CT: Greenwood Press, 1980.

Gross, Edward. "Plus ça Change . . . : The Sexual Structure of Occupations over Time." *Social Problems* 16 (Fall 1968): 198-208.

Guasch, J. Luis, and Andrew Weiss. "Self-Selection in the Labor Market." *American Economic Review* 71 (June 1981): 275-84.

Haines, Michael. *Fertility and Occupation: Populaiion Patterns in Industrialization*. New York: Academic Press, 1979.

Hamermesh, Daniel S. "The Demand for Labor in the Long Run." In Orley C. Ashenfelter and Richard Layard, eds., *Handbook of Labor Economics*. Vol. 1. Amsterdam: NorthHolland, 1986.

Hannon, Joan Underhill. "The Immigrant Worker in the Promised Land: Human Capital and Ethnic Discrimination in the Michigan Labor Market, 1888-1890." Ph.D. diss., University of Wisconsin, Madison, 1977.

―――. "Poverty in the Antebellum Northeast: The View from New York State's Poor Relief Rolls." *Journal of Economic History* 44 (December 1984): 1007-32.

Harris, Barbara J. *Beyond Her Sphere: Women and the Professions in American History*. Westport, CT: Greenwood Press, 1978.

Harrison, Cynthia E. *On Account of Sex: The Politics of Women's Issues, 1945-1968*. Berkeley: University of California Press, 1988.

Hashimoto, Masanori, and Levis Kochin. "A Bias in the Statistical Estimation of the Effects of Discrimination." *Economic Inquiry* 18 (July 1980): 478-86.

Heckman, James J., and Robert J. Willis. "A Beta-logistic Model for the Analysis of Sequential Labor Force Participation by Married Women." *Journal of Political Economy* 85 (February 1977): 27-58.

―――. "Reply to Mincer and Ofek." *Journal of Political Economy* 87 (February 1979): 203-12.

Henretta, John C., and Angela M. O'Rand. "Labor-Force Participation of Older Married Women." *Social Security Bulletin* 43 (August 1980): 10-16.

Hidy, Ralph W., Frank Ernest Hill, and Allan Nevins. *Timber and Men: The Weyerhauser Story*. New York: Macmillan, 1963.

Hill, M. Anne. "Female Labor Force Participation in Developing and Developed Countries-Consideration of the Informal Sector." *Review of Economics and Statistics* 65 (August 1983): 459-68.

Historical Statistics of the United States: Colonial Times to 1970, Bicen-

tennial Edition. Washington, DC: Government Printing Office, 1975.*

Holmes, George. *Wages of Farm Labor*. Bulletin No. 99. Washington, DC: Department of Agriculture, Bureau of Statistics, 1912.

Howard, Robert. *Brave New Workplace: America's Corporate Utopias*. New York: Viking Penguin, 1985.

Hughes, Gwendolyn. *Mothers in Industry: Wage-Earning by Mothers in Philadelphia*. New York: New Republic, 1925.

Hussey, Miriam. *Personnel Policies during a Period of Shortage of Young Women Workers in Philadelphia*. Philadelphia: Industrial Research Unit, Wharton School of Finance and Commerce, University of Pennsylvania, 1958.

International Labor Organization. "Discrimination in Employment or Occupation on the Basis of Marital Status." *International Labor Review* 85 (March 1962): 262-82.

Irelan, Lola M. "Retirement History Study: Introduction." *Social Security Bulletin* 35 (November 1972): 3-8.

Jacobs, Jerry. "Long-term Trends in Occupational Segregation by Sex." Manuscript, University of Pennsylvania, May 1988.

Jacoby, Sanford M. *Employing Bureaucracy: Managers, Unions, and the Transformation of Work in American Industry, 1900-1945*. New York: Columbia University Press, 1985.

Jaffe, A. J. "Trends in the Participation of Women in the Working Force." *Monthly Labor Review* 19 (May 1956): 559-65.

Jensen, Joan M. "Cloth, Butter and Boarders: Women's Household Production for the Market." *Review of Radical Political Economics* 12 (Summer 1980): 14-24.

---

* Because of the frequency of citation, I have omitted the agency of publication, U.S. Bureau of the Census.

———. *Loosening the Bonds: Mid-Atlantic Farm Women, 1750-1850*. New Haven, CT: Yale University Press, 1986.

Johnson, George, and Gary Solon. "Estimates of the Direct Effects of Comparable Worth Policy." *American Economic Review* 16 (December 1986): 1117-25.

Johnson, William R., and Jonathan Skinner. "Labor Supply and Marital Separation." *American Economic Review* 16 (June 1986): 455-69.

Jones, Ethel. "New Estimates of Hours of Work per Week and Hourly Earnings, 1900-1957." *Review of Economics and Statistics* 45 (November 1963): 374-85.

Joshi, Heather E., Richard Layard, and Susan J. Owen. "Why Are More Women Working in Britain?" *Journal of Labor Economics* 3 (January 1985; supplement): S147-S176.

Juster, Thomas F., and Frank P. Stafford, eds. *Time, Goods, and Well-Being*. Ann Arbor, MI: Institute for Social Research, 1985.

Kanter, Rosabeth Moss. *Men and Women of the Corporation*. New York: Basic Books, 1977.

Kaplan, David L., and M. Claire Casey. *Occupational Trends in the United States, 1900 to 1950*. Bureau of the Census Working Paper, No. 5. Washington, DC: U.S. Department of Commerce, 1958.

Keat, Paul G. "Long Run Changes in Occupational Wage Structure, 1900-1956." *Journal of Political Economy* 68 (December 1960): 584-600.

Kessler-Harris, Alice. *Out to Work: A History of Wage-Earning Women in the United States*. New York: Oxford University Press, 1982.

Keyssar, Alexander. *Out of Work: The First Century of Unemployment in Massachusetts*. New York: Cambridge University Press, 1986.

Killingsworth, Mark. *Labor Supply*. Cambridge: Cambridge University Press, 1983.

Killingsworth, Mark, and James J. Heckman. "Female Labor Supply: A Survey." In Orley C. Ashenfelter and Richard Layard, eds., *Handbook of Labor Economics*. Vol. 1. Amsterdam: North-Holland, 1986.

King, Alan. "Industrial Structure, the Flexibility of Working Hours, and Women's Labor Force Participation." *Review of Economics and Statistics* 60 (August 1978): 399-407.

Kokkelenberg, Edward C., and Donna R. Sockell. "Union Membership in the United States, 1973-1981." *Industrial and Labor Relations Review* 38 (July 1985): 497-543.

Korenman, Sanders D., and David Neumark. "Does Marriage Really Make Men More Productive?" Manuscript, Harvard University, November 1987.

Krueger, Alan B., and Lawrence H. Summers. "Reflections on the Inter-Industry Wage Structure." In Kevin Lang and Jonathan Leonard, eds., *Unemployment and the Structure of Labor Markets*. Oxford: Basil Blackwell, 1987.

Kuhn, Peter. "Sex Discrimination in Labor Markets: The Role of Statistical Evidence." *American Economic Review* 77 (September 1987): 567-83.

LaFollette, Cecile Tipton. *A Study of the Problems of 652 Gainfully Employed Married Women Homemakers*. New York: Teachers College, Columbia University, 1934.

Landes, Elisabeth M. "The Effect of State Maximum-Hours Laws on the Employment of Women in 1920." *Journal of Political Economy* 88 (June 1980): 476-94.

Layard, Richard, and Jacob Mincer, eds. "Trends in Women's Work, Education, and Family Building." *Journal of Labor Economics* 3 (January 1985; supplement).

Lazear, Edward. "Why Is There Mandatory Retirement?" *Journal of Political Economy* 87 (December 1979): 1261-84.

_____. "Agency, Earnings Profiles, Productivity, and Hours Restrictions." *American Economic Review* 71 (September 1981): 606-20.

Lazear, Edward, and Robert L. Moore. "Incentives, Productivity, and Labor Contracts." *Quarterly Journal of Economics* 99 (May 1984): 275-95.

Lazear, Edward, and Sherwin Rosen. "Male/Female Wage Differentials in Job Ladders." In O. Ashenfelter, ed., *Essays in Honor of Albert Rees. Journal of Labor Economics* (1989; supplement, forthcoming).

_____. "Rank-Order Tournaments as Optimum Labor Contracts." *Journal of Political Economy* 89 (October 1981): 841-64.

Lebergott, Stanley. *Manpower in Economic Growth: The American Record Since 1800*. New York: McGraw-Hill, 1964.

Lehrer, Susan. *Origins of Protective Labor Legislation for Women: 1905-1925*. Albany: State University of New York Press, 1987.

Lerner, Gerda. "The Lady and the Mill Girl: Changes in the Status of Women in the Age of Jackson," *Midcontinent American Studies Journal* 10 (Spring 1969): 5-14. Reprinted in Nancy Cott and Elizabeth Pleck, eds. *A Heritage of Her Own*. New York: Simon and Schuster, 1979.

_____. *The Creation of Patriarchy*. New York: Oxford University Press, 1986.

Lewis, Ervin Eugene. *Personnel Problems of the Teaching Staff*. New York: Century, 1925.

Livernash, E. Robert, ed. *Comparable Worth: Issues and Alternatives*. 2nd ed. Washington, DC: Equal Employment Advisory Council, 1984.

Long, Clarence D. *Wages and Earnings in the United States, 1860-1890*. Princeton, NJ: Princeton University Press, 1960.

_____. *The Labor Force Under Changing Income and Employment*. Princeton, NJ: Princeton University Press for the NBER, 1958.

Lundahl, Mats, and Eskil Wadensjö. *Unequal Treatment: A Study in the Neo-Classical Theory of Discrimination*. New York: New York University Press, 1984.

Lundberg, Shelly J., and Richard Startz. "Private Discrimination and Social Intervention in Competitive Labor Markets." *American Economic Review* 73 (June 1983): 340-47.

Lynd, Robert S., and Helen Merrell Lynd. *Middletown: A Study in American Culture*. New York: Harcourt, Brace, 1929.

———. *Middletown in Transition: A Study in Cultural Conflicts*. New York: Harcourt, Brace, 1937.

Madden, Janice. "The Persistence of Pay Differentials: The Economics of Sex Discrimination." *Women and Work: An Annual Review* 1 (1985): 76-114.

Malcomson, James M. "Work Incentives, Hierarchy, and Internal Labor Markets." *Journal of Political Economy* 92 (June 1984): 486-507.

Malkiel, Burton, and Judith A. Malkiel. "Male-Female Pay Differentials in Professional Employment." *American Economic Review* 63 (September 1973): 693-705.

Mallen, Lucy. "Women Born in the Early 1900s: Employment, Earnings, and Benefit Levels." *Social Security Bulletin* 37 (March 1974): 3-24.

Margo, Robert. "Race, Educational Attainment, and the 1940 Census." *Journal of Economic History* 46 (March 1986): 189-98.

Margo, Robert, and Elyce Rotella. "Sex Differences in the Labor Market for Public School Personnel: The Case of Houston, Texas, 1892-1923." Manuscript, Indiana University, 1981.

Mathews, Jane De Hart. "The New Feminism and the Dynamics of Social Change." In Linda K. Kerber and Jane De Hart Mathews, eds., *Wom-

en's America. New York: Oxford University Press, 1982.

Matthaei, Julie A. *An Economic History of Women in America: Women's Work, the Sexual Division of Labor, and the Development of Capitalism*. New York: Schocken Books, 1982.

McGaw, Judith A. *Most Wonderful Machine: Mechanization and Social Change in Berkshire Paper Making, 1801-1885*. Princeton, NJ: Princeton University Press, 1987.

Meyerowitz, Joanne J. *Women Adrift: Independent Wage Earners in Chicago, 1880-1930*. Chicago: University of Chicago Press, 1988.

Michael, Robert T. "Consequences of the Rise in Female Labor Force Participation Rates: Questions and Probes." *Journal of Labor Economics* 3 (January 1985; supplement): S117-S146.

Milkman, Ruth. *Gender at Work: The Dynamics of Job Segregation by Sex during World War II*. Urbana: University of Illinois Press, 1987.

Mincer, Jacob. "Labor Force Participation of Married Women: A Study of Labor Supply." In H. Gregg Lewis, ed., *Aspects of Labor Economics*. Universities-National Bureau Committee for Economic Research. Princeton, NJ: Princeton University Press, 1962.

———. "Labor Force Participation and Unemployment: A Review of Recent Evidence." In R. A. Gordon and M. S. Gordon, eds., *Prosperity and Unemployment*. New York: Wiley, 1966.

———. *Schooling, Experience, and Earnings*. New York: Columbia University Press for the National Bureau of Economic Research, 1974.

———. "Intercountry Comparisons of Labor Force Trends and of Related Developments: An Overview." *Journal of Labor Economics* 3 (January 1985; supplement): Sl-S32.

Mincer, Jacob, and Solomon Polachek. "Family Investments in Human Capital Earnings of Women." *Journal of Political Economy* 82 (March-

April 1974): S76-S108.

Modell, John, and Tamara K. Hareven. "Urbanization and the Malleable Household: An Examination of Boarding and Lodging in American Families." *Journal of Marriage and the Family* 35 (August 1973): 467-79.

Montgomery, David. *The Fall of the House of Labor: The Workplace, the State, and American Labor Activism, 1865-1925*. New York: Cambridge University Press, 1987.

Morello, Karen Berger. *The Invisible Bar: The Woman Lawyer in America, 1638 to the Present*. New York: Random House, 1986.

Mroz, Thomas A. "The Sensitivity of an Empirical Model of Married Women's Hours of Work to Economic and Statistical Assumptions." *Econometrica* 55 (July 1987): 765-99.

Myrdal, Gunnar. *An American Dilemma: The Negro Problem and Modern Democracy*. New York: Harper, 1944.

National Education Association. *Teachers' Salaries and Salary Trends in 1923*. Report of the Salary Committee of the NEA, Vol. I, No. 3. Washington, DC: NEA, July 1923.

———. *Practices Affecting Teacher Personnel*. Research Bulletin of the NEA, Vol. VI, No. 4. Washington, DC: NEA, September 1928.

———. *Administrative Practices Affecting Classroom Teachers*. Part I, *The Selection and Appointment of Teachers*; Part II, *The Retention, Promotion, and Improvement of Teachers*. Research Bulletin of the NEA, Vol. X, No. 1. Washington, DC: NEA, January 1932.

———. *Teacher Personnel Procedures: Selection and Appointment*. Research Bulletin of the NEA, Vol. XX, No. 2. Washington, DC: NEA, March 1942.

———. *Teacher Personnel Practices, 1950-51: Appointment and Termination of Service.* Research Bulletin of the NEA, Vol. XXX, No. I. Washington, DC: NEA, February 1952.

National Industrial Conference Board (NICB). *Clerical Salaries in the United States, 1926.* New York: National Industrial Conference Board, 1926.

Nelson, Daniel. *Managers and Workers: Origins of the New Factory System in the United States, 1880-1920.* Madison: University of Wisconsin Press, 1975.

New York Department of Labor. *Special Bulletin: The Industrial Replacement of Men by Women in the State of New York.* No. 93. Albany, N.Y. Department of Labor, March 1919.

New York Times. "Women Reduce Lag in Earnings But Disparities with Men Remain." September 4, 1987.

_____. "California Women Receiving Millions to Settle Bias Case." January 20, 1988.

_____. "Women's Salaries Are Raised by University of Connecticut." April 17, 1988.

_____. "Protecting the Baby: Work in Pregnancy Poses Legal Frontier." August 2, 1988.

Norton, Mary Beth. "Eighteenth-Century American Women in Peace and War: The Case of the Loyalists," *William and Mary Quarterly* 33 (July 1976): 386-409.

Oaxaca, Ronald. "Male-Female Wage Differentials in Urban Labor Markets." *International Economic Review* 14 (October 1973): 693-709.

O'Neill, June. "A Time-Series Analysis of Female Labor Force Participation." *American Economic Review* 71 (May 1981): 76-80.

_____."The Determinants and Wage Effects of Occupational Segregation." Manuscript. The Urban Institute, Washington, DC, 1983.

_____."The Trend in the Male-Female Wage Gap in the United States." *Journal of Labor Economics* 3 (January 1985; supplement): S91-S116.

O'Neill, William L. *Everyone Was Brave: The Rise and Fall of Feminism in America.* Chicago: Quadrangle Books, 1969.

_____, ed. *Women at Work, Including "The Long Day: The Story of a New York Working Girl" by Dorothy Richardson.* Chicago: Quadrangle Books, 1972; orig. pub!. 1905.

Oppenheimer, Valerie Kincade. *The Female Labor Force in the United States: Demographic and Economic Factors Governing Its Growth and Changing Composition.* Westport, CT: Greenwood Press, 1976; orig. pub!. 1970.

Palmer, Gladys L. *Labor Mobility in Six Cities: A Report on the Survey of Patterns and Factors in Labor Mobility, 1940-1950.* New York: Social Science Research Council, 1954.

Pencavel, John. "Work Effort, on-the-Job Screening, and Alternative Methods of Remuneration." *Research in Labor Economics* 1 (1977): 225-58.

Peters, David Wilbur. *The Status of the Married Woman Teacher.* New York: Teachers College, Columbia University, 1934.

Peterson, Sharon. "Married Women and the Right to Teach in St. Louis, 1941-1948." *Missouri Historical Review* 81 (January 1987): 141-58.

Phelps, Edmund S. "The Statistical Theory of Racism and Sexism." *American Economic Review* 62 (September 1972): 659-61.

Polachek, Solomon W. "Occupational Segregation and the Gender Wage Gap." *Population Research and Policy Review* 6 (1987): 47-67.

Preston, Samuel H., and Alan Thomas Richards. "The Influence of Women's Work Opportunities on Marriage Rates." *Demography* 12 (May 1975): 209-22.

Pruette, Lome. *Women Workers through the Depression: A Study of White Collar Employment Made by the American Woman's Association*. New York: Macmillan, 1934.

Raff, Daniel. "Wage Determination Theory and the Five-Dollar Day at Ford." *Journal of Economic History* 48 (June 1988): 387-99.

Robinson, J. Gregory. "Labor Force Participation Rates of Cohorts of Women in the United States: 1890 to 1979." Paper presented at the Population Association of America Meetings, Denver, April 1980.

Rotella, Elyce. "Women's Labor Force Participation and the Decline of the Family Economy in the United States." *Explorations in Economic History* 17 (April 1980): 95-117.

———. *From Home to Office: U.S. Women at Work, 1870-1930*. Ann Arbor, Ml: UMI Research Press, 1981.

———. "Special Protections and Restrictions versus Equal Opportunities for Women in the Workforce." Manuscript, Indiana University, 1988.

Rubin, Lillian. *Worlds of Pain: Life in the Working-Class Family*. New York: Basic Books, 1976.

Rubinow, I. M. "Women in Manufactures: A Criticism." *Journal of Political Economy* 15 (January-December 1907): 41-47.

Salmon, Lucy Maynard. *Domestic Service*. New York: Amo Press, 1972; orig. publ. 1897.

Salop, J., and S. Salop. "Self-Selection and Turnover in the Labor Market." *Quarterly Journal of Economics* 90 (November 1976): 619-28.

Sandell, Steven H., and David Shapiro. "Work Expectations, Human Capital Accumulation, and the Wages of Young Women." *Journal of Human Resources* 15 (Summer 1980): 335-53.

Scharf, Lois. *To Work and to Wed: Female Employment, Feminism, and the Great Depression*. Westport, CT: Greenwood Press, 1980.

Schatz, Ronald W. *The Electrical Workers: A History of Labor at General Electric and Westinghouse, 1923-60.* Urbana: University of Illinois Press, 1983.

Scott, Anne Firor. *The Southern Lady: From Pedestal to Politics, 1830-1930.* Chicago: University of Chicago Press, 1970.

Sealander, Judith. *As Minority Becomes Majority: Federal Reaction to the Phenomenon of Women in the Work Force, 1920-1963.* Westport, CT: Greenwood Press, 1983.

Shallcross, Ruth. *Should Married Women Work?* Public Affairs Pamphlets, No. 49. New York: National Federation of Business and Professional Women's Clubs, 1940.

Shank, Susan E. "Women in the Labor Market: The Link Grows Stronger." *Monthly Labor Review* 111 (March 1988): 3-IO.

Shapiro, David, and Joan E. Crowley. "Aspirations and Expectations of Youth in the U.S.: Part 2, Employment Activity." *Youth and Society* 14 (September 1982): 33-58.

Shapiro, David, and Lois B. Shaw. "Growth in the Labor Force Attachment of Married Women: Accounting for Changes in the 1970's." *Southern Economic Journal* 50 (October 1983): 461-73.

Shaw, Lois B., and David Shapiro. "Women's Work Plans: Contrasting Expectations and Actual Work Experience." *Monthly Labor Review* 110 (November 1987): 7-13.

Slichter, Sumner H. "Notes on the Structure of Wages." *Review of Economics and Statistics* 32 (February 1950): 80-99.

Smith, James P. "Family Labor Supply over the Life Cycle." *Explorations in Economic Research* 4 (1977): 205-76.

———, ed. *Female Labor Supply: Theory and Estimation.* Princeton, NJ: Princeton University Press, 1980.

_____. "Race and Human Capital." *American Economic Review* 74 (September 1984): 685-98.

Smith, James P., and Michael P. Ward. *Women's Wages and Work in the Twentieth Century*. Santa Monica, CA: Rand Corporation, 1984.

_____. "Time-Series Growth in the Female Labor Force." *Journal of Labor Economics* 3 (January 1985; supplement): S59-S90.

_____. "Women in the Labor Market and in the Family." *Journal of Economic Perspectives* 3 (Winter 1989): 9-23.

Smuts, Robert W. *Women and Work in America*. New York: Columbia University Press, 1959.

_____. "The Female Labor Force: A Case Study in the Interpretation of Historical Statistics." *Journal of the American Statistical Association* 55 (March 1960): 71-79.

Sorensen, Elaine. "The Wage Effects of Occupational Sex Composition: A Review and New Findings." In M. Anne Hill and Mark Killingsworth, eds., *Colloquium on Comparable Worth*. Ithaca: Cornell University-l.L.R. Press, 1989.

Sproat, Kezia V., Helene Churchill, and Carol Sheets. *The National Longitudinal Surveys of Labor Market Experiences: An Annotated Bibliography of Research*. Lexington, MA: Lexington Books, 1985.

Stansell, Christine. *City of Women: Sex and Class in New York, 1789-1860*. New York: Knopf, 1986.

Steinberg, Ronnie. *Wages and Hours: Labor and Reform in Twentieth-Century America*. New Brunswick, NJ: Rutgers University Press, 1982.

Strober, Myra H., and Carolyn L. Arnold. "The Dynamics of Occupational Segregation among Bank Tellers." In Clair Brown and Joseph A. Pechman, eds., *Gender in the Workplace*. Washington, DC: Brookings Institution, 1987.

Sundstrom, William. "Internal Labor Markets before World War I: On-the-Job Training and Employee Promotion." *Explorations in Economic History* 25 (October 1988): 424-45.

Szalai, Alexander, ed. *The Use of Time: Daily Activities of Urban and Suburban Populations in Twelve Countries*. The Hague: Mouton, 1972.

Taussig, F. W., ed. *State Papers and Speeches on the Tariff*. Cambridge, MA.: Harvard University Press, 1892.

Tentler, Leslie. *Wage Earning Women: Industrial Work and Family Life in the United States, 1900-1930*. New York: Oxford University Press, 1979.

Thurow, Lester. *Generating Inequality*. New York: Basic Books, 1975.

Treiman, Donald, and Heidi Hartmann, eds. *Women, Work, and Wages: Equal Pay for Jobs of Equal Value*. Washington, DC: National Academy of Sciences Press, 1981.

Ulrich, Laurel Thatcher. *Good Wives: Image and Reality in the Lives of Women in Northern New England, 1650-1750*. New York: Oxford University Press, 1980.

U.S. Bureau of the Census. *Twelfth Census of the United States, 1900*. Vol. II, *Population*, Part II. Washington, DC: Government Printing Office, 1902.

_____. *Twelfth Census of the United States, 1900. Supplementary Analysis and Derivative Tables*. Washington, DC: Government Printing Office, 1906.

_____. *Statistics of Women at Work: Based on Unpublished Information Derived from the Schedules of the Twelfth Census: 1900*. Washington, DC: Government Printing Office, 1907a.

_____. *Manufactures, 1905*. Part I, *United States by Industries*. Washington, DC: Government Printing Office, 1907b.

_____. *Thirteenth Census of the United States, 1910*. Vol. I, *Population, General Report and Analysis*. Washington, DC: Government Printing Office, 1913a.

_____. *Thirteenth Census, 1910*. Vol.8, *Manufactures 1909: General Report and Analysis*. Washington, DC: Government Printing Office, 1913b.

_____. *Thirteenth Census of the United States, 1910*. Vol. IV, *Population, Occupation Statistics*. Washington, DC: Government Printing Office, 1914.

_____. *Fourteenth Census of the U.S.: 1920*. Vol. IV, *Occupations*. Washington, DC: Government Printing Office, 1923.

_____. *Population 1920. Fourteenth Census of the U.S. Census of Manufactures, 1919*. Washington, DC: Government Printing Office, 1928.

_____. *Fifteenth Census of the United States: 1930. Occupational Statistics, Abstract Summary of the U.S. Census*. Washington, DC: Government Printing Office, 1932.

_____. *Fifteenth Census of the United States: 1930. Population*. Vol. II, *General Report, Statistics by Subject*. Washington, DC: Government Printing Office, 1933a.

_____. *Fifteenth Census of the United States: 1930. Population*. Vol. V, *General Report on Occupations*. Washington, DC: Government Printing Office, 1933b.

_____. *Sixteenth Census of the United States: 1940. Population*. Vol. III, *The Labor Force. Occupation, Industry, Employment, and Income*. Part 1, *United States Summary*. Washington, DC: Government Printing Office, 1943a.

_____. *Sixteenth Census of the United States: 1940. Population: The Labor Force, Employment, and Family Characteristics of Women*. Washington, DC: Government Printing Office, 1943b.

―――――. Current Population Reports, Series P-50, No: 2. *Labor Force, Employment, and Unemployment in the United States, 1940 to 1946*. Washington, DC: Government Printing Office, n.d.

―――――. *U.S. Census of Population: 1950*. Vol. II, *Characteristics of the Population*. Part 1, *U.S. Summary*. Washington, DC: Government Printing Office, 1953a.

―――――. *U.S. Census of Population: 1950*. Vol. IV, *Special Reports*. Part 1, Chapter A, "Employment and Personal Characteristics." Washington, DC: Government Printing Office, 1953b.

―――――. *U.S. Census of Population: 1950*. Vol. IV, *Special Report*. Part 1, Chapter B, "Occupational Characteristics." Washington, DC: Government Printing Office, 1956.

―――――. *U.S. Census of Population: 1960. Detailed Characteristics. U.S. Summary: Final Report PC(1)-1D*. Washington, DC: Government Printing Office, 1963a.

―――――. *U.S. Census of Population: 1960. Subject Reports: Final Report PC(2)-6A, Employment Status and Work Experience*. Washington, DC: Government Printing Office, 1963b.

―――――. *U.S. Census of Population: 1960. Subject Reports: Occupational Characteristics. Final Report PC(2)-7A*. Washington, DC: Government Printing Office, 1963c.

―――――. Bureau of the Census. *U.S. Census of Population: 1970. Subject Reports: Final Report PC(2)-6A, Employment Status and Work Experience*. Washington, DC: Government Printing Office, 1973.

―――――. *1980 Census of Population*. Vol. 1, Chapter C: "General Social and Economic Characteristics." Part 1, *United States Summary*. Washington, DC: Government Printing Office, 1983.

―――――. *Current Population Reports, Series P-20. Educational Attainment in the United States*. Washington, DC: Government Printing Office, various dates.

―――――. *Current Population Reports, Series P-20. Fertility of American Women*. Washington, DC: Government Printing Office, various dates.

―――――. *Current Population Reports, Series P-60, No. 161. Money Income and Poverty Status in the United States: 1987 (Advance Data from the March 1988 Current Population Survey)*. Washington, DC: Government Printing Office, 1988.

―――――. *Current Population Reports, Series P-70, No. 10. Male-Female Differences in Work Experience, Occupation, and Earnings: 1984. Data from the Survey of Income and Program Participation*. Washington, DC: Government Printing Office, 1987.

U.S. Census Office. *Report on Manufacturing Industries in the United States at the Eleventh Census: 1890*. Part I, *Totals for States and Industries*. Washington, DC: Government Printing Office, 1895a.

―――――. *Report on Manufacturing Industries in the United States at the Eleventh Census: 1890*. Part II, *Statistics of Cities*. Washington, DC: Government Printing Office, 1895b.

―――――. *Report on Population of the United States at the Eleventh Census: 1890*. Part I. Washington, DC: Government Printing Office, 1895c.

―――――. *Report on Population of the United States at the Eleventh Census: 1890*. Part II. Washington, DC: Government Printing Office, 1897.

―――――. *Twelfth Census of the United States, 1900. Census Reports*. Vol. VII, *Manufactures*. Part I, *United States by Industries*. Washington, DC: Government Printing Office, 1902.

―――――. *Twelfth Census of the United States, 1900. Special Reports: Employees and Wages*, by Davis R. Dewey. Washington, DC: Government Printing Office, 1903.

U.S. Commissioner of Labor. *Fourth Annual Report of the Commissioner of Labor, 1888: Working Women in Large Cities*. Washington, DC: Government Printing Office, 1889.

_____. *Sixth Annual Report of the Commissioner of Labor, 1890*. Part III, *Cost of Living*. U.S. Congress, House of Representatives, House Executive Document 265, 51st Cong., 2nd sess. Washington, DC: Government Printing Office, 1890.

_____. *Seventh Annual Report of the Commissioner of Labor, 1891*. Part III, *Cost of Living*. U.S. Congress, House of Representatives, House Executive Document 232, 52nd Cong., 1st sess., Vols. I and II. Washington, DC: Government Printing Office, 1891.

_____. *Eleventh Annual Report of the Commissioner of Labor. I 895-96. Work and Wages of Men, Women, and Children*. Washington, DC: Government Printing Office, 1897.

_____. *Nineteenth Annual Report of the Commissioner of Labor. 1904. Wages and Hours of Labor*. Washington, DC: Government Printing Office, 1905.

U.S. Department of Commerce, Bureau of Economic Analysis. *The National Income and Product Accounts of the U.S., 1929-82: Statistical Tables*. Washington, DC: Government Printing Office, 1986.

U.S. Department of Education. *Digest of Education Statistics, 1988*. Washington, DC: Government Printing Office, 1988.

U.S. Department of Labor, Bureau of Labor Statistics. *Bulletin of the Bureau of Labor Statistics, 175*. Women in Industry Series, No. 5, *Summary of the Report on Condition of Woman and Child Wage Earners in the United States*. Washington, DC: Government Printing Office, 1916.

_____. *Marital and Family Characteristics of the Labor Force, March 1970*. Special Labor Force Report, No. 130. Washington, DC: Government

Printing Office, 1971.

_____. *Marital and Family Characteristics of the Labor Force, March 1979*. Special Labor Force Report, No. 237. Washington, DC: Government Printing Office, 1981.

_____. *Labor Force Statistics Derived from the Current Population Survey: A Databook*. Vol. I. Bulletin 2096. Washington, DC: Government Printing Office, 1982.

_____. *Marital and Family Patterns of Workers: An Update*. Bulletin 2163. Washington, DC: Government Printing Office, May 1983.

_____. *News*.No. 87-345, August 12, 1987, and No. 88-431, September 7, 1988. Washington, DC: Government Printing Office.

_____. Employment and Earnings series. Washington, DC: Government Printing Office, various issues.

U.S. Department of Labor, Women's Bureau. *Women in the Government Service*, by Bertha M. Nienburg. Bulletin of the Women's Bureau, No. 8. Washington, DC: Government Printing Office, 1920a.

_____. *The New Position of Women in American Industry*. Bulletin of the Women's Bureau, No. 12. Washington, DC: Government Printing Office, 1920b.

_____. *Women in [State] Industries: A Study of Hours and Working Conditions*. Bulletins of the Women's Bureau, Nos. 21 (Rhode Island), 37 (New Jersey), 44 (Ohio), 51 (Illinois), 58 (Delaware). Washington, DC: Government Printing Office, 1922-1927.

_____. *Chronological Development of Labor Legislation for Women in the United States*. Bulletin of the Women's Bureau, No. 66-Ⅱ. Washington, DC: Government Printing Office, 1932.

_____. *The Age Factor as It Relates to Women in Business and the Professions*, by Harriet A. Byrne. Bulletin of the Women's Bureau, No. 117.

Washington, DC: Government Printing Office, 1934a.

———. *The Employment of Women in Offices*, by Ethel Erickson. Bulletin of the Women's Bureau, No. 120. Washington, DC: Government Printing Office, 1934b.

———. *Women Workers in Their Family Environment*. Bulletin of the Women's Bureau, No. 183. Washington, DC: Government Printing Office, 1941.

———. *Office Work in [Houston, Los Angeles, Kansas City, Richmond, and Philadelphia]*. Bulletin of the Women's Bureau, Nos. 188-1, 2, 3, 4, 5. Washington, DC: Government Printing Office, 1942.

———. *College Women Seven Years after Graduation: Class of 1957*. Bulletin of the Women's Bureau, No. 292. Washington, DC: Government Printing Office, 1966.

U.S. House of Representatives, *Documents Relative to the Statistics of Manufactures in the U.S.* 2 Vols. Serial Set Nos. 222 and 223. (Also known as the McLane Report.) Washington, DC, 1833.

U.S. President's Commission on the Status of Women. *American Women*. Washington, DC:Government Printing Office, 1963.

———. *Report of the Committee on Private Employment*. Washington, DC: Government Printing Office, October 1963.

U.S. Senate Documents. *Report on Condition of Woman and Child Wage-Earners in the U.S. in 19 Volumes*, Vols. 86-104. Washington, DC: Government Printing Office, 1910-11.

Vanek, Joann. "Keeping Busy: Time Spent in Housework, United States, 1920-1970." Ph.D. diss., University of Michigan, 1973.

Vicinus, Martha. *Independent Women: Work and Community for Single Women, 1850-1920.* Chicago: University of Chicago Press, 1985.

Waciega, Lisa. "A 'Man of Business'; The Widow of Means in Philadelphia and Chester County, 1750-1850." Paper presented at the Philadelphia Center for Early American Studies, March 1985.

Wahl, Jennifer Bourne. "New Results on the Decline in Household Fertility in the United States from 1750 to 1900." In Stanley L. Engerman and Robert E. Gallman, eds., *LongTerm Factors in American Economic Growth*. Studies in Income and Wealth, Vol. 51. Chicago: University of Chicago Press, 1986.

Wandersee, Winifred D. *Women's Work and Family Values, 1920-1940*. Cambridge, MA: Harvard University Press, 1981.

Webb, Sidney. "On the Alleged Differences in the Wages Paid to Men and Women for Similar Work." *Economic Journal* 1 (December 1891): 635-62.

Willard, Frances. *Occupations for Women*. New York: Success, 1897.

Williamson, Jeffrey, and Peter Lindert. *American Inequality: A Macroeconomic History*. New York: Academic Press, 1980.

Wright, Carroll D. *The Working Girls of Boston*: From the Fifteenth Annual Report of the Massachusetts Bureau of Statistics of Labor, for 1884. New York: Amo and the New York Times, 1969; orig. publ. 1889.